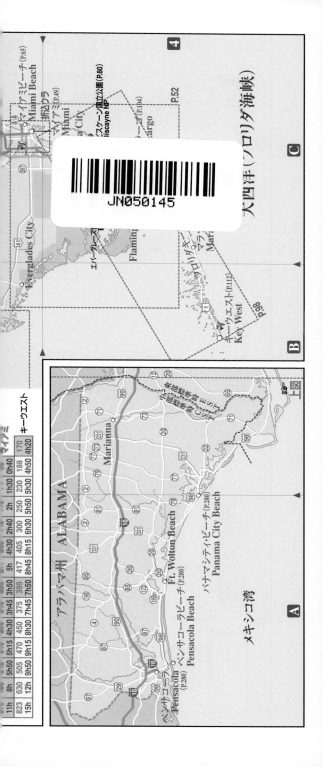

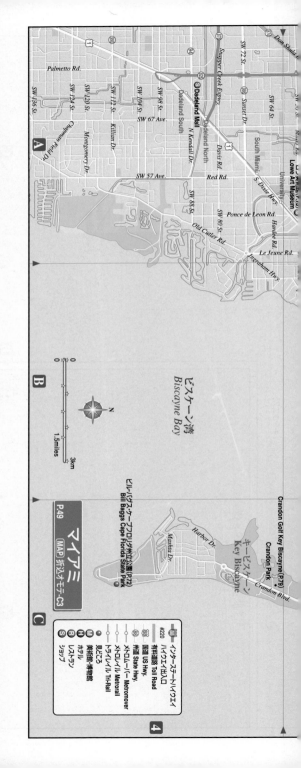

マイアミ
MAP 折込オモテ-C3
P.49

インターステートハイウェイ
#220 ハイウェイ出入口
有料道路 Toll Road
国道 US Hwy.
州道 State Hwy.
メトロムーバー Metromover
メトロレイル Metrorail
トライレイル Tri-Rail
見どころ
美術館・博物館
ホテル
レストラン
ショップ

ビスケーン湾
Biscayne Bay

キービスケーン
Key Biscayne

Crandon Golf Key Biscayne(P.79)
Crandon Park
クランドン・パーク

ビル・バッグス・ケープフロリダ州立公園(P.72)
Bill Baggs Cape Florida State Park

Lowe Art Museum
University

Dadeland Mall
Dadeland South
Dadeland North

Palmetto Rd.
SW 72 St.
SW 64 St.
Sunset Dr.
N Kendall Dr.
Davis Rd.
Red Rd.
Old Cutter Rd.
Ponce de Leon Rd.
SW 80 St.
SW 88 St.
Le Jeune Rd.
Ingraham Hwy.
Harbor Dr.
Mashta Dr.
Crandon Blvd.

0   3km
0   1.5miles
N

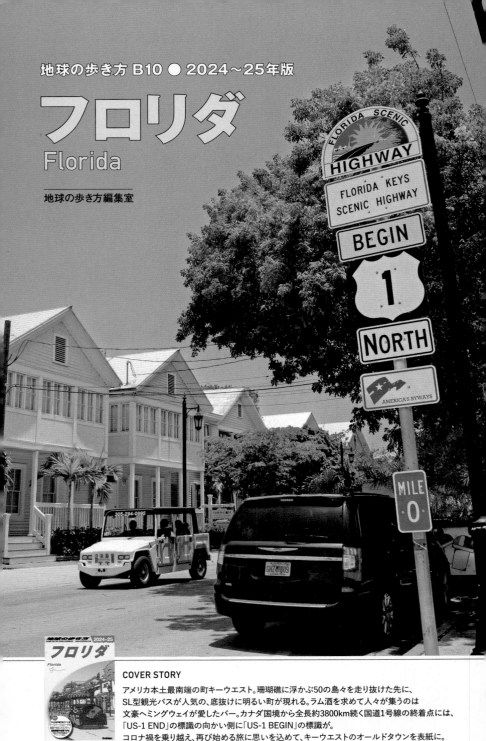

地球の歩き方 B10 ● 2024～25年版

フロリダ
Florida

地球の歩き方編集室

COVER STORY

アメリカ本土最南端の町キーウエスト。珊瑚礁に浮かぶ50の島々を走り抜けた先に、
SL型観光バスが人気の、底抜けに明るい町が現れる。ラム酒を求めて人々が集うのは
文豪ヘミングウェイが愛したバー。カナダ国境から全長約3800km続く国道1号線の終着点には、
「US-1 END」の標識の向かい側に「US-1 BEGIN」の標識が。
コロナ禍を乗り越え、再び始める旅に思いを込めて、キーウエストのオールドタウンを表紙に。

FLORIDA  CONTENTS

ビジネスマンに役立つ情報
in マイアミ　　78

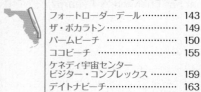

283 旅の準備と技術

おもなコラム

フロリダ半島の中の位置を🔍で示してあります

本書で用いられる記号・略号

MAP	地図上の位置
住	住所 （FL- のあとの5ケタの数字は郵便番号）
☎	電話番号（マイアミを除いて、市内通話は最初の3ケタは不要）
Free	アメリカ国内は料金着信者払いの無料電話で1800、1888、1877、1866、1855、1844、1833で始まる番号。日本からは有料
FAX	ファクス番号
URL	ウェブサイトアドレス（https:// 等は省略）
開営	開館時間、営業時間
出発	ツアーなどの出発時間
運行	バスなどの運行時間
運航	クルーズなどの運航時間
所要	所要時間
休	定休日
料	料金
Ave.	Avenue
Blvd.	Boulevard
Cswy.	Causeway（堤道）
Ct.	Court
Dr.	Drive
Expwy.	Expressway
Hwy.	Highway
Rd.	Road
St.	Street

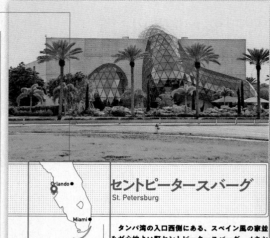

セントピータースバーグ
St. Petersburg

タンパ湾の入口西側にある、スペイン風の家並みが心地よい町セントピータースバーグ。メキシコ湾に沿って、白い砂が輝く天然のビーチが続く美しいビーチリゾートだ。全米のベストビーチによく選ばれるビーチもこのエリアにある。こぢんまりとしたダウンタウンはタンパ湾のマリーナに面しており、ダリ美術館をはじめ、美術館、博物館が多いことでも知られる。市内にはギャラリーも多く、芸術色の濃い町といえるだろう。

St. Pete-Clearwater International Airport (PIE)

MAP P.248-A1
☎ (727) 453-7800
URL fly2pie.com
空港からダウンタウンまでは車で所要約20分
タクシー United Cab
☎ (727) 777-7777
料 $40〜60

タンパ国際空港から
タクシーで約$60、所要約30分。スーパーシャトルでダウンタウンのホテルまで片道$85.01（6人までの貸切料金）
Free 1800-258-3826

行き方 Access

セントピータースバーグにも空港（PIE）があるが、Allegiant AirとSwoop Airlines（LCC）のフライトのみ。タンパ国際空港（→P.252）を利用するのが一般的。フロリダの各都市から訪れるのなら、レンタカーかグレイハウンドバスが便利だろう。

ダウンタウンの西には大リーグの球場もあ

ショップマーク

ショップリスト

レストランマーク

レストランリスト

ナイトスポットマーク

ナイトスポットリスト

ホテルリスト
Hotel List

ナイトスポット、ショップ、レストラン、ホテルがそれぞれ色分けされています

ホテルマーク

※ホテルの料金は、特に記してある以外はトイレ、シャワーまたはバス付きのひと部屋当たり（ふたりまで。3人目から追加料金要）のものです。ホテルタックス（宿泊税）は含まれていません。宿泊費の目安となるよう、ホテルはエコノミー（ツイン $80〜140）、中級（$140〜200）、高級（$200〜）としてあります。そのほか、ホステル（ほとんどが大部屋）、B&B（ベッド＆ブレックファスト）があります。

地 図

🛣️	インターステートハイウエイ
#220	ハイウエイ出入口ナンバー
━━━	有料道路 Toll Road
🛣️	国道 US Hwy.
🛣️	州道 State Hwy.
←	一方通行
ⓘ	観光案内所
●	見どころ
Ⓜ	美術館・博物館
Ⓗ	ホテル
Ⓡ	レストラン
Ⓝ	ナイトスポット
Ⓢ	ショップ

コラム

寄り道ガイド

はみ出し情報

豆知識

Ⓑ	朝食付き
Ⓢ	シングルルーム（ベッド1台）
Ⓓ	ダブルルーム（ダブルベッド1台）
Ⓣ	ツインルーム（ベッド2台）
🚭	ホテル内すべて禁煙
	喫煙できる客室あり
	客室内で高速インターネット接続できる（有料）
	客室内で高速インターネット接続できる（無料）
	客室内で無線インターネットWi-Fiできる（有料）
	客室内で無線インターネットWi-Fiできる（無料）

クレジットカード
カード会社との契約が
解消されることもあります

Ⓐ	アメリカン・エキスプレス
Ⓓ	ダイナース・クラブ
Ⓙ	JCB
Ⓜ	マスターカード
Ⓥ	ビザ

■掲載情報のご利用に当たって

編集部では、できるだけ最新で正確な情報を掲載するよう努めていますが、現地の規則や手続きなどがしばしば変更されたり、またその解釈に見解の相違が生じることもあります。このような理由に基づく場合、または弊社に重大な過失がない場合は、本書を利用して生じた損失や不都合について、弊社は責任を負いかねますのでご了承ください。また、本書をお使いいただく際は、掲載されている情報やアドバイスがご自身の状況や立場に適しているか、すべてご自身の責任でご判断のうえでご利用ください。

■現地取材および調査時期

本書は、2022年11月～2023年2月の取材調査データと、2023年3～6月の現地調査を基に編集されています。しかしながら時間の経過とともにデータの変更が生じることがあります。特にホテルやレストランなどの料金は、旅行時点では変更されていることも多くあります。したがって、本書のデータはひとつの目安としてお考えいただき、現地では観光案内所などで、できるだけ新しい情報を入手してご旅行ください。

■新型コロナウイルス感染症について

新型コロナウイルス（COVID-19）の感染症危険情報について、全世界に発出されていたレベル1（十分注意してください）は、2023年5月8日に解除されましたが、渡航前に必ず外務省のウェブサイトにて最新情報をご確認ください。
◎外務省 海外安全ホームページ・アメリカ合衆国危険情報 URL www.anzen.mofa.go.jp/info/pcinfectionspothazardinfo_221.html#ad-image-0

■発行後の情報の更新と訂正について

本書発行後に変更された掲載情報や訂正箇所は、「地球の歩き方」ホームページの本書紹介ページ内に「更新・訂正情報」として可能なかぎり最新のデータに更新しています（ホテル、レストラン料金の変更などは除く）。下記URLよりご確認いただき、ご旅行前にお役立てください。
URL www.arukikata.co.jp/travel-support/

■投稿記事について

voice 投稿記事は、多少主観的になっても原文にできるだけ忠実に掲載してありますが、データに関しては編集部で追跡調査を行っています。投稿記事のあとに（東京都 ○○'22）とあるのは、寄稿者と旅行年を表しています。また、ホテルなどの料金を追跡調査で新しいデータに変更している場合は、寄稿者データのあとに調査年を入れ［'23］としています。
　なお、ご投稿をお送りいただく場合はP.282をご覧ください。

アメリカ合衆国の基本情報

国 旗
Stars and Stripes　13本のストライプは1776年建国当時の州の数、50の星は現在の州の数を表す。

正式国名
アメリカ合衆国 United States of America
アメリカという名前は、イタリアの探検家でアメリカ大陸を確認したアメリゴ・ベスプッチのファーストネームから取ったもの。

国 歌
Star-Spangled Banner

面 積
約962万8000km²。日本の約25倍（日本は約37万7900km²）。フロリダ州は約13万9000km²。

人 口
約3億3493万人。フロリダ州は約2225万人。

首 都
ワシントン特別行政区 Washington, District of Columbia
全米50のどの州にも属さない連邦政府の行政地区。人口は約67万人。なお、経済の中心は東部のニューヨーク市。

元 首
ジョー・バイデン大統領 Joe Robinette Biden, Jr.

政 体
大統領制　連邦制（50州）

人種構成
白人59.3%、ヒスパニック系18.9%、アフリカ系13.6%、アジア系6.1%、アメリカ先住民1.3%など。

宗 教
キリスト教が多い。宗派はバプテスト、カトリックが主流だが、都市によって分布に偏りがある。

言 語
主として英語だが、法律上の定めはない。スペイン語も広域で使われている。

通貨と為替レート

$

▶旅の予算とお金
→P.286〜287

通貨単位はドル（$）とセント（¢）。$1＝142.08円（2023年6月20日現在）。紙幣は1、5、10、20、50、100ドル。なお、50、100ドル札は、小さな店では扱わないこともあるので注意。硬貨は1、5、10、25、50、100セント（＝$1）の6種類だが、50セント、1ドル硬貨はあまり流通していない。

$1　$5　$10

$20　$50　$100

25¢　10¢　5¢　1¢

電話のかけ方

▶電話→P.304〜305

日本からの電話のかけ方　例：マイアミ（305）123-4567へかける場合

事業者識別番号		国際電話識別番号		アメリカの国番号		市外局番（エリアコード）		相手先の電話番号
0033（NTTコミュニケーションズ） **0061**（ソフトバンク） 携帯電話の場合は不要	**+**	**010** ※	**+**	**1**	**+**	**305**	**+**	**123-4567**

※携帯電話の場合は010のかわりに「0」を長押しして「+」を表示させると、国番号からかけられる
※NTTドコモ（携帯電話）は事前にWORLD CALLの登録が必要

祝祭日（連邦政府の祝日）

州によって祝日となる日（※印）に注意。なお、店舗などで「年中無休」をうたっているところでも、元日、11月第4木曜（サンクスギビングデイ）、クリスマスの3日間はほとんど休み。また、メモリアルデイからレイバーデイにかけての夏休み期間中は、営業時間などのスケジュールを変更するところが多い。

1月	1/1		元日 New Year's Day
	第3月曜		マーチン・ルーサー・キングの日 Martin Luther King Day
2月	第3月曜	※	ワシントン誕生日 Washington's Birthday
5月	最終月曜		メモリアルデイ（戦没者追悼の日）Memorial Day
6月	6/19	※	ジューンティーンス（奴隷解放記念日）Juneteenth
7月	7/4		独立記念日 Independence Day
9月	第1月曜		レイバーデイ（労働者の日）Labor Day
10月	第2月曜	※	コロンブス記念日 Columbus Day
11月	11/11		ベテランズデイ（退役軍人の日）Veterans Day
	第4木曜		サンクスギビングデイ Thanksgiving Day
	第4木曜翌日		サンクスギビングデイあとの金曜 Friday After Thanksgiving
12月	12/25		クリスマス Christmas Day

※ワシントン誕生日、ジューンティーンス、コロンブス記念日はフロリダ州では不採用

注：祝日が土曜にあたる場合は前日、日曜の場合は翌日が振替休日となる

ビジネスアワー

以下は一般的な営業時間の目安。業種、立地条件などによって異なる。スーパーマーケットは8:00〜22:00くらいまで。都市部のオフィス街ならドラッグストアの20:00頃の閉店も珍しくない。

銀行
月〜金 9:00〜17:00

デパートやショップ
月〜金 11:00〜21:00、土 10:00〜21:00、日 11:00〜19:00

レストラン
朝からオープンしているのはレストランというより気軽なコーヒーショップ。朝食 7:00〜10:00、昼食 11:30〜14:00、ディナー 17:30〜22:00。バーやクラブは深夜まで営業。

電気&ビデオ

電圧とプラグ
電圧は120ボルト。3つ穴プラグ。100ボルト、2つ穴プラグの日本製品も使えるが、電圧数がわずかではあるが違うので注意が必要。特にドライヤーや各種充電器などを長時間使用すると過熱する場合もあるので、時間を区切って使うなどの配慮が必要。

アメリカのプラグ。日本のものも使えるが注意が必要

映像方式
テレビ・ビデオは日米ともにNTSC方式、ブルーレイのリージョンコードは日米ともに「A」なので、両国のソフトはお互いに再生可能。ただし、DVDリージョンコードはアメリカ「1」に対し日本「2」のため、「ALL CODE」の表示のあるソフト以外はお互いに再生できない。

アメリカの公衆電話

アメリカから日本へかける場合　例：(03) 1234-5678

| 国際電話識別番号 011※1 | + | 日本の国番号 81 | + | 市外局番と携帯電話の最初の0を除いた番号 3※2 | + | 相手先の電話番号 1234-5678 |

※1 公衆電話から日本にかける場合は上記のとおり。ホテルの部屋からは、外線につながる番号を「011」の前に付ける
※2 携帯電話などへかける場合も、「090」「080」「070」などの最初の0を除く

▶アメリカ国内通話
市内へかける場合、市外局番は不要（マイアミ→P.60 左記脚注、ニューヨーク、シカゴなどは除く）。市外へかける場合は、最初に1をダイヤルし、市外局番からダイヤルする。

◆公衆電話のかけ方
①受話器を持ち上げる
②都市により異なるが最低通話料 50¢ を入れ、相手先の電話番号を押す（プリペイドカードの場合はアクセス番号を入力し、ガイダンスに従って操作する）
③「初めの通話は〇分〇ドルです」とアナウンスで流れるので、案内された額以上の金額を投入すれば電話がつながる

チップ

▶ チップとマナー
→ P.303

レストラン、タクシー、ホテルの宿泊（ポーターやベッドメイキング）など、サービスを受けたときにはチップを渡すのが慣習となっている。額は、特別なことを頼んだ場合や満足度によっても異なるが、以下の相場を参考に。

レストラン
　合計金額の18〜20%。サービス料が含まれている場合は、小銭程度をテーブルやトレーに残して席を立つ。

タクシー
　運賃の15〜20%前後。

ホテル宿泊
　ベルボーイは荷物の大きさや個数によって1個につき$2〜5。荷物が多いときはやや多めに。
　ベッドメイキングは枕元などに$2〜3。

飲料水

水道の水をそのまま飲むこともできるが、ミネラルウオーターを購入するのが一般的。スーパーやコンビニ、ドラッグストアなどで販売している。

気候

▶ 旅のシーズン
→ P.285

▶ ハリケーン
→ P.47

　フロリダ州は年間を通じて温暖だが、夏は比較的雨が多い。また、北部、南部、内陸部、海岸部など、場所によって気候条件が異なる。
　なお、6〜11月はハリケーンが多く発生する時期であるため、必ず毎日気象情報を確認すること。

オーランドと東京の気温と降水量

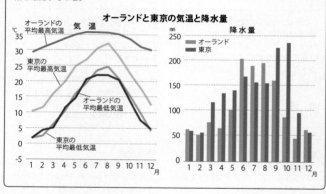

日本からのフライト

　日本からフロリダへの直行便はない。中西部のシカゴやデトロイト、南部のダラスやアトランタ、東部のワシントンDCなどで乗り換えることになる。羽田からオーランドまでダラス経由で約15時間45分、成田からマイアミまでダラス経由で約17時間がそれぞれ最短。

時差とサマータイム

　アメリカ本土内には4つの時間帯がある。東部標準時 Eastern Standard Time（EST：マイアミ、オーランド、ニューヨークなど）は日本時間マイナス14時間、中部標準時 Central Standard Time（CST：ペンサコーラ、シカゴなど）はマイナス15時間、山岳部標準時 Mountain Standard Time（MST：デンバーなど）はマイナス16時間、太平洋標準時 Pacific Standard Time（PST：ロスアンゼルスなど）はマイナス17時間。夏はサマータイム（夏時間）を採用し、1時間時計の針を進める州がほとんど。フロリダ州の大部分は東部標準時だが、タラハシーの西を流れるApalachicola River より西側（Intercoastal Waterwayより南を除く）は中部標準時となる。
　サマータイムとなる期間は、3月第2日曜から11月第1日曜（深夜2時）まで。移動日に当たる場合、タイムスケジュールに十分注意する必要がある。

郵便料金

　日本への航空便は封書、はがきともに$1.45。規定の封筒や箱に入るだけの荷物を定額で郵送できるタイプもある。

　郵便局により営業時間は多少異なる。一般的な局は平日の9:00〜17:00。本局は週末も営業している。郵便局の前には国旗が掲揚されていて、目印となっている。

取っ手を引いて投函

▶郵便 → P.308

ビザ

　90日以内の観光、商用が目的ならば基本的にビザは不要。ただし、頻繁にアメリカ入出国を繰り返していたり、滞在予定期間が長い人は入国を拒否されることもある。なお、ビザ免除者となるにはESTA（有料）による電子渡航認証の取得が義務づけられている。

パスポート

　パスポートの残存有効期間は、基本的に滞在日数以上あればOKとされているが、実際には入国日の時点で90日以上あることが望ましい。

出入国

▶出発までの手続き
→P.288 〜 289

税金

　物を購入するときにかかるセールスタックス Sales Tax とホテルに宿泊するときにかかるホテルタックス Hotel Tax がある。率（%）は州や市によって異なる。また、レストランで食事をした場合はセールスタックスと同額の税金、またそれに上乗せした税金がかかる。

TAX

都市名	オーランド	ジャクソンビル	セント オーガスティン	マイアミ	フロリダキーズ& キーウエスト	タンパ/セントピーターズ バーグ&クリアウオーター	ネイプルス	タラハシー
セールスTAX (%)	6.5	7.5	6.5	7	7.5	7〜7.5	7	7.5
ホテルTAX (%)	12.5 (キシミー13.5)	13.5	11.5	13 (ビーチ14)	12.5	13〜13.5	12	12.5

安全とトラブル

　日本人の遭いやすい犯罪は、置き引き、ひったくりなど。犯行は複数人で及ぶことが多く、ひとりが気を引いているスキに、グループのひとりが財布を抜いたり、かばんを奪ったりする。日本語で親しげに話しかけ、言葉巧みにお金をだまし取るケースも多い。日本から一歩でも出たら、「ここは日本ではない」という意識を常にもつことが大切。

警察・救急車・消防署 　**911**

▶旅のトラブルと安全対策
→P.310 〜 311

年齢制限

　州によって異なるが、飲酒可能な年齢はほぼ21歳から。場所によっては、お酒を買うときにも身分証明書の提示を求められる。ライブハウスなどお酒のサーブがあるところも身分証明書が必要。

　アメリカでは若年層の交通事故がとても多く、大手レンタカー会社では一部の例外を除き25歳以上にしか貸し出さない。21歳以上25歳未満の場合は割増料金が必要なことが多い。

度量衡

　距離や長さ、面積、容積、速度、重さ、温度など、ほとんどの単位が日本の度量衡とは異なる。特にアメリカはメートルを採用していない世界でも数少ない国のひとつ。

▶度量衡 → P.312

時差表

日本時間	0	1	2	3	4	5	6	7	8	9	10	11	12	13	14	15	16	17	18	19	20	21	22	23
東部標準時 (EST)	10	11	12	13	14	15	16	17	18	19	20	21	22	23	0	1	2	3	4	5	6	7	8	9
中部標準時 (CST)	9	10	11	12	13	14	15	16	17	18	19	20	21	22	23	0	1	2	3	4	5	6	7	8
山岳部標準時 (MST)	8	9	10	11	12	13	14	15	16	17	18	19	20	21	22	23	0	1	2	3	4	5	6	7
太平洋標準時 (PST)	7	8	9	10	11	12	13	14	15	16	17	18	19	20	21	22	23	0	1	2	3	4	5	6

※ 3月第2日曜から11月第1日曜まではサマータイム（デイライト・セービング・タイム）を実施している。サマータイムは時計の針を1時間進める制度。ただし、アリゾナ州、ハワイ州では実施されていない。なお、ピンクの部分は日本時間の前日を示している。

マイアミ、フロリダキーズ＆
キーウエスト、オーランド
3大エリアを
遊び尽くす

マイアミビーチ

アールデコにヒントを得た独創的なデザインは見る角度によって大きく姿を変える

マイアミビーチの
ライフガードスタンド・コレクション Lifeguard Stands Collection

海水浴客の命を見守るライフガード。海のヒーローである彼らが目を光らせている監視塔が、ここマイアミビーチではちょっとした撮影スポットになっている。アールデコの街並みに合わせたポップなデザインのスタンドが次々に登場。今後もさらにユニークなスタンドが増える予定なので乞うご期待！ **MAP** P.51-B1～3

海の色に負けないカラフルなスタンドは、マイアミ在住の建築家William Laneの作品

波打ち際を歩きながらお気に入りのスタンドを探してみては？

スタンド下部に記された通り名で自分がいる位置を確認できる

円形のスタンドは最も観光客が多い10 St.とLincoln Rd.に設置されている

Collins Ave.

24 St.

20 St.

Lincoln Rd.

売店スタンドもこんなにポップ！ アイスクリームやドリンクを購入できるが、ビールはない。ビーチではアルコール厳禁だ

このようなスタンドは86 St.まで続いている。ミッドビーチ、ノースビーチにも徐々にポップなデザインが導入されている

サーフボードのほか、サンドバギー、水上バイク、救助用ロープなどを装備したスタンドも多い

遊泳の際にはスタンドに掲揚された旗の色を確認しよう（→P.40）

最新作は6色レインボーのプライドタワー。LGBTQなど多様性をサポートするという市の取り組みを反映して作られた

Ocean Dr.

15 St.

10 St.

● ライフガード本部

● アールデコ・ウエルカムセンター

半島いっぱいに
魅力が詰まった
遊び方

フロリダの
PART
01

3大エリアを遊び尽くす

マイアミビーチ

マイアミビーチの
ライフガードスタンド・コレクション
Lifeguard Stands Collection

緊急出動に備えて、スタンド周辺に置かれたカラーコーンのエリア内では、寝転がったりしてはいけない

10 St.にあるこのスタンドのすぐ近くに、ライフガードの本部が置かれている

スタンドはすべて可動式。ビーチでイベントが行われたり、ハリケーンが接近したりといった場合には移動されることがある

スタンドも旗も潮風ですぐに傷んでしまうようだ

数あるスタンドのなかでもとりわけ写真映えするのがコレ

 ●ライフガード本部

●アールデコ・ウエルカムセンター

Ocean Dr.

Collins Ave.

10 St.

5 St.

これらのスタンドのデザインを手がけた William Lane は、ビーチ南端の公園 South Pointe Park やフロスト科学博物館 (→P.69) のカフェも設計している

沖にはヨットから貨物船、大型客船までが行き交う。ときには電光掲示板に「ビーチにゴミを残さないで」などのメッセージを表示させる船も登場する

同じデザインのスタンドは67 St.にもある

サウスビーチで最も古いスタンドは灯台型

ビーチ南端にある桟橋からは、延々と続くビーチとホテル群を望むことができる。目の前を通る世界最大級のクルーズ船も壮観!

20 サウスポイントピア

Ocean Dr.

Collins Ave.

① 現代アートに興味がある人なら
外せないバス美術館

② 毎年12月に行われる芸術祭
『アートバーゼル』の舞台にも
なるコンベンションセンター

③ 現代のピカソと称えられるポッ
プアートの巨匠ロメロ・ブリット
（→P.67）の作品

Collins Ave.

レインボーの
横断歩道

オーシャンドライブ Ocean Dr.

旧ヴェルサーチ邸

アールデコ・
ウェルカム
センター

20 St.

① ④

⑦

⑨

⑧ ⑩

⑪

Washington Ave.

Collins Ave.

② ③

17 St.

16 St.

15 St.

Espanola Way

14 St.

⑤

10 St.

リンカーンロードモール

Meridian Ave.

半島いっぱいに
魅力が詰まった

遊び方

フロリダの PART
01

3大エリアを
遊び尽くす

マイアミビーチ

Alton Rd.

⑥ ドラッグストアWalgreensもアールデコ！

④ デザインに凝ったホテルを見て
歩くのも楽しい

⑤ アールデコ地区のど真ん中にあ
るエスパニョーラウェイで、スペ
イン風の意匠を探してみよう

⑦ カラフルなアールデコ建築が並
ぶオーシャンドライブで、白一色
のホテルCarlyleは目を引く

1階がにぎやかなPalace BarになっているホテルStrand

ライフガードの本部もこんなポップなデザイン

ブルーがさわやかなホテルBreakwater

マイアミビーチ
デザイン散歩

| Miami Beach Design Walk

大西洋

South Pointe Park Pier

Ocean Dr. 15

12

1 St.

13 Washington Ave. 16

5 St.

South Pointe Park

14

11

マイアミ市へ

かつてヒッピーとバックパッカーと高齢者ばかりだったマイアミビーチが、いつの間にかアメリカ屈指のおしゃれな町になった。アールデコスタイルの建物が並ぶオーシャンドライブを中心にポップアートの発信地を散策しよう **MAP P.51**

マイアミビーチ市とマイアミ市を結ぶ5 St.の角に建つコンドミニアム

カラフルなこのビルにはレストランや駐車場が入っている

海から2本入ったCollins Ave.にも見るべき建物は多い

ビーチの入口で迎えてくれるロメロ・ブリットの巨大なモニュメント

サウスビーチ南端には個性的なデザインの高級コンドミニアムが5棟並ぶ

海はもちろん、ビスケーン湾、マイアミ港、ダウンタウンまで一望できるそうだ

パラダイスプラザのオブジェ。さまざまなアートが点在する

半島いっぱいに
魅力が詰まった
遊び方
フロリダの PART
01

全米一アートしたマイアミの
スタイリッシュゾーン

デザイン地区

| Design District

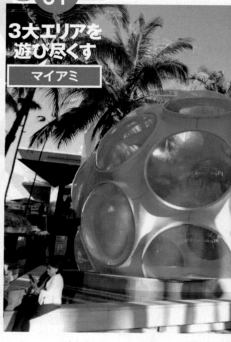

3大エリアを
遊び尽くす

マイアミ

ダウンタウンの北の外れ、すっかり寂れ
ていたエリアが、大規模な再開発事業
によって生まれ変わった。NE 38 St.、N.
42 St.、N. Miami Ave.、Federal Hwy.
に囲まれた所に、世界のハイエンドブラン
ドが次々とオープン。店の外観がとても
個性的で、一帯はまるで屋外ギャラリー
のよう。高級車で乗り付けるリッチなマダ
ムやセレブはもちろん、観光客やマイア
ミっ子でにぎわい、とても親しみやすい
雰囲気になっている。今、マイアミで最も
ホットな必見のエリアだ。
MAP 折込ウラ-B2

これはなに？『フライズ・アイ・ドーム』

「宇宙船地球号」という言葉を広めたことでも知られる建築家
フラーの『Fly's Eye Dome』。もとは移動式住居として考案
され、フラー存命中には実現できなかったドームだ。地区の中
心となるパームコートに鎮座し、中に入れる

駐車場もアート作品

↑38 St.に面した立体駐車場 City View
Garageも3つのデザインからなり、写真は西
側のLeong Leong Façade。チタンコーティ
ングしたステンレスパネルを打ち抜いたもの

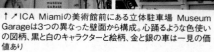

↑↗ICA Miamiの美術館前にある立体駐車場 Museum
Garageは3つの異なった壁面から構成。心踊るような色使い
の図柄、黒と白のキャラクターと絵柄、金と銀の車は一見の価
値あり

近代建築の三大巨匠のひとりにご対面

パームコートのエスカレーターを上がった所にある
ル・コルビュジエの像。日本では上野の国立西洋
美術館の設計で知られる

日本でも知られる女性建築家

新国立競技場の当初の設計案でも知られるザ
ハ・ハディド。NE 40 St.の Moore Building に残
された作品には彼女らしさがあふれている

アパレルショップの域を超えた外観

↑高級ファッションブランド「トム・フォード」の外
観。38 St.の駐車場と同じチタンコーティングし
たステンレスパネルを用い、直線のパターンを組
み合わせたシャープな建物
↓アメリカで人気のメンズファッション「トム・ブ
ラウン」の店はデザイン地区では異色。ミッドセ
ンチュリーの外観で、インテリアはミッドセンチュ
リーの家具と近代的なものが混在する

これがブランコ!?

パセオポンティには遊具があり、子供連れにも評判
がいい。大人も利用しているのはなんとブランコ

FLORIDA SCENIC

HIGHWAY

SOUTH

1

AMERICA'S BYWAYS

海を切り裂く

フロリダキーズと セブンマイル・ブリッジ

Florida Keys and
Seven Mile Bridge

50の島々を貫いて
最南端まで連れて
いってくれる国道1
号線

カナダ国境から南へ南へとアメリカを
縦断してきた国道1号線は、3800km
に及ぶルートのフィナーレに、珊瑚礁
の海を突っ走る。マイアミから終点キー
ウエストまでの4〜5時間は、世界でも
指折りの豪快なドライブルート。ステア
リングを握ったままアイランド・ホッピン
グができる。

半島いっぱいに
魅力が詰まった

遊び方

フロリダの PART

01

3大エリアを 遊び尽くす

フロリダキーズ
&キーウエスト

ビッグ・
パイン・キー

1

キーウエスト
(P.24)

セブンマイル・ブリッジ
(P.22)

マリーナなどでは
マナティやウミガ
メの姿を見かける
ことも珍しくない

アメリカ48州で唯一の珊瑚礁は、キーズ
の大西洋側（南側）に広がっている。グラ
スボトム・ボートやダイビングを楽しもう

およそ100マイル（約161km）の間に比較的大きな町は4ヵ所のみ。あとはひたすらこのような島と橋が連続する

フロリダ半島の南端に
帯状に連なる小島（キー）が約50、
それらをつなぐ橋は42。島から島へ、
太陽を追いかけて海を越えよう

↑マイアミへ

キーラーゴ

大西洋

キーズにはイルカやアシカと触れ合える施設がいくつかある。予約しておけば一緒に泳げる！

42の橋のなかで唯一の跳ね橋、Snake Creek Bridge

メキシコ湾

マラソン

アイラモラーダ

セブンマイル・ブリッジに次いで長いLong Key Bridgeは全長約3.7km

町にはリゾートホテル、ショップ、釣りやダイビングなどのツアー会社が並ぶ。食事処はやはりシーフードレストランが人気だ

セブンマイル・ブリッジを眺めながら食事ができるレストラン

セブンマイル・
ブリッジ
徹底ガイド

Seven Mile Bridge **通行無料！**

フロリダキーズのハイライトは何といってもセブンマイル・ブリッジ。東はマラソン市郊外にあるナイツキーKnight's Keyから始まり、西のリトルダック・キーLittle Duck Keyまで全長6.79マイル（約10.9km）。通過するのに8分ほどかかる

現在の車道橋は1982年に完成したもの。マイアミから走ってくると長い橋がたくさんあって間違えてしまいそうだが、道端の緑色のマイルマーカー47が目印。オールドセブンを歩きたい人は橋の手前、右側の駐車場へ入ろう

橋上は片道1車線の対面通行で、残念ながら一切停車はできない。制限時速は最高55マイル（約88km）、最低40マイル（約64km）。側壁が低いので眺めがいいが、よそ見をしていると海へ落ちる！

セブンマイル・ブリッジ
Seven Mile Bridge

← マイアミへ

ピジョンキー
Pigeon Key

オールドセブン♪
Old Seven

↑2023年、補強工事を終えて再開されたオールドセブンに、SL型トラムツアーが登場。ピジョンキーまで手軽に往復できるようになった（→P.106）
→オールドセブンは数ヵ所で寸断されたままになっているが、東端と西端のみ歩行者と自転車に開放されている。東からピジョンキーまでは歩くと30〜40分かかる

オールドセブンの西寄りの1/4はアーチ橋になっている。東側から約6分、西側から約2分走った地点でつなぎ目が見える。また、西端の長さ約1.1kmはフィッシングピアとして一般に開放されている

3大エリアを遊び尽くす

フロリダキーズ＆キーウエスト

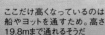

ここだけ高くなっているのは船やヨットを通すため。高さ19.8mまで通れるそうだ

キーウエストへ →

隣にある橋は1912年に完成した鉄橋の残骸で、オールドセブンと呼ばれている。フロリダをリゾート地に変えた大富豪、ヘンリー・フラグラーの最後の夢として建設された（→P.122）。82歳で夢を実現させ、蒸気機関車でキーウエスト駅に降り立った彼はその翌年、パームビーチで亡くなった。鉄道は1935年9月まで走っていたが、アメリカ史上最強といわれるレイバーデイ・ハリケーンによって寸断された。ちょうど直前に起きた世界恐慌によってキーウエストの経済がどん底だったこともあり、再建の話はまったくなかったという

中央にあるピジョンキーでは鉄道工事の際、400人もの労働者が寝起きしていた。現在は博物館になっていてトラムなどで訪れることができる

フランボヤン（ホウオウボク）、ブーゲンビリア、ハイビスカスなどトロピカルな花々が1年じゅう町を彩る

アメリカ最南端の島
キーウエスト
| Key West

アメリカで最も太陽に近い島には
のんびりとしたカリブ海の小島の空気と
アメリカらしいにぎやかさを併せもつ
魅力的な町がある

キーウエストは緑あふれる町。なかでも特大の木陰を提
供してくれるのがバニヤンツリー（ベンガルボダイジュ）

キーウエストを訪れたら、マロリースクエアで夕日を眺め
るのがお約束

アメリカ本土最南端の碑

オールドタウンではいたるところをニワトリが闊歩している

宝石のようなブルーモルフォが乱舞するチョウ園。フラミンゴもいる

オールドタウンの中心街デュバル通りには、こんなかわいらしいウェンディーズがある

島の西側にあるオールドタウンには、キーウエストスタイルと呼ばれるパステルカラーのコテージが並ぶ

カナダから下ってきた国道1号線はオールドタウンが終着点

半島いっぱいに
魅力が詰まった

遊び方

フロリダの PART
01

3大エリアを
遊び尽くす

フロリダキーズ
&キーウエスト

最新＆フロリダオンリー

テーマパークの
アトラクション

| Attraction

テーマパークの進化がとまらない！
新体感のアトラクションが
続々と誕生するオーランド。
さらにエキサイトで、さらにスリリングな、
フロリダならではのアトラクションを
遊び尽くそう!!

3大エリアを
遊び尽くす

オーランド

夢と魔法の王国

ウォルト・ディズニー・ワールド・リゾート

@マジックキングダム・パーク

トロン・ライトサイクル・ラン

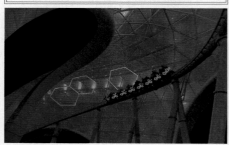

←SF映画『トロン：レガシー』に登場する宇宙バイク「ライトサイクル」に乗り、超高速スピードでコンピューターの世界を駆け抜ける
↓トゥモローランドに2023年春オープン。世界のディズニーパークの最速コースターで、夜は幻想的

@エプコット

レミーのおいしい
レストラン・
アドベンチャー

ネズミのレミーの視線でキッチン＆レストランを大冒険！どんな体験が待っているかは乗ってからのお楽しみ

ガーディアンズ・オブ・
ギャラクシー：コズミック・
リワインド

映画『ガーディアンズ・オブ・ギャラクシー』がテーマ。クルーザーに乗り込み、時空を超えて宇宙から脱出しよう。コースターとして初の360度回転など、度肝を抜くエキサイトぶりが話題に

ワールド・ショーケースのフランス館にオープンした4Dライド。レミーのカチューシャもキュート

フランス館ではベルと野獣がお出迎え（エプコット・インターナショナル・フラワー＆ガーデン・フェスティバル開催時）

新テーマエリア

スター・ウォーズ:
ギャラクシーズ・エッジ

←映画『スター・ウォーズ』の世界観が見事に再現されている。まさに銀河系の外れにある惑星「バトゥー」そのもの。随所に散りばめられた映画のエピソードを探すのも楽しい ↓惑星バトゥーの骨董屋「ドク・オンダーのデン・オブ・アンティーク」もある。「サヴィのワークショップ」では自分好みのライトセイバーも作れる

↓スター・ウォーズ:ギャラクシーズ・エッジでカイロ・レンに遭遇!

© 2023 Disney © & TM 2023 Lucasfilm Ltd.

© 2023 Disney © & TM 2023 Lucasfilm Ltd.

スター・ウォーズ:
ライズ・オブ・ザ・
レジスタンス

ファースト・オーダーに新兵(ゲスト)が捕まった! 宇宙船に乗り込み、どう脱出するのか、すさまじいバトルが繰り広げられる
© 2023 Disney © & TM 2023 Lucasfilm Ltd.

ミレニアム・ファルコン:スマグラーズ・ラン
古びた宇宙船ミレニアム・ファルコンは、いざというときに威力を発揮する。ミレニアム・ファルコンに乗り込みゲストが操縦、エンジニアなどを担当してミッションを遂行する
© 2023 Disney © & TM 2023 Lucasfilm Ltd.

ミッキーとミニーの
ランナウェイ・レイルウェイ

ディズニーの王道を行く新アトラクション。「蒸気船ウィリー」の頃のミッキー&ミニーと旅に出て、さまざまな体験をする。臨場感のあるアニメーションとプロジェクションマッピングの技に脱帽

27

9と3/4番線ホームでハリーを待っているヘドウィグ

名作映画がアトラクションに大変身
ユニバーサル・オーランド・リゾート

@アイランズ・オブ・アドベンチャー (IOA)

↑ホグワーツの森の番人であるハグリッドの案内で廃墟とホグワーツの森をバイクに乗って駆け抜ける。フロリダ最長のコースターで、急発進、急カーブ、猛スピードはもちろん、魔法生物にもご注意！

ハグリッドのマジカル・クリエーチャーズ・モーターバイク・アドベンチャー

↓ライドに乗るまでにも、魔法生物飼育学校教授であるハグリッドの一面ものぞける

HARRY POTTER characters, names and related indicia are © & TM Warner Bros. Entertainment Inc. J.K. ROWLING'S WIZARDING WORLD™ J.K. Rowling and Warner Bros. Entertainment Inc. Publishing Rights © JKR. (s23)

ジュラシック・ワールド・ヴェロキコースター

↓発射感、加速感、大回転、スピン、高低差、水と陸、複雑なコースで、20以上の恐竜に襲われる。恐竜たちのリアルさと鳴き声が相まって怖さ倍増

↑肉食恐竜ヴェロキラプトルが突如、パドックを破壊して逃げ出した！ 知能指数が高く、素早い動きのヴェロキラプトルがコースターとともに疾走する

@ユニバーサル・スタジオ・フロリダ (USF)

ボーン・スタンタキュラー

→爆発、狙撃、刺殺、カーチェイスの連続で息つく暇もない。縦横無尽に変化する映像と目の前で繰り広げられるダイナミックなアクションシーンに、見終わった後もドキドキ、疲労困憊
↓映画のテーマパーク・ユニバーサルの醍醐味のひとつが、目の前で展開される大迫力のスタント。映画『ボーン』シリーズのスタントショーだ

28

ケネディ宇宙センターの一部がテーマパークになっている

ケネディ宇宙センター

アポロ計画で使われたサターンV（ファイブ）ロケット。これを立てると110mの高さになる

アポロ計画

アポロ15号で1971年に持ち帰った月の石。実際に触ることができる

日本人宇宙飛行士もこの地からスペースシャトルに乗って宇宙へ向かった

バスツアー

タイミングがよければ、バスツアーで発射台近くまで行くことができる。近くで見ると大迫力

半島いっぱいに魅力が詰まった

遊び方

フロリダの　PART **01**

3大エリアを遊び尽くす

オーランド

最新&フロリダオンリー
テーマパークのアトラクション | Attraction

スペースシャトル「アトランティス」

←シャトルのタイルの傷跡からは大気圏再突入時の角度が見て取れる

←スペースシャトルで地球へ戻る際の勾配を滑り台で体感できる

→宇宙と地球を33往復した本物のアトランティス。ご対面するまでもアメリカらしくドラマチック。右はハッブル宇宙望遠鏡の模型

徹底的に楽しませるのがアメリカ流！

名物球場＆アリーナで
プロスポーツ観戦

アメリカらしい体験をしたいなら、4大スポーツ観戦が断然おすすめ！　地元一辺倒の応援はもちろん、世界最高のアスリートたちが魅せる数々のプレーと観客を徹底的に楽しませる精神が、アメリカは半端じゃない。少しでもいいから球場やアリーナに身をおいて、アメリカを体感してみよう！

名物フィールド＆アリーナ紹介

マイアミ

ローンデポパーク（MLB）

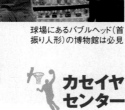

球場にあるバブルヘッド（首振り人形）の博物館は必見

2023年WBC決勝・準決勝の会場となり、侍ジャパンがアメリカを制して世界の頂点に輝いた球場。マイアミ・マーリンズの本拠地で、アートの町マイアミらしいオブジェもある

ハードロック・スタジアム（NFL）

カセイヤ
センター
（NBA）

マイアミ・ダウンタウンの中心部にあるセンターはマイアミ・ヒートのホームアリーナ。コンサートなどもよく行われる

↑1987年よりマイアミ・ドルフィンズのホームスタジアムで、2026年サッカー・ワールドカップの会場でもある
→2度のスーパーボウル制覇を成し遂げた名門ドルフィンズ　©NFL Japan.com

観戦の楽しみ方

≡地元チームのカラーを身につける≡
アメリカはどの町も地元意識が強く、チームカラーを身につけていけば、一体感を味わえる。

≡会場へは少し早めに≡
野球であれば練習風景を見ることができるし、運がよければサインももらえる。会場を探索すれば、気分も盛り上がる。

≡休憩時間やイニングの合間もお見逃しなく≡
休憩時間も観客をもてなしてくれるのがアメリカ。ちょっとしたパフォーマンスやゲームが始まって、これも楽しい。

地元チームのTシャツを着て応援しよう

マイアミ・マーリンズのマスコット、ビリー

タンパベイ

※チーム名の「タンパベイ」はフロリダ西部、タンパ市を中心としたセントピータースバーグ市、クリアウォーター市をまとめた呼称

セントピータースバーグ・ダウンタウンの西外れにある。2023年シーズン絶好調のタンパベイ・レイズの本拠地

🏃 トロピカーナ フィールド（MLB）

右中間の外野の奥にエイのタッチタンクがあり、餌をやったり、触ることができる

アマリーアリーナ（NHL）

フロリダ州にもプロのアイスホッケーチームがある。タンパベイ・ライトニングは2020年から2年連続でスタンレーカップを制した強豪。ライトニングが得点をすると稲妻（ライトニング）が光る

レイモンド・ジェームズ・スタジアム（NFL）

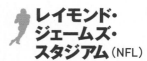

タンパ国際空港の東側にあるタンパベイ・バッカニアーズの本拠地。バッカニアーズがタッチダウンをすると大砲が鳴って盛り上がる

オーランド

🏀 アムウェイセンター（NBA）

テーマパークから離れたダウンタウンにあるオーランド・マジックのホームアリーナ

試合前と試合中はマスコット「スタッフ」が愛嬌を振りまく

ボカラトンのゴルフコース。有名コースでも格式張らずにプレイできるのがフロリダのメリット

憧れの名門コースでプレイできる

ＰＧＡの大会が開催される名門ゴルフコースや、アーノルド・パーマーやジャック・ニコラウスらレジェンドといえるプレイヤーが設計したコースも多く、敷居が高くないのも特徴。

キャディーはいない。カートを借りて各自で楽しもう。プレイ中には飲み物と軽食のカートも回ってくる

フロリダ
ゴルフの魅力

ゴルフに最高の環境が
整っているのがフロリダだ。
特にオーランドは、
住み着いてしまう
ゴルファーも多く、
ゴルフアカデミーも盛ん。
また州の北には
ゴルフの殿堂もある

アリゲーター（ミシシッピワニ）に出合ったときの規則をスタート前に確認しておくといい。もちろん決して近寄ってはいけない

世界ゴルフの殿堂に名を連ねるのは伝説的な選手ばかり。知った名前も多いはず

気軽にプレイできるのがうれしい

コースにもよるがグリーンフィーもお手頃で、ウェブサイトから申し込めば気軽にプレイできる。もし、道具やウエアなどを持ち合わせていなければ、プロショップへ行こう。

ゴルフの殿堂もある!!

州北部セントオーガスティンの郊外に世界ゴルフの殿堂（→ P.173）があり、世界中からファンが訪れる。日本の樋口久子、青木功、岡本綾子、尾崎将司の4選手が殿堂入りしている。

ＵＳオープンの優勝杯も展示

マイアミ市とビーチを結ぶMacArthur Cswy.からは、港の客船がよく見える

半島いっぱいに
魅力が詰まった
遊び方
フロリダの
PART
03

カリブ海
ショートクルーズ

フロリダ発の豪華客船クルーズは驚くほどカジュアル＆
リーズナブル。イブニングドレスなんてなくたってイイ。
水着とパスポートを持ってアメリカを飛び出そう！

クルーズ料金は全食事込み。ダイ
ニングルーム、セルフサービスのカ
フェテリア、ルームサービスもOK

珊瑚礁の海が美しいプライベート
アイランドに立ち寄るコースも人気

バハマの首都ナッソーでのオプ
ショナルツアーは、市内観光からダ
イビングまで20コース以上用意さ
れている

客船は12～14フロアもあってとにかく巨大。船内
にはカジノ、スライダー付きプール、スポーツ施
設などが揃っている。イベントも豊富で、日
中はゲーム大会、カラオケ大会、ブラ
ンド品タイムセールなど。夜はシア
ターでミュージカルやマジック
ショーが楽しめる

**ビスケーン
国立公園
P.80**

マイアミのビル群が肉眼で見えるほどの近さに、美しい珊瑚礁が広がる

フロリダの
3大国立公園

アメリカ本土最南端にある
3つの国立公園は、
ほかでは見られない
景観ばかりの個性派揃い!

大湿原を疾走するエアボートツアーが人気

**エバー
グレーズ
国立公園
P.80**

リゾート開発される前のフロリダの姿を今に残す大湿原。大都市マイアミのすぐそばにあり、ユネスコの世界遺産のなかでも危機遺産に登録されている

半島いっぱいに
魅力が詰まった

遊び方

フロリダの **PART 04**

フロリダの
大自然

**ドライ
トゥガス
国立公園
P.126**

キーウエストからさらに西へ113kmの沖に浮かぶ島が、貴重な自然と19世紀の砦を保護するため国立公園になっている。日帰りクルーズまたは水陸両用飛行艇によるツアーで訪れる

ジュゴンに近い哺乳類マナティは、冬になると小川や住宅街の用水路にも姿を現す。極めておとなしくフレンドリーな性格なので、一緒に泳ぐツアーも行われている(→P.246)

野生動物との出合いを求めて

大湿原が広がるフロリダ半島は、北アメリカ大陸から南へ突き出しているという地理的条件も重なって、野生動物の宝庫。日本ではお目にかかれない珍しい生き物との出合いが期待できる!

夜明けのマイアミビーチで狩りをするペリカン。最も身近な野鳥のひとつだ

フロリダはバードウォッチャーのパラダイス。美しい水鳥が多いが、なかでもピンク色の羽とスプーン状のくちばしをもつベニヘラサギは愛鳥家の憧れ

↓移入種であるグリーンイグアナは今や増えすぎて問題になっており、マイアミビーチ市では、イグアナの好む果樹を庭に植えることが禁止されている

↑体長2〜6mにもなるアリゲーター(ミシシッピワニ)。湿原や沼はもちろん、水の近くならフロリダ全土で普通に見られる。性質は比較的おとなしいといわれるが、油断は禁物

↑アメリカで繁殖するウミガメの約90%がフロリダの砂浜で産卵する。産卵のピークは5〜7月の満月前後の夜。上陸して砂を掘るまでの間はとても神経質なので、物音を立てない、近づきすぎないなどに注意。産卵が始まったら、爬虫類が認識できないという赤いライトを使って間近で観察できる
→なんとウミガメはにぎやかなマイアミビーチにも産卵する。囲いの中に入らないようにしよう

遊び方

フロリダの PART **05**

フロリダの
恵みを
食べまくる!

日本ではめったに
お目にかかれない味が
いろいろ。
Don't miss it!

セヴィーチェ、エンパナーダ、キューバ風コロッケ、青バナナのチップなどを少量ずつ味わえるキューバンサンプラーも楽しい

→フロリダでは中南米の料理が気軽に楽しめる。特に多い
のがキューバ料理で、なかでもハムとチーズをパンに挟んで
焼いたキューバンサンドはランチの定番

キューバ
料理

キューバ料理のあとには濃くて甘いキューバ
ンコーヒーを

フルーツ

オーガニック、濃縮還元なしのオレンジジュースもスーパーで手軽に購入できる

フロリダは柑橘類の一大産地。まずは値段も安い搾りたてオレンジジュースをどうぞ

シーフード

アリゲーター

養殖されたワニの肉は食用になる。鶏肉に似たたんぱくな味だ

←ストーンクラブと呼ばれるカニのツメは10月中旬〜5月中旬限定の味
↓ピンクシュリンプはフロリダキーズなどで取れる大型のクルマエビの一種で、甘みと食感がすばらしい。日本ではとても高価なので、メニューにあったらぜひ試してみたい

↑↓コンクと呼ばれるピンク色の大きな巻き貝の身はフライやチャウダーで

円安を乗り切るための*tips*

アメリカは食費が高い。
最近はチップも20%が一般的になっており、
1日3食レストランで食べていたら、
特にぜいたくをしなくても1万円以上かかってしまう。
フロリダの豊かな恵みを存分に味わいつつ
食費を抑えたいなら、こんな方法はどうだろう?

楽しく節約!

レストランのテイクアウト

高級レストランをのぞき、たいていの店はテイクアウトに対応している。店内が混雑しているときはかなり待たされることがある。また、金額は少なめでかまわないがチップは渡したほうがよい

フードトラック

シーズン中なら、ビーチ沿いの公園や駐車場にフードトラックが出る。メニューはサンドイッチ、スライスピザなどに限られるが、早くて安い。チップはおつりのコインをチップ入れのビンなどに入れる程度

フードコート／フードホール

ショッピングモールなど人が集まるところにはフードコートやフードホールがある。ハンバーガー、ピザ、メキシカン、中華料理、寿司、ジュース、ジェラートの店などが多い。こちらもチップはおつりのコイン程度でよい

食べ歩きツアーに参加しよう

ツアーはたいてい3時間程度。少人数のグループで6軒前後を巡る

訪れる店は頻繁に変わる。各レストランで1、2皿ずつ出される(チップ不要)

ガイドさんが話してくれる名所や歴史にまつわるトリビアも楽しみ

服装はラフでOK。歩きやすい靴で参加しよう

スーパーマーケットのデリカテッセン（総菜）

ホールフーズ・マーケットWhole Foods MarketやパブリクスPublixなどのスーパーにはさまざまな総菜が売られている。好みの具とパンを選んでその場で作ってもらうサンドイッチ、それだけでも食事になる具だくさんのスープやサラダなどが揃う。いろいろ買っても$10〜20程度に収まるだろう。店内にイートインスペースもあるので温かいうちに食べられる。ただし遅い時間に行くと売り切れが多く、総菜コーナーは20:00頃には閉まってしまうので注意

地元の魚介を使ったピザやパック寿司もお手軽。アボカド入りのカリフォルニアロールが人気

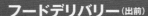

デザートには新鮮なカットフルーツがおすすめ。数日滞在するなら、丸ごとのフルーツを客室の冷蔵庫にストックしておくといい。旅の疲れにも、日に焼けた肌にも、ビタミン補給がgood

半島いっぱいに魅力が詰まった
遊び方
フロリダの PART 05

フードデリバリー（出前）

中華料理はこの形の紙製カートンボックスに入っているのが定番。運勢が書かれた紙片入りのフォーチュンクッキーが付いてくる

Uber Eatsを使うなら、あらかじめダウンロードしておこう。注文は日本語で表示され、日本国内と同じ感覚で使える

中級以下のホテルなら、デリバリーしてくれる店舗のパンフレットがデスクなどに置かれていることが多い。チップはお忘れなく。Uber Eatsも便利だが、時間帯によってチップの額が低いと配達員が見つからないことも。そんなときはチップの額を上げてみよう。客室から注文した場合、部屋まで届けてもらうのは不安があるので、フロントに届けてもらうのがおすすめ

マイアミとキーウエストでは今、人気レストランをハシゴするツアーが大人気。ローカルグルメを知り尽くしたガイドと一緒に食べ歩きを楽しもう

ワインやビールの試飲が含まれるコースもある。キーウエストではラム酒の蒸溜所見学&試飲が人気

ツアーの最後はスイーツ店などへ。終了後、ガイドさんに料金の20%程度のチップを渡すといい

▶

Miami Culinary Tours
☎(303)578-6877
URL www.miamiculinarytours.com
ツアー サウスビーチ、リトルハバナ、ウィンウッドを訪れるツアーが毎日1〜3回行われている
料金 $59〜79

Key West Food Tours
☎(305)570-2010
URL www.keywestfoodtours.com
ツアー 毎日2〜3回
料金 $75

真っ白な天然ビーチ

メキシコ湾岸のビーチは天然の白砂が魅力。特にペンサコーラビーチの砂は粒子が細かくて粉砂糖のようだ

珊瑚礁のビーチ

マイアミからキーウエストまでの間に点在するビーチは、沖に珊瑚礁があるので海の色がすばらしい。さらにマイアミビーチの場合、水平線上に行き交う豪華客船などを眺められる

半島いっぱいに
魅力が詰まった
遊び方

フロリダの PART
06

フロリダの
ビーチの楽しみ方

フロリダ半島のビーチは、場所によって
海も砂も雰囲気もゼンゼン違う！
ぜひビーチホッピングしよう！

車が入れるビーチ

デイトナビーチには車で走ることができる珍しい砂浜がある（満潮時は不可）

シェルビーチ

大量の貝殻で埋め尽くされたサニベル島のビーチ。大きくて美しい貝殻、珍しい貝殻を見つけてみよう

⚠️ ビーチへ行く前に知っておきたいこと

- ●ほとんどのビーチで飲酒は
  禁じられている
- ●ガラス類持ち込み禁止
  プラスチックカップ禁止の場所もある
- ●子供には必ず大人が
  ついていなければならない
- ●海の状態を示す旗の意味は次のとおり

緑	＝波穏やか
黄	＝波少々高め。要注意
紫	＝危険な生物に注意
赤	＝波高い。危険
赤旗が2本	＝閉鎖。遊泳禁止
🚫	

ビーチ独自の規則を設けている場所もあるので、看板には必ず目をとおしておこう

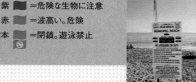

東西ビーチ巡り9日間

フロリダの海は大西洋岸とメキシコ湾岸で
まったく表情が異なる。半島を横切って、
ビーチの雰囲気や海の色、
砂の色の違いを楽しもう

西海岸で唯一、まったく雰囲気が異なるのがサニベル島。足元はびっしりと貝殻で埋め尽くされている

2日目

車で走れるデイトナビーチ
ココビーチではいい波が立つので
サーファーが集まってくる

3日目

1日目 IN

デイトナビーチ

オーランド

4日目

ココビーチ

セント
ピータースバーグ

5日目

9日目 OUT

6日目 サニベル島

マイアミビーチ

ネイプルス

エバーグレーズ
国立公園
（シャークバレー）

ネイプルスではメキシコ湾に沈む夕日を、マイアミビーチでは大西洋から昇る朝日を満喫!

**7日目
8日目**

エバーグレーズで野生のワニを見ながらマイアミへ。サウスビーチに2日間滞在

いいとこどり8日間

ここだけは外せないという
ポイントをつないだベーシックなプラン
車がなくても楽しめるのがうれしい

半島いっぱいに
魅力が詰まった
遊び方
フロリダの

PART
06

日帰りツアーなどを
利用してケネディ
宇宙センターへ

アメリカ本土最南端を目指そう!

©2023 Disney

ウォルト・ディズニー・ワールド・リゾートは
見どころいっぱい。1日1ヵ所のパーク
に絞るのが正解だ

レンタカーかバスでキーウエストへ。途
中、セブンマイル・ブリッジなど42の橋を
渡る。オールドタウンは歩いて回ろう

4日目

1日目
IN

ケネディ
宇宙センター

2日目
3日目

オーランド

マイアミビーチ

8日目
OUT

7日目

キーウエスト

5日目
6日目

高速鉄道ブライトラインまたは長距離バスでマイアミへ。マイアミ
ではアールデコ地区のホテルがおすすめ

レンタカーでフロリダ縦断10日間

大西洋に沿って走る国道1号線US-1の標識をたどってみよう
個性的な町が次々に現れ、南下するにしたがって気候も変化する
インターステートハイウエイを併用して時間を節約してもいい

フロリダ屈指の人気を誇るケネディ宇宙センター。管制室も見学できる

18世紀の町並みが残るセントオーガスティン

1日目 IN ジャクソンビル
セントオーガスティン ― **2日目**
デイトナビーチ
4日目 ケネディ宇宙センター ― **3日目**
ココビーチ ― **5日目**
パームビーチ ―
フォート
ローダーデール
マイアミ
ビーチ
10日目 OUT
8日目 9日目 キーウエスト

マイアミから4〜5時間でアメリカ最南端の町キーウエストに到着。早朝のフライトで帰国する際、空港のレンタカー会社カウンターは営業時間外ということもあるが、専用ボックスに鍵を投入すればOK。レンタカー会社によって、鍵を返却できる時間や条件など異なるので、事前に確認しておこう

デイトナといえばスピードウエイ。コース内や表彰台を回るツアーに参加しよう

6日目 7日目

マイアミのビジネス街を貫くUS-1。マイアミの大動脈なので朝夕は渋滞がひどい

超高級住宅地があるパームビーチ。US-1は入江の内側にあるウエスト・パームビーチを通っているので、しばしハイウエイを離れて海沿いの道路A1Aを走るといい

$3.49

$14.99

ウォルト・ディズニー・ワールド・リゾートの4つのパークがデザインされたミトン。裏はミッキーのモチーフになっている（→P.214）
▶ワールド・オブ・ディズニー

ディズニー・アニマルキングダムで見た動物を思い出して食べるアニマルクッキー
▶ディズニー・アニマルキングダム

ロンドンの2階建てバスをあしらったミニバッグ。エプコットはオリジナルのいいアイテムが見つかる
▶エプコット・イギリス館

$50

$29.99

$11.99

フロリダで買いたい
おみやげカタログ

新アトラクション「ミッキーとミニーのランナウェイ・レイルウェイ」のキーチェーン
▶ディズニー・ハリウッド・スタジオ

$29.99

$2.19

ディズニーのキーチェーン。チープなみやげはドラッグストアがベスト
▶ドラッグストアCVS

$11.99

人気キャラクターが揃ったWalt Disney WorldのTシャツ
▶ワールド・オブ・ディズニー

今や必需品のサニタイザー。スティッチがキュート
▶ワールド・オブ・ディズニー

$27

島の暮らしのひとコマを表したタオル(→P.129)
▶アイランドスタイル

アーティストが集まる島、キーウエストで手作りされた振り子時計
▶アイランドスタイル

$24

日に焼けた肌を潤してくれるキーライムやマンゴーの香りのローション4種セット。ギフトに最適(→P.128)
▶キーウエスト・アロエ

すべて一点物のパッチワーク・ジャケット
▶アイランドスタイル

$90

$14.99

$350

ティンカーベルの小物入れとミッキー＆ミニーのハート型ボックス。マイアミを拠点に活躍するポップアーティスト、ロメロ・ブリット(→P.67)がディズニーとコラボ
▶ブリット・ギャラリー

人体解剖図のマグボトルなどユニークなグッズが揃う博物館だが、シンプルなマグカップも人気(→P.69)
▶フロスト科学博物館

$6

珊瑚礁の海の色をしたヤモリの壁掛け(→P.129)
▶エンド・オブ・ザ・ロード

$10.99

$50

極薄なのに保温性抜群のスペースブランケット。災害時にも役立つスグレモノ(→P.159)
▶ケネディ宇宙センター

$15

天に向けても書けるスペースペン。ペン先が乾きにくく、ストレスなく書ける
▶ケネディ宇宙センター

デイトナビーチ郊外にあるハーレーダビッドソン専門店のライダースジャケット(→P.166)
▶デスティネーション・デイトナ

$13

ETファンには感涙もののETのネックストラップ。社員証にいかが？
▶ユニバーサル・スタジオ・フロリダ

赤いハートを胸に抱えた身長約46cmのETのぬいぐるみ(→P.227)
▶ユニバーサル・スタジオ・ストア

$24.95

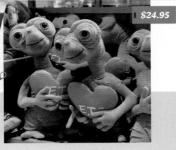

$130〜525

45

マイアミ―オーランド
フロリダの2大都市を3時間30分で結ぶ

高速鉄道 ブライトライン

ブライトラインはドイツ・シーメンス社の最新技術を導入したフロリダの高速鉄道。自慢は日本の新幹線以上のラグジュアリーさで、駅や列車、設備のデザインも実にスタイリッシュ。運賃もお手頃で、飛行機と違って搭乗するまでのストレスもない。ぜひ、フロリダの快適乗車を体験しよう。

オーランド駅

オーランドの駅はオーランド国際空港ターミナルCにある。右側にチケット券売機、中央が駅構内への改札だ

マイアミセントラル駅

マイアミの駅はダウンタウンの便利な場所にあり、駅からマイアミ国際空港へのシャトルも出ている

Brightline

2023年秋オーランドまで開通予定の高速鉄道ブライトライン（→P.57）

これが駅の待合室!?

ウエスト・パームビーチの待合室。構内にはバーや売店もある

ビジネスもOK

コンセント、USBポートもついている。車内、駅構内もWi-Fiが開通

ゆったりした座席

座席は2列＋2列で、中央には広いテーブルもある

日本の新幹線と同じ

車内販売もやってくる。コーヒー$2、アルコール類$4〜、スナック$4〜

荷物置き場

車両には荷物置き場があり、自転車ラックもある

清潔&快適なトイレ

トイレは車椅子も入れる広さで、手洗いも自動センサー、温風も出る

もしもハリケーンに遭ってしまったら フロリダ名物!? ハリケーン

フロリダはハリケーンの上陸が多い州で、6〜11月（特に8〜10月）はシーズンだ。ハリケーンが発生すると、ほとんどの機関が営業や運行を停止し、規模が大きければ避難命令も出る。避難せずとも、住民はハリケーンが通り過ぎるまでじっと家で待つ。旅行者であれば、ホテルで待つしかない。ハリケーンを避けることはできないが、次のことを頭に入れておきたい。

01 1週間前から天気予報をチェック

こんなとき役立つのが現地のローカルTV局。役立つローカルTVとサイト

●**マイアミーチャンネル10 WPLG**
URL www.local10.com/weather/
●**マイアミーチャンネル7 WSVN**
URL wsvn.com/weather/
●**オーランドーチャンネル13 Spectrum**
URL www.mynews13.com/fl/orlando/weather
●**国立ハリケーンセンター**
URL www.nhc.noaa.gov

02 ハリケーンのカテゴリーと警報

ハリケーンは右下のように5つのカテゴリーに分かれるが、カテゴリー1が決まった段階で空港、テーマパークなどの各機関は進路に合わせてクローズする。いつクローズするかは順次発表するので、ローカルニュースをこまめにチェックしよう。

●**ハリケーン注意報 Hurricane Watch**が出されると48時間以内にフロリダ半島に上陸の可能性がある。車で遠くへ避難するならこのタイミングで。
●**ハリケーン警報 Hurricane Warning**が出されると24時間以内に上陸の可能性あり。遠方へ避難するにはすでに遅い。ホテルのスタッフなどと相談して、近くの安全な建物に向かおう。
●**避難命令 Evacuation Mandatory, Evacuation Order** 州政府が避難命令を出すと、たいていの有料道路や橋は無料で通行できる措置が取られる。北へ向かう道路は大渋滞となり、普段の10倍の時間がかかるといわれている。なるべく、ハリケーン注意報の段階で行動を起こしたい。わからないときは、ホテルスタッフの指示に従う。

03 避難命令ではない場合、旅行者はどう行動する?

❶ **宿の確保**
すぐにホテルの延泊を頼む。ホテルによって予約客を優先させるところがある。

❷ **航空会社、交通機関に電話**
ハリケーン通過後の飛行機やバスなどの足を確保しよう。もし、旅行会社を通じて手配をしたのなら旅行会社に任せるのがベスト。自分で手配した場合は自分でするしかない。

❸ **食料品やガソリンの確保**
ハリケーンは数日前にはわかる。レンタカーならガソリンを満タンに。ホテルに滞在しても、万一に備えて食料品や日用品を調達しておきたい。

❹ **ハリケーン通過時**
ホテル滞在中は、注意事項を書いたシートが配布される。これにはハリケーンの通過予想時刻、バスタブに水を張る（トイレの断水に備えて）やスマートフォンのフル充電などといったことが書かれている。ホテルはいつもより多くのスタッフを配置するので、何かあればすぐにフロントへ連絡を。

❺ **ハリケーン通過後**
ローカルTVでは、空港やテーマパークの閉鎖と再開時刻など、確実な情報をわかり次第放映する。覚えておきたいのはテーマパークや空港が再開しても、従業員がすぐには集まらないこと。テーマパークは人手が足りないことから稼働するアトラクションの数が限られる。また、飛行機はどこに駐機しているかも重要で、すぐには飛ぶわけではない。平常に戻るには時間がかかる。

ハリケーン時に覚えておきたい英単語

Evacuation	避難	Wind Gust	突風
Flood	洪水	Tornado	竜巻
Damage	被害	Rumor	うわさ、デマ
Power Outage	停電	Storm Surge	高潮
Shelter	避難所	Preparedness	備え

ハリケーンのカテゴリー

階級	中心付近の最大風速
熱帯低気圧 Tropical Depression	時速62km（秒速17m）以下
熱帯暴風雨 Tropical Storm	時速63〜118km（秒速18〜32m）
カテゴリー1	時速119〜153km（秒速33〜42m）
カテゴリー2	時速154〜177km（秒速43〜48m）
カテゴリー3	時速178〜209km（秒速49〜58m）
カテゴリー4	時速210〜249km（秒速59〜69m）
カテゴリー5	時速250km（秒速70m）以上

オールドセブンにトラムツアー登場 ➡P.22 ➡P.106

セブンマイル・ブリッジに並行するもうひとつの橋、オールドセブンは老朽化のために閉鎖されていたが、2023年に補強工事を終えて再開され、ピジョンキーまで往復するトラムツアーも登場した。

祝フロリダキーズ200周年! ➡P.101

2023年、フロリダキーズやキーウエストでBicentennialという言葉を見聞きするだろう。これはフロリダキーズが事実上アメリカの支配下におかれ、モンロー郡が設立されてから200周年を祝うもの。ライブコンサートや花火&ドローン大会、博物館で2世紀の歴史を振り返る特別展など、さまざまなイベントが各所で行われる。

WBC決勝戦で日本が世界チャンピオンに! ➡P.30 ➡P.64

大リーグのマイアミ・マーリンズの本拠地であるマーリンズパークが、ローンデポパークに改名。2023年にWBCの準決勝と決勝が行われ、日本チームが見事優勝した。

オーランド国際空港にターミナルCがオープン ➡P.187

テーマパーク巡りのゲートとなる空港に、ルフトハンザ、エミレーツなどの国際線が中心となる新ターミナルが開業。ブライトラインの鉄道駅に接続しており、2023年秋にはマイアミと高速鉄道で往復できるようになる見込み。©Orlando International Airport

オーランドのテーマパーク最新情報 ➡P.26〜29

日本のパークにはない新名所や最新アトラクションなど、トレンドをチェック!

ベッカムのサッカーチームに"神"メッシが加入! ➡P.64

ラテン系住民の多いマイアミではサッカーが人気。2020年からMLSリーグに参戦したインテル・マイアミは、デイヴィッド・ベッカムがオーナーのひとりとあって注目の的だ。さらに2023年7月、リオネル・メッシがメンバーに加わり、期待値はマックスに!

タンパ国際空港に巨大フラミンゴ登場! ➡P.252

タンパ国際空港の中央ターミナルに「フィービー」と名付けられた高さ6.7mのフラミンゴのオブジェが登場。搭乗客が行き交う水中で魚をあさるフラミンゴが、タンパの新たなアイコンとなった。

©Visit Tampa Bay

ハリケーン・イアン

2022年9月にフロリダを襲ったハリケーン・イアンは、メキシコ湾に浮かぶドライトートゥガス国立公園(→P.126)を通過後、風速約73m、カテゴリー5の威力でサニベル島(→P.269)の北に上陸。フロリダだけで150名の犠牲者を出し、サニベル島と本土をつなぐ橋が崩落するなど、州史上最悪の被害となった。2023年はまだ復興途上にあり、アウトドアツアーや営業時間などが変更されていることもあるので注意。ハリケーンの情報や通過後の状況などは、旅行前に必ずチェックしよう。

マイアミ
Miami

5 Street

Orlando •

Miami ☆

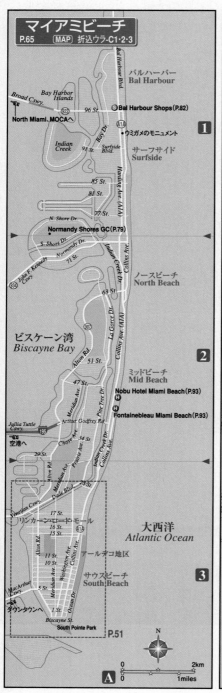

マイアミビーチ

P.65　MAP 折込ウラ-C1・2・3

A

- バルハーバー Bal Harbour
- Bal Harbour Shops(P.82)
- North Miami、MOCAへ
- ウミガメのモニュメント
- Bay Harbor Islands
- Broad Cswy.
- Bal Harbour Blvd.
- 96 St.
- Bay Dr.
- Indian Creek
- Surfside Blvd.
- 93 St.
- サーフサイド Surfside
- Harding Ave.(A1A)
- 85 St.
- 81 St.
- 77 St.
- N. Shore Dr.
- Normandy Shores GC(P.79)
- S. Shore Dr.
- Normandy Dr.
- 71 St.
- Indian Creek Dr.
- Collins Ave.
- ノースビーチ North Beach
- John F. Kennedy Cswy.
- 63 St.
- La Gorce Dr.
- Collins Ave.(A1A)
- ビスケーン湾 Biscayne Bay
- Alton Rd.
- 51 St.
- ミッドビーチ Mid Beach
- 47 St.
- Nobu Hotel Miami Beach(P.93)
- Meridian Ave.
- Pine Tree Dr.
- Arthur Godfrey Rd.
- Fontainebleau Miami Beach(P.93)
- Julia Tuttle Cswy.
- 空港へ
- Chase Ave.
- Prairie Ave.
- Indian Creek Dr.
- Collins Ave.
- 34 St.
- 29 St.
- Alton Rd.
- Meridian Ave.
- Dade Blvd.
- 23 St.
- Venetian Cswy.
- リンカーン・ロード・モール
- 17 St.
- 16 St.
- 15 St.
- アールデコ地区
- 11 St.
- 10 St.
- Alton Rd.
- Washington Ave.
- Collins Ave.
- Ocean Dr.
- サウスビーチ South Beach
- MacArthur Cswy.
- ダウンタウンへ
- 5 St.
- 1 St.
- Biscayne St.
- South Pointe Park
- P.51
- 大西洋 Atlantic Ocean
- N
- 0　2km
- 0　1miles

1 **2** **3**

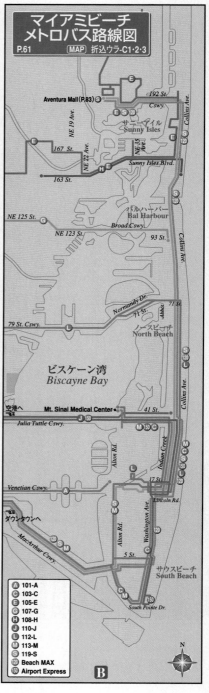

マイアミビーチ メトロバス路線図

P.61　MAP 折込ウラ-C1・2・3

B

- Aventura Mall(P.83)
- 192 St.
- Collins Ave.
- サニーアイル Sunny Isles
- NE 19 Ave.
- NE 35 St.
- 167 St.
- NE 22 Ave.
- Sunny Isles Blvd.
- 163 St.
- バルハーバー Bal Harbour
- NE 125 St.
- Broad Cswy.
- NE 123 St.
- 93 St.
- Collins Ave.
- Normandy Dr.
- 71 St.
- ノースビーチ North Beach
- 79 St. Cswy.
- ビスケーン湾 Biscayne Bay
- Collins Ave.
- 空港へ
- Mt. Sinai Medical Center
- 41 St.
- Julia Tuttle Cswy.
- Alton Rd.
- Indian Creek
- 17 St.
- Venetian Cswy.
- Lincoln Rd.
- Alton Rd.
- Washington Ave.
- ダウンタウンへ
- 5 St.
- MacArthur Cswy.
- サウスビーチ South Beach
- South Pointe Dr.
- N

- **A** 101-A
- **C** 103-C
- **E** 105-E
- **G** 107-G
- **H** 108-H
- **J** 110-J
- **L** 112-L
- **M** 113-M
- **S** 119-S
- Beach MAX
- Airport Express

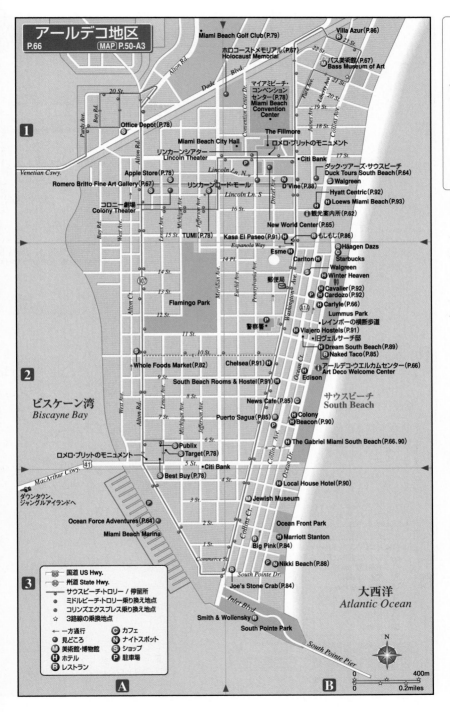

アールデコ地区

P.66　**MAP** P.50-A3

Miami Beach Golf Club(P.79)

Villa Azur(P.86)
21 St.

22 St.

ホロコーストメモリアル(P.67)
Holocaust Memorial

バス美術館(P.67)
Bass Museum of Art

マイアミビーチ・コンベンションセンター(P.78)
Miami Beach Convention Center

The Fillmore

Miami Beach City Hall

ロメロ・ブリットのモニュメント

リンカーンシアター
Lincoln Theater

Citi Bank

ダック・ツアーズ・サウスビーチ
Duck Tours South Beach(P.64)

Walgreen

Apple Store(P.78)

Romero Britto Fine Art Gallery(P.67)

リンカーンロード・モール

D'Vine(P.88)

Hyatt Centric(P.92)

Loews Miami Beach(P.93)

コロニー劇場
Colony Theater

観光案内所(P.62)

New World Center(P.65)

TUMI(P.78)

Kasa El Paseo(P.91)

もしもし(P.86)

Espanola Way

Häagen Dazs

Esme

Carlton

Starbucks

Walgreen

郵便局

Winter Heaven

Cavalier(P.92)

Cardozo(P.92)

Carlyle(P.66)

Flamingo Park

Lummus Park

レインボーの横断歩道

Viajero Hostels(P.91)

旧ヴェルサーチ邸

Dream South Beach(P.89)

Naked Taco(P.85)

警察署

アールデコ・ウエルカムセンター(P.66)
Art Deco Welcome Center

Edison

Whole Foods Market(P.82)

Chelsea(P.91)

サウスビーチ
South Beach

South Beach Rooms & Hostel(P.91)

News Cafe(P.85)

Colony

Puerto Sagua(P.85)

Beacon(P.90)

The Gabriel Miami South Beach(P.66、90)

ロメロ・ブリットのモニュメント

Publix

Target(P.78)

Citi Bank

ビスケーン湾
Biscayne Bay

Best Buy(P.78)

Local House Hotel(P.90)

Jewish Museum

ダウンタウン、ジャングルアイランドへ

Ocean Front Park

Ocean Force Adventures(P.64)

Marriott Stanton

Miami Beach Marina

Big Pink(P.84)

Nikki Beach(P.88)

Joe's Stone Crab(P.84)

大西洋
Atlantic Ocean

Smith & Wollensky

South Pointe Park

South Pointe Pier

凡例

- 国道 US Hwy.
- 州道 State Hwy.
- サウスビーチ・トロリー / 停留所
- ミドルビーチ・トロリー乗り換え地点
- コリンズエクスプレス乗り換え地点
- ☆ 3路線の乗換え地点
- ← 一方通行
- C カフェ
- ◉ 見どころ
- N ナイトスポット
- M 美術館・博物館
- S ショップ
- H ホテル
- P 駐車場
- R レストラン

N

0　　　　400m

0　　0.2miles

51

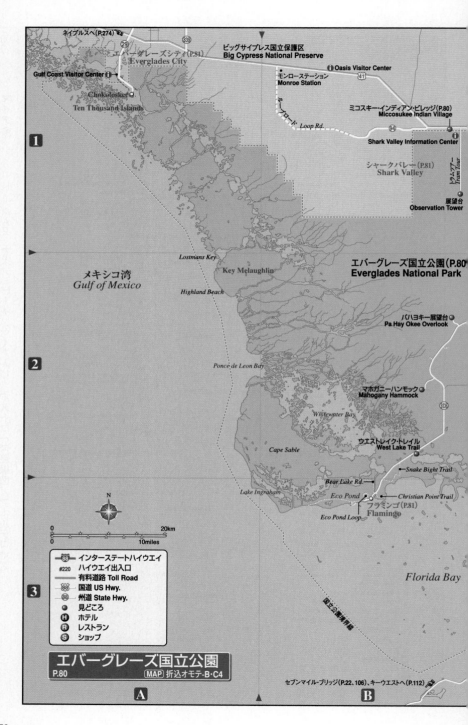

ネイプルズへ(P.274)
エバーグレーズシティ(P.81)
Everglades City
Gulf Coast Visitor Center

ビッグサイプレス国立保護区
Big Cypress National Preserve

Oasis Visitor Center
モンローステーション
Monroe Station

ミコスキー・インディアン・ビレッジ(P.80)
Miccosukee Indian Village

Chokoloskee
Ten Thousand Islands

ループロード
Loop Rd.

Shark Valley Information Center

シャークバレー(P.81)
Shark Valley

トラムツアー *Tram Tour*

展望台
Observation Tower

Lostmans Key

メキシコ湾
Gulf of Mexico

Key McLaughlin

Highland Beach

エバーグレーズ国立公園(P.80)
Everglades National Park

パハヨキー展望台
Pa Hay Okee Overlook

Ponce de Leon Bay

マホガニーハンモック
Mahogany Hammock

Whitewater Bay

ウエストレイク・トレイル
West Lake Trail

Cape Sable

Snake Bight Trail

Bear Lake Rd.

Lake Ingraham

Eco Pond
Christian Point Trail
フラミンゴ(P.81)
Flamingo
Eco Pond Loop

Florida Bay

国立公園境界線

0 — 20km
0 — 10miles

N

インターステートハイウエイ
#220 ハイウエイ出入口
有料道路 Toll Road
国道 US Hwy.
州道 State Hwy.
見どころ
ホテル
レストラン
ショップ

エバーグレーズ国立公園
P.80　MAP 折込オモテ-B・C4

セブンマイル・ブリッジ(P.22、106)、キーウエストへ(P.112)

1　**2**　**3**

A　**B**

#35

#10A

Hialeah

95

Trump National Doral Golf Resort(P.79)

#29

NW 36 St.

112

#4

Dolphin Mall(P.83)

826

Miami

#2D

#26

836

マイアミ国際空港(P.55)
Miami International Airport

#25

P.50

Tamiami Trail

41

Coral
Gables
South
Miami

1

SW 40 St.

#23

SW 8 St.

大西洋
Atlantic Ocean

SW 177 Ave.

キービスケーン
Key Biscayne

SW 88 St.

#20

674

#18

折込ウラ

ゴールドコースト鉄道博物館(P.77)
Gold Coast Railroad Museum

#16 Coral Reef Dr. (SW 152 St.)

Stiltsville(P.64)

Richmond Dr.
(SW 168 St.)

マイアミ動物園(P.77)
Miami Zoo

Krome

Eureka Dr. (SW 184 St.)

Monkey Jungle

#12

ビスケーン国立公園(P.80)
Biscayne National Park

Hainlin Mill Rd.(SW 216 St.)

#11

Old Cutler Rd.

フルーツ&スパイス・パーク
Fruit & Spice Park

SW 248 St.

997

コーラルキャッスル(P.77)

ビスケーン湾
Biscayne Bay

Boca Chita Key

Coral Castle

SW 288 St.

#6

Sands Key

Leisure
City

SW 137
Ave.

Homestead

ビスケーン国立公園ビジターセンター

Robert is Here(P.81)

N. Canal Dr. (SW 328 St.)

Pinelands

Florida City

5

原子力発電所

Elliott Key

Ernest Coe
Visitor Center

i

Adams Key

Everglades Alligator Farm

Totten Key

Old Rhodes Key

ong Pine Key Trail

335

Gumbo Limbo Trail
Anhinga Trail

Card Sound Rd.

Card Sound

アンヒンガトレイル
Anhinga Trail

1

Barnes Sound

1

Key Largo National Marine Sanctuary

キーラーゴ(P.104)
Key Largo

ジョン・ペンネカンプ・コーラルリーフ州立公園(P.105)
John Pennekamp Coral Reef State Park

アイラモラーダ(P.105)
Islamorada

大西洋　Atlantic Ocean
(フロリダ海峡　Straits of Florida)

C

D

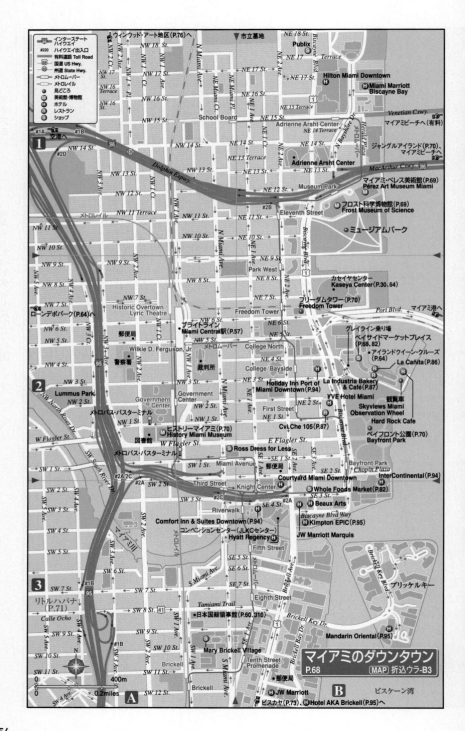

マイアミのダウンタウン
P.68
MAP 折込ウラ-B3

ビスケーン湾

行き方 Access

飛行機

　カリブ海や中南米への玄関口、**マイアミ国際空港 Miami International Airport**はダウンタウンの西約10kmにある。COPA Airlines（パナマ）、LATAM（チリ）、Viva（コロンビア）、Bahamasairなど、聞き慣れない航空会社のカウンターがずらりと並ぶにぎやかな空港だ。設備もよく整っており、24時間営業のドーナッツ店、ドラッグストア、ホテル（→P.96）まである。日本からの直行便はなく、アメリカン航空ロスアンゼルス経由で羽田11:55発マイアミ16:02着が便利。

Miami International Airport（MIA）

MAP折込ウラ-A2
☎ (305)876-7000
URLwww.miami-airport.com

全米で10本の指に入る利用客の多いマイアミ国際空港

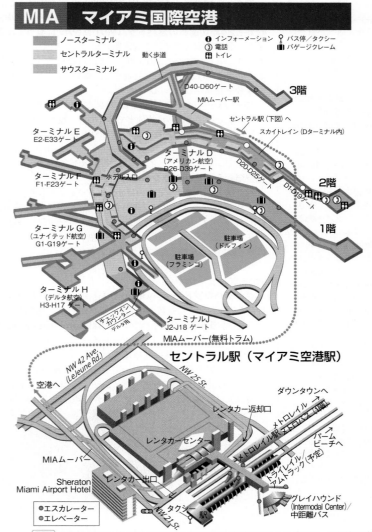

MIA　マイアミ国際空港

- ノースターミナル
- セントラルターミナル
- サウスターミナル

- 動く歩道
- ❶ インフォメーション
- ⓙ 電話
- 🚻 トイレ
- 🚏 バス停／タクシー
- 🧳 バゲージクレーム

3階

D40-D60ゲート
MIAムーバー駅
セントラル駅（下図）へ
スカイトレイン（Dターミナル内）

ターミナルE
E2-E33ゲート

ターミナルD
（アメリカン航空）
D26-D39ゲート
D20-D25ゲート
D1-D19ゲート

2階

ターミナルF
F1-F23ゲート
ホテル入口

ターミナルG
（ユナイテッド航空）
G1-G19ゲート

駐車場
（ドルフィン）

駐車場
（フラミンゴ）

1階

ターミナルH
（デルタ航空）
H3-H17ゲート
チェックインカウンター デルタ用

ターミナルJ
J2-J18ゲート

MIAムーバー（無料トラム）

セントラル駅（マイアミ空港駅）

NW 42 Ave. (LeJeune Rd.)
空港へ
NW 25 St.

ダウンタウンへ
レンタカー返却口
メトロレイル
メトロレイル駅 メトロレイル（1本）

レンタカーセンター

パームビーチへ

トライレイル／アムトラック（予定）

MIAムーバー

Sheraton
Miami Airport Hotel

レンタカー出口

タクシー　駅
NW 21 St.

グレイハウンド
(Intermodal Center)／
中距離バス

- ●エスカレーター
- ●エレベーター

空港の交通機関が集まっているセントラル駅。レンタカーセンターもある

レンタカー　→ P.58
案内所
🕐6:00～22:00
ターミナルEのLevel 2
手荷物一時預かり所
🕐5:00～21:00
ターミナルEのLevel 2
配車サービス
🚕ビーチの観光案内所までUberで$35～60
※Uberは日本語表示もある
タクシー
🚕ダウンタウン 約$30、サウスビーチ 約$40～50
ホテル送迎バス
空港周辺にあるホテルの無料送迎バスは、空港のターミナル1階から乗る
駅名に注意
高速鉄道Brightline(→P.57)の駅は、ダウンタウンのメトロムーバー Wilkie D. Ferguson Jr.駅の北にあるMiami Central。空港そばのセントラル駅(→右記)と紛らわしい名前なので気をつけよう

Greyhound → P.299
📞1800-231-2222
🌐www.greyhound.com
バスディーポ、バスストップは各所に
FlixBusとの提携で主要都市のバス乗り場も複数に増えた。バスに乗るにあたってバスストップの位置の確認から始めたい

■空港からマイアミビーチへの行き方
タクシー

　料金はゾーン制で、空港利用料＄2が加算される。なお、空港内で客引きをしているのはすべて違法タクシーなので、決して利用してはいけない。必ずタクシー乗り場から乗ろう。

メトロバス（→ P.61)

　滞在する宿がビーチの44 St.より南側で、バスを降りてからホテルまで荷物を持って歩ける人向け。**空港ターミナル3階から24時間運行の無料トラムMIA Moverに乗って3分でセントラル駅（マイアミ空港駅）へ**。ここの1階から#150のバスに乗る。6:00～23:40は20分ごとに運行しているが、夜間の利用は避けよう。16 St.付近まで所要30～40分。＄2.25。

配車サービス　Uber、Lyft など

　ウーバー Uberやリフト Lyftなどの配車サービス（→P.61)で、空港から目的地まで行くのも一般的。料金はタクシーより安いが、混雑する時間帯や天候の悪いときはかえって高くなり、待たされる。

■空港からダウンタウンへの行き方

　タクシーや配車サービスのほか、メトロレイルも便利。セントラル駅（→上記)の2階からオレンジラインに乗り、Government Center 駅などで降りる。10～15分ごと。＄2.25（→P.61)。Government Center駅から無料のメトロムーバーに乗り継いでホテル近くの駅で下車するのもいい。

長距離バス

　グレイハウンドGreyhoundはフリックスバスFlixBusと提携し、マイアミに複数のバスストップがある。空港に隣接する**セントラル駅（グレイハウンドではMiami Intermodal Center)**をはじめ、ダウンタウンやビーチなど6ヵ所にあるが、セントラル駅以外は駐車場やホテルの前などがバスストップ。夜間の利用は避けたい。セントラル駅へはニューヨークから5便（所要30～37時間、$162～)、オーランドから25便以上（4～9時間、$35～)、タンパから約15便（6～8時間、$30～)の運行。

　セントラル駅からはキーウエスト行きのバスも出ている。毎日4便、所要4時間30分、$25～。

セントラル駅の東側1階にあるグレイハウンドのバスターミナル

🎙️**メトロバス# 150　★**多くの旅行者が利用していた。ホテルの場所が Collins Ave. か Washington Ave. の近くで、時間に余裕があるならバスが断然いい。　（東京都　東京のくまさん '16）['23]

鉄道

　アムトラックAmtrakも近いうちにセントラル駅（マイアミ空港駅）に乗り入れるが、それまではセントラル駅から北へ7.5kmの所にある駅に発着する。アクセスがよくないので移動はタクシーで。列車はニューヨークからシル

パームビーチ行きのトライレイル

バースター＆シルバーミーティア号が毎日1便ずつ走っている。所要28〜32時間、片道＄162〜、個室＄661〜。

　なお、セントラル駅からはウエスト・パームビーチまで延びる近郊列車**トライレイルTri Rail**も走っている（→P.144、151）。

高速鉄道

ダウンタウンのマイアミセントラル駅（空港のセントラル駅とは別）に乗り入れるブライトライン。オーランドとマイアミを約3時間30分で結ぶ

　2018年にウエスト・パームビーチまで開業した**ブライトラインBrightline**（→P.46）は、全米唯一の私鉄（アムトラックは半官半民）。ドイツのシーメンス社がアメリカ国内で製造した新型車両を導入し、線路の大部分を新たに敷設した高速鉄道だ。2023年秋にはオーランド国際空港まで開通する予定で、マイアミ〜オーランド間を約3時間、時速は平均125マイル（約200キロ）で走行する。ちなみに、ほぼ同じ距離の新幹線、東京ー名古屋間は最速で1時間34分。

　機関車はバイオ燃料によるクリーンディーゼルで、愛称はブライトイエロー。客車はブライトピンクなど5色ある。座席はゆったり、電源、USBの差し込み口のついたテーブルもあるので移動中も仕事ができる。つながりは悪いがWi-Fiも開通している。各車両に荷物と自転車置き場もあり、車内販売も行われる。特筆すべきは全車両にあるトイレ。車椅子でも楽に使える広さがあり、蛇口の横から温風が出てくるタッチレス洗面台が画期的。

　マイアミのセントラル駅は、ダウンタウン中心の5ブロックを占め、オフィスやコンドミニアムの入ったふたつの高層ビルの下に駅舎がある。駅は近未来的なデザインで、カフェやファストフードはまだ数店舗しかないが、集客のためのさまざまなサービスを展開している。大リーグ・マイアミ・マーリンズの試合開催日は駅から球場まで無料シャトルを運行させたり、追加料金でマイアミ国際空港やサウスビーチへのシャトルサービスも行っている（乗車時に申し込み）。なお、駅はメトロムーバー Wilkie D. Ferguson Jr.駅と直結する予定。

●セントラル駅（Miami Intermodal Center）
⊞3801 N W 21 St.
●Downtown Miami（ベイサイドマーケットプレイスの入口右の車寄せ）
⊞401 Biscayne Blvd,
●Miami Beach（ベストウエスタンホテルの前）
⊞4101 Collins Ave.
など

Amtrak →P.298
⊞8303 NW 37 Ave.
Free1800-872-7245
URL www.amtrak.com
開7:00〜19:00

Brightline
⊞600 NW 1 Ave.
☎(831)539-2901
URL www.gobrightline.com
開5:00〜23:00
運行マイアミ発6:50〜、土・日は5:45〜、1時間ごと
料フォートローダーデール片道Smart ＄15〜37（Premium ＄37〜89。後述）、所要約30分。ウエスト・パームビーチ ＄20〜47（＄47〜162）、所要約1時間20分。Smartのみ12歳以下半額。全席指定。駅でも購入できる（現金不可）

プレミアムクラス
革張り3列シートSelectがあり、スナック＆ドリンク（時間によってアルコールあり）、駅のラウンジ（軽食コーナーあり）が無料になる

マイアミセントラル駅はダウンタウンのやや北側にあり、駅は建物の2階にある

メトロバス #150に注意★急行バスなのでかぎられたバスストップ（3〜5ブロックごと）にしか停まらない。急行料金は廃止されたので片道$2.25でOK。スーツケース置き場あり。

57

RCC からミッドビーチへ

RCC出口右車線→分岐を右へ→右車線キープしてLeJeune Rd.を 北 へ。『Miami Beach』の標識に従ってFL-112 EASTに乗り（$1.32）、I-195経由でビーチの41 St.へ出る

RCC からダウンタウン、サウスビーチへ

RCC出口左車線→分岐を左へ→突き当たりの信号左折→次の信号右折→約2分→ハイウエイをくぐってから左折してFL-836 EASTに乗る（$1.32）→I-395のExit 2Bで下りればダウンタウン→そのままI-395でビスケーン湾を渡ればビーチの5 St.へ出る

RCC からキーウエストへ

RCC出口右車線→分岐を右へ→左車線キープ→ハイウエイに合流したら右車線へ→FL-836 WEST（$2.64）→Turnpike SOUTH（$2.66）→US-1 SOUTH→約4時間でキーウエスト

サウスビーチからRCC へ

5 St.→I-395→FL-836（$1.32）→ 右車線からLeJeune Rd. NORTHへ→ 右車線キープ→『Rental Car Return』の標識に従って進む

ミッドビーチからRCC へ

41 St.→I-195→FL-112（$1.32）→ 左車線からLeJeune Rd. SOUTHへ→ 左車線キープして『Rental Car Center』方面へ分岐後LeJeune Rd.に合流→左車線へ移る→『Rental Car Return』の標識に従ってNW 25 St.の信号を左折

マイアミの走り方

ホテルのコンシェルジュにおすすめレストランを聞いても、観光案内所でおすすめスポットを聞いても、まず教えてくれる行き方は「ここからは、I-95で南に向かい……」と始まる。マイアミ観光の基本は、車で回ることと考えられている。

駐車スペースを見つけるのもたいへんなダウンタウンやアールデコ地区を回るだけなら、公共交通機関のほうが便利。むしろ車はじゃまになる。

しかし、マイアミの観光ポイントは中心部から離れたエリアに点在するため、車のほうが効率的に回ることができる。さらに、郊外にあるエバーグレーズやキーウエストまで訪れるなら、車を借りることをおすすめしたい。

■ 空港からビーチへ

日本からマイアミへ飛ぶ場合、到着は夜になってしまうことがある。アメリカの運転に慣れていないなら、疲れ切った体と時差ボケの頭でレンタカーを走らせるのは考えもの。最初の夜は空港内のホテル（→P.96）か、無料シャトルバスが走っている空港周辺のモーテルに滞在するといい。

到着後すぐに車を借りる場合、1泊目のホテルは必ず事前に確保しておこう。ビーチ沿いのホテルを強くすすめる。空港からホテルまでの走り方をウェブサイトなどで確認し、空港でレンタカーを借りる際、地図をもらって再確認しよう。

マイアミ国際空港のレンタカー会社は、すべてセントラル駅にある**レンタカーセンター RCC**に集まっている。4階建ての巨大なビルで、13社のレンタカー会社のカウンターと駐車場が入っていて機能的だ。RCCと空港ターミナルの間はMIA MOVERという無料トラムが24時間往復している。空港ターミナル3階から乗る。所要3分。

RCCの出口は建物の南側（NW 21 St.）にある。返却する際は建物の北側（NW 25 St.）から入ることになる。

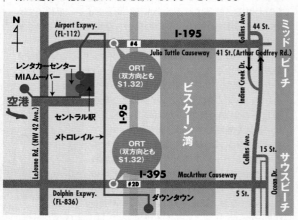

notes　上記地図内の料金は★ Toll by Plate の場合で、SunPass 利用者は半額。レンタカーのフロントガラスにステッカータイプの SunPass が貼ってあれば66¢＋レンタカー会社の手数料になる。

■ マイアミのハイウエイ

　マイアミの本土側では、放射線状に幹線ハイウエイが走っている。目的地に最も近い出口までは、以下のルートを走ることを基本と考えたい。

I-195、Airport Expressway（FL-112）

　マイアミ国際空港の北側とミッドビーチをつなぐ有料道路（$1.32）で、ダウンタウンの北、デザイン地区の南を通過する

I-395、Dolphin Expressway（FL-836）

　マイアミ国際空港の南側からダウンタウンを通って、ビーチ南端のアールデコ地区へ出る有料道路（$1.32）

I-95

　NORTHへ走ればソーグラス・ミルズ・モール、フォートローダーデール、デイトナビーチ方面。SOUTHへ走ればビスカヤ、マイアミ動物園、シークエリアム方面

US-1 SOUTH

　ココナッツグローブ、コーラルゲーブルス方面。キーウエストまで続いているが、ハイウエイといっても一般道なので信号が多く、渋滞もひどいので時間がかかる

Tamiami Trail（US-41、SW 8 St.）WEST

　リトルハバナ、エバーグレーズ国立公園（シャークバレー）、ネイプルス方面

Florida's Turnpike

　SOUTHへ走ればマイアミ動物園、エバーグレーズ国立公園（フラミンゴ）、キーウエスト方面。NORTHへ走ればオーランド。ところどころにORT（→右記）があり、1回$0.80～4.80。オーランドまでの料金は出入口によって$18.98～21.12。

※ハリケーン接近時、避難命令発令中は、無料で通行できる措置がとられるが、早めに避難して大渋滞を避けるのが賢明。

料金所の代わりにORTのセンサーとカメラが各所に設置されている

ドライブの注意

マイアミには治安のよくない地域がある。夜間はなるべくハイウエイを走る、レンタカーのピックアップやリターンは明るい時間にする、車内にバッグなどを残さない、見通しの悪い場所に駐車しない、あやしい人物に声をかけられても停車しない、常に施錠する、などに気をつけて走ろう

フロリダの道路情報

[Free] 511
[URL] www.fl511.com

料金所のない有料道路

マイアミ周辺の有料道路はほとんどの料金所が撤廃され、減速の必要がないOpen Road Tolling（ORT）が導入された。これは、SunPass（ETC）車載器（またはステッカー）があればセンサーが感知して料金を引き落とし、なければナンバープレートをカメラで読み取って所有者の自宅に請求書を郵送する（Toll by Plate）システムだ。

　レンタカーの対応は会社によって異なる。例えばハーツの場合、レンタル中に1回でもORTを通れば$9.99×日数分の手数料が後日請求される。詳しくは
[URL] www.mdxway.com

道路と橋の連絡対照表

I-95	本土側	橋、堤道	バスルート	ビーチ側
Exit 10A	North Miami Blvd., FL-922 123 St. & 125 St.（ノースマイアミ）	Broad Causeway（$2）	107-G	96 St.（バルハーバー）
Exit 7	NE 79 St., FL-934	John F. Kennedy Causeway	112-L	71 St.
Exit 4	Airport Expwy.（FL-112）, I-195, NE 36 St.（アップタウン）	Julia Tuttle Causeway	110-J 150	41 St.（ミッドビーチ） （Arthur Godfrey Rd.）
なし	NE 15 St.	Venetian Causeway（$3）	101-A	17 St., Dade Blvd.
Exit 2D	Dolphin Expwy.（FL-836）, I-395, NE 11 & 13 St.（ダウンタウン）	MacArthur Causeway	119-S 113-M 120	5 St.（アールデコ地区）

在マイアミ日本国総領事館

MAP P.54-A3

80 SW 8 St.

☎ (305)530-9090

URL www.miami.us.emb-japan.go.jp

開9:00～12:30、13:30～17:00（基本的に要予約）

休土・日、アメリカのおもな祝日、年末年始ほか

行きメトロムーバーBrickell LoopのBrickell City Centre駅下車。西へ2ブロック歩いたSW 1 Ave. 角にあるビルの32階

レンタカー → P.58

マイアミの市内通話

マイアミの市外局番には（305）と（786）がある。マイアミビーチ市、コーラルゲーブルズ市も含めてふたつの番号が混在している。市内へかける場合でもこれらのエリアコードは省略できないので、必ず10ケタをプッシュしよう。市外通話と違って最初に1をつける必要はない

警察（緊急時は911へ）

●マイアミビーチ

1100 Washington Ave.

☎ (305)673-7900

●ダウンタウン

400 NW 2 Ave.

☎ (305)603-6640

おもな郵便局

●マイアミビーチ

1300 Washington Ave.

開月～金8:00～17:00、土8:30～14:00

●ダウンタウン

150 SE 2 Ave.

☎ (305)373-7562

開月～金9:00～17:00

歩き方 | Getting Around

　マイアミ観光の起点となるエリアは、大西洋に沿って南北に延びた細長い島、**マイアミビーチ市Miami Beach**と、ビスケーン湾（入江）を挟んだ対岸の本土側にある**マイアミ市Miami**とに分かれている。ダウンタウンはマイアミ市にあり、空港やデード郡Miami Dadeなど周辺地域も含めて**グレーターマイアミGreater Miami**と呼ぶ。ビーチと本土とはいくつもの橋や堤道で結ばれ（→P.59連絡対照表）、市バスが頻繁に走っていて交通の便はよい。

　ホテルはグレーターマイアミ全体に散らばっているが、観光の便利さや治安の面から、ビーチに滞在することをすすめる。

　マイアミの見どころは多く、グレーターマイアミの南側などはビーチから離れているので、車のない人にはちょっと不便。市バスで移動する人は1日1～2ヵ所、車があるなら3～4ヵ所を目安にして選ぼう。

ビスケーン湾から見るダウンタウンのスカイラインは、訪れるたびに変化している

■ 治安について

　マイアミ市の凶悪犯罪発生率は全米の平均より高いものの、全米トップ10に入る大都市圏であることを考えれば、治安は意外に悪くないといえる。特に、観光客が凶悪犯罪に巻き込まれるケースはめったにない。危険から身を遠ざける術を知れば、女性ひとりでものびのびと楽しむことができる町だ。細い路地を歩かない、ひと気のない道や雰囲気の悪い地域へ足を踏み入れない、週末や夜間はたとえ車でもダウンタウンへ入らない、ビーチでも夜はひとりで出歩かない―などを心がけよう。

マイアミ市には騎馬警官がいる。ビーチ市にも導入するという話も出ているようだ

---

 notes 自転車レンタル★ビーチやダウンタウンにある160ヵ所以上の無人ステーションで乗り捨てができる。オーシャンドライブ沿い（公園内）だけで7ヵ所もあって便利。各ステーションに設置され →

■ マイアミ・デード・トランジット Miami-Dade Transit

市内を走るバスや高架鉄道はマイアミ／デード郡の運営。バス同士の乗り継ぎは3時間まで無料（Expressを除く）。夜間は治安に問題があるので、利用は昼間だけにしたい。

メトロバス Metrobus

マイアミダウンタウンとビーチの移動に利用したいメトロバス

マイアミ市、マイアミビーチ市とその周辺の広域をカバーして走る市バス。ダウンタウンのGovernment Center駅で路線図が入手できる。ほとんどのバスはダウンタウンのFlagler St.とSW 1 Ave.の角にある**Downtown Bus Terminal**とGovernment Center西側のNW 1 St.とNW 2 Ave.のあたりに、バス停が集中している。また、メトロムーバー Adrienne Arsht Center駅から発着する路線もある。

ダウンタウンとビーチをつなぐ路線は3ルートあるが、最も利用価値の高い路線が＃120。ほかには、ダウンタウンからビーチを海沿いにアベントゥラモールまで北上する＃119-S、ダウンタウンからシークエリアムへ行く＃102-Bなどがある。

メトロレイル Metrorail（高架鉄道）

メトロレイルは空港へのアクセスに便利

ダウンタウンと空港などを結んで南北に走る高架鉄道。ルートが2本しかなく、利用する機会は少ないが、ダウンタウンのGovernment Center駅から南へ2駅目で降りると、ビスカヤへ行ける。現金不可。EASY CardまたはEASY Ticket（→右記）が必要。

メトロムーバー Metromover

ダウンタウンの高架を走る無人のメトロムーバー。無料で乗れる

ダウンタウンを走る無料モノレール。ダウンタウンを巡回するだけのInner Loop、ダウンタウンを1周してから北へ行くOmni Loop、ダウンタウンを1周してから南へ行くBrickell Loopの3ルートがある。メトロレイルに接続できるGovernment Center駅や、ベイサイドマーケットプレイスそばのCollege/Bayside駅は、3ルートすべてが通る。

配車サービス Uber、Lyft など

アプリをダウンロードして必要情報を入力すれば、どこでも簡単に行くことのできる配車サービス。データ通信できる環境があればどこでも呼ぶことができるが、混雑する時間帯や天候の悪いときはタクシーより高くなり、待たされる。

Miami-Dade Transit

☎311
☎(305)891-3131
URL www.miamidade.gov/transit/
料 メトロバス、メトロレイル共通で$2.25。1日券$5.65、7日券$29.25。おつりは出ない。メトロバスとメトロレイル間のトランスファーは無料

EASY Card

20年間、何度でもチャージできるプリペイドカード。初期手数料$2。1日券もこのカードに読み込ませる。紙製カードEASY Ticketは手数料無料で再チャージ不可、60日有効

ビーチのバス路線

MAP P.50-B
※郊外へ行くルートは1日に数本しかないものもあるので、ウェブサイトでスケジュールの確認を

● Metrobus ＃120
Downtown Bus Terminal―ベイサイドマーケットプレイス―5 St.（Beach）― Washington Ave.―リンカーン・ロード・モール―Collins Ave.―199 St.
運行15〜20分ごと。早朝と深夜は45〜60分ごと

Metrorail

MAP P.54
運行毎日5:00〜24:00の運行で日中7〜15分、朝晩は15〜30分ごと

Metromover

MAP P.54
運行毎日5:00〜24:00。中心部は3分間隔だが、路線によっては待つ

Uber は日本語対応

クレジットカード情報などを入力する必要があるので、日本でダウンロードしたい。乗り終わったあとドライバーの評価やチップを要求されるが、無視してもいい。

たマシンでバスを購入して利用する。バスは30分$5.39から24時間$24まで5種類。延滞料は30分$4.60。ステーションの場所など詳しくは URL citibikemiami.com

タクシー Yellow Cab

☎ (305)444-4444

料金 $2.95+1マイルごと
に$3.30～5.10。チップ
は15～20%が相場

■無料トロリー

　マイアミを訪れる観光客の利便性と、交通渋滞＆排気ガス
の軽減策として、マイアミとマイアミビーチには無料で乗れ
るトロリー（レトロな市電型のバス）が走っている。ドライ
バーは沿線の観光ポイントやおもなホテル、レストランにつ
いても把握しているので、どこで降りれば近いか、降りてか
らどうやって行くのかなど、(停車中に)遠慮なく尋ねよう。す
べてのトロリーは自転車を2台まで積むことができる。

マイアミビーチトロリー Miami Beach Trolley

Miami Beach Trolley

MAP P.51
URL www.miamibeach
trolley.com
運行 8:00～23:00。 約20
分ごと

　トロリーの路線は4
つ。観光客の利用が
多い**South Beach
Loop**は、アールデコ
地区では Washington
Ave. を走っている。
時計回りの**Loop A**、
反時計回りの**Loop
B**の2ルートがあり、

マイアミビーチの移動は無料のトロリーが
便利

バス美術館（→P.67）前などではほかのルートも同方向のバ
スストップに停まるので、表示をよく見て乗ろう。
　このほかリンカーン・ロード・モールから Collins Ave. を北
上して44 St. まで行く**Middle Beach Loop**、さらに88
St. まで北上する**Collins Express**などがある。

マイアミトロリー Miami Trolley

Miami Trolley

URL www.miamitrolley.
com
運行 6:30～23:00、日・祝
8:00～20:00

　ビジネス街、住宅街、病院などをつないで14ルー
トが走っている。観光に便利なのは、ダウンタウン
から北上してデザイン地区を通る**Biscayne
Route**、メトロムーバー Adrienne Arsht 駅から
ウィンウッド・アート地区まで行く**Wynwood
Route**（日曜運休）、メトロレイル Coconut Grove
駅からココナッツグローブ中心部へ行く**Coconut
Grove Route**（日曜運休）など。

ダウンタウンのトロリーは路線が多いので、
どこへ行くか確認を

観 光 案 内 所

Visit Miami Beach Welcome Center

Visit Miami Beach
Welcome Centerr

MAP P.51-B1
住所 100 16 St., #6
☎ (305)672-1270
URL www.miamibeach
visitorcenter.com
開 10:00～16:00
休 おもな祝日
行き方 Washington Ave. か
ら16 St. を東（海方向）へ
曲がるとすぐ右側

　リンカーン・ロード・モールの1ブ
ロック南にあり、日本語の観光マップ
も含めて資料が豊富。案内所には青
空と雲模様
の約3mの大
きさのフラ
ンゴがいて、
インスタ映え
すると人気。

ビーチにも近い便利な場所
にある観光案内所

案内所にあるフラミンゴと
記念撮影を

notes モバイルアプリ★無料トロリーの運行間隔はずれることが多いため、車両の現在地と到着予想
時刻がわかるアプリ Trolley Tracker が便利。それぞれ公式ウェブサイトで提供している。

┃ツ┃ア┃ー┃案┃内┃

グレイライン・ツアー Gray Line Tour

ビスケーン湾クルーズ＆エバーグレーズのエアボートツアー＄78、キーウエスト日帰り＄75など20以上のコースが用意されているが、おすすめは赤い2階建てバスで巡るHop-On Hop-Off Tour。30分間隔で走っており、おもな観光スポット8ヵ所で乗り降り自由。

マイアミジャパンツアーズ Miami Japan Tours

マイアミ内外の見どころを日本語ガイドが案内してくれる。キューバ街とマイアミハイライト観光＄140、世界遺産エバーグレーズ・エアボートツアー＄150、キーウエスト＆セブンマイル・ブリッジツアー＄320などがある（いずれも平日料金）。マイアミ唯一の日系ウエディング手配会社でもあり、手軽なビーチやガーデンフォトプランも人気。カリブ海クルーズの添乗同行や予約手配もしている。催行は2名以上。

日本総合ツアーズ Nippon Sogo Tours

日本語ガイドによる日本人向けツアー。市内のおもな名所を巡る4時間ツアー＄165（3～9歳＄150）。エバーグレーズ＆ビスケーン湾スリラーボート＄260（＄250）、キーウエストとセブンマイルブリッジドライブ＄345（＄335）など。催行は2名以上。

食べ歩きツアー　→ P.38

Gray Line Tour
Free 1877-643-1258
URL graylinemiami.com
料 Hop-On Hop-Off Tourは24時間券＄54（3～11歳＄44）
集合 ベイサイドマーケットプレイスの南側（ベイフロント公園前）

Miami Japan Tours
☎ (305)868-0605
FAX (305)359-9545
URL www.miamijapan
tours.com
営 月～金10:00～21:00
カード A D J M V

Nippon Sogo Tours
☎ (305)448-8388
FAX (305)448-8240
URL www.nipponsogo.
com
営 月～金10:30～18:30
カード M V

マイアミ

歩き方

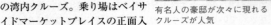

有名人の豪邸が次々に現れる
クルーズが人気

Island Queen Cruises

MAP P.54-B2
☎ (305)379-5119
URL islandqueencruises.com
出航 11:00〜18:00の毎正時（季節と曜日によって10:30 19:00のクルーズあり）
料 $30、4〜12歳$20

Duck Tours South Beach

MAP P.51-B1
住 1661 James Ave.
☎ (305)673-2217
URL ducktourssouthbeach.com
出航 11:00、13:00、15:00、17:00（季節や日によって変更あり）所要 1時間30分
料 $45、4〜12歳$28

Ocean Force Adventures

MAP P.51-A3
☎ (305)372-3388
URL oceanforceadventures.com
出航 9:30、11:45、15:00
所要 2時間 料 $170

Miami Marlins
(LoanDepot Park)

MAP 折込ウラ-B3
住 501 Marlins Way
☎ (305)480-1300
URL www.mlb.com/marlins
行き方 ダウンタウンからはバス#7。メトロレイルCivic Center駅からStadiumの無料トロリーも運行

Miami Dolphins
(Hard Rock Stadium)

MAP P.138-A3
住 347 Don Shula Dr., Miami Gardens
☎ (305)943-8000
URL www.miamidolphins.com
行き方 ダウンタウンから車で北へ約20分。バス#297

Miami Heat
(Kaseya Center)

MAP P.54-B2
住 601 Biscayne Blvd.
☎ (786)777-1000
URL www.nba.com/heat/
行き方 ベイサイドマーケットプレイスから北へ徒歩5分

ク｜ル｜ー｜ズ｜案｜内

アイランドクイーン・クルーズ

　ダウンタウンから出ている人気の湾内クルーズ。乗り場はベイサイドマーケットプレイスの正面入口からそのまま海側に向かった所。ツアーは数種類催行されているが、最も人気があるのがナレーション付きで億万長者の家を見る"Millionaire Row"。所要1時間30分。

　豪邸の主は、グロリア・エステファン、エリザベス・テイラー、アル・カポネなど誰もが知る有名人ばかり。高層ビル群のスカイラインも必見だ。エメラルドグリーンのビスケーン湾をゆったりと遊覧する。

ダック・ツアーズ・サウスビーチ

　49人乗り水陸両用車によるツアーで、ビーチのリンカーン・ロード・モールそばを出発し、サウスビーチを見学してビスケーン湾へ。そのままザブン！と海へ進んで、有名人の豪邸を見ながらクルーズする。人気が高いので前日までに予約を。

オーシャンフォース・アドベンチャー

　FBIも使っているという6人乗り高速ゴムボートによるツアー。ビスケーン湾、マイアミ港の巨大な貨物船などを見たあと、スピードを上げて沖へ。海のど真ん中に建つ元モグリ酒場Stiltsvilleを訪れる。出航はサウスビーチ西側のマリーナのPier E（住 300 Alton Rd.）。

ス｜ポ｜ー｜ツ｜観｜戦

■ ベースボール MLB
マイアミ・マーリンズ（ナショナルリーグ東地区）

　過去に2回の優勝経験がある。ダウンタウンにできた専用球場は、2023年のWBCで準決勝と決勝の開催場所として日本でも一躍有名になった。屋根が開閉式で、人工芝。チーム名は『老人と海』に出てきたカジキに由来。

■ アメリカンフットボール NFL
マイアミ・ドルフィンズ（AFC東地区）

　スーパーボウルを6回開催している会場が本拠地で、ドルフィンズも2度スーパーボウルを制覇している。2022年に6年ぶりでプレイオフに進んだものの、その後低迷している。

■ バスケットボール NBA
マイアミ・ヒート（東・南東地区）

　強豪チームとして知られ、2012年と2013年に連続優勝したが、3連覇をかけた2014年はファイナルで大敗してファンをがっかりさせた。今もプレイオフの常連だ。

 サッカーに注目★ベッカムが共同オーナーに名を連ねるインテル・マイアミ。2023年夏にリオネル・メッシが移籍し、人気はうなぎ上りだ。本拠地はマイアミから車で北へ1時間のドライブ🏈

マイアミビーチ
Miami Beach

　マイアミビーチの醍醐味はやはり"海"。大西洋沿いに続く白い砂浜とヤシの木、そして見渡すかぎりの青い海。白亜の客船が水平線に吸い込まれていく。この美しい光景を前にして、名所巡りばかりをしていたのではマイアミを訪れた意味がない。少なくとも1日はビーチ用の日を取って海へ向かおう。海水浴をするもよし、ウインドサーフィンにトライするもよし、白い砂浜に寝そべって日光浴をするもよし。

　海沿いの高層ホテルが背の高さを競っているマイアミビーチだが、その南端だけは背の低いパステルカラーのホテルが並ぶ。若者が集まる**サウスビーチSouth Beach**だ。周辺は**アールデコ地区Art Deco District**の美しい町並みが続く。レストラン、ショップ、ナイトクラブも多いエリアで、夜になるといっそうのにぎわいを見せる。「全米で一番ホットなところ！」と自慢するフロリディアン（フロリダっ子）もいる。

ビーチは幅が広いので人の多さを感じさせない

マイアミビーチの住所

まずは海沿いに走る大通りCollins Ave.と、その西に走るWashington Ave.を覚えよう。アールデコ地区では、もう1本海寄りにOcean Drive（別名Deco Drive）がある。

　これらに交差する東西の通りは南から1 St.、2 St.、と数が増えていく。

　番地は1ブロックごとに100番ずつ増えるので、640 Ocean Dr.なら6 St.と7 St.の間にあることがわかる。

　5 St.を西へ走ると橋を渡ってダウンタウンへ、41 St.を西へ走ると空港へ行くことができる

Column　フランク・ゲーリーが造ったコンサートホール

　マイアミはいまや全米屈指のアートの町。建築デザイン、美術、演劇など幅広い分野で注目されていて、マイアミを拠点に活動する芸術集団は約700もある。ダウンタウンの**Adrienne Arsht Center**も自慢のひとつ。バレエ＆オペラハウス、シンフォニーホール、劇場を備えた芸術センターは全米に4ヵ所のみだ。

　アートの町マイアミの名を一気に高めたのが、毎年12月に行われる全米最大の現代アートの祭典、**Art Basel Miami Beach**。アーティスト、コレクター、ディーラーなど2000人が世界から集まる。

　そんなマイアミビーチのもうひとつの自慢が、リンカーン・ロード・モールの北にある**New World Center**だ。設計はロスアンゼルスのウォルト・ディズニー・コンサートホールや神戸港のフィッシュ・ダンスで知られる現代建築の巨匠フランク・ゲーリー。音響は豊田泰久が手がけた。

　ここを本拠地とするNew World Symphonyは若手音楽家の育成に力を入れているため、ステージの規模に比べて客席が少なく、観客が入っていない状態での音響も重視したという。メンバーにはジュリアード音楽院の卒業生も多く、ここで数年修業を積んでから世界のオーケストラに就職するという。創設者マイケル・ティルソン・トーマスがタクトを振る日もあるので、ぜひ一度足を運んでみてほしい。カジュアルな服装でOKなのはさすがマイアミだ。外壁スクリーンでの映画の無料上映会も人気。

MAP P.51-B1

©Rui Dias-Aidos

頭上のプロジェクターが効果的に使われる

ンクスタジアム DRV PNK Stadium MAP P.138-A3。2025年からはマイアミ空港隣のMiami Freedom Parkに移転予定。シーズンは3〜10月。

65

無料トロリー　→ P.62

路上パーキングメーター
1時間＄4。個別のメーターではなく、ブロックごとに支払機が設置されている。取り締まりは頻繁に行われている。アールデコ地区の中心部をのぞいて、早朝3:00〜9:00は無料

Lincoln Road Mall
MAP P.51-A・B1
住 Washington Ave.とAlton Rd.の間
URL lincolnroadmall.com

Española Way
14 St.と15 St.の間にある。Washington Ave.からDrexel Ave.まで約100mの間にギャラリー、ブティック、レストラン、カフェ、バー、ホテルが並び、深夜までにぎやか。フラメンコの店もある

建築デザインのショーケース

アールデコ地区　Art Deco District

MAP P.51

リンカーン・ロード・モールにもアールデコの建物が多い

マイアミビーチの5 St.から17 St.あたりまではアールデコ地区と呼ばれ、エメラルドの海と白い砂浜によくマッチするかわいい建物が連なる。パステルカラーに染められた建物はマイアミ・モダンスタイルなどとも呼ばれるアメリカ・アールデコのデザインが多く取り入れられている。レストラン、ホテル、ユースホステルなどすべてアールデコに統一され、まるで町がまるごと建築デザインのショールームのよう。特にサウスビーチのOcean Dr.は別名Deco Dr.とも呼ばれ、10 St.付近のビーチからの眺めが美しい。

年を経るごとに美しくなっているアールデコ地区の名物通りが16 St.と17 St.の間に位置する**リンカーンロード・モール Lincoln Road Mall**。歩行者天国になった道の両側に小粋なブティックやレストラン、ショップ、ナイトクラブ、映画館など約180軒が連なっていて、夜遅くまでにぎわっている。近年リテイルショップが増加して、少し静かな印象だ。

3ブロック南で異彩を放つのは**エスパニョーラウエイ Española Way**。1920年代にスペイン・バルセロナのランブラス通りとカンヌなど地中海の村をイメージして造られた路地で、ヒマワリのような黄色とコーラルピンクの建物が並ぶ。アル・カポネがギャンブルに興じた歓楽街だった時期もあったそうだが、現在ではレストランが集まる歩行者天国になっている。

C o l u m n アールデコ Art Deco

フランス語のArt Decoratifs（装飾美術）の略。1910年代から1930年代に建築、工芸、デザインなど、パリを中心に流行した装飾様式。19世紀末から20世紀初めに流行した、曲線を主としたアールヌーボーとは対照的に、直線を重視した実用的なデザインが特徴。現在、アールデコ地区にはホテルから私邸まで約400軒ものアールデコ建築がある。代表的な建物に、The Gabriel Miami South Beach（住640 Ocean Dr.）、Carlyle Hotel（住1250 Ocean Dr.）、中央郵便局（住1300 Washington Ave.）などが挙げら

れる（いずれもMAP P.51-B2）。アールデコ・ウエルカムセンターからは、おもな建物を歩いて回るツアーも催行される。

Art Deco Welcome Center
MAP P.51-B2　住1001 Ocean Dr.　☎ (305) 672-2014　URL mdpl.org　圏9:00〜17:00
ウオーキングツアーは毎日10:30発　所要2時間　料＄35、65歳以上＄30

ビーチに近いところにあるウエルカムセンター

---

notes ビーチの立体駐車場★最大のものはリンカーンモール北側、17 St.のConvention Center Dr.の突き当たりにあり（西行きから左折入庫不可）、1時間＄2、4時間以後＄1、24時間＄20。そのほかは ↗

コンテンポラリーアートの殿堂

バス美術館　Bass Museum of Art

MAP P.51-B1

　世界中のアーティストに展示スペースを提供しているコンテンポラリーアートの美術館。彫刻、絵画、写真、映像、衣装などあらゆる表現方法での展示が数ヵ月ごとに登場する。

　バス美術館のオープンは1964年。美術コレクターのバス夫妻John & Johanna Bassが寄贈した莫大な作品をベースにしている。収蔵品はエジプト美術やギリシア美術、ルネッサンス期の絵画、彫刻、浮世絵など3000点以上に及ぶ。しかし現在ではコンテンポラリーアートに焦点を移しており、こうした収蔵品の展示は限定的で、ほかの美術館に貸し出していることも多い。ときには中世の宗教画などの収蔵品と現代アートをコラボさせた展示もあり、バス美術館ならではの作品といえる。

　バス美術館ではまた建物や屋外展示にも注目したい。珊瑚岩で造られたアールデコ調の本館、磯崎新設計による新館、そして蛍光塗料で塗り分けた岩のモニュメントMiami Mountainはいまやビーチのランドマークのひとつだ。

ユダヤ人大虐殺の慰霊碑

ホロコーストメモリアル　Holocaust Memorial

MAP P.51-B1

　何かから救いを求めているような巨大な腕のブロンズ像には無数の人間がまとわりつき、その表情は"地獄"を語っているよう。この力強い像は、第2次世界大戦中ナチによって虐殺された約600万人のユダヤ人のための慰霊碑。右奥入口のインフォメーションを通ると、石碑の壁があり、そこには虐殺の模様を撮影した写真と説明文が刻まれている。アウシュビッツの収容所で家畜同然に扱われている様子、ガス室へと向かう列をつくる人々、人体実験の様子など悲惨な現実が展示されている。奥には祈りのスペースもある。

Bass Museum of Art
住 2100 Collins Ave.
☎ (305)673-7530
URL thebass.org
開 12:00～17:00
休 月・火、11月第4木曜、12/25
料 $15、65歳以上&7～18歳$8
行き方 リンカーン・ロード・モールから北東へ6ブロック

新設されたカフェとショップもとてもクール

Holocaust Memorial
住 1933-1945 Meridian Ave.
☎ (305)538-1663
開 10:00～日没
料 無料
行き方 リンカーン・ロード・モールから北へ3ブロック

マイアミ

マイアミビーチ

Column ロメロ・ブリット Romero Britto

　1963年にブラジルで生まれたブリットは、マイアミを拠点に活動する世界的ポップアーティスト。ルーブルほか100ヵ所以上の美術館などに作品が展示され、ディズニーとのコラボ作品も人気だ。

　特徴は、ピカソに影響を受けたという大胆なパターンと鮮やかな色。子供、動物、チョウ、ハートのモチーフが多く、どの作品もハッピーで愛がいっぱい！

　ビーチでは17 St.のフィルモア劇場横と5 St. & Alton Rd.角にパブリックアートがあるほか、リンカーン・ロード・モールにギャラリーとショップ、空港のターミナルDにもショップがある。また、日本での通信販売も開始している。

Romero Britto Fine Art Gallery
住 1102 Lincoln Rd.
開 12:00～21:00、金・土11:00～

ぬり絵本$10 からフィギュア$1200 まである

7 St.の Collins Ave.と Collins Ct.の間、12 St.の Washington Ave.と Pennsylvania Ave.の間、13 St.の Ocean Ct.と Collins Ave.の間などにあり、1時間$2、週末&イベント時 20:00 ～翌 5:00 一律$15。

ダウンタウン
Downtown

マイアミのダウンタウンにはプエルトリコ、キューバ、中南米から移り住んだ人が非常に多い。スペイン語を母国語とする彼らをヒスパニックと呼ぶが、ダウンタウンで交わされる会話の多くがスペイン語だ。焼けつくような日差しと湿った空気のせいか、町の雰囲気にはアメリカのどの町とも似ていないマイアミ独特のものがある。

ダウンタウンの中心街はメトロバスのバスターミナルからビスケーン湾まで東西に延びるフラグラー通りFlagler Street。SW 1 Ave.の角にヒストリーマイアミと、その向こうにメトロレイル＆メトロムーバーのGovernment Center駅がある。フラグラー通りの東の突き当たりはビスケーン湾に面したベイフロント公園で、北へ3ブロック歩くとにぎやかな**ベイサイドマーケットプレイスBayside Marketplace**だ。ビジネス街はダウンタウンの南の外れ、ブリッケル地区に集中している。

ここ数年、ダウンタウンには次々と高層ビルが建ち、見るたびにスカイラインが変わっている。人口の増加にともなって治安も以前に比べてよくなってきたものの、人どおりが少ない細い路地やちょっとさびしい場所に入らないよう、注意も必要だ。

ダウンタウンの住所
マイアミの本土側の道路の名は、東西に走る道路がStreet、南北に走る道がAvenueになっている。すべてダウンタウンのFlagler St.＆Miami Ave.が基準。例えば、この角より2ブロック西を走る2 Ave.は、Flagler St.より南ではSW 2 Ave.、北ならNW 2 Ave.となる。番地は1ブロックごとに100番ずつ増えるので、4400 NW 87 Ave.ならNW 44 St.付近だとわかる

マイアミダウンタウンを象徴するフリーダムタワー。入国審査場でもあった

マイアミトロリー → P.62

Bayside Marketplace
🏠401 Biscayne Blvd.
☎(305)577-3344
URLwww.baysidemarket
place.com
🕐10:00〜22:00、金・土〜23:00、日11:00〜21:00
行き方ビーチからメトロバス＃119-S、120。入口には常時タクシーが待機している。夜、ホテルへ戻る際に利用しよう
※正面入口右側の車寄せは、観光バスのグレイラインと、グレイハウンドと提携するフリックスバスの出発地点

ダウンタウンで一番にぎわう
ベイサイドマーケットプレイス
Bayside Marketplace

MAP
P.54
-B2

ビスケーン湾のヨットハーバーに面したショッピングモール。開放的な2階建てアーケードには、おみやげにいい小物やファッションなどカジュアルショップや屋台が約90軒、『Hard Rock Cafe』をはじめとする約20軒のレストランやカフェがあり、いつも大勢の人でにぎわっている。マイアミ定番のクルーズやボートもここから出発。2020年秋には海側に観覧車**スカイビューズマイアミSkyviews Miami**（13:00〜22:00。$20）も開業した。高さ約60m、1周15分で、ダウンタウンのスカイラインやビスケーン湾の景色が楽しめる。週末には無料コンサートなどイベントが多いので、ぜひのぞいてみよう。

東側にできた観覧車

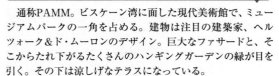

フロリダを代表する現代美術館

マイアミ・ペレス美術館 Pérez Art Museum Miami

MAP P.54 -B1

通称PAMM。ビスケーン湾に面した現代美術館で、ミュージアムパークの一角を占める。建物は注目の建築家、ヘルツォーク&ド・ムーロンのデザイン。巨大なファサードと、そこからたれ下がるたくさんのハンギングガーデンの緑が目を引く。その下は涼しげなテラスになっている。

所蔵品は、キューバ系の富豪ホルヘ・ペレス氏が寄贈したコレクションを中心に、20世紀以後の作品約2000点に及ぶ。展示室もゆったりとしていて、外光をふんだんに取り入れて明るい。1階のレストランはビスケーン湾の眺望がすばらしく、ヘルシーなメニューも好評。隣のショップにはアートな雑貨が並んでいる。

大人も子供も楽しめる

フロスト科学博物館
Phillip and Patricia Frost Museum of Science

MAP P.54 -B1

マイアミ有数の億万長者、フロスト夫妻からの寄付金によって設立、運営されている水族館&博物館。中央の大きな水槽と、プラネタリウムで上映される巨大映像やレーザーショーが人気。

中へ入ると、まずはヒトの五感と食について学ぶMeLaBがあり、スロープを上がった所にサメやマンタが泳ぐ大水槽を見上げる窓がある。その奥は熱帯魚やクラゲが2フロアに展示された水族館と、鳥からロケットまで「飛翔」をテーマにしたFeathers to the Starsの展示室だ。4階テラスからは大水槽を見下ろせるほか、マングローブの湿原コーナーやエイなどに触れることができるタッチプールがあり、子供の歓声が1日中響いている。

天気がよければエレベーターで屋上へ上がり、ダウンタウンとビスケーン湾のパノラマを楽しむといい。

もう1ヵ所見逃せないのがレオナルド・ダ・ヴィンチをテーマにしたDa Vinci Inventions。別館の2フロアを使って驚くべき発明の数々について展示されており、有名なダ・ヴィンチ・コードはタッチスクリーンでのぞくことができる。

巨大水槽を見下ろすことができる。水族館と科学についての展示が楽しめる

Pérez Art Museum Miami

🏠1103 Biscayne Blvd.
☎(305)375-3000
URL www.pamm.org
🕙11:00～18:00、木～21:00
休火・水、11月第4木曜、12/25
料$16、7～18歳&62歳以上$12。第2土曜は無料。駐車場$18
行き方メトロムーバーMuseum Park駅下車すぐ
※大きな荷物は持ち込み不可。ロッカーもない

美術館と博物館は庭園を挟んで向かい合っている

Phillip and Patricia Frost Museum of Science

🏠1101 Biscayne Blvd.
☎(305)434-9600
URL www.frostscience.org
🕙10:00～18:00
休無休
料月～木$29.95、4～11歳$22.95、金～日及びピーク時は$32.95、4～11歳$24.95。プラネタリウムを含む
行き方メトロムーバーMuseum Park駅下車すぐ

サメやエイ、魚を下から眺めることもできる

History Miami Museum

住 101 W. Flagler St.
☎ (305)375-1492
URL www.historymiami.
org
開 10:00〜16:00、日12:00〜
休 月・火・祝
料 $10、6〜12歳$5
行き方 メトロムーバー、メトロレイルGovernment
Center駅から南へ1ブロック

Bayfront Park

住 Biscayne Blvd.沿い、インターコンチネンタルホテルからベイサイドマーケットプレイスの間
URL bayfrontparkmiami.
com

ベイフロント公園にある波乗りのオブジェ

Freedom Tower

住 Biscane Blvd.&NE 6 St.
開 改装工事のため閉館中
行き方 メトロムーバーの
Omni Loop、Freedom
Tower駅下車

Jungle Island

住 1111 Parrot Jungle
Trail
☎ (305)400-7000
URL www.jungleisland.com
営 9:30〜16:30、夏期延長
料 $24.95、3〜9歳$16.95、
エサやりは$65
行き方 メトロバス#120、
M、Sで。バス停によっては大回りしなければならない。車の場合ビーチからは5 St.を西へ。Mac
Arthur Cswy.（I-395）の途中に標識が出ている

南フロリダの過去から現在を知ろう

ヒストリーマイアミ　History Miami Museum

MAP P.54 -A2

　Government Center駅に近い、コーラルピンクの建物が南フロリダ1万年の歴史と文化を伝える博物館だ。館は北と南に分かれ、北館はマイアミの歩みを紹介。石器時代か

中南米からも多くの移民がやってきた歴史がわかる

ら始まりヨーロッパ人の入植、鉄道の敷設とリゾート開発、タバコ産業、観光地化、中南米からの移民、公民権運動などを写真や模型、動画などで解説している。南館はアートの町として知られるマイアミを象徴するバラエティに富んだ芸術品を展示。興味深いアートは期間ごとに入れ替わる。

イサム・ノグチの遺産

ベイフロント公園　Bayfront Park

MAP P.54 -B2

　ダウンタウンの東、ビスケーン湾沿いに位置する公園。この公園は日系の彫刻家イサム・ノグチ氏のデザインによるもので、1985年冬、ケープカナベラル沖の上空で散ったスペースシャトル・チャレンジャーの乗組員のための慰霊碑もある。ヨガ教室などアクティビティやイベントが頻繁に行われている。

フロリダのエリス島

フリーダムタワー　Freedom Tower

MAP P.54 -B2

　1925年に新聞社の社屋として建てられたタワー。スペインのセビリアにあるヒラルダの塔をモデルとしたデザインで、合衆国政府がキューバからの移民の入国審査場として使用していたことから、フロリダのエリス島（ニューヨークの自由の女神の隣にある移民局があった島）と呼ばれた。1960〜70年代にかけて、カストロ政権から逃れてきた50万人以上のキューバ難民が、フリーダムタワーを経由してアメリカ国民になったといわれる。

極彩色のオウムたちと記念撮影を

ジャングルアイランド　Jungle Island

MAP 折込ウラ -C3

　ダウンタウンとサウスビーチをつなぐMacArthur Cswy.の途中、ビスケーン湾に浮かぶ島にある。人工的に造られたとは思えないような園内に極彩色のオウム、ピンクのフラミンゴ、クジャクといった鳥たちに加えてワニ、ペンギン、カピバラなどが飼育されている。広い園内にさまざまなアトラクションがあるが、一番人気はParrot Bowlで行われる愛嬌たっぷりのオウムたちによるバードショー。またジップラインを含むツリートレッキングなどのアウトドアアクティビティも楽しめる。

---

voice リトルハバナへ行くなら★リトルハバナでおみやげを買うときは Little Havana Visitor Center がおすすめ。種類が豊富で洗練されたものが置いてあり、見ているだけでも楽しいです。

グレーターマイアミ
Greater Miami

マイアミ都市圏は南北約40kmの範囲に広がっており、ダウンタウン以外の見どころはそれぞれ離れた場所にある。メトロバスやメトロレイルで行けるポイントもあるが、本数が少なかったり、バス停からかなり歩いたりと不便。リトルハバナ、デザイン地区、ウィンウッド・アート地区以外の見どころは、車以外の方法で訪れる観光客はとても少ないのが実情だ。車がない場合は暗くなる前に戻るようにしたい。

ラテンの国マイアミを感じる
リトルハバナ　Little Havana

MAP
P.54
-A3

別名ラテンクオーター Latin Quarter。1960〜70年代、カストロ政権の誕生とともにマイアミへ移ってきた大勢のキューバ人がコミュニティを作った地域。現在、マイアミ周辺には約120万人のキューバ系の人々が住んでいるといわれる。中心街は**カジェオチョ Calle Ocho**（スペイン語で8番街の意）と呼ばれるSW 8 St.だ。SW 4〜27 Ave.あたり、手巻きの葉巻工場やキューバンレストランなどが集まっている。店の看板はすべてスペイン語。いまや観光バスも停まるマイアミの名所になってしまった。15 Ave.の角にある**ドミノ広場Domino Park**（Máximo Gómez Park）では、老人たちが日がな1日ドミノやチェスに興じている。

リトルハバナのヘソ、ドミノ広場

移民の町マイアミ
マイアミ都市圏（デード郡）の人口は約266万人（2022年）で、ほぼ半数が外国で生まれた移民。ヒスパニックが約69.1%、黒人が約17.4%、ヒスパニックを除いた白人が約13.6%といわれている

Little Havana
行き方 メトロムーバーBrickell駅からメトロバス#8（10〜30分ごと）で

Viernes Culturales
URL viernesculturales.org
毎月第3金曜の12:00から行われるイベント。カジェオチョの13〜17 Ave.でキューバ音楽やダンス、大道芸が繰り広げられ、カラフルな工芸品やアートが揃うのみの市も開かれる

Column **マイアミとキューバ**

フィデル・カストロが社会主義の旗印を掲げて革命を起こした1959年、大量のキューバ人が祖国を捨ててアメリカへ移ってきた。彼らが、地理的にもキューバに近く気候風土も似ているマイアミに集まったのは当然のことだろう。しかしその頃のマイアミはすでにリゾートブームに沸いた最盛期を過ぎ、公害や人種問題などに悩む大都市になっていた。キューバの人たちはコミュニティを作り、なかには商売を成功させる者もいるが、おもしろくないのは黒人たちだ。常に社会のシワ寄せをくらってきた黒人の生活は、キューバ人の大量流入によってさらに悪

化し、両者の間には争いが絶えなかった。
10年後、マイアミに住む約50万人のキューバ系の人々の生活はやっと向上した。再開発事業など町の政策によるものだろうが、逆にキューバ人の働きによってマイアミは救われた、という見方もある。
2015年、キューバは半世紀ぶりにアメリカと国交を正常化。ノスタルジックでカラフルな街並みや独特の文化が注目を集めた。しかしその後、トランプ政権による経済制裁の復活やコロナ禍、2022年秋のハリケーン被害によってキューバ経済は悪化。アメリカへの不法移民が再び急増している。

Miami Seaquarium

住 4400 Rickenbacker Cswy.
☎ (305)361-5705
URL www.miamiseaquari
um.com
営 10:00～17:00
料 $49.99、3～9歳$39.99
行き方 ダウンタウンからメ
トロバスの#102-Bで。車
で行く場合はI-95のExit 1A
で下り、Key Biscayneへ向
かい、Rickenbacker Cswy.
($3)を渡る。駐車場$15、
金～日$20

楽園？　それとも監獄？

シークエリアムは以前から
飼育環境の劣悪さをあち
こちから指摘されてきた。
シャチの水槽は奥行き
10.7mと、政府が定めた
最低基準（14.6m以上）よ
り狭い。かつてこの水槽
にいたオスのシャチは、体
が大きく、壁に頭をぶつけ
てばかりいたためわずか
10歳で死んでしまった。
　2023年3月、ロリータ
を海に還すことが発表さ
れた。今後2年ほどかけて
準備を進め、同じ水槽で
暮らす2頭のイルカととも
に、生まれ故郷であるワ
シントン州の海に放たれ
る。ただしロリータは高齢
で持病もあるため、東京
ドームより広い囲いのなか
で環境に順応させるとい
う。その海ではロリータの
母親とみられるシャチがま
だ生きており、推定95歳！
　$2000万ともいわれる
移送費用のほとんどは慈
善家の寄付だという

Bill Baggs Cape Florida SP

開 8:00～日没　**料** 車1台
$4（2人以上乗車は$8）
行き方 メトロバスの#
102-Bで終点下車。車で
行く場合はシークエリア
ムからさらに奥へ約10分

イルカやアシカのショーが人気
マイアミシークエリアム　Miami Seaquarium

　シーワールド（→P.229）と水族館が一緒になったようなア
ミューズメントパーク。1000種以上の海の生物を見ることができ
るほか、イルカやアシカが芸を披露するショー、イルカと泳ぐツ
アー、トレーナー体験などさまざまなプログラムが行われている。
　2022年、シークエリアムは経営が替わり、ウミガメなど海の
動物の保護、リハビリなどに力を入れるようになっている。か
つてシークエリアムといえばシャチのロリータのショーで有名
だったが、虐待ではないかと論争の的であった50年以上にわた
るステージを終え、2022年に引退した。
　シークエリアムでもうひとつ見逃せないのが、ジュゴンの仲
間、マナティ Manatee（→P.246）の水槽。ボートとの接触などで
傷ついたマナティを引き取り、海に帰すまでの間ここで保護して

いる。水面に浮いている餌
の草や果物をもぞもぞと食
べている姿は愛らしく、見
ていて飽きない。

←外観も一新。生まれかわった
シークエリアム　↓入園時に渡
される地図でショーの時間を
チェックしておこう

ベストビーチ全米第8位に選ばれたこともある天然の砂浜

ビル・バグス・ケープフロリダ州立公園　Bill Baggs Cape Florida SP

　シークエリアムからさらに
先へ進んで、キービスケーン
の突端にある。長さ2kmに及
ぶ砂浜は、マイアミビーチのそ
れと違ってすべて大自然が造っ
たもの。大都会の目の前にあり
ながら、全米でもトップクラス
の美しさを保っている。岬の突
端に建つ灯台は1825年完成で、
南フロリダ最古の建造物だ。

大都会の目の前にある
大自然を見にいこう

---

trivia 海底墓地★キービスケーンの沖5.4kmの水深12mの海底に、古代ギリシア神殿の遺跡のよう
な建造物が沈められている。これらは火葬した灰を固めた墓石で、ダイビングスポットとしても人気。

アメリカ最大の個人の邸宅
ビスカヤ・ミュージアム&ガーデン　Vizcaya Museum & Gardens

MAP 折込ウラ -B3

ウェブサイトで予約をして訪れよう

20世紀の初め、当時の億万長者、インターナショナル・ハーベスター社の副社長ジェームス・ディアリングが避寒のために建てた大別荘。

個人の邸宅としてはアメリカ最大といわれ、美しい庭園の中に位置するイタリア・ルネッサンス・スタイルの豪邸は70の部屋がある。ディアリングは、ヨーロッパの絵画、建築、タペストリー、家具や骨董品などの収集に意欲的だったため、邸内のダイニング、リビング、朝食用、音楽用などの各部屋にそれらのコレクションが展示されている。

"ビスカヤ"とはスペインのバスク地方の言葉で"高潔な場所"の意味。建物の完成は20世紀だが、庭園に一歩踏み込めば16世紀の宮殿を訪れているような雰囲気に包まれる。花の手入れもよく行き届いている。

1987年9月には、当時のローマ教皇ヨハネ・パウロⅡ世とレーガン元大統領が、プライベートな会談をここビスカヤで行った。なお現在、見学は事前予約制となっている。

おしゃれなファッションストリート
ココナッツグローブ　Coconut Grove

MAP 折込ウラ -B3

ビスカヤの目の前をさらに南へ下った地域はマイアミの高級住宅街で、緑いっぱいの街路樹の奥に立派な家が並んでいる。ショッピングモールの**ココウオークCocowalk**を中心としたショッピングエリアが有名で、高級ブティック以外にもマイアミらしい遊び心いっぱいのカジュアルな店がたくさんある。特にMain Hwy.やMcFarlane Rd.沿いにキッチュなものを扱う雑貨店やブティックが点在する。路上駐車している車もスポーツタイプが多く、どれもピカピカに磨きこんであって、まるで車の展示会のよう。

ココナッツグローブを訪れるなら、ぜひ週末の夜に行こう。平日はリッチな奥サマが多い静かな町が、週末の夜は若者が集まってきて活気に満ちる。

週末は若者で深夜までにぎわうココウオーク。ココナッツグローブの中心だ

Vizcaya Museum & Gardens
（オンラインで予約要）
住 3251 S. Miami Ave.
☎ (305)250-9133
URL vizcaya.org
開 9:30～16:30
休 火、11月第4木曜、12/25
料 $25、6～12歳$10
行き方 メトロレイルのVizcaya駅下車。US-1の歩道橋を渡り、東へ徒歩約5分。車で行く場合は、I-95のExit 1Aを下れば、あとは標識が出ている

まるでヨーロッパの古城の趣。天井も床も細部まで凝った造りだ

Coconut Grove
行き方 メトロレイルのCoconut Grove駅からマイアミトロリー Coconut Grove Route（20分ごと、無料）で約8分

 trivia　サンゴの養殖★マイアミ沖の海底ではサンゴの養殖が試行されている。研究者やボランティアダイバーの手によって育てられたサンゴの "苗" を、ダメージを受けた珊瑚礁に移植するのだ。

コーラルゲーブルス Coral Gables

Miracle Mile

URL coralgables.com

行き方 メトロレイルの
Vizcaya駅からメトロバ
ス#24で約15分、または
マイアミトロリー Coral
Way Route (20分ごと。
無料) で。ビーチから車
で行くなら、I-395から
Dolphin Expwy.を走り、
LeJeune Rd.の出口を下り
て左折。Coral Way (SW
22 St.)まで南下する

Merrick House

住 907 Coral Way, Coral
Gables

☎ (305)774-0155

開 土・日 13:00、14:00、
15:00発

料 $5、学生$3、6〜12
歳$1

行き方 メトロバス#24で
Granada Blvd.下車

Coral Wayの西の外れに建
つメリックハウス

Venetian Pool

住 2701 De Soto Blvd.,
Coral Gables

☎ (305)460-5306

営 11:00〜17:30、土・日
10:00〜16:30 (夏期延
長あり)

休 月、12〜1月

料 $21、3〜12歳$16。3
歳未満または身長97cm
未満入場禁止

行き方 Coral Wayを西へ
走り、Toledo St.を左折、
De Soto Blvd.を右折し
て1ブロック

ココナッツグローブから少し西へ走るとUS-1を境にしてマイアミ市が終わり、コーラルゲーブルスという独立した市 (行政区域) が現れる。ココナッツグローブも大きな邸宅が多いが、コーラルゲーブルスはがらっと雰囲気が異なる別世界だ。ゆったりと広い道路、屋敷内をさり気なく目隠ししている街路樹、大きな駐車場と庭園の奥に建つ家は地中海スタイルのシックな外観で、実にエレガント。

コーラルゲーブルスの町並みはジョージ・メリックの構想によって1920年代に生まれたもので、住宅街の周囲には運河を引いてマングローブの木を植え、地中海スタイルの町を走る道路にはすべて地中海沿岸の町の名前がつけられている。運河を下った所にはマリーナまで用意されていて、これもコーラルゲーブルス市で管理している。

コーラルゲーブルスがビバリーヒルズだとすると、ロデオドライブにあたるショッピングストリートが**ミラクルマイルMiracle Mile**。Coral Way (SW 22 St.)のDouglas Rd. (SW 37 Ave.)からLeJeune Rd. (SW 42 Ave.)までの間に、4ブロックにわたって約160軒の高級ブティックやアートギャラリー、ビューティサロン、レストランが並んでいる。

Coral Wayを西へ進むと、かつて住宅街の入口であった珊瑚岩でできたゲートがある。これを入るとすぐ右側に、コーラルゲーブルスの生みの親であるジョージ・メリックが住んでいた典型的な地中海スタイルの邸宅、**メリックハウスMerrick House**がある。内部は博物館になっていて、不動産開発業者であったメリックの挑戦と1925年のハリケーンによる挫折など、波乱に満ちた彼の生涯を知ることができる。

ヴェネツィアンプール Venetian Pool

メリックハウスから南へ4ブロックの住宅街に、珊瑚岩の石切り場跡を利用したユニークなプールがある。周囲にはイタリアのヴェネツィアにあるような太鼓橋が架けられ、洞窟や滝なども造られていてエキゾチック。1924年から数多くの市民でにぎわってきたこのプールには誰でも自由に入ることができ、更衣室、ロッカーもある。約3100m³の水は地下から湧き出たもの。世界一美しいといわれる公共プールで泳いでみよう。

泳がなくてもぜ
ひのぞいてみた
いヴェネツィア
ンプール

ビルトモアホテル The Biltmore Hotel

ヴェネツィアンプールから斜めに延びるDe Soto Blvd.を5ブロック下ると、26階建てのスペイン風タワーをもつ大きな建物が現れる。1926年にジョージ・メリックがコーラルゲーブルスの中心として建てたもの。第2次世界大戦中は軍人病院として使われ、その後はずっと閉鎖されたままだったが、大改修して1986年にホテルとしてオープンした。ここでは端正な外観を眺めるだけでなく、ぜひロビーにも入ってほしい。厳かな雰囲気が漂い、そこにいるだけで気が引き締まる。ロ

ビーを抜けて、映画007にも登場したという美しいプールや庭園、広大なゴルフ場を見渡そう。最上階には、世界の著名人やアル・カポネが泊まったというカポネスイートもある。

コーラルゲーブルスの黎明期の姿を伝える建物のひとつがビルトモアホテルだ

世界中の美術品を一堂に

ロウ美術館 Lowe Art Museum

MAP 折込ウラ -A3

マイアミ大学の構内にある美術館。世界中の国々から幅広く美術品を集めてあり、小規模ながらなかなか充実している。アメリカ先住民ではカチナドール（精霊を表す人形）、ティピ（テント）、ビーズの工芸品など、アフリカからは祭儀用のマスクや木像、衣類、ヨーロッパでは古代ギリシア＆ローマの大理石の像や壺、ほかにもインドや中国の仏教美術などが紹介されている。ハイライトは17～20世紀の西洋美術。エル・グレコの『十字架を持つキリスト』から始まり、シスレー、ゴーギャン、モネ、トーマス・ゲインズボロ、レンブラント・ピール、ボテロの作品もある。

モダンアートが充実

現代美術館 Museum of Contemporary Art (MOCA)

MAP 折込ウラ -C1

規模は小さいが、斬新な現代アートに出合える美術館。1～2ヵ月ごとに変わる特別展がメインで、ギャラリー全体を駆使したインスタレーションの作品やビデオ、オブジェまで、アートが意味するところの幅広さを感じさせてくれる。受胎を表すカプセルが荒野に浮かぶ『Entropy of Love』は森万里子の作品だ。

モダンアートに興味があるならぜひおすすめ

The Biltmore Hotel → P.95

🏠1200 Anastasia Ave., Coral Gables
Free1855-311-6903
URLbiltmorehotel.com
行き方ヴェネツィアンプールからDe Soto Blvd.を南下した突き当たり

Lowe Art Museum

🏠1301 Stanford Dr., Coral Gables
☎(305)284-3535
URLlowe.miami.edu
開水～土10:00～16:00
休日～火、おもな祝日
料無料
行き方メトロレイルのUniversity駅から大学行き無料シャトルバスあり。歩いても10分。車で行くならUS-1を南下し、Stanford Dr.を右折

世界中の幅広い展示が楽しめる大学内の美術館

MOCA

🏠770 NE 125 St., North Miami
☎(305)893-6211
URLmocanomi.org
開10:00～17:00、水12:00～19:00
休月・火
料$10、シニア・学生$5
行き方I-95のExit10からNE 125 Stを東へ1マイル走った右側。メトロバスなら#9、10、16で約30分

雪が降ったが、積雪はなかった。このときタンパなどでは数cmの積雪があった。また2022年のクリスマスにもケネディ宇宙センター付近でみぞれが記録されている（→ P.104、126）。

ICA Miami

住 61 NE 41 St.
☎ (305)901-5272
URL icamiami.org
開 11:00〜18:00
休 月・火
料 無料。**要予約**で、当日でも空いていれば入れるが、その場でQRコードを読み取り、個人情報を入力する必要がある。
行き方 NE 41 St.沿い、1 St.とN. Miami Ave.の間。中心部からは#9, 10のバスで40 St.下車

Design District → P.18

住 I-195の北に隣接したNE 38〜42 Sts.、N. Miami Ave. 〜 US-1に挟まれたエリア
行き方 ベイサイドマーケットプレイスなどから無料トロリー Biscayne Routeで。車ならビーチからI-195を西へ走って#2Bを下りる。駐車場はNE 41 St沿いとNE 38 St沿い

Wynwood Arts District

URL wynwoodmiami.com
行き方 メトロムーバー Adrienne Arsht駅から無料トロリー Wynwoodで。日曜運休。車ならデザイン地区（上記）からMiami Ave.を南へ2ブロック走り、NW 36 St.を右折、NW 2 Ave.を左折したあたりが中心

Wynwood Walls

住 266 NW 26 St.
☎ (305)672-1270
URL thewynwoodwalls.com
開 11:00〜19:00、金・土〜20:00（季節によって変更あり）
料 $12、55歳以上$10
行き方 NW 26 St.とNW 2 Ave.のあたり

ウィンウッド・アート・ウォーク

毎日さまざまなギャラリーウオーク$25〜が行われている。2人より催行
URL www.wynwoodartwalk.com

マイアミアートを牽引する若手の登竜門

ICAマイアミ　Institute of Contemporary Art, Miami

MAP 折込ウラ -B2

デザイン地区にふさわしい ICA マイアミ。美術館とは思えない外観

　まだ知られていない新人や地元のアーティストを取り上げ、次々に斬新なアートを公開する現代美術館。2017年にデザイン地区の北西に誕生した3階建ての建物で、まず目を引くのがステンレスの板を幾何学的に組み合わせたような外観。展示フロアでは、大胆かつ奇抜で、ビビッド、不可思議で新鮮な作品の数々に出合える。展示は6ヵ月ごとに替わる。また、裏の彫刻庭園に点在するオブジェは、奇想天外、こちらも観ていてとてもおもしろい。マイアミアートの層の厚さは、このようなプラットフォームがあるからと感じさせてくれるスポットだ。

全米で最もクリエイティブでおしゃれなアートゾーン

デザイン地区　Design District

MAP 折込ウラ -B2

デザイン地区のパームコートにある Fly's Eye Dome

　今、全米で最旬なアートタウン「マイアミ」を象徴するのが、デザイン地区だ。再開発により生まれ変わった18ブロックに170ものハイエンドブランド、ミシュランスターのレストラン、デザインのショールームなどが軒を連ね、そこにひときわ目を引くパブリックアートが点在する。これらの建物やオブジェに共通するのが、スタイリッシュかつ斬新なデザイン。いつものショッピングストリートからは想像もつかないほどおしゃれなのだ。特に週末は多くの住民でにぎわうが、マイアミらしく気取ったところがないのもいい。

マイアミのアートシーンを彩る新名所

ウィンウッド・アート地区　Wynwood Arts District

MAP 折込ウラ -B2

バラエティに富んだ無数の名物の壁画があり、見飽きることがない

　かつて閑散としていた倉庫街が、今や観光バスも寄るマイアミを代表する観光スポットに生まれ変わった。デザイン地区の南、NW 22 St.から36 St.、I-95からNE 2 Ave.に囲まれたエリアはギャラリー、アトリエ、カフェなどに加え、数え切れないほどの壁画が名物になっている。なかでも**ウィンウッドウォールズ Wynwood Walls**は50近い壁画と美術品の展示された屋外美術館で、期間ごとに壁画も塗り替えられる。壁画見学は自分で回るのもいいが、ウオーキングツアーも盛んだからぜひ参加してみたい。

---

trivia ウィンウッド地区の壁画トリビア ★壁画の総面積は約3252㎡、使われた絵の具は28万ℓと10万のスプレー缶、約100人のアーティストによって描かれ、訪れる人は年間300万人。

珍しい動物をお見逃しなく
マイアミ動物園 Zoo Miami

約400種、2500頭を飼育している大きな動物園で、希少動物を見ることができるのが魅力。ビーチから車で40分ほど離れており、敷地もたいへん広いので見学には時間がかかる。丸1日かけるつもりで出かけよう。

広大な園内はアフリカ、アジアなど生息地ごとに分かれており、体長3mにもなるトカゲ、コモドドラゴンや、カールした長い角をもつ牛の仲間アダックス、インドサイ、クロサイ、ワオキツネザル、コビトカバ、オカピ、マレーバク、ウンピョウなど貴重な動物がたくさんいる。特にアメリカにはいないサルのコーナーが子供たちの人気を集めている。

絶滅危惧種のスマトラトラ

大統領専用車に乗り込もう
ゴールドコースト鉄道博物館 Gold Coast Railroad Museum

マイアミ動物園のすぐ隣にある、歴史的な列車を保存するための博物館。蒸気機関車7両、ディーゼル機関車7両、客車15両が展示されており、目玉はルーズベルト、トルーマン、アイゼンハワーらが使用した

プルマンの大統領専用車。軍隊が病院として使用していた列車も珍しい。

週末の午後には列車を実際に走らせるイベントも行われる。

大統領専用列車は内部も見学できる

ミステリアスなサンゴの城
コーラルキャッスル Coral Castle

旧ソ連のラトヴィアから移住したEd Leedskalninという男が、1923年から28年の歳月を費やして造り上げた、珊瑚岩でできた不思議な城。重さ9tもある扉が子供の指1本で簡単に開いてしまう（ただし、現在は固定されている）など、謎がいくつもある。機械も使わず、手もとにある工具だけで造ったというこの城には、何とも悲しい逸話が残っている。

結婚を数時間後に控えてフラれた33歳のエドは、それからの人生、花嫁との生活を思い描き、ひとり黙々と珊瑚岩で夢の生活を作り続けたという。エドが孤独のうちに死んだのは64歳のときだった。

Zoo Miami
🏠12400 SW 152 St.
☎(305)251-0400
URLwww.zoomiami.org
開10:00～17:00、11月第4木曜～15:00、12/25 12:00～
料$22.95、3～12歳$18.95
行き方メトロレイルの南の終点Dadeland South駅から#252 Coral Reef MAXというバスで30分。土・日のみ。ほぼ1時間ごと。
ビーチから車で行くならI-395、Dolphin Expwy.経由でFlorida Turnpikeを南下。Exit 16を下りたら右折し、すぐ次の152 Stを右折すると左側。約40分

Gold Coast Railroad Museum
🏠12450 SW 152 St.
☎(305)253-0063
URLwww.goldcoastrailroadmuseum.org
開10:00～16:00、土・日11:00～
休火・木、11月第4木曜、12/25、1/1
料$12、3～12歳$10
行き方マイアミ動物園の手前。動物園の駐車場から152 St.に戻る途中、左側奥の建物

Coral Castle
🏠28655 S. Dixie Hwy.
☎(305)248-6345
URLcoralcastle.com
開9:00～18:00
休月～水
料$18、7～12歳$8
行き方車のみ。Florida Turnpikeを南下し、Exit 5で下りる。SW 288 Stを右折して2マイル走り、SW 157 Ave.を右折。マイアミから約40分

ビスケーン国立公園の手前にある

タイミングが合えばメジャーリーグ観戦もおすすめ。2023年WBC決勝が行われたローンデポパークはダウンダウンの西にあり、ビーチからタクシーで約20分

マイアミビーチ・コンベンションセンター

　マイアミビーチの4ブロックを占める大規模なコンベンションセンターがあることから、マイアミではコンベンションの開催が活発だ。参加人数の多いコンベンションが頻繁に開催されるのは、避寒地らしく毎年10月から春にかけて。しかし近年では7・8月を除いたそのほかの季節も増えてきた。

　マイアミを代表するコンベンションセンターはサウスビーチのアールデコ地区（→P.66）の北端に位置し、正面玄関のデザインには大西洋の波を思わせるモチーフが取り入れられている。4つのメインホールを合計すると、ほぼ東京ドームと同じ広さがある。さらに、会議室が大小70も備えられている。

　よく使われるホテルは、フォンテーヌブロー Fontainebleau（→P.93）、ローズ Loews（→P.93）、ダウンタウンにあるマンダリンオリエンタル Mandarin Oriental（→P.95）、インターコンチネンタル・マイアミ InterContinental Miami（→P.94）など。

　なお、ダウンタウンのビジネス街にもコンベンションセンター（MAP P.54-B3）があるが、こちらは小規模だ。

Miami Beach Convention Center
MAP P.51-B1
🏠1901 Convention Center Dr.
（Washington Ave. & 19 St.）
☎(786)276-2600
URL www.miamibeachconvention.com

1日空いたときの過ごし方

　マイアミビーチのコンベンションセンターは、何といってもロケーションがいい。周囲には劇場や美術館、**New World Symphony**（→P.65）などがあり、ショップ＆レストランが連なるリンカーン・ロード・モール（→P.66）へもわずか2ブロック。そして東へ3ブロック歩けば、大西洋に向かってリゾートホテルがズラリと並ぶサウスビーチだ。海沿いの遊歩道をぶらぶらと歩いて南下すれば、パステルカラーの建物がかわいいOcean Dr.へ出る。小粋なカフェも、シーフードがおいしいレストランも揃っている。

ビジネスアイテムが揃うショップ

Office Depot
　コンベンションセンターから北へ行き、Dade Blvd.を左折して水路沿いを約20分歩いた右側にある。タクシーなら約3分。
MAP P.51-A1
🏠1771 West Ave.（Dade Blvd.角）, Miami Beach ☎(305)531-1050
🕐8:00〜20:00、土9:00〜19:00、日10:00〜17:00

TUMI
　コンベンションセンターから南へ2ブロック歩き、リンカーン・ロード・モールを右折。1ブロック先の右側にある。また、郊外のDadeland Mallの中と空港にも専門店がある。
MAP P.51-A1
🏠832 Lincoln Rd.
☎(305)531-2476
🕐10:00〜20:00、日12:00〜19:00

Apple Store
　リンカーン・ロード・モールのほぼ中央、Michigan Ave.の近くにある。
MAP P.51-A1
🏠1021 Lincoln Rd.
☎(305)421-0400
🕐10:00〜21:00

Target（ディスカウントスーパー）
コンベンションセンターから南西へ約3km。薬局、スターバックスあり。
MAP P.51-A2　🏠1045 5 St.
☎(786)582-6708　🕐8:00〜22:00

Best Buy（家電量販店）
上記TARGETの斜め前にある。
MAP P.51-A2　🏠1131 5 St.
☎(305)535-8539
🕐10:00〜20:00、日11:00〜19:00

trivia Q　**ソービーって何？**★マイアミでよく見かけるSoBeという言葉はサウスビーチの省略形。若いローカルが好んで使う呼び方で、雑誌、店名などで頻繁に使われている。

ウエークボード

スノーボードのような板で滑る水上スキー。足にボードを付け、モーターボートに引っ張られながら水上を滑走する。上級者になるとジャンプ、スラロームなど競技的要素も出てくるが、まずはうまく滑走することから始めよう。多少のバランス感覚と筋力は求められるが、滑走しながら味わえるスピード感と爽快さはウエークボードならでは。もちろん初心者でも体験可能で、コーチが懇切ていねいに教えてくれる。

場所は、ダウンタウンとキービスケーンの間にあるビスケーン湾内。ぜひマイアミでウエークボードに挑戦してみよう。

Gator Bait Wakeboard School
MAP折込ウラ-C3　☎(305)282-5706
URL gatorbaitwakeboard.com
料 レッスンを含む1時間$280。要予約

ダイビング、スノーケリング

マイアミビーチの沖約400mには細長い珊瑚礁が延びていて、気軽に潜れるスノーケリングから、Cカード取得を目指すコースまで、いろいろなツアーが行われている。深さは4～5m、ビーチとホテル群の眺めも壮観だ。

Diver's Paradise
MAP折込ウラ-C3
住4000 Cardon Blvd., Key Biscayne
☎(305)361-3483
URL keydivers.com
料初心者コース半日2ダイブ$349
マイアミシークエリア（→P.72）の先にあり、インストラクションや器材レンタル、ボートチャーターも可。

フィッシング

ビスケーン湾の入江にあるマリーナからボートで沖へ出て、ハタgrouperやカマスbarracuda、オオサワラkingfishなどを狙うフィッシングクルーズがある。4人まで半日$650～。ビスケーン湾を横断する堤道や、ビーチのフィッシングピアから釣り糸をたれてみるのも手軽でいい。

Haulover Beach Park
MAP折込ウラ-C1
住10800 Collins Ave., Miami Beach
☎(305)947-3525
営日の出～日没
サウスビーチから海沿いに北上し、バルハーバーを過ぎた所にある。釣り竿などが借りられるほか、フィッシングボートも出ている。

そのほかのマリンスポーツ

マイアミビーチの沖には珊瑚礁があるため、普段はサーフィンができるほどの波はない。そのかわりウインドサーフィンなどには最適。特に5～15 St.あたりのビーチにはいつもカラフルなセイルボードが出ている。そのほかホビーキャットやジェットスキーなどを扱っている店も多い。

ゴルフ

マイアミ周辺には多くのゴルフコースがあって、そのうち約20ヵ所がパブリック。冬期はどこも混んでいて料金が高いが、夏期なら予約なしでもたいていプレイできる。

服装はそのクラブのレベルによっても変わるが、ビーチにあるような小規模のゴルフコースならラフな格好でも大丈夫。

マイアミのおもなゴルフ場

名前	地図／電話	住所／URL	コース	料金	備考
Miami Beach GC	P.51-A1	2301 Alton Rd., Miami Beach	18ホール パー72 5908～6813yd	夏期$135 冬期$240	コンベンションセンターから歩ける距離
	(305)532-3350	miamibeachgolfclub.com			
Normandy Shores GC	P.50-A1	2401 Biarritz Dr., Miami Beach	18ホール パー71 5900～6800yd	夏期$93 冬期$137	ノースビーチの71 St.近く
	(305)868-6502	normandyshoresgolfclub.com			
Biltmore GC (→P.75)	折込ウラ-A3	1200 Anastasia Ave., Coral Gables	18ホール パー71 6800yd	月～水$218 木～日$236	ホテルに併設。設計はドナルド・ロス。予約は7日前から受け付け
	(305)445-1926	biltmorehotel.com			
Trump National Doral Golf Resort	P.53-C1	4400 NW 87 Ave., Miami	90ホール パー70～72 5540～7590yd	夏期$195～495 冬期$240～550	PGA開催の名門。グレッグ・ノーマン、ジム・マクリーン設計
	(305)592-2000	trumphotels.com			
Crandon Golf Key Biscayne	折込ウラ-C4	6700 Crandon Blvd., Key Biscayne	18ホール パー72 6528～7301yd	夏期$69 冬期$176	シニアPGAが開催される難コース。ダウンタウンが遠望できる
	(305)361-9129	golfcrandon.com			

trivia ソフィーって何？★ SoBe ほどではないが SoFi もよく使われる。これは South of Fifth、つまり 5 St. より南側を指す。3方を海、水路、湾に囲まれ、コンドミニアムや住宅が並ぶエリアだ。

マイアミ

ビジネスマンに役立つ情報inマイアミ／アクティビティ&ゴルフ場情報

SideTrip
寄り道ガイド
エバーグレーズ国立公園
Everglades National Park

MAP
P.52

**フロリダ半島最南端に広がる大湿原。世界遺産、なか
でも危機遺産のリストに入っている貴重な国立公園だ**

フロリダ半島の南端、見渡すかぎりの湿地帯が広がるエバーグレーズ国立公園は、熱帯から亜熱帯にかけての多種多様な動植物が生きる、世界的に見ても極めて貴重な生態系が保たれている地域だ。ユネスコの世界遺産としても登録されており、アメリカのみならず国際的な評価を得ている。

エバーグレーズをそれほど貴重なものにしているのは、その特異な環境にある。広大な湿原に見える所は、実はフロリダ最大の湖、オカチョビ湖を水源とする川なのだ。深さわずか15cm、幅は何と150km。河口にあたるフロリダ湾と水源の標高差が4〜5mしかないため、水の流れはほとんど目に見えないが、ゆっくりと

流れている。エバーグレーズの稀有な生態系は、この川の水に依存する極めて脆弱なものだ。

エバーグレーズは水鳥の宝庫としても知られている。また、野生での生息数わずか数十頭と絶滅寸前のフロリダパンサーや、クロコダイル（アメリカワニ）、マナティ（→P.246）などの希少動物のすみかでもある。エバーグレーズにしかない固有種の植物も多く、海水と淡水が混じり合う汽水域にはマングローブの林が広がっている。

Everglades National Park
☎ (305)242-7700
URL www.nps.gov/ever
料車1台$30、バイク$25。7日間有効

SideTrip
寄り道ガイド
ビスケーン国立公園
Biscayne National Park
MAP
P.53-
D1・2

マイアミのビル・バグス・ケープフロリダ州立公園（→P.72）のすぐ南側から、キーウエストまで続く珊瑚礁と小さな島々の連なりが始まる。アメリカ本土で唯一の珊瑚礁であり、マイアミのすぐ近くということもあって、キーラーゴまでのエリアは国立公園として厳重に保護されている。陸地部分は敷地全体の5%しかなく、あとは珊瑚礁の美しい海だ。

なお園内にはホテルやレストランはないが、ストアで軽食と飲み物を購入できる。

ビジターセンターから沖の小島を訪れる3時間半の**ボートツアー**が催行されている。パークレンジャーのガイドでビスケーンの生物、地理、歴史について学びながらBoca Chita Keyの灯台を訪れる。
☎ (786)465-4058
運航毎日9:30、13:30
料 $79、5〜12歳$49

Biscayne National Park
☎ (305)230-1144　URL www.nps.gov/bisc/
開ビジターセンターは9:00〜17:00
休12/25　料入園無料
行き方車のみ。Florida TurnpikeのExit 6で下りたらTallahassee Rd.（SW 137 Ave.）を左折。しばらく走ってN. Canal Dr.（SW 328 St.）を左折した突き当たり。ビーチから約1時間。
※マイアミシークエリアム（→P.72）のあるキービスケーンとはまったく異なる場所なので、混同しないよう注意。

マイアミに近い Boca Chita Key

notes **Miccosukee Indian Village** ★シャークバレーの西にある先住民ミコスキー族の暮らしをテーマにしたビレッジ。ワニのショーが人気。MAP P.52-B1　開水〜日 9:00 〜 16:30　料 $25

エバーグレーズの楽しみ方

広大な公園だが、一般的にアクセスできる場所はフラミンゴ、シャークバレー、エバーグレーズシティの3ヵ所のビレッジ。まったく別の方角からのアクセスとなり、それぞれを園内でつなぐ園道はない。マイアミから日帰りで行くならいずれか1ヵ所に絞ろう。

公共の交通機関はない。車で訪れて、園内で行われているボートツアーなどに参加したり、ハイキングトレイルを歩いたりして過ごすといい。

おすすめの季節は冬。夏は非常に蒸し暑く、雨も多い。また、エバーグレーズは蚊が大量発生することでも有名だ。蚊は1年中いるが、特に5〜8月頃はすさまじい数となる。半袖やショートパンツで日陰へ入ろうものならひどい目に遭う。日本の虫よけ製品はほとんど役に立たないので、ビジターセンターで購入するといいだろう。

フラミンゴ
Flamingo

行き方 車のみ。Florida Turnpikeを終点まで走ってUS-1 SOUTHに合流したら、すぐ次の信号でFL-9336（Palm Dr./SW 344 St.）へ右折。あとは標識に従ってFL-9336をたどる。ビーチからゲートまで約1時間15分。フラミンゴのビレッジまでは、さらに50分ほど

フラミンゴは公園南端にあるビレッジだ。途中の道路からは松林、大湿原、マングローブなどの景観を楽しめるし、水鳥やアリゲーター（ミシシッピワニ）に出合う確率も高い。地平線まで湿原が広がる**パハヨキー展望台Pa Hay Okee Overlook**（往復800m）などに寄り道しながら奥へ進もう。道路が海に突き当たった所がフラミンゴだ。ここにはマリーナがあり、2種類の**ボートツアー**が交互に出ている。沖へ出るコースFlorida Bay Tour、水路を走るコースBackcountry Tour、どちらもおすすめだ。
運航 9:00〜16:00。1時間ごと
圏 $40、5〜12歳$20

フラミンゴの手前に広がる広大な大湿原

展望台からの大パノラマを楽しもう

シャークバレー
Shark Valley

行き方 車のみ。Dolphin Expwy.を西へ走って、Florida Turnpikeを南へ入る。このとき右端の車線を走り、1マイル走ってすぐUS-41の出口から下りてUS-41/Tamiami Trail/SW 8 St.（3つも呼称がある！）へ合流。あとはひたすら西へ30マイル走る。ビーチから車で所要約1時間

フロリダ半島を東西に横切るUS-41(Tamiami Trail)の中ほどにある。途中、湿原を疾走するエアボートツアーが3社から出ている。

ビジターセンターから湿原の中に舗装路が敷かれているので、**トラムツアー**か**サイクリング**（1周24km。1台$22）で高さ137mの展望台を訪れよう。30km以上先の地平線（正確には水平線）を360度見渡すことができて壮観だ。途中、ワニに出くわすことも多いが、少なくとも5mは離れて観察しよう。
トラムツアー
運航 夏期9:30、11:00、14:00、16:00。冬期9:00〜16:00の毎正時
※冬はウェブサイトから予約をしておいたほうが確実
圏 $29、62歳以上$23、3〜12歳$15

エバーグレーズシティ
Everglades City

行き方 シャークバレーからUS-41/Tamiami Trailをさらに西へ1時間ほど走り、CR-29（地方道29号線）を左折。

エバーグレーズ国立公園の北西部は、Ten Thousand Islandsと呼ばれる無数の小島が点在するエリア。西半球最大のマングローブの生息域といわれている。

公園敷地のすぐ外側にあるエバーグレーズシティ Everglades Cityにビジターセンターとマリーナがあり、島々を巡るクルーズが出ている。マナティなどを探しながら、マングローブの林や小島群の景色を楽しもう。

ボートツアー
Free 1855-793-5542
運航 10:00、12:00、14:00発
所要 1時間30分 **圏** $40、5〜12歳$20

 Robert is Here ★フラミンゴへ向かう途中にある超人気フルーツ店。目立つのですぐにわかる。種類豊富なフルーツシェイクがおいしい！ **MAP** P.53-C2 **圏** 9:00〜18:00 **休** 11月第4木曜、12/25

81

ショップリスト
Shop List

「町全体が巨大なショッピングセンター」といわれるほどマイアミにはショッピング街やモールがたくさんあり、安売り店から超高級ブティックまでよりどりみどり。キューバ系住民が経営する店では、陽気で気取らない店員との値引き交渉が楽しい。

◎超一流ブランドはこちら

バルハーバー・ショップス
Bal Harbour Shops

MAP P.50 -A1　**バルハーバー**

ハイエンドブランドが揃うバルハーバーのモール

マイアミビーチ北にある超高級ショッピングモール。2階建てのシックなショッピングプラザで、並んでいる店もシャネルやプラダ、フェラガモ、ヴァレンチノ、グッチ、ブルガリ、ティファニーなど超一流店ばかり。ケタ違いの値段の貴金属やドレスが並ぶ。Tシャツ&短パン姿で入るのは気が引けるかも。サウスビーチからはメトロバス#119-S、120で行ける。

🏠9700 Collins Ave., Bal Harbour
☎(305)866-0311
URLbalharbourshops.com
🕐11:00〜22:00、日12:00〜18:00

◎ダウンタウンのマストスポット

ベイサイドマーケットプレイス
Bayside Marketplace

MAP P.54 -B2　**ダウンタウン**

おみやげ探し、食事、ひと休みにもいいモール

ビスケーン湾に面したダウンタウンにあり、2階建てのアーケードに約90のブティック、コスメショップ、雑貨店、フードコートがある。おみやげ探しや食事にちょうどいい。ライブ演奏が行われたり、大道芸人が現れたりと、夕方から夜にかけてが、特ににぎわう。サウスビーチからメトロバスで行くなら#119-S、120などで。詳しくは→P.68。

🏠401 Biscayne Blvd., Miami　☎(305)577-3344　URLbaysidemarketplace.com
🕐10:00〜22:00、金・土〜23:00、日11:00〜21:00（レストランは延長）

◎ダウンタウンの南とサウスビーチの西側に店舗がある

ホール・フーズ・マーケット
Whole Foods Market

MAP P.54-B3、P.51-A2　**ダウンタウン／サウスビーチ**

マイアミローカルの食品も販売。オレンジジュースがおすすめ

おみやげ探しのスポットとして日本人に人気の健康志向マーケット。体に優しいコスメやサプリも充実し、地元のコーヒーやチョコレート、グラノラ、スイーツなども扱っている。近年力を入れているのがイートイン。サラダ、フルーツはもちろん、温野菜やパスタなどのホットフードも充実して、席数も多く、ひとりでも入りやすい。

🏠ダウンタウン: 299 SE 3 Ave.、サウスビーチ: 1020 Alton Rd.　URLwww.wholefoodsmarket.com　🕐ダウンタウン：7:30〜23:00、サウスビーチ：8:00〜23:00
カード A M V

マイアミ

ショップ

◎コーラルゲーブルスの高級モール

ショップス・アット・メリック・パーク
Shops at Merrick Park

MAP 折込ウラ -A3

コーラルゲーブルス

LeJune Rd.とUS-1の交差点近くにあるショッピングモールで、建物の上階がコンドミニアムになっている。大きな中庭をアーケードがぐるりと取り囲み、開放感いっぱいだ。ジミー・チュウ、コールハーン、グッチ、ロクシタン、ティファニーなど80軒以上が入っていて、両端に2軒のデパートがある。メトロレイルDouglas Road駅下車徒歩約10分。

最近流行の造りで、下がショップ、上がコンドミニアムになっている

🏠 358 San Lorenzo Ave., Coral Gables
☎ (305)529-1215 URL www.shopsatmerrickpark.com 営11:00〜20:00、金・土〜21:00、日〜18:00

◎人気ブランドが勢揃い

アヴェントゥラモール
Aventura Mall

MAP P.50 -B1

ノースマイアミ

カジュアルブランドを中心に約300店舗が揃う大規模なモール。ギャップ、バーバリー、コーチ、カルティエ、キプリング、ルイ・ヴィトン、トゥミ、セフォラ、クロックス、レゴなどが入っている。ダウンタウンからは車でBiscayne Blvd.を北へ走って所要約30分、NE 192 St.の角。メトロバスならサウスビーチから#119-S、120で約70分、終点。

巨大なショッピングモールなら、何といってもここ

🏠 19501 Biscayne Blvd., Miami
☎ (305)935-1110
URL aventuramall.com
営10:00〜21:30、日11:00〜20:00

◎空港の西にあるアウトレットモール

ドルフィンモール
Dolphin Mall

MAP P.53 -C1

郊外

アクセスのよさでおすすめのアウトレットモール。スワロフスキ、ケイト・スペード、フォーエバー21、ゲスなど約240店が入っている。映画館もあるし、フードコートには日本料理店もある。マイアミビーチから車で行く場合、I-395、Dolphin Expwy.(FL-836)と西へ走り、Florida Turnpikeを北へ。右端の車線を走ってすぐ次のExit 27で下りて信号を左折。

🏠 11401 NW 12 St., Miami
☎ (305)365-7446
URL www.shopdolphinmall.com
営10:00〜21:00、日11:00〜20:00

完全に屋内なので雨の日も楽しい

◎世界最大級のアウトレット

ソーグラス・ミルズ
Sawgrass Mills

MAP P.138 -A3

郊外

マイアミから車で北へ約40分。I-95のExit 29で下りてSunrise Blvd.(FL-838)を西へ走る。とにかく巨大で、ナイキ、ヴォルコムなどなど総店舗数は300を超え、果てしのない広さの駐車場をもつ。23スクリーンのシネコンもある。マイアミのおもなホテルからシャトルバスが出ている。下記参照。

あまりに広すぎて迷子になる人が続出。到着したら、まずはマップをもらおう

🏠 12801 W. Sunrise Blvd., Sunrise
☎ (954)846-2350
URL sawgrassmills.com
営10:00〜21:00、日11:00〜20:00

notes ソーグラス・ミルズへのシャトルバス★ マイアミビーチから片道$20、往復$25
URL sawgrassmillsshuttle.com または ☎ (786)709-2116 で要予約

レストランリスト
Restaurant List

最もレストランが集中しているのはアールデコ地区。特に海沿いのオーシャンドライブにはレストランが並び、夜遅くまで観光客でにぎわっている。ムード重視で落ち着いて食べたいなら高級ホテル内で探すといい。なおチップは20%が一般的になっている。

シーフード ◎一度は食べたいフロリダ名物!

MAP P.51 -B3

ジョーズ・ストーンクラブ
Joe's Stone Crab　　　**サウスビーチ**

2023年で創業から110周年。品質確かなストーンクラブを提供し続けている超有名店。サウスビーチの南端にあり、漁が解禁される10月中旬から5月中旬の間だけ営業している。ストーンクラブは体重の半分を占める大きなツメをもつカニで、溶かしバター、レモン、マスタードなどをつけて食べる。いつも混雑していて、2時間も待たされることもある。予約はできない。料金は時価。ツメの大きさによっても異なるが、$50〜135といったところ。

↑夏期もメニュー限定で営業していることもある

→行列に並ぶ時間がない人は、テイクアウトコーナーへ

カニのツメはもちろん、チャウダーやシュリンプなど日本人の口に合う

🏠11 Washington Ave., Miami Beach
☎(305)673-0365　URL www.joesstonecrab.com　営水〜日11:30〜14:30、日〜木17:00〜22:00、金・土〜23:00　休夏期(流動的)　カード A M V

アメリカ料理 ◎ビーチでハンバーガーといえばココ!

MAP P.51 -B3

ビッグピンク
Big Pink　　　**サウスビーチ**

「Real Food for Real People, Really(本格派の人へ本物の味を)」をモットーに、観光客から地元ファンまでを引きつけているサウスビーチのハンバーガー店。ボリュームある香ばしい名物ハンバーガーが$19.50ほかメニュー豊富。営業時間が長いのも心強いし、カジュアルな雰囲気もいい。

ハンバーガーがおいしい、サウスビーチらしい店

🏠157 Collins Ave., Miami Beach
☎(305)532-4700　営月〜水8:00〜24:00、木〜土〜翌5:30、日〜翌2:00
カード A M V

---

trivia **ストーンクラブのツメは再生する!★**ストーンクラブはツメしか食べないのでカニミソはない。取ったカニは片方のツメだけをもいで海へ還す。ツメは数年でまたもとの大きさになるそうだ。

| メキシカン | ◎アールデコ地区でメキシカンならココ | MAP P.51 -B2 |

ネイキッド・タコ
Naked Taco　**サウスビーチ**

外観もインテリアも妖艶な雰囲気を醸し出しているが、中はにぎやかでスタッフはとてもフレンドリー。料金は朝食＄9〜18、夕食＄18〜36とお手頃でボリュームがある。タコス（2個＄8.50〜10.50）は15種類。48時間タレに漬け込んでカリッと仕上げた豚バラをマンゴ風味の激辛ソースで絡めた48-Hour Chicharrónes ＄19も大人気。

人気のチチャロン（左奥）。3種のディップとチップス（手前）は＄16

朝食はオーソドックスなものにメキシカンテイストを絡めたメニューが多い

11 St. の角に建つ Hotel Dream 内にある

🏠1111 Collins Ave., Miami Beach
☎(305)534-8455
URLlovenakedtaco.com
🕐8:00〜23:00、金・土〜24:00

| キューバ料理 | ◎手頃で人気のキューバ料理 | MAP P.51 -B2 |

プエルトサグア
Puerto Sagua　**サウスビーチ**

マイアミに来たらぜひ試してみたいのがキューバ料理。サウスビーチのアクセスしやすい場所にあり、地元の人と観光客で常ににぎわっている。町の食堂といった雰囲気で、おすすめはチキンヌードルスープのSopa De Pollo $7.95、ひき肉と豆のご飯がけのPicadillo a La Criolla $15.95など。

日本ではなかなか口にする機会のないキューバ料理を試してみよう

🏠700 Collins Ave., Miami Beach
☎(305)673-1115
🕐7:00〜23:00
カードAMV

| カフェ | ◎深夜までオープンの名物カフェ | MAP P.51 -B2 |

ニュースカフェ
News Cafe　**サウスビーチ**

オフシーズンでも1軒だけにぎやかなのがこのカフェ。バラエティに富んだコーヒー $4〜9がおいしいが、パスタやピザ、魚介類や肉料理もあるので、けっこうな腹ごしらえができる。朝食セット$12〜、メイン$18〜59と比較的良心的。しかもとてもヘルシー。各国の新聞や雑誌が読めるのもうれしい。

🏠800 Ocean Dr., Miami Beach
☎(786)644-6061
URLnewscafesouthbeach.com
🕐8:00〜23:00、金・土〜24:00
カードADJMV

請求額には20％のサービス料が加算されている

キューバンコーヒー★ベトナムコーヒーに似た甘いエスプレッソ。Colada を頼むと直径 2cm ほどのミニカップをくれるので、これに移し替えて周囲の人たちにも振る舞うのがキューバ流。

日本料理 ◎サウスビーチのメニュー豊富な
もしもし
Moshi Moshi

MAP P.51 -B1・2

サウスビーチ

マイアミ全域にデリバリーもしてくれる。チップ不要でもうれしい。たこ焼きまである！

寿司の握りや巻きものはもちろん、庶民的な日本食、それをアレンジした料理は数も多く、どれも日本人に安心の味。今やマイアミに3店舗あり、人気の理由は素材を壊さない味つけと鮮度の高さ。サウスビーチらしいファンキーな店内で、大吟醸を飲みながら充実したおつまみはもちろん、ラーメンやカレーライスの定番料理も楽しめる。

🏠1448 Washington Ave., Miami Beach
Free 1844-466-6744
URL www.moshimoshi.fun
🕐11:00〜翌5:00　カード A M V　現金不可

地中海料理 ◎大切な日のディナーにおすすめ
ヴィラ・アズール
Villa Azur

MAP P.51 -B1

サウスビーチ

エレガントながらもモダンなインテリア。パティオ席はパーティに人気

バス美術館の近くにあり、ローカルが記念日のパーティなどでよく利用する。ビルトモアホテルの名店で料理長をしていたシェフが腕を振るう料理は、イタリア料理の技にフランス料理のエスプリを加えた、目にも舌にも満足なひと皿ばかり。おすすめはシーフードだ。メインメニュー＄43〜350など。要予約。

🏠309 23 St., Miami Beach
☎(305)763-8688　URL www.villaazur
miamibeach.com　🕐18:30〜翌1:30、日
〜21:00　休月・火　カード A D M V

キューバ・カリビアン料理 ◎ベイサイドの2階にある人気店
ラ・カニータ
La Cañita

MAP P.54 -B2

ダウンタウン

ビスケーン湾の遊覧船やヨットなどが出入りする

マリーナを一望できるアウトドアの席と、キューバ音楽が楽しめるインドアの席がある。キューバンサンドイッチが人気。そのほか主食は米なので、全体的に日本人の味覚に合う料理が多い。酸味の強い玉ねぎのピクルスやスパイスが効いた肉料理は、黒豆の炊き込みご飯との相性が抜群。ラムベースのカクテルも種類が豊富。＄12〜45。

ライブ演奏は午後と夜に楽しむことができる

アボカドを添えたオックステールの煮込み＄32

🏠401 Biscayne Blvd., Miami
☎(305)392-0811
URL lacanitamiami.com
🕐11:00〜22:00、金・土〜24:00

 デザイン地区のレストラン★パームコートにはセレブシェフ一家の日本とペルーのフュージョン『Itamae』や高級フードホール『MIA Market』などがある。NE 41St. から Jade Alley を入っ↗

カサファンチョ

スペイン料理 ◎スペインの古城を思わせる

カサファンチョ
Casa Juancho

MAP 折込ウラ-B3

リトルハバナ

リトルハバナのど真ん中にある。ガーリックを利かせたシーフードグリルが自慢。パエリアは1人前$30〜55。最高級プライムステーキは$48〜85。タパスと呼ばれる小皿料理$14〜22をいくつかオーダーするのもいい。各国のワインも豊富に揃っている。TシャツやショートパンツはNG。

リトルハバナの有名店。週末は混雑するので予約しておくといい

住2436 SW 8 St., Miami　☎(305)642-2452　URL www.casajuancho.com
営12:00〜22:00、金・土〜23:00　休月
カード A M V

アメリカ料理 ◎インスタ映えするボリューミーなパンケーキ

ラ・インダストリア・ベーカリー&カフェ
La Industria Bakery & Café

MAP P.54-B2

ダウンタウン

ベイサイドマーケットプレイスで早朝からにぎわっているカフェ。オムレツやエッグベネディクトなどの朝食メニューが1日中食べられる。パンケーキはホイップクリームとチョコレートやキャラメルソースがたーっぷり。イチゴやブルーベリーが色味を添え、見た目はまさにアメリカン！ フレンチトーストやハンバーガーも好評。

ダウンタウンでの朝食におすすめ！

住401 Biscayne Blvd., #1270, Miami
☎(786)803-8333
URL www.laindustriabakery.com
営7:00〜22:00　カード A M V

ペルー料理 ◎何度もマイアミのベストに選ばれた

セビーチェ・ワンオーファイブ
Cvi.Che 105

MAP P.54-B2

ダウンタウン

ペルーの伝統料理、セビーチェは魚介類にタマネギやトマトのみじん切りを加えたマリネのこと。名物のセビーチェはもちろん、ロブスターなどの新鮮な魚介類、リブといった肉類も好評だ。お米もよく使われるペルー料理は、日本人の口にも合う。皆でシェアして食べるのがおすすめ。サウスビーチ、アベントゥラモールにも店がある。

ベイフロント公園から1ブロック西にあるセビーチェ・ワンオーファイブ

住105 NE 3 Ave., Miami　☎(305)577-3454　URL www.ceviche105.com
営12:00〜22:30、金・土〜23:30
カード A M V

日本料理 ◎日本人も納得の寿司と日本料理

祭
Matsuri

MAP 折込ウラ-A3

コーラルゲーブルス

マイアミで寿司といえばこの店だ。魚の鮮度は抜群で、今や高級品と化した寿司も、この店では庶民的な値段。その値段とクオリティの高さから常に大変混雑しており、予約は必須。ランチ定食はしょうが焼きやとんかつ、さんま塩焼きなどの主菜に小鉢が付いて$13とは信じがたい。ラーメンやそば、うどん、お茶漬けもある。

ビルトモアホテル近くにあり、メニューの種類は150以上

住5759 Bird Rd., Miami　☎(305)663-1615　URL www.matsurimiami.com
営火〜金11:30〜14:30、火〜日17:30〜22:00　休月　カード A D J M V

た所にあるリキュール入りアイスクリーム店『Aubi & Ramsa』（未成年入店禁止）もおすすめ。
パラダイスプラザにはジョエル・ロブションのレストランが2軒ある。

ナイトスポットリスト
Night Spot List

◎サウスビーチで人気の

ニッキー・ビーチ
Nikki Beach

MAP P.51 -B3

サウスビーチ

フランス、スペイン、ギリシア、イタリア、モナコ、タイなど世界に支店があるナイトクラブ。特に、日曜の19:00になるとオープンする2階のクラブが人気で、ヒップなマイアミっ子が精いっぱい着飾って集まってくる。ときおりセレブの姿も見かける。特別イベントを除いてカバーチャージ無料。クラブは21歳未満入場禁止。

海に面しているので、踊り疲れたらそのままビーチへ出ることができる

→ドレスコードは「洗練されたビーチウエア」

日曜11〜16時のブランチは寿司やデザートも充実して$85

🏠1 Ocean Dr., Miami Beach ☎(305) 538-1111 URLmiami-beach.nikkibeach. com 🕐レストラン12:00〜17:30、金・土〜18:30、日11:00〜18:30。ナイトクラブ日19:00〜翌5:00 カードADJMV

◎スタイリッシュなサイバーラウンジ

ディヴァイン
D'Vine

MAP P.51 -B1

サウスビーチ

アールデコ地区にあるトレンディなカフェバー。世界のビールとワインが味わえる。インテリアを見ているだけでも楽しめるスタイリッシュな店で、料理もクリエイティブ。ホーカーと呼ばれる65種の香り付き水たばこを試してみるのもいいだろう。

水たばこで有名なディヴァイン。夜は大人のムードがたっぷり。ビッグゲームがある日にはスポーツバーと化す

🏠445 Lincoln Rd., Miami Beach
☎(305)674-8525
URLdvinelounge.com
🕐12:00〜翌2:00 カードAMV

◎マイアミのナイトシーンは郊外で

セミノール・ハードロック・ホテル
Seminole Hard Rock Hotel

MAP P.138 -A3

郊外

マイアミから車で北西へ30分ほど走った郊外の先住民居留地にあるカジノホテル（→P.148）。敷地内に3500席のイベントセンターがあり、大物歌手のコンサートやボクシングのタイトルマッチなどが頻繁に行われている。ほかにもナイトクラブやバー、そしてもちろんハードロック・カフェのステージも楽しめる。

マイアミからの行き方は、I-95を北上しExit 22で下りてFL-848を西へ。US-441/FL-7を右折したら最初の信号を左折する。

🏠1 Seminole Way, Hollywood
Free1866-502-7529
URLwww.seminolehardrockhollywood.com

ホ テ ル リ ス ト
Hotel List

ビーチ沿いにズラリと並んだ白い巨塔群は、すべて高級リゾートとコンドミニアム。安宿はアールデコ地区に多いが、汚いホテルもあるので、室内も確認したうえで決めよう。いずれも冬は料金が高くなる。ホテルタックスはビーチ14%、ダウンタウン13%。

おすすめのエリアは何かと便利な**サウスビーチ**。一度はOcean Driveのアールデコスタイルのホテルに泊まってみたい。海が見えないStandard、バルコニーなどから海が見えるOcean View、海に面したOcean Frontの順に料金が高くなる。夏と冬の差が激しいのも特徴で、7〜9月はクリスマスやイースターの30〜50%引きで泊まれるし、平日なら予約なしでもたいてい大丈夫だ。安宿はビーチから1、2ブロック内側の通りに多い。なお、無料駐車場はなく、有料駐車場が数台分だけというホテルがほとんどだ。

ビーチの25〜60 St.付近は**ミッドビーチ**と呼ばれ、中級ホテルが多い。さらに63 St.から北は**ノースビーチ**。一流リゾートが延々と続いていて壮観。

一方、**ダウンタウン**のホテルは多くがビスケーン湾に面している。ビジネス客が多いため、週末は安く泊まれる。予算が許すなら**コーラルゲーブルス**などの格式の高いホテルや、**キービスケーン**のビーチリゾートも楽しい。また、日本からマイアミに到着するのが夜になるなら**空港付近**で1泊するのもいい。たいてい予約なしで泊まれる。

中級	◎アールデコ建築の象徴、Tudor が前身	MAP P.51 -B2

ドリーム・サウスビーチ
Dream South Beach　　　　**サウスビーチ**

ビーチから徒歩2分、旧ヴェルサーチ邸の背後にあるブティックホテル。にぎやかなCollins Aveに面しているせいか、若いゲストが多いようだ。内装は非常にエレガントかつレトロで、1970年代をテーマにしている。古い建物だが手入れが行き届いていて清潔感があふれ、配色もきれい。冷蔵庫がない部屋の場合はフロントに頼むとミニ冷蔵庫を持ってきてくれるなど、スタッフの対応はすばらしい。ビーチにはホテル専用のビーチチェアがある。駐車場1日＄45。

↑外観は Tudor Hotel のまま、内部を改装したホテル

←照明を最低限に抑えてあり、落ち着いて過ごせる

洗練されたインテリア

🏠1111 Collins Ave, Miami Beach, FL 33139　☎(305)673-4747
URLdreamhotels.com
料夏期＄143〜224、冬期＄316〜480＋リゾート料金$21.66
カード A M V

中 級 ◎SoFiのブティックホテル

ローカルハウス・ホテル
Local House Hotel

サウスビーチ

ビーチから1ブロック。アールデコ地区の南寄り、SoFiと呼ばれる静かな住宅街にあるブティックホテル。ホテルのインテリアはシンプルながらこだわりが感じられる。バスルームも広く、レイン（天井）シャワーのほかに手持ちシャワーも備えられている。室内金庫あり。バルコニーから海が見える部屋もある。全18室。

1階のレストランは味がよく料金も手頃でおすすめ。ホテルのウェブサイトから直接予約した人のみ朝食込み（予約の際に確認を）。

↑無料トロリー乗り場まで徒歩3分、空港からのメトロバス#150の乗り場までは6分

柔らかな色彩でまとめられた客室。とても清潔でリラックスできる

→ロビーは24時間オープン。どのスタッフもとてもフレンドリーなのがうれしい

🏠400 Ocean Dr., Miami Beach, FL 33139
☎(305)538-5529
URLwww.localhouse.com
料Ⓓ①夏期$162〜313、冬期$299〜612
カードAMV

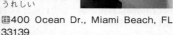

高 級 ◎アールデコ建築の外観がさわやか

MAP
P.51
-B2

ガブリエル
The Gabriel Miami South Beach

サウスビーチ

1937年に建てられたアメリカンアールデコの代表的なホテル。外観だけでなく、ロビーや客室にもアールデコ調のデザインが取り入れられている。建物は古いが2018年にリニューアルされ、インテリアは白を基調としていて清潔感が漂う。ビーチに面して建ち、ロケーションは抜群。温水プールあり。ビーチチェアは自由に使える。

旧パークセントラルが新しくなった

🏠640 Ocean Dr., Miami Beach, FL 33139
☎(305)685-2000
URLthegabrielsouthbeach.com
料$231〜799
カードADMV

中 級 ◎アールデコ建築の典型

MAP
P.51
-B2

ビーコン
Beacon

サウスビーチ

1936年に建てられたホテルで、マイアミビーチらしさを存分に満喫できる。オーシャンドライブのど真ん中にあるので、各部屋に用意されたビーチチェア＆ビーチタオルを持っていつでも海へ飛び出そう。外観と同様にさわやかなインテリアはモダンで快適。ミニバー、ノートPCサイズの室内金庫もある。朝食込み。

オーシャンフロントの客室は多くないが、パティオ側も雰囲気がいい

🏠720 Ocean Dr., Miami Beach, FL 33139
☎(305)674-8200 URLwww.beaconsouthbeach.com 料Ⓓ①夏期$169〜498、冬期$306〜895＋リゾート料金$40 B
カードADMV

---

notes リゾート料金★フロリダのホテルでは、税金とは別にリゾート料金がかかることがある。1泊$20〜50程度で市内通話、Wi-Fi、ビーチチェア、フィットネスルームなどが使い放題になる。

中級	◎スペイン風でロマンティックな	MAP P.51 -B2

カーサ・エル・パセオ
Kasa El Paseo　　　　　　　　**サウスビーチ**

14 St.と15 St.の間にあるエスパニョーラウエイ入口にある。ビーチまでもリンカーン・ロードまでも2ブロックで、周囲にはレストランが多くて便利。客室棟はエスパニョーラウエイ沿いに散在していて、ツタの絡まるエントランスも、南欧風の洗練された調度品も美しい。室内金庫あり。夕方、ワインサービスあり。

マイアミビーチにいながらにして地中海気分が味わえる

住405 Española Way, Miami Beach, FL 33139
☎ (650)451-3444
URL www.kasa.com
料 D T 夏期$104〜299、冬期$129〜1500
カード A D M V

中級	◎空港無料送迎がうれしい	MAP P.51 -B2

チェルシー
Chelsea　　　　　　　　**サウスビーチ**

サウスビーチのなかでも比較的静かなエリアにあり、部屋は広々としていて清潔。オリエンタルなインテリアがユニークだ。障子や竹を使った部屋もある。ミニ冷蔵庫、ミニバー、バスローブ、室内金庫あり。9:00〜21:00の2時間ごとに空港から無料シャトルあり（要予約）。17:00〜18:00にカクテルサービスあり。

少し静かなエリアにあり、ゆったり滞在したい人向けのホテルだ

住944 Washington Ave., Miami Beach, FL 33139
☎ (305)534-4069　Free 1877-762-3477
URL www.thehotelchelsea.com
料 D T $124〜345
カード A D M V

エコノミー	◎アートの町らしい朝食付きホステル	MAP P.51 -B2

サウスビーチ・ルームズ＆ホステル
South Beach Rooms & Hostel　　　　　**サウスビーチ**

宿泊費が高騰しつつあるサウスビーチで、数少ないホステルのひとつ。ビーチへ4ブロック、空港行きのバスのバス停もすぐ近くにあるなど、場所も便利。外観は殺風景だが、内装はマイアミらしく南国アートで彩られている。ロッカーは無料で、荷物は$2で預かってくれる。安いぶん、サービスや清潔度は覚悟していくこと。朝食付き。

以前のホステルよりもグッとアートしたホステルに

住236 9 St., Miami Beach, FL 33139
☎ (305)399-9363、(305)763-8764
URL www.thehostelofmiamibeach.com
料 ドミトリー$18〜25。150ベッド　B
カード M V

エコノミー	◎ファンキーで小さなプールのあるホステル	MAP P.51 -B2

ヴィアヘロホステルズ
Viajero Hostels　　　　　　　**サウスビーチ**

Collins Ave.沿いにあり、ビーチにもリンカーンロード・モールにも近い。ドミトリーのベッドにはカーテンもあり、プライバシーが守られているのも貴重。ホステルとしては清潔で、フロントもフレンドリーと評判もいい。アートがファンキーなプールエリアは泳ぐよりも夜の社交場といった雰囲気で、宿泊客でにぎわう。

個室もあるホステルで、スタッフもフレンドリー

住1120 Collins Ave., Miami Beach, FL 33139　☎ (305)316-7933　URL www.viajerohostels.com　料 ドミトリー$34〜45
カード A M V

 おしゃれなホテルも考えもの★サウスビーチのブティックホテルに泊まった。ステキな部屋だったが、照明が暗すぎて何をするにも不便！鏡もよく見えないほどだった。（東京都　F.T.　'22)['23]

中級 ◎おしゃれな若者に人気

カルドーソ
Cardozo

サウスビーチ

MAP
P.51
-B2

全面改装して再開したばかり

全43室のこぢんまりとした美しいホテル。内部はモダンでしゃれた雰囲気で、ちょっとリッチな若者に人気がある。それもそのはず、ホテルのオーナーはグロリア・エステファン夫妻なのだ。客室にはミニ冷蔵庫、室内金庫あり。ていねいなサービスも評判がいい。レストラン、オープンカフェ、フィットネスルーム、ジャクージあり。

🏠1300 Ocean Dr., Miami Beach, FL 33139
☎(786)577-7600　Free1833-831-3200
URLwww.cardozohotel.com
料⑤⑩⑪夏期$165～、冬期$349～
カードＡＤＭＶ

中級 ◎トロピカルなインテリアが評判

カヴァリエ
Cavalier

サウスビーチ

MAP
P.51
-B2

アラビアンテイストが印象的。入口は裏にある

1936年完成のアメリカンアールデコ様式のホテル。近年の改装後、クラシックになったインテリアが評判だ。床はタイル張り。室内金庫もある。子供連れにもフレンドリーなホテルで、ベビーベッドも貸してくれる。アールデコ地区のホテルとしては料金も手頃。バー、レストランあり。46室。

🏠1320 Ocean Dr., Miami Beach, FL 33139
☎(305)673-1199
FAX(305)673-1012
URLwww.cavalier
southbeach.com
料⑩⑪$154～423
カードＡＭＶ

高級 ◎スタイリッシュで交通至便

ハイアットセントリック
Hyatt Centric

サウスビーチ

MAP
P.51
-B1

16 St.の角にあり、リンカーン・ロードへもビーチへも歩いて4分でどこへ行くにも便利。空港からのバス#150もすぐ近くに停まる。

ホテルの入口が小さくてわかりにくいが、16 St.側。レセプションは3階にあり、どのスタッフもフレンドリーだ。館内はとてもスタイリッシュ。ゲストルームの広さも十分で快適に過ごせる。可動シャワー、ミニバー、室内金庫あり。周辺にはレストランがたくさんあるが、レセプション横のカフェも開放的で味もいい。105室。

↑リンカーン・ロードやエスパニョーラウエイで夜遅くまで遊んでも、帰りがラクだ

→プールは3階にあって眺めがいい

窓が大きくて明るいゲストルーム。サウスビーチの夜景も楽しめる

🏠1600 Collins Ave., Miami Beach, FL 33139
☎(305)428-1234　Free1800-233-1234
日本無料0800-222-0608
URLwww.hyatt.com　料⑩⑪夏期$216～
589、冬期$285～859＋リゾート料金$36.48
カードＡＤＭＶ

高級 ◎アールデコ地区中心部にある
ローズ・マイアミビーチ
Loews Miami Beach
サウスビーチ

MAP
P.51
-B1

18階建て790室の大型リゾート。Collins Ave.が海と出合う所にあり、サウスビーチにもリンカーン・ロード・モールにも近くて便利。ジャクージのあるプールから直接ビーチへ出ることができるのもうれしい。ミニバー、室内金庫、ドライヤー、バスローブあり。レストラン、ラウンジのほかにコーヒーショップもある。駐車場は1日＄41。

サウスビーチでは群を抜く大きさのホテル
住 1601 Collins Ave., Miami Beach, FL 33139
☎ (305)604-1601
Free 1877-876-7871
URL www.loewshotels.com
料 夏期＄399〜491、冬期＄774〜1149＋リゾート料金＄38
カード A D J M V

高級 ◎映画『ボディガード』の撮影で使われた
フォンテーヌブロー・マイアミビーチ
Fontainebleau Miami Beach
ミッドビーチ

MAP
P.50
-A2

マイアミビーチでは老舗格のホテル。全1504室のうち658室がスイートルーム。バスローブ、ミニバー付き。レストランは地中海料理、中華料理、ステーキハウスなど9軒。敷地内にマリーナがあり、プライベートヨットやクルーザーでチェックインできる。スパ、ビジネスセンターあり。ジムやヨガレッスンは無料で利用できる。

昔は巨大なだまし絵の外壁で有名だったが、改築でマイアミビーチらしいデザインになった

住 4441 Collins Ave., Miami Beach, FL 33140
Free 1800-548-8886　URL www.fontainebleau.com　料 夏期＄369〜827、冬期＄449〜5999＋リゾート料金＄47
カード A D J M V

高級 ◎老舗ホテルに和洋室が登場！
ノブホテル・マイアミビーチ
Nobu Hotel Miami Beach
ミッドビーチ

MAP
P.50
-A2

1956年の創業以来、フランク・シナトラやエリザベス・テイラーなど多くの著名人に愛されてきたエデンロックの北棟に2016年、セレブシェフ、ノブ松久が手がけた「ホテルのなかのホテル」が登場した。客室は洋室だが、狩野派の絵画を思わせる壁紙、行灯風の照明、バスローブは浴衣風と、和のテイストがちりばめられている。レストラン『ノブ』の料理をルームサービスで頼めるのもうれしい。大西洋を眺めながらクールジャパン体験はいかが？

↑せっかくなら奮発してオーシャンビューの部屋に泊まってみたい

→コンベンション参加者にも人気のあるホテルだ

『禅』と名づけられたノブホテルの客室

住 4525 Collins Ave., Miami Beach, FL 33140
☎ (305)704-7603　Free 1800-284-5821
URL miamibeach.nobuhotels.com
料 ノブホテル＄301〜1047、エデンロック＄230〜775＋リゾート料金＄45
カード A D J M V

インターコンチネンタル・マイアミ

高級 ◎ベイフロント公園に面して建つ

MAP P.54-B3

InterContinental Miami

ダウンタウン

34階建ての高層ホテルで、マイアミビーチの夜景をビスケーン湾越しに眺められる。このため、花火大会が行われる際には非常に混雑する。ベイサイドマーケットプレイスも徒歩圏内。ロビーを入るとまず目に飛びこんでくるのは、ヘンリー・ムーア作の大理石の彫像と、それを囲む緑と水の空間。全室ミニバー、コーヒーメーカー付き。ビジネスセンターあり。駐車場1日$55.37。レストランは3軒あり、そのほかにルームサービスも24時間利用できる。全641室のうち車椅子対応室は19。

↑ダウンタウンの中心にありながら、公園と海に面しているので静かだ
→ロビーを飾るヘンリー・ムーアの彫像

マイアミのパノラマが広がるワイドな窓がうれしい。夜景も楽しみだ

🏠100 Chopin Plaza, Miami, FL 33131
☎(305)577-1000　Free1800-424-6835
日本無料0120-677651　URLwww.intercontinental.com　料ⒹⓉ$179〜449、スイート$639〜+リゾート料金$30

カードADJMV

コンフォートイン&スイーツ・ダウンタウン

中級 ◎快適、ダウンタウンでコスパが高い

MAP P.54-B3

Comfort Inn & Suites Downtown

ダウンタウン

ホール・フーズにもベイフロント公園にも近い快適ホテル

マイアミ川沿い、メトロムーバーのKing CenterとRiverwalkのふたつの駅に近く、高速ならSE 1 Ave.を下りた目の前という便利なロケーション。ホール・フーズ・マーケットも徒歩5分だ。全室スイートで、清潔&快適。無料の朝食は種類も多く、選ぶ楽しみもある。電子レンジなどの設備も整い、コスパのよさはダウンタウン屈指だ。

🏠100 SE 4 St., Miami, FL 33131
☎(305)374-5100
URLwww.choicehotels.com
料全室スイート$99〜535　B

カードADJMV

ホリデイイン・ポート・オブ・マイアミ・ダウンタウン

中級 ◎ベイサイドの目の前

MAP P.54-B2

Holiday Inn Port of Miami Downtown

ダウンタウン

ベイサイドマーケットプレイスは目の前

ベイサイドマーケットプレイス（→P.68）の前にある10階建ての中級ホテル。カセイヤセンターは歩いてすぐなのでスポーツ観戦にもいい。シングルルームも多く、ビジネスにも向いている。レストラン、プール、24時間ビジネスセンターあり。毎朝新聞を届けてくれる。駐車場1日$27。メトロムーバーの駅まで1ブロック。

🏠340 Biscayne Blvd., Miami, FL 33132
☎(305)371-4400　Free1888-480-0427
日本無料0120-677651　URLwww.ihg.com
料ⓈⒹⓉ$132〜416、スイート$269〜528

カードADJMV

---

notes **イベントに注意**★大きなイベントや国際会議が開かれる際は、どのホテルもオフシーズンでも予約なしで泊まるのは難しくなる。特に混雑が予想されるのは、毎年1月下旬に行われているマイ▶

| 高級 | ◎スタイリッシュに過ごすなら | MAP P.54 -B3 |

キンプトン・エピック
Kimpton EPIC　**ダウンタウン**

全室バルコニー付きで、東側ならビスケーン湾、西側ならダウンタウンの夜景がすばらしい

ベイサイドとビジネス街の中間、マイアミ川の河口に建つシックなホテル。54階建ての18〜30階に客室があり、上階はコンドミニアムになっている。客室内にミニバー、無料で使えるPCあり。また、背の高いゲスト用の部屋が13ある。ロビーの奥にアジアンフュージョンのレストランZUMA、16階にエリア31とプール、スパあり。駐車場1日$42。

🏠270 Biscayne Blvd. Way, Miami, FL 33131
☎(305)424-5226　Free 1855-546-7866
FAX(305)424-5232　URL www.epichotel.com
料ⒹⓉ$227〜516、スイート$314〜1595
カードADMV

| 高級 | ◎抜群のサービスで快適な滞在を | MAP 折込ウラ -B3 |

ホテル・エーケーエー・ブリッケル
Hotel AKA Brickell　**ダウンタウン**

1階のエントランスはSE 14 St.沿いにある

ダウンタウンの南は高層ビルが林立するビジネス街。その中心に位置するこのホテルは、実にスタイリッシュ。ビジネスマンはもちろん、おしゃれな人たちが滞在することでも有名だ。レセプションは25階。ここから海やダウンタウンが一望でき、ビルの中にいるとは思えないほど開放感がある。客室は広くて清潔感にあふれている。

🏠1395 Brickell Ave., Miami, FL 33131
（ロビーは25階）　☎(305)503-6500
URL www.stayaka.com　料ⓈⒹⓉ$396〜
628、スイート$428〜1800
カードADJMV

| 最高級 | ◎マイアミ No.1 のホスピタリティが魅力 | MAP P.54 -B3 |

マンダリンオリエンタル
Mandarin Oriental　**ダウンタウン**

極上のサービスが堪能できるマンダリンオリエンタル

ダウンタウンからビスケーン湾に突き出した島にあり、アメリカのホテルガイドのランキングで、マイアミ唯一の5ダイヤモンドを獲得したことがあるなど、数々の賞を受けている贅沢なホテル。エグゼクティブビジネスマンが多いホテルだが、スタッフはいたってフレンドリーで、気負いなく過ごせる。プライベートビーチ、スパ、ビジネスセンターあり。

🏠500 Brickell Key Dr., Miami, FL 33131
☎(305)913-8288
日本無料0120-663-230　URL www.mandarinoriental.com　料ⒹⓉ$513〜1120、スイート$555〜5000
カードADJMV

| 高級 | ◎コーラルゲーブルスの象徴 | MAP 折込ウラ -A3 |

ビルトモアホテル
The Biltmore Hotel　**コーラルゲーブルス**

マイアミ有数の美しいプールも楽しみ
🏠1200 Anastasia Ave., Coral Gables, FL 33134
☎(305)445-1926
Free 1855-311-6903
URL www.biltmorehotel.com　料$339〜528、
スイート$450〜2149
＋リゾート料金$23
カードADJMV

緑深い高級住宅街コーラルゲーブルスの中心にある。クラシックな外観は映画やTVドラマの舞台にもなった。美しいプールと広大なゴルフ場（→P.79）などアクティビティも楽しめる。18ホールゴルフ場、フィットネスクラブ、スパ、サウナ、ジャクージ、美容院、ビジネスセンター、高級車レンタルあり。レストランはイタリアンなど5軒ある。詳しくは→P.75。

アミマラソン、2月中旬のマイアミヨットショー、3月初旬の映画祭、7/4の独立記念日、12月上旬のアートバーゼル（現代美術の祭典）、クリスマス前後など。

マイアミ国際空港ホテル
中級 ◎空港ターミナル内にある
Miami International Airport Hotel
MAP 折込ウラ -A2
空港内

中南米への乗り継ぎ客に人気があるので、予約は早めに

ホテルの入口はマイアミ空港ターミナルEのLevel 2。客室は防音仕様だ。ホテル内の屋上階にはフィットネスセンター、プールまであるし、もちろんレストランは空港内にいくらでもあるのでたいへん便利。最上階のレストランからは滑走路が眺められ、テイクアウトもOK。小さいながら会議室も備えている。全252室。

🏠Airport Terminal Concourse E, Miami, FL 33122
☎(305)871-4100
URLmiahotel.com
料DⓈ$167～329
カードAMV

シェラトン・マイアミ・エアポート
中級 ◎セントラル駅に隣接
Sheraton Miami Airport
MAP 折込ウラ -B2
空港周辺

空港からMIAムーバー（無料トラム）に乗って3分のセントラル駅（→P.55）の南隣にあるホテル。隣といっても歩くと5分ほどかかるので、チェックインの際は空港からの無料送迎シャトル（24時間）を利用するといい。滞在中の観光は、セントラル駅からメトロレイルやメトロバスを利用すると便利。もちろんレンタカーセンターも目の前だ。

ゲストルームのインテリアは暖色系でまとめられ、落ち着いた雰囲気。ホテルの南にはゴルフ場が広がり、展望がいい。レストランあり。ロビーにゲスト用PCあり。駐車場1日$27。

🏠3900 NW 21 St., Miami, FL 33142
☎(305)871-3800 Free1800-521-9672
日本無料0120-92-5659 URLwww.marriott.com
料DⓈⓉ$177～318、スイート$269～409
カードADMV

マイアミ・エアポート・マリオット
中級 ◎空港から無料シャトルで3分
Miami Airport Marriott
MAP 折込ウラ -A3
空港周辺

こまやかな心遣いがうれしいマリオット

9階建て362室の大型ホテル。Dolphin Expwy.（FL-836）出入口の横に建ち、隣に系列ホテルが2軒ある。レストラン、コインランドリーあり。Wi-Fiは1日$14.95だが、さらに速い接続は$18.95。ロビーは無料。駐車場1日$25。無料空港送迎あり。館内にエイビスレンタカーのカウンターがある。

🏠1201 NW Le Jeune Rd., Miami FL 33126
☎(305)649-5000 Free1888-236-2427
日本無料0120-142536
URLwww.marriott.com 料DⓈⓉ$245～399
カードADJMV

ホームウッドスイーツ・マイアミエアポート・ウエスト
中級 ◎フルキッチン付きスイートルーム
Homewood Suites Miami Airport West
MAP 折込ウラ -A2
空港周辺

キッチンやランドリーがあって何かと便利

空港の西側、Palmetto Expwy.（FL-826）出入口のすぐそばにあり、周囲にはモーテル4軒とファミリーレストランも6軒あって便利。空港無料送迎シャトルは24時間走っている。ゲストルームは全室スイートタイプで広く、フルキッチン付き。温かくておいしい朝食が料金に含まれている。フィットネスルーム、コインランドリーあり。

🏠3590 NW 74 Ave., Miami, FL 33122
☎(305)629-7831 Free1800-445-8667
東京(03)6864-1633 URLwww.hilton.com
料DⓈⓉ $148～508 B
カードAMV

フロリダキーズと
キーウエスト

Florida Keys and Key West

Orlando •

Miami •

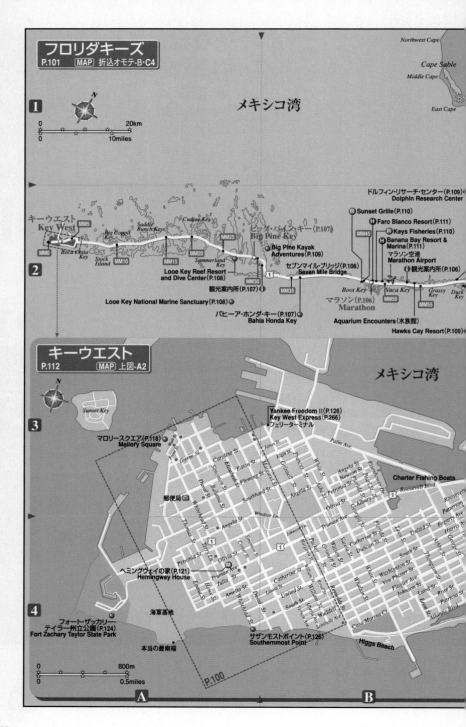

フロリダキーズ
P.101　MAP 折込オモテ-B・C4

1

メキシコ湾

0　20km
0　10miles

Northwest Cape
Cape Sable
Middle Cape
East Cape

ドルフィン・リサーチ・センター(P.109)
Dolphin Research Center

Sunset Grille(P.110)
Faro Blanco Resort(P.111)
Keys Fisheries(P.110)
Banana Bay Resort & Marina(P.111)

キーウエスト
Key West　MM5

Big Coppit
Saddle Bunch Keys
Cudjoe Key
ビッグ・パイン・キー(P.107)
Big Pine Key

MM45

マラソン空港
Marathon Airport

MM0
Boca Chita Key
Stock Island
MM10
MM15
Summerland Key
MM20
MM25

Big Pine Kayak Adventures(P.109)

観光案内所(P.106)

2

Looe Key Reef Resort and Dive Center(P.108)

MM30

セブンマイル・ブリッジ(P.106)
Seven Mile Bridge

観光案内所(P.107)

MM35

Boot Key

Vaca Key
MM50

Grassy Key
Duck Key

Looe Key National Marine Sanctuary(P.108)

バヒーア・ホンダ・キー(P.107)
Bahia Honda Key

マラソン(P.106)
Marathon

MM55

Aquarium Encounters(水族館)

Hawks Cay Resort(P.109)

キーウエスト
P.112　MAP 上図-A2

3

メキシコ湾

Sunset Key

Yankee Freedom II(P.126)
Key West Express(P.266)
フェリーターミナル

マロリースクエア(P.118)
Mallory Square

Charter Fishing Boats
Roosevelt Blvd.

郵便局 ✉

Simonton St.
Greene St.
Caroline St.
Eaton St.
Elizabeth St.
Fleming St.
Bahama St.
Southard St.
Whitehead St.
Duval St.
Thomas St.
Petronia St.
Olivia St.
Angela St.
Windsor Ln.
James St.
Elgin St.
Frances St.
Grinnell St.
White St.
Margaret St.
Palm Ave.
Angela St.
Newton St.
Eisenhower Dr.
Pearl St.
Petronia St.
Olivia St.
Georgia St.
Truman Ave.
Johnson St.
Catherine St.
Simonton St.
William St.
Varela St.
Duncan St.
Packer St.
Watson St.
Grinnell St.
Ashby St.
Pohalski St.
Florida St.
Patterson Ave.
Fogarty Ave.
Harris Ave.
Seidenberg Ave.
Von Phister Ave.
Flagler Ave.
South St.
Johnson St.
Washington St.
Laird St.
Rose St.
Patricia St.
Atlantic Blvd.

ヘミングヴェイの家(P.121)
Hemingway House

4

フォート・ザッカリー・テイラー州立公園(P.124)
Fort Zachary Taylor State Park

海軍基地

本当の最南端

Truman Ave.
Julia St.
Amelia St.
United St.
Louisa St.
Catherine St.
Virginia St.
South St.
Angela St.
Emma St.
Howe St.
Whitehead St.
Duval St.
Reynolds St.
Waddell Ave.
Seminole Ave.
Casa Marina Ct.

サザンモストポイント(P.125)
Southernmost Point

Higgs Beach

0　800m
0　0.5miles

P.100

A　**B**

Miamiへ

エバーグレーズ国立公園(P.80)
Everglades National Park

フロリダシティ
Florida City

Florida City Beach | *Sands Key*

Card Sound Rd.

Elliott Key

Old Rhodes Key

フラミンゴ (P.81)
Flamingo

Key Largo Bay Marriott Resort H

Keys Chocolates and Ice Cream(P.110) R — MM110

観光案内所(P.104) i

キーラーゴ (P.104) MM105
Key Largo

MM100 ジュールズ・アンダーシー・ロッジ(P.104)
Jules' Undersea Lodge

タパーニア *Julia Island*
Tavernier

MM95 Marina del Mar Resort & Marina(P.104)

観光案内所(P.105) i MM90 ジョン・ペネカンプ・コーラルリーフ州立公園(P.105、108)
Rodriguez Key **John Pennekamp Coral Reef State Park**

Windley Key MM85

Islander Resort(P.111) H Fish House R

MM80 *Plantation Key* *Key Largo National Marine Sanctuary*

MM75 1

Upper シアター・オブ・ザ・シー(P.109)
Matecombe Key **Theater of the Sea**

Lower
Matecombe Key

ハリケーン・メモリアル(P.105) アイラモラーダ(P.105)
Hurricane Memorial **Islamorada**

グレイハウンド・バスストップ(Burger King)

lorida Keys National Marine Sanctuary

大西洋（フロリダ海峡）

MM0 マイルマーカー
i 見どころ
H ホテル
R レストラン

The Laureate Key West(P.136) H

Roosevelt Blvd. マイアミへ

Searstown *Northside Ct.* The Gates Hyatt Beach House
Shopping Center

Courtyard Key West Waterfront H H Key West Marriott H

Northside Dr. *16th Terr.* *17th Terr.* *8th St.* *20th Terr.*

Key Plaza Shopping Center S *Donald Ave.* *Paula Ave.* Fairfield Inn H

1 *Dunlap Dr.* *Cindy Ave.*

Patterson Ave. *Duck Ave.*

Patterson Ave. *Fogarty Ave.* *Kennedy Dr.* *Eagle Ave.* *16th St.* *19th St.*
Fogarty Ave. *The Ave.*
Harris Ave. *Flagler Ave.* *Sunrise Dr.* *Sunrise Ln.*
Harris Ave. *15th St.*
8th St. *Riviera Dr.*

Sunset Dr. Doubletree Grand Key Resort H

Venetian Dr. *Bahama Dr.*

Linda Ave. *Jamaica Dr.*
Airport Blvd.

Flagler Ave.

キーウエスト国際空港(P.113)
Key West International Airport

Hampton Inn

Sheraton Suites Key West H *Roosevelt Blvd.* H Hyatt Windward Pointe

Smather's Beach グレイハウンド・バスディーポ(P.113)

イースト・マルテロ砦博物館(P.124) M
Fort East Martello Museum

大西洋（フロリダ海峡）

見どころ ● コンク・ツアー・トレイン乗り場
M 美術館・博物館
H ホテル ● オールド・タウン・トロリー乗り場
R レストラン
S ショップ

C **D**

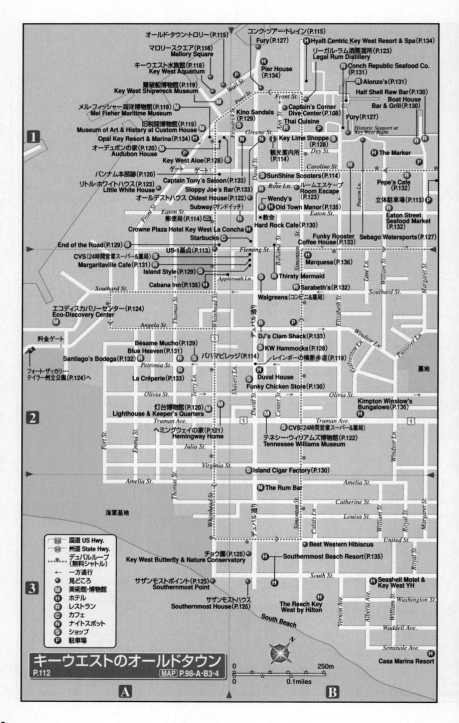

オールド・タウン・トロリー(P.115)
コンク・ツアー・トレイン(P.115)
マロリースクエア(P.118)
Mallory Square
Fury(P.127)
Hyatt Centric Key West Resort & Spa(P.134)
リーガル・ラム酒蒸溜所(P.123)
Legal Rum Distillery
キーウエスト水族館(P.118)
Key West Aquarium
Pier House
(P.134)
Conch Republic Seafood Co.
(P.131)
難破船博物館(P.119)
Key West Shipwreck Museum
Alonzo's(P.131)
Half Shell Raw Bar(P.130)
Boat House
Bar & Grill(P.130)
メル・フィッシャー海洋博物館(P.119)
Mel Fisher Maritime Museum
Captain's Corner
Dive Center(P.108)
Kino Sandals
(P.129)
Thai Cuisine
Fury(P.127)
旧税関博物館(P.119)
Museum of Art & History at Custom House
Historic Seaport at
Key West Bight
オペラ Key Resort & Marina(P.134)
Opal Key Resort & Marina(P.134)
Key Lime Shoppe
(P.128)
オーデュボンの家(P.120)
Audubon House
観光案内所
(P.114)
The Marker
Key West Aloe(P.128)
ゲート   ゲート
SunShine Scooters(P.114)
Caroline St.
バンナム本部跡(P.120)
リトル・ホワイトハウス(P.123)
Little White House
Captain Tony's Saloon(P.133)
Pepe's Cafe
(P.132)
Rose Ln.
ルームエスケープ
Room Escape
(P.123)
立体駐車場(P.113)
Sloppy Joe's Bar(P.133)
オールデストハウス Oldest House(P.122)
Wendy's
Old Town Manor(P.135)
Eaton Street
Seafood Market
(P.132)
Subway(サンドイッチ)
郵便局(P.114)
Hard Rock Cafe(P.130)
Sebago Watersports(P.127)
教会
Crowne Plaza Hotel Key West La Concha
Funky Rooster
Coffee House(P.133)
Starbucks
End of the Road(P.129)
US-1基点(P.113)
Marquesa(P.136)
CVS(24時間営業スーパー&薬局)
Margaritaville Cafe(P.131)
Island Style(P.129)
Thirsty Mermaid
Cabana Inn(P.135)
Sarabeth's(P.132)
Appleroath Ln.
Walgreens(コンビニ&薬局)
エコディスカバリーセンター(P.124)
Eco-Discovery Center
DJ's Clam Shack(P.133)
Angela St.
KW Hammocks(P.128)
料金ゲート
レインボーの横断歩道(P.119)
Bésame Mucho(P.129)
Blue Heaven(P.131)
パパビレッジ(P.114)
フォート・ザッカリー・
テイラー州立公園(P.124)へ
Santiago's Bodega(P.132)
Duval House
Petronia St.
La Crêperie(P.133)
Funky Chicken Store(P.130)
Olivia St.
Olivia St.
Kimpton Winslow's
Bungalows(P.136)
灯台博物館(P.120)
Lighthouse & Keeper's Quarters
Truman Ave.
Truman Ave.
ヘミングウェイの家(P.121)
Hemingway Home
CVS(24時間営業スーパー&薬局)
テネシー・ウィリアムズ博物館(P.122)
Tennessee Williams Museum
Julia St.
Virginia St.
Island Cigar Factory(P.130)
Amelia St.
Amelia St.
The Rum Bar
海軍基地
Catherine St.
Louisa St.
United St.
Best Western Hibiscus
チョウ園(P.125)
Southernmost Beach Resort(P.135)
Key West Butterfly & Nature Conservatory
South St.
Seashell Motel &
Key West YH
サザンモストポイント(P.125)
Southernmost Point
サザンモストハウス
Southernmost House(P.125)
The Reach Key
West by Hilton
South Beach
Waddell Ave.
Seminole Ave.
Casa Marina Resort

国道 US Hwy.
州道 State Hwy.
デュバルループ
(無料シャトル)
一方通行
見どころ
M 美術館・博物館
H ホテル
R レストラン
C カフェ
N ナイトスポット
S ショップ
P 駐車場

キーウエストのオールドタウン
P.112
MAP P.98-A・B3・4

0   250m
0   0.1miles

A   B

フロリダキーズ
Florida Keys

Orlando ●

Miami ●

フロリダキーズはマイアミのビスケーン湾から西へ点々と続く珊瑚礁の島々で、これら約50の小島は42の橋で結ばれている。

"キー"とは珊瑚礁などでできた島のこと。島々を結ぶ国道1号線はOverseas Highwayと呼ばれ、最果ての地キーウエストまで続いている。

キーズの気候はマイアミよりもさらに温暖だ。冬はマイアミよりも6℃ほど暖かく、夏は逆に6℃ほど涼しい。降水量もマイアミのほぼ半分で、晴れの日が多い。キーズ独特のこの気候は、大西洋とメキシコ湾から吹きつける風のおかげだといわれている。

キーズはおもにキーラーゴ Key Largo、アイラモラーダ Islamorada、マラソン Marathon、ビッグ・パイン・キー Big Pine Key、キーウエスト Key West の5つの地域に分けられる。地域ごとに特色があるので、キーウエストだけではなく、ぜひ途中の個性的な島で、のんびりと1日か2日を過ごしてほしい。

ビッグ・パイン・キーに生息するキーディアは大型犬サイズのシカで、フロリダキーズの固有種だ

フリックスバス FlixBus

グレイハウンドのほかに
FlixBusも走っていて、朝
の便はミッドビーチから
出る（時刻表 →P.113）。
キーウエストではオール
ドタウンの東端、立体駐
車場の隣（910 Caroline
St.）に発着する。予約は
グレイハウンドのサイト
ででき、料金も同額

サウスビーチからの距離

●キーラーゴ
73マイル（約1時間30分）
●アイラモラーダ
90マイル（約2時間）
●マラソン
120マイル（2.5～3時間）
●キーウエスト
170マイル（約4～4.5時間）

マイルマーカー

フロリダキーズでは、US-1
の道端にMile Marker
という小さな緑の距離標が
設置されており、この数
字がキーウエストのオー
ルドタウンまでのマイル
数を示している。ホテル
やアトラクションなどの
位置はMM 80（マイル
マーカー80付近）と表す。
さらに道路の南側を
Oceanside、北側をBay
sideという

緑色の距離標を見ながら走
ろう

長距離バス

　マイアミからキーウエストまで毎日2往復しているグレイハ
ウンドバスが、フロリダキーズをつないでいる。途中、アイ
ラモラーダのバーガーキングに15～20分間停車する。そのほ
かの島で降りる場合は、あらかじめドライバーに言っておく
こと。いずれも降りた所には何もなく、ホテルまではタクシー
かUberなどを呼ぶしかない。また、途中の島で乗車する際
にドライバーから乗車券を買うことはできないので、マイア
ミなどであらかじめ往復チケットを購入しておく必要がある。
　そんなわけで、キーウエスト以外の途中の島で遊びたい人
にはレンタカーをすすめる。

レンタカー

　世界で最も美しいハイウエイといわれるキーウエストへの
ドライブは、それ自体が最高のアトラクション。ぜひ自分で
ハンドルを握ってみよう。
　最もおすすめなのはターンパイク経由で行く方法。マイア
ミビーチから行く場合、5 St.からMacArthur Cswy.を渡り、
I-395、Dolphin Expwy.（FL-836）と西へ走ってTurnpikeを南
へ入る。途中、ORT（→P.59）が5回ある。片道$6.64（Toll
by Plateの場合）。
　一方、マイアミからUS-1を南下する方法は2倍近く時間が
かかる。信号も交通量も多く、渋滞もひどい。治安の面から
もおすすめしない。
　ターンパイクとUS-1はFlorida Cityで合流する。ビスケー
ン国立公園（→P.80）とエバーグレーズ国立公園（→P.80）
の入口の町だ。ここからキーウエストまではUS-1が一本道
で続いている。道路はすぐにマングローブの沼地の中を進
む直線道路となる。久しぶりに交差点があって右へ大きく
カーブした所が、フロリダキーズのスタート地点、**キーラー
ゴKey Largo**の入口。ここから終点の**キーウエストKey
West**までは105マイル。海を切り裂いて続くUS-1は別名
オーバーシーズハイウエイOverseas Highwayと呼ば
れる。キーウエストに向かって左側が大西洋（Oceanside）、
右がメキシコ湾（Bayside）。車窓からの眺望も抜群で、珊
瑚礁が広がる浅瀬の海は光線によってさまざまな色に変化
する。ただし、ハ
イウエイといって
もただの国道。信
号は少ないが片側
1車線の区間が長
い。特に冬期は交
通量が多く、追い
越しも難しいので
時間がかかる。

眺めのよいバス路線ナンバーワンかも

trivia Q | **ウミガメの宝庫**★フロリダキーズの浜辺にはアカウミガメ、アオウミガメ、オサガメ、タイマイ、ケ
ンプヒメウミガメの5種のウミガメがやってくる。すべて絶滅危惧種だ。

再開されたオールドセブンを渡ってピジョンキーを訪れてみよう

歩き方 Getting Around

　フロリダキーズの島々はセブンマイル・ブリッジを境にして東側と西側とでまったく様子が異なる。東側の島々は**アッパーキーズUpper Keys**と呼ばれる珊瑚礁が堆積してできた島で、東西に細長く延びている。沖にはアメリカ本土唯一の珊瑚礁が広がっている。この海域は16～17世紀頃からキューバやメキシコとヨーロッパ諸国との航路だったが、ハリケーンなどによって座礁して沈没する船があとを絶たなかった。なかには莫大な財宝を積んだまま沈んだ船もあり、現在でもときどき宝物が発見されてニュースになっている。また、これらの沈没船は魚たちの格好のすみかになっているので、ダイビングポイントとしても人気が高い。

　一方、セブンマイル・ブリッジより西側の島々は**ロウアーキーズLower Keys**と呼ばれ、島の中に松林があるなどアッパーキーズとは違った環境が見られる。これらの島は南北に細長く、アパラチア山脈の末端が隆起してできたものではないかといわれている。

ハリケーンに注意

フロリダキーズ＆キーウエストと本土とをつなぐ道路は、片側1車線の国道1号線US-1のみ。このためハリケーン接近時には避難する車で大混雑することが予想される。6～11月には常に気象情報をチェックし、避難は早めに。詳しくは→P.47

いざというときにはこの標識をたどって避難しよう

Column ウミガメバーガー!?

　フロリダキーズでは昔からウミガメは食用として捕獲されており、ほんの数十年前まではウミガメステーキやウミガメバーガーなどがレストランのメニューに載っていて、観光客の人気を集めていた。

　フロリダ沿岸にはアオウミガメ、タイマイなど5種類のウミガメが生息しているが、そのどれもが食用になる。またタイマイの甲羅はべっ甲となって櫛やめがねフレーム用に高く売れた。このためウミガメはあちこちで乱獲されて数が減り、絶滅の恐れが出てきたため、1970年代に入ってウミガメを保護する法律が施行されたが、その後も密猟は続いている。

　ウミガメが狙われるのはたいてい産卵のため浜に上がってきたときなので、その時期になるとボランティアの人々が夜ごと砂浜を見回ってウミガメを守っている。またマラソンには、傷ついたウミガメのリハビリを行うTurtle Hospitalもある。

trivia　ド根性マツ★オールドセブンの西側、鉄橋の端に2本のマツの木がある。鳥が種を運んだといわれ、強烈な日差し、潮風、荒天時には海水も浴びる場所で育っているのでお見逃しなく。

103

キーラーゴ
Key Largo

キーラーゴの観光案内所
MAP P.99-D2
住 MM 106, Bayside, Key Largo
Free 1800-822-1088
URL www.keylargochamber.org
開 9:00〜18:00
休 おもな祝日

Marina del Mar Resort & Marina
MAP P.99-D2
住 MM 100, Oceanside
URL africanqueenflkeys.com
運航 1日5回。$59、4〜12歳$25

ジョン・ペンネカンプ・コーラルリーフ州立公園を訪れたら、ぜひグラスボトムボートに乗ってみたい

Jules' Undersea Lodge
住 51 Shoreland Dr., Key Largo
☎ (305)451-2353
URL www.jul.com
開 8:00〜15:00　休 月
料 1泊2食付き2人$1687.50〜。日中、4時間だけ滞在するコース2人$430
行き方 MM103.2にあるTransylvania Ave.をOceansideへ南下した突き当たり

フロリダキーズのなかで最も本土寄りにある島。スペイン語で「長い」という意味の名のとおり、東西に45kmほども延びる細長い島で、国道沿いに数多くのモーテルやショッピングセンターが並んでいてにぎやかだ。

キーラーゴはまた古くから開けた有名な別荘地で、リゾートホテルも多い。映画ファンならハンフリー・ボガートがハリケーンと闘った1948年の映画『キーラーゴ』を思い出す人も多いだろう。島のMarina del Mar Resort & Marinaでは、3年後にボガートが主演した映画『アフリカの女王』に登場した船に乗ることができる。

この島を有名にしているものがもうひとつある。それは沖合に横たわっているアメリカ沿岸で随一の珊瑚礁だ。島には数多くのダイブショップがあって、グラスボトムボートやダイビングなどのツアークルーズが毎日あちこちから出航している。

キーラーゴから先へ進むと、アイラモラーダの手前で短い橋を渡り、プランテーションキー Plantation Keyという名の島へ入る。19世紀後半にトマトやパイナップル、キーライムなどが栽培されていたことから名づけられたそうだ。

◎ロマンあふれる海底ホテル
ジュールズ・アンダーシー・ロッジ　Jules' Undersea Lodge
MAP P.99-D2

世界でもここだけというユニークな海底ホテル。名前は『海底二万マイル』や『十五少年漂流記』の著者ジュール・ベルヌから取ったもの。ゲートを入るとすぐ右側が小さなラグーンになっているが、実はこのラグーン内の水深9mに"客室"が沈めてある。部屋まで行く手段はダイビングのみ。ダイバーのためのお遊びホテルなのだ。

海底ホテルはふた部屋に分かれていて定員は計6名。出入口は底に開いた大きな窓だ。室内にはダイニングキッチンやバスルーム、TV、電話などの設備が整っており、窓には魚たちや、ときにはダイバーも遊びにやってくる。夕食と朝食は完全防水のケースに入れて運ばれ、電子レンジで温めて食べる。もちろん常に新鮮な空気が地上から送られている。

海底の客室は意外と広く、圧迫感はあまりない

宿泊にはCカードまたは3時間のダイビング講習が必要。泊まるのは高いけれど陸から見ているぶんにはタダだ。ラグーン内は暗いので部屋までは見えないが、とにかく珍しいホテルなので、話のタネにちょっと寄ってみては?

MAP
P.99
-D2

◎キーズのアクティビティはおまかせ
ジョン・ペンネカンプ・コーラルリーフ州立公園
John Pennekamp Coral Reef State Park

アメリカで初めての海中を対象とした公園で、キーラーゴの沖に生息している40種類のサンゴの保護を目的としている。長さ34km、幅13kmという珊瑚礁にはトロピカルフィッシュが500種類以上も確認されている。各種アクティビティもいろいろ行われており、誰でも手軽にサンゴの海をのぞける。マングローブが見られるネイチャートレイルを散策するのもおもしろい。

珊瑚礁を見にいくならダイビングやスノーケルがおすすめだが、時間のない人はグラスボトムボート（9:15、12:15、15:15発。所要2時間30分）に乗るといい。マングローブの群落をぬって海へ下り、沖にある珊瑚礁に着いたらエンジンを止めて船底の窓から海底をのぞく。チョウチョウウオやエンゼルフィッシュ、バラクーダやロブスターも見られる。園内にはほかにも海水浴場やキャンプ場、カヤックのレンタルショップもある。

**John Pennekamp
Coral Reef State Park**
🏠MM 102.5, Key Largo
☎(305)451-6300
🔗www.pennekamp
park.com
🕐8:00〜日没
🚗車1台$8+1人50¢。グラスボトムボートは$32、4〜11歳$19

マングローブの群落は自然の豊かさの指標になるといわれている

アイラモラーダ
Islamorada

スペイン語で"紫色の島"の意味。紫色をした巻貝が浜辺に大量に上がってきたことに由来するそうだ。また、紫色のブーゲンビリアがこのあたりでよく見られるからとの説もある。毎年スポーツフィッシングのフェスティバルが開かれることでも知られていて、カジキやバラクーダなどが釣れる。

また、アイラモラーダの手前にあるウインドレイキー Windley Keyはキーストーンの産地として栄えた島。キーストーンとはサンゴが堆積してできた石灰岩の一種で、多くの化石を含んでいる。その石切り場跡は今、**シアター・オブ・ザ・シー Theater of the Sea**（→P.109）というマリンパークになっている。

アイラモラーダの観光案内所
🗺P.99-C2
🏠MM 87, Bayside, Islamorada
☎(305)664-4503
📞1800-322-5397
🔗www.islamorada
chamber.com
🕐9:00〜17:00、土〜16:00、日〜15:00

◎惨劇をいまに語り継ぐモニュメント
ハリケーン・メモリアル　Hurricane Memorial

MAP
P.99
-C2

キーウエストへの鉄道建設が始まったのは1905年。仕掛け人はヘンリー・フラグラー（→P.122）だ。工事は1912年に完成。一気に全米から人々がキーウエストへ流れ込み、葉巻など多くの輸入品や島の産出品が本土へ運ばれていった。やがて鉄道と並行してハイウエイの建設も始められたが、1935年9月、フロリダキーズはカテゴリー5（最大風速時速260km!）の巨大ハリケーンに直撃される。島の建物は壊され、線路は寸断され、海に架かる鉄橋もあちこちで落ちた。そしてこのとき、ハイウエイの建設現場から避難する労働者たちを乗せた列車が高潮と強風によって転覆、409名の命が海へ消えた。レイバーデイ（労働者の日）の惨事だった。

Hurricane Memorial
🏠MM 81.5, Islamorada

モニュメントは US-1 のオーシャンサイドにある

---

trivia

レイバーデイ・ハリケーン★ 1935 年の巨大ハリケーンは、フロリダキーズ到達時の気圧が892hPaで、上陸時の気圧としてはアメリカ史上最低。1934 年の室戸台風は上陸時 912hPa。

マラソン
Marathon

マラソンの観光案内所
MAP P.98-B2
住 MM54, Bayside,
Marathon（122 St.角）
☎ (305)743-5417
URL www.floridakeys
marathon.com
開 9:00～17:00

ピジョンキーには海洋科学
センターの施設もある

ピジョンキーへのツアー
オールドセブンの本土側
からトレインツアーで、
途中にあるPigeon Keyを
訪れよう。島にはセブン
マイル・ブリッジと旧鉄
道の博物館があり、ス
ノーケルや釣りもできる。
ツアー乗り場は橋より手
前のMM47.5、Bayside
にある。オンシーズンに
はネット予約がおすすめ
☎ (305)743-5999
URL pigeonkey.net
運航 10:00、12:00、14:00
発。約2時間
料 ＄25、4～12歳＄20

フロリダキーズのちょうど真ん中あたり、ベイカキー Vaca Keyにあるマラソンはキーウエストの次に大きな町。飛行場、ショッピングセンター、病院、ゴルフ場などひととおり揃っている。鉄道建設時代、この町には3000人の労働者のための物資を運ぶ基地があった。彼らの仕事は暑さと、そして蚊の大群との戦いで、"マラソンのような忍耐力のレース"といわれた。それが町の名前になったというわけだ。

◎楽園への架け橋
セブンマイル・ブリッジ　Seven Mile Bridge

MAP P.98-B2

　海を越える道、オーバーシーズハイウエイの白眉ともいうべきセブンマイル・ブリッジは、マラソンの町が終わるとすぐに始まる。ボーッとしていると見逃しかねないので、マイルマーカー47を過ぎたら心の準備をしておこう。右側にある駐車場が目印だ。全長6.79マイル（10.86km）、視界の上半分は空、下半分はコバルトの海。そのど真ん中を突き抜けて橋が延びる。センターラインのかなたには11km先にある島が小さく見える。TVや映画で観た人も多いだろうが、この感覚は走ってみないとわからない。

　橋は片側1車線で、途中では停車もUターンもできない。そのため日中は前後の車が気になってそれほど景色は楽しめないだろう。セブンマイル・ブリッジが映えるのは明け方と夕方。特に交通量の少ない明け方には快適なドライブが楽しめる。

　隣に並行して走っているのは昔の鉄橋、**オールドセブン**。1935年のハリケーンで寸断されたまま残されている。鉄橋が壊れてから3年間は船でしかキーウエストへは行けなかったが、1938年にこのハイウエイが開通。当初は有料道路だった。

　古い鉄橋を歩いてみたい人は、橋を渡り終えてすぐ右側にある駐車場に車を入れよう。鉄橋の西側約1kmの区間は「世界最長のフィッシングピア」として釣り人や観光客に開放されている（マラソン側は釣り禁止）。

ピジョンキーへは 9:00～17:00 に、徒歩（約40分）や自転車で訪れることもできる

notes 橋上を走るマラソン大会★毎年 3～4月頃、セブンマイル・ブリッジを半日ほど車両通行止めにしてマラソン大会「7 Mile Bridge Run」が行われる。2023年の優勝者は地元の15歳男

バヒーア・ホンダ・キー Bahia Honda Key

セブンマイル・ブリッジを渡り終えて3分ほど走ると左側にある**バヒーア・ホンダ・キー Bahia Honda Key**（深い湾の意）は、砂浜の白さと海の色の変化が美しい島で、全米でトップ10に入るといわれるビーチが人気。スノーケリングツアー（毎日2回、要予約。$29.95、18歳未満$24.95）あり。

島の南側には珊瑚礁の海を眺められるビーチ、北側にはバヒーア・ホンダ橋を見渡せるビーチと、趣が異なるふたつのビーチが楽しめる

Bahia Honda State Park
☎(305)872-3210
URL bahiahondapark.com
開8:00〜日没
料1人$4.50、2〜8人は$8+1人50¢

スペイン語では
アメリカ人はバヒーア・ホンダと発音する人が多いが、バイーア・オゥンダとスペイン語に近い発音で呼ぶローカルもいる

ビッグ・パイン・キー
Big Pine Key

ビッグ・パイン・キーの島内には、フロリダキーズでは珍しい松の木が続いている。そしてここは絶滅の危機に瀕している3種類の動物、キーディアKey Deerとワタオウサギの一種Lower Keys Marsh Rabbit、オオシラサギGreat White Heronの保護区として知られている。キーディアはオジロジカの一種で、ラブラドール・レトリバーくらいのサイズのシカ。この島にしか生息していない固有種だ。1950年代には50頭以下にまで減った。松林の中を自由に走り回るために小型になったと考えられている。現在約750頭が生息しているが、交通事故に遭うシカが年間100頭を超えるそうなので気をつけよう。

キーディアを見るなら、島内唯一の信号（MM 30.5）を北へ入ってすぐに斜め左のKey Deer Blvd.へ入り、3マイル北上した左側にある**ブルーホールBlue Hole**へ行くといい。採石場跡にできた池で、島では貴重な真水が湧き出している。池の中にはワニやカメがすんでおり、朝夕にはシカたちが水を飲みに集まってくる（餌を与えてはいけない）。

またオオシラサギは頭の飾り羽を狙われて乱獲された大型の水鳥で、冬から春にかけてビッグ・パイン・キーで巣作りをする。オオシラサギは、Key Deer Blvd.を少し戻り、Watson Blvd.を左折し、突き当たりを再び左折した所にある橋の周辺でよく見られる。

ビッグ・パイン・キーの観光案内所
MAP P.98-B2
住MM 31, Oceanside, Big Pine Key
☎(305)872-2411
URL www.lowerkeys chamber.com
開10:00〜17:00

ストックアイランド
フロリダキーズ最後の島の名前はStock Island。この島だけは"キー"といわずに"アイランド"という。昔ここに牛や豚をストックしておいたところからついた名前だ。約100mの短い橋を渡れば、キーウエストに到着！

フロリダキーズとキーウエスト　マラソン／ビッグ・パイン・キー

子で、タイムは41分02秒だった。参加申し込みは1月下旬に始まり、参加料は$100。制限時間90分。日程など詳しくはURL www.7mbrun.com

スクーバダイビング

　フロリダキーズの沖にはアメリカで唯一の珊瑚礁が広がっていて、全長約34km、幅約13kmの地域に生息するサンゴは40種類。熱帯魚は650種類も確認されている。

　珊瑚礁は島から約10kmの沖合に横たわっているため、岸から直接エントリーできる場所はなく、すべてボートダイブとなる。水深6～13mで潜ることが多いのでエキスパートでなくても気軽に楽しめるが、やはりCカードは必要だ。

　フロリダキーズで最もダイビングに適しているのは、**ジョン・ベンネカンプ・コーラルリーフ州立公園**（→P.105）。ここで最も人気のあるダイブスポットはChrist of the Abyss—深淵のキリストと呼ばれるブロンズ像だ。ダイブ器材の製造者が寄贈したもので、イタリアのジェノヴァにあるキリスト像のレプリカ（高さ2.7m）が水深7.6mの海底に固定されている。ここで結婚の誓いを立てるカップルもいるそうだ。

　またビッグ・パイン・キーの沖にある**ルー・キー・ナショナル・マリン・サンクチュアリLooe Key National Marine Sanctuary** MAP P.98-A2も人気のダイブスポットだ。

　なお、キーズではサンゴの採取は禁止されており、貝や魚の採取も禁じられているエリアがある。またボートのアンカーによって珊瑚礁が傷つくのを防ぐため、係留場所はブイで指定されている。

　キーズには非常に多くのダイブショップがあって迷ってしまうけれど、一歩間違えれば命にかかわるスポーツなので、ショップ選びは信頼性重視でいきたい。PADIや

NAUIなど大きなダイビング指導団体に加盟している店なら、何かと安心だ。Cカード取得コースは3、4日間で$450～550といったところ。インストラクターとの相性の問題もあるので、電話より直接行って申し込もう。

John Pennekamp Coral Reef State Park
MAP P.99-D2　住MM 102.5, Key Largo
☎(305)451-6300
URL www.pennekamppark.com
出発9:00、13:30
料2タンク$90

Looe Key Reef Resort and Dive Center
MAP P.98-A2　住MM 27.5, Ramrod Key
☎(305)872-2215
URL www.diveflakeys.com
出発8:00、12:45
料2タンク$94.99

Captain's Corner Dive Center
MAP P.100-B1　住125 Ann St., Key West
☎(305)296-8865
URL captainscorner.com
出発8:30、14:00
料2タンク$90、器材込み$135

フィッシング

　ヘミングウェイを気取ってフィッシングに挑戦してみたくなったら、アイラモラーダに行ってみよう。アイラモラーダは、毎年スポーツフィッシングの大会が開かれることで有名で、カジキやバラクーダ、グルーパーなどが釣れる。シーズンは魚によって異なるが、3～5月頃に最も多くの

ダイバーに人気の深淵のキリスト像

トロピカルフィッシュから大物まで期待できる

カヤックツアーはおもにメキシコ湾側で行われている

種類が期待できる。フィッシングクルーズはあちこちのリゾートで行われており、半日$1000〜、1日$2000〜程度。なお、海釣りには州のライセンス（3日用$17、7日用$30）が必要。釣り具店で購入できる。

Hawks Cay Resort
MAP P.98-B2
61 Hawks Cay Blvd., Duck Key
(305)743-7000　Free 1888-395-5539
URL www.hawkscay.com

カヤッキング

マングローブの中をカヤックで進む人気のツアー。自然へのインパクトが少ないエコツアーとしても注目されている。おもにビッグ・パイン・キーなどで行われている。マングローブの林と美しい水の不思議な世界を体験でき、カヤックからは水中のバラクーダなどの魚も見える。あたりはキーディアの保護区なので、運がよければ出合えるかもしれない。アクセスは車がないと難しい。

Big Pine Kayak Adventures
MAP P.98-B2　(305)872-7474
URL www.keyskayaktours.com
3時間コース$75。要予約
行き方 ビッグ・パイン・キー唯一の信号（MM 30.5）を北へ入るとすぐふた手に分かれるので右のWilder Rd.へ。1マイル走って一時停止の標識を左折。あとはNo Name Keyの標識をたどり、島へ渡る橋の手前右側にある

ドルフィンプログラム

フロリダキーズにはイルカと触れ合える施設がいくつかある。**ドルフィン・リ**サーチ・センター **Dolphin Research Center**は、イルカやアシカなど海洋哺乳類の生態を調査する目的で設立された非営利団体だが、ガイドツアーで一般の人々にもイルカやアシカの生態を教えてくれる。ここのイルカは、マリンワールドなどの水槽とは違って自然の環礁に低い網を張っただけの環境で飼育されている。そしてここではイルカの生態をより理解してもらうために、何種類かのプログラムを用意している。代表的なものがDolphin Encounter（イルカとの出会い）。数人のグループでイルカと一緒に泳ぎながら交流し、最後にその体験を話し合うもので、心に病をもつ人の治療にも用いられ、高い効果を上げているそうだ。

ドルフィンプログラムはどれも人気のため、予約が必要。

Dolphin Research Center
MAP P.98-B2
MM 59, Bayside, Grassy Key
(305)289-1121、予約(305)289-0002
URL dolphins.org　9:00〜16:30
5月最終月曜、9月第1月曜、11月第4木曜、12/25
$28、4〜12歳$23。Dolphin Encounter $210

Theater of the Sea
MAP P.99-C2
MM 84.5, Oceanside, Islamorada
(305)664-2431
URL theaterofthesea.com　9:30〜17:00
$47.95、3〜10歳$29.95。Meet the Dolphin $99、Swim with the Dolphin $225 など。要予約

レストラン&ホテルリスト
Restaurant & Hotel List

フロリダキーズでホテルやレストランがある町はキーラーゴ、タバーニア、アイラモラーダ、マラソン、ビッグ・パイン・キーの5ヵ所。これ以外はキャンプ場ばかりで宿泊施設もレストランもほとんどない。冬期とホリデーシーズンに泊まるなら要予約。

シーフード ◎セブンマイル・ブリッジのたもとにある **MAP P.98 -B2**

サンセット・グリル
Sunset Grille & Raw Bar **セブンマイル・ブリッジ**

オードブル豊富なハッピーアワーは15〜18時

美しい夕日とセブンマイル・ブリッジの両方を眺められるレストラン。食事もおいしく、夕方にはかなり混雑するので日中の景色を楽しむのもおすすめ。マラソンから橋を渡る手前右側の駐車場から、歩いて橋の下をくぐったところにある。キーウエストからの帰りに寄るなら、橋から東へ約1分走り、側道へ右折して戻る。

🏠7 Knights Key Blvd., Marathon
📞(305)396-7235 🕐8:00-22:00
🌐Sunsetgrille7milebridge.com
🍴ランチ、ディナー $7.99〜37.99

シーフード ◎マリーナの眺めと潮風が心地よい **MAP P.98 -B2**

キーズフィッシャリー
Keys Fisheries **マラソン**

🏠3502 Gulfview Ave., Marathon
📞(305)743-4353
📞1866-743-4353
🌐www.keysfisheries.com
🕐11:00〜21:00
🍴ランチ、ディナー $12〜40

マリーナに面したオープンエアの食堂。潮風が心地よい

マラソンの35 St.を北へ入った突き当たり。魚市場に併設されたレストラン、というよりセルフサービスの食堂。ボリュームたっぷりのシーフードは1品$15前後、コンビネーションプレートで$25〜38。コンクチャウダー $7.95など、フロリダならではの味も揃っている。10/15〜5/15はストーンクラブをぜひ！

カフェ ◎キーライムのアイスクリームはいかが? **MAP P.99 -D2**

キーズ・チョコレート・アンド・アイスクリーム
Keys Chocolates and Ice Cream **キーラーゴ**

トロピカルムードいっぱいの看板が目印

フロリダキーズで唯一のショコラティエ。ショーケースにはおいしそうなチョコレートやキーライムを使ったスイーツなどが並び、30種類以上あるというアイスクリームやシェイクが人気。フラミンゴのキャンディは手頃なおみやげにいい。場所はキーラーゴの中ほどで、アイラモラーダにも支店がある。

🏠100470 Overseas Hwy., Key Largo
📞(305)453-6613
🌐www.keylargochocolates.com
🕐10:00〜22:00、金・土〜23:00

 ストーンクラブなら★キーズフィッシャリーはジョーズ・ストーンクラブ（→ P.84）にストーンクラブを卸している。取れたてのストーンクラブをジョーズより安く、カジュアルに食べられる。

中級 ◎モダンでリーズナブルなリゾート

ファロブランコ・リゾート
Faro Blanco Resort

MAP P.98-B2 マラソン

マラソンのベイサイドに1950年代からあるマリーナ＆ヨットクラブ。その敷地内にモダンで快適なホテルが登場した。客室はスタンダードでも広々とした造り。ホスピタリティにあふれたスタッフのサービスも評判だ。マリーナに面したシーフードレストランのほか、ロビーの奥にもおいしい軽食を出すカフェがある。朝食込み。ロビーにゲスト用PCあり。カヤックのレンタルからスノーケルツアー、子供用スクーバダイビング教室までアクティビティも充実している（いずれも要予約）。

↑マリーナ側の客室からは、リゾートのシンボルである灯台が見える

→ロビーも客室もシンプルで洗練されたインテリアだ

マイルマーカー48の近くにある

住 1996 Overseas Hwy., Marathon, FL 33050 **電** (305)743-1234
URL www.faroblancoresort.com
料 ⒹⓉ$165～449 **B**
カード ADJMV

中級 ◎マラソン中心部にあって便利な

バナナ・ベイ・リゾート＆マリーナ
Banana Bay Resort & Marina

MAP P.98-B2 マラソン

マリーナがあるのでクルーザーで訪れる人もいる。フィッシングボートのレンタルもある

マラソンの中心部にある家族連れに人気のリゾート。どの部屋もトロピカルムード満点。いろいろなタイプの客室があるので、国道に面していない部屋にしてもらうといい。2015年に全面改装済み。全室冷蔵庫あり。プライベートマリーナ、テニスコート、コインランドリーあり。キーウエストにも同名のリゾートがあるので注意。

住 4590, Bayside, Marathon, FL 33050
電 (305)743-3500 **Free** 1888-662-4683
URL www.bananabay.com
料 ⒹⓉ夏期$183～228、冬期$215～322
カード ADMV

高級 ◎マリーナを望むコテージが快適

アイランダーリゾート
Islander Resort

MAP P.99-C2 アイラモラーダ

全室フルキッチン付きでゆったりとしたゲストルーム

落ち着いて過ごせるカジュアルなリゾート。25棟のコテージは全室フルキッチン付き。スクリーン（蚊帳）で覆われたバルコニーにもテーブルと椅子があるので、海を眺めながら食事をするのがおすすめ。オーシャンサイドにもコテージがあるが、ハリケーンの被害を受けて修復中。

住 82100 Bayside, Islamorada, FL 33036
電 (305)664-2031 **Free** 1800-753-6002 **URL** www.islanderfloridakeys.com
料 ⒹⓉ夏期$279～499、冬期$413～543
カード AMV

🚭 ホテル内すべて禁煙　🛏 喫煙できる客室あり　🖥 客室内で高速インターネット接続できる（無料）　🖥 客室内で高速インターネット接続できる（有料）　📶 客室内で無線インターネットWi-Fiできる（無料）　📶 客室内で無線インターネットWi-Fiできる（有料）

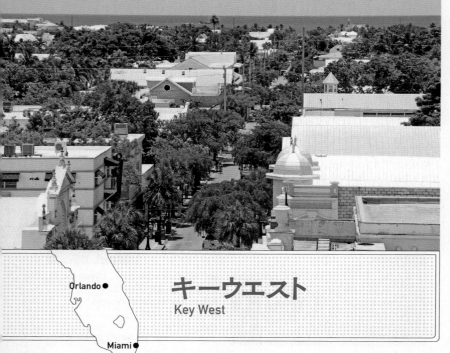

キーウエスト
Key West

Orlando●

Miami●

オーバーシーズハイウエイの終点キーウエストには、最果ての地のイメージにはほど遠い、のんきで明るい人々がいる。アメリカ本土の最南端は、びっくりするほどにぎやかな町だ。

キーウエストのやや熱帯性の気候はハイビスカスなど多くの植物を育て、古い家々が残るオールドタウンに彩りを添えている。そんな風情に引かれたのか、この地には1930年以降、ヘミングウェイをはじめとして多くの芸術家が居を構えている。キーウエストはまた酒好きの町としても知られるが、マイアミに比べるとはるかに治安がよく、安心して飲んでいられる。

日が西に傾いてきたらスラッピー・ジョーズあたりで一杯ひっかけて、Tシャツ屋でもひやかしながらマロリースクエアへ。大道芸人の口上と喝采を聞きながら、アメリカ本土で最も南に沈む夕日を眺めよう。ディナーはコンクチャウダーにストーンクラブ。最後にキーライムパイを味わったら、酒場のハシゴに繰り出そう。キーウエストの夜はこれからだ。

国道1号線の終点はオールドタウンにある

行き方　Access

飛行機

　キーウエスト国際空港は島の南東端にあり、アメリカン航空がマイアミなどから、デルタ航空がアトランタなどから、ユナイテッド航空系シルバー・エアウェイズがオーランド、タンパなどから定期便を飛ばしている。オールドタウンまでは市バスもあるが、本数が少ないのでタクシー利用が現実的。

長距離バス

　グレイハウンドがマイアミのバスターミナル（→P.56）から毎日2往復している。料金は片道$27〜、往復$54〜。バスディーポは空港の西隣の建物にある。なおFlixBus（表内※F）については→P.102。乗降場所が異なるので注意。

4:00	7:55	11:00	12:55	**Miami**	13:45	16:35	21:15	21:55
↓	↓※F	↓	↓※F		↑	↑※F	↑	↑※F
8:30	11:40	15:30	16:40	**Key West**	9:30	12:50	17:00	18:10

※ハリケーン接近時には避難用の臨時バスが運行される　（2023年6月現在）

レンタカー

　セブンマイル・ブリッジを渡り終えてからさらに45分ほど、マイアミビーチから4〜5時間でキーウエストに到着する。島へ入ったらすぐにUS-1の標識に従って右折した所が、モーテルが集中するRoosevelt Blvd.だ。せっかくなのでUS-1を最後まで走ってみよう。道はTruman Ave.と名を変えてオールドタウンへ入り、にぎやかなDuval St.を横切ったら、次のWhitehead St.を右折してさらに5ブロック。Fleming St.との交差点が、はるかメイン州のカナダ国境から約3800km以上も続く**US-1の終着地（基点）**となっている。

　なお、いったんホテルにチェックインしたら、あとは自転車や無料シャトルなどを利用したほうが便利。キーウエストの見どころには駐車場がないし、夕方のオールドタウン（ダウンタウン）は大渋滞となるので、車はかえってじゃまになる。

Key West International Airport（EYW）
MAP P.99-C・D4
🏠3491 S. Roosevelt Blvd.
☎(305)809-5200
URL www.eyw.com
空港からオールドタウンへはタクシーで約15分、$20前後。Uberで$18〜26。大手レンタカー会社はひととおり揃っている

バスディーポ
MAP P.99-D4
🏠3439 S.Roosevelt Blvd.
☎(305)296-9072
🕐7:30〜9:00、16:30〜18:00

マイアミからのシャトル
マイアミ空港とフロリダキーズ＆キーウエストのホテルを結ぶシャトルバン。1日3往復。要予約
●**Keys Shuttle**
☎(305)289-9997
Free 1888-765-9997
URL www.keysshuttle.com
🕐片道$132、往復$237.60

マイアミからの走り方
→P.102

Column　オールドタウン駐車場情報

マロリースクエア：デュバル通りの突き当たりからWall St.を左折してすぐ右側。1時間$6、24時間$48。

マリーナ：デュバル通りからGreene St.を東へ3ブロック走った左側。1時間$5。最長10時間まで。

市営立体駐車場：デュバル通りからCaroline St.を東へ5ブロック走り、Grinnell St.を右折した右側。1時間$5、24時間$40。駐車券を見せると島内の市バスに無料で乗れる。6:00〜21:06に16便（日曜減便）。バス停はCaroline St.沿いにある。

路上パーキングメーター：マロリースクエア付近は1時間$4。まとめて前払いしてレシートをダッシュボードに置いておけば、ほかのパーキングメーターにも有効。メーターはブロックごとに支払機Pay Stationが設置されている。

---

notes 住宅街の路上駐車★デュバル通りから数ブロック離れた住宅街には、無料で路上駐車できる場所もけっこうある。住民専用を示すRESIDENTIALの表示がないことを確認しよう。

MAP P.100-A1
住 400 Whitehead St.
（Eaton St.の角）
開 8:30〜17:00、土9:30
〜12:00
休 日

バハマビレッジ
Bahama Village
MAP P.100-A・B2
デュバル通りからPetronia
St.を西へ入ったあたりに
は、バハマ風の店やギャ
ラリー、レストランが集
まっている。夜になるとに
ぎやかだが、日によっては
閑散としている

レンタルショップ
●**SunShine Scooters**
MAP P.100-B1
住 301 Duval St.(Caroline
St.を東へ入ってすぐ右側)
☎ (305)294-9990
営 9:00〜16:00、12/24
&12/31は〜12:00、1/1
は12:00〜17:00
休 11月第4木曜、12/25

モペッドと呼ばれる電動
カートはふたり用から8人
用まであり、1日 $99〜
275。自転車は1日 $12〜

Key West Chamber of
Commerce
MAP P.100-B1
住 510 Greene St.
☎ (305)294-2587
URL fla-keys.com
開 8:00〜17:00、土・日
9:00〜

歩き方 Getting Around

　キーウエストのダウンタウンは**オールドタウンOld Town**
とも呼ばれ、その中心は島の西側を南北に貫く**デュバル通り
Duval Street**。特に、その北端、メキシコ湾に面した**マロ
リースクエアMallory Square**一帯にはギフトショップや
カフェがたくさん集まっている。グラスボトムボートが出る
マリーナもある。

　また、デュバル通りから
Greene St.を東へ3ブロック
歩いた所にあるマリーナは
**Historic Seaport at
Key West Bight**と呼ば
れている。ダイビングクルー
ズなどはこちらから発着し
ていて、周辺にはショップ
やレストラン、バーもある。

　キーウエストの見どころ
はほとんどがデュバル通り
周辺に集中しているので歩

1982年に冗談半分で「独立宣言」した

いて回れるが、オールドタ
ウンから離れたホテルなどへ行くときには、スクーター、自転
車などを借りるといい。あちこちにレンタルショップがあるし、
ホテルで貸してくれることもある。

　ビーチは島の南側に集まっていて、オールドタウンから離
れている。車のない人はスクーターなどを使って行こう。た
だし海には藻が多いので遊泳向きではなく、人々はもっぱら
日光浴か、水上スキーなどのスポーツを楽しんでいる。

　夕方になったらマロリースクエアで夕日を眺め、デュバル
通りをそぞろ歩く。これがキーウエストを訪れた観光客の定
番の過ごし方だ。このような人々を指して**デュバルクロール
Duval Crawl**
（デュバル通りを練
り歩く人の意）と呼
ぶ。あたりが暗く
なってもデュバル通
りのにぎわいは増す
ばかり。クロールの
夜は、深夜になって
も終わらない。

デュバル通りを端から端まで歩くと30分ほどかかる

観光案内所

■ **Key West Chamber of Commerce**
　スラッピー・ジョーズ・バーから東へ入った右側にある。ホ
テルやレストランの情報はもちろん、各種クルーズの情報が
豊富。オールドタウンのイラストマップをもらっておくといい。

市内の交通機関

■ 市バス Key West Transit

アプリで予約し、それに応じて運行する乗り合い型オンデマンドサービスの市バス。セブンマイル・ブリッジを渡ってマラソンまで行くバスもある。

■ デュバルループ（無料シャトル）

オールドタウンをぐるりと一周する無料シャトルバスが走っている。反時計回りで、デュバル通りより1本西寄りの**Whitehead St.**を南下し、デュバル通りより1本東寄りの**Simonton St.**を北上している。例えばマロリースクエアの近くから乗ってサザンモストポイントの手前で降り、歩いて観光しながら戻ってくるといった利用がおすすめ。バスは15分ごと（深夜早朝は30分ごと）の運行だが、遅れることもあるので、ウェブサイトからアプリをスマホにダウンロードすれば、バスの現在地と到着予定時刻がわかって便利。

デュバルループの運行はオールドタウンの渋滞解消策のひとつでもある。積極的に利用したい

ツアー案内

■ コンク・ツアー・トレイン　Conch Tour Train

機関車の形をした名物ライドで、ヘミングウェイの家、サザンモストポイントなどを75分で一周する。乗り場はマロリースクエア（Greene St.沿い）、DuvalとFront St.角、Caroline St.とMargaret St.角、Duval St.とTruman Ave.角の4ヵ所のみ。このほかの場所で乗り降りはできないのが不便だ。

吹きさらしなので雨の日や冬は寒い

■ オールド・タウン・トロリー　Old Town Trolley

オレンジ＆緑色の車体のガイドツアー。コンク・ツアー・トレインとほとんど同じ場所を回る90分のツアーだが、こちらはマロリースクエア（水族館の並び）ほか島内12ヵ所の観光ポイント（MAPP.98～99）で自由に乗り降りできる。

Key West Transit
☎ (305)600-1455
URL www.kwtransit.com
運行 6:00～21:00頃の80～90分ごと
休 11月第4木曜、12/25、1/1
料 島内$2（7日券$8）。マラソンまで片道$4

Duval Loop
MAP P.100
運行 10:00～20:00は20分ごと。8:00～10:00&20:00～22:00は30分ごと
URL www.carfreekeywest.com/duval-loop/

食べ歩きツアー　→ P.38

Conch Tour Train
住 303 Front St.
☎ (305)707-5775
URL www.conchtourtrain.com
運行 10:15～16:15。30分ごと
休 10月最終土曜（ファンタジーフェスト）
料 日によって$37～52、4～12歳$17～20。ネット割引あり

Old Town Trolley
Free 1855-623-8289
URL www.trolleytours.com
運行 10:00～16:30。30分ごと
休 10月最終土曜（ファンタジーフェスト）
料 日によって$47～59、4～12歳 $20。ネット割引あり

 Sloan's Ghost Hunt ★幽霊発見センサーなどを使った心霊現象の名所巡りツアーで人気。毎日 20:00 発、$28。ウェブサイトから要予約。URL ghosthuntkeywest.com

イベントカレンダー@キーウエスト

※詳しくは観光案内所ウェブサイト（→P.114）で

3月上旬の土曜日

コンク吹きコンテスト
Conch Shell Blowing Contest

1962年からデュバル通りで行われている楽しいイベント。コンク貝の先端に穴を開け、ホルンのように吹く。参加自由。

6月上旬の土曜日

キーウエスト・プライド
Key West Pride

LGBTQをテーマに各所でイベントやパレードが行われ、島はレインボーフラッグで埋め尽くされる。デュバル通りにも屋台が出る。

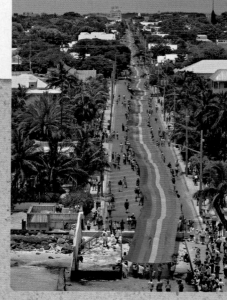

4月中旬の週末

サザンモスト・エア・スペクタキュラー
Southernmost Air Spectacular

海軍基地のゲートが開放され、家族向けの無料イベントが催される。最大のお楽しみはブルーエンジェルスによるアクロバット飛行だ。

5月上旬の週末

スカルプチャー・パレード
Papio Kinetic Sculpture Parade

『人力で動かすアート』がテーマ。奇抜な仮装をした人やガラクタで飾った自転車がオールドタウンをパレードする。

7月上旬の5日間

キーライム・フェスティバル
Key Lime Festival

キーライムパイの早食い競争、料理コンテスト、食べ比べパーティなどが各所で行われる。

ヘミングウェイ・デイ
Hemingway Day
7月中旬の6日間

7月21日のヘミングウェイの誕生日に合わせてマラソン大会、博物館の特別展示、そっくりさんコンテスト、その優勝者も参加する朝食パーティ、カジキ釣り大会などが行われる。土曜日にはデュバル通りを歩行者天国にして路上マーケットが開かれる。

ファンタジー フェスト
Fantasy Fest
10月下旬の10日間

1979年から続くキーウエスト最大の祭典。オールドタウン各所で仮装大会やストリートライブが行われ、屋台や大道芸人も出て大にぎわい。クライマックスは10月最終土曜の夜にデュバル通りで行われるパレード。趣向を凝らした山車が次々に現れる。毎年約10万人が参加するため、宿の予約はかなり早めに入れよう。

ゾンビ 自転車ラリー
Zombie Bike Ride
10月下旬の日曜日

ゾンビの仮装で空港からオールドタウンまでパレードする。アーティストによる子供向けボディペインティングあり。

スーパーボート 世界大会
Super Boat World Championships
11月上旬の1週間

時速220kmを超えるパワーボートがマロリースクエアの沖合を疾走する。

キーウエスト 映画祭
Key West Film Festival
11月中旬の5日間

映画の上映、製作者や俳優によるトークセッション、ショートフィルムのコンテストなど。ビーチでの野外上映も人気。

シュードロップ・ セレブレーション
Shoe Drop Celebration
大晦日の深夜

Bourbon Street Pub（住724 Duval St.）で行われる毎年恒例の儀式。2階バルコニーから巨大な赤いハイヒールに乗った女王がデュバル通りへ下りてきて、新年を迎える。

コンク貝ドロップ
Dropping of the Conch Shell

スラッピー・ジョーズの屋上に巨大なコンク貝が登場し、年明けと同時にイルミネーションが輝く。

広場のあちこちで、数多くのパフォーマーが日が暮れるまで喝采を浴びている

おもな見どころ Points of Interest

◎毎日がサンセットセレブレーション

マロリースクエア　Mallory Square

MAP P.100 -A1

西に向かって海が広がるキーウエストでは、サンセットが美しく眺められる。夕暮れ時のマロリースクエアに繰り出して、ドリンクを片手に夕日を眺めることをサンセットセレブレーションという。広場には、手作りクラフトを売る人、ミュージシャン、ダンサー、ジャグリングやアクロバットなどのパフォーマーが出て実ににぎやか。サンセットクルーズのヨットや帆船、そして向こうの波止場に停泊する豪華客船の間に沈む夕日はとてもロマンティックだ。マロリースクエアの入口にはB級アトラクションがたくさん並んでいる。いずれもたいした規模ではないが、ちょっとのぞいてみるとおもしろいだろう。

ウミガメがいっぱい!

キーウエスト水族館　Key West Aquarium

MAP P.100 -A1

Key West Aquarium
🏠1 Whitehead St.
☎(305)910-2791
URL www.keywestaquarium.com
🕘9:00～18:00
休無休
料$22.56、4～12歳
$12.89(ネット割引あり)

シュモクザメ、カブトガニ、タイマイ、アオウミガメ、ダイオウグソクムシ、そして体長2mにもなる巨大なイタヤラなどを飼育している。1日数回ガイドツアーあり。

マロリースクエアの一角にある

Column LGBTQにフレンドリーな骨の島

フロリダキーズの最西端にあるキーウエストだが、その名は"西の島"という意味ではなく、スペイン語の"骨の島"(キヨ・ウェソ)からきているという。16世紀、ポンセ・デ・レオンがこの島を発見したときに、無数の骨が散らばっていたからだとか。以来、この島はスペイン人によって長い間統治されていた。そして1822年、たった$2000でアメリカに売り渡されてから今日まで、いつの時代もにぎわいの絶えることがなかった。財宝の沈む海、葉巻たばこや製塩の工場、密輸品の着く港……キーウエストには人を引き寄せるものがたくさんあったのだ。

そんなキーウエストの自由な空気は、古くからアーティストに愛されてきた。近年は同性愛者にフレンドリーな町としても知られ、観光局のウェブサイトにLGBTQのためのページがあるほど。島ではレインボーフラッグを掲げたホテルもよく見かける。

ニワトリがいっぱい!

日本でも漁業の盛んな小島には猫が多いが、キーウエストも、ヘミングウェイの家にかぎらず猫がとても多い。

ところが、その猫を蹴散らして島を闊歩しているものがいる。ニワトリだ。キーウエストのニワトリは、かつて闘鶏用に飼われていたものが野生化したという。フロリダキーズ&キーウエストでは一切の鳥類ハンティングが禁じられており、島中を歩き回っているニワトリも、フライドチキンになることはない。

キーウエストのニワトリは人にも車にも無頓着

notes **サンセットタイム**★日の入り時刻は2024年1/1が17:49、3/1が18:29、5/1が19:56、7/1が20:20、9/1が19:46、11/1が18:47(年によって数分程度の変動あり)。

建物は小さいが、意外に見応えがある難破船博物館

展望台としてもおすすめ
難破船博物館　Key West Shipwreck Museum
MAP
P.100
-A1

水族館の正面にあり、キーウエスト沖に沈む難破船について資料とフィルムで紹介している。屋上の展望タワーに上れば、キーウエストのダウンタウンと港が一望のもとだ。

Key West Shipwreck Museum

住1 Whitehead St.
☎(305)292-8990
URL www.keywestship
wreck.com
開9:00～17:00
休無休
料$18.26、4～12歳
$9.66（ネット割引あり）

キーウエストの歴史を学ぶなら
旧税関博物館　Museum of Art & History at Custom House
MAP
P.100
-A1

水族館から西へ2ブロック。1891年に完成したれんが造りの建物で、税関、裁判所、郵便局などに使われた。現在はキーウエストの歴史に関する博物館と、地元のアーティストの作品を展示する美術館になっている。2階には、かつて走っていた鉄道についての展示がある。建設の様子やハリケーンの被害などの映像も興味深い。2階奥の一角にあるヘミングウェイのコーナーもお見逃しなく。

オールドタウンでは異質な建物だ

Museum of Art & History at Custom House

住281 Front St.
☎(305)295-6616
URL www.kwahs.org
開10:00～17:00
休12/25
料$18、62歳以上$13、7～17歳 $9（ネット割引あり）

難破船の財宝は一見の価値あり
メル・フィッシャー海洋博物館　Mel Fisher Maritime Museum
MAP
P.100
-A1

旧税関博物館の正面にある。1622年にキーウエストの西60kmに沈んだスペインの難破船アトーチャ号から発見された財宝を中心に、金銀ののべ棒や貨幣、宝石などを展示してある。長い探索の末、1985年に引き上げられるまでの様子を紹介した映像が興味深い。アトーチャ号が積んでいたエメラルドや真珠、コインは館内のショップで販売されている。

人気の見どころだ

Mel Fisher Maritime Museum

住200 Greene St.
☎(305)294-2633
URL www.melfisher.org
開10:00～16:00
休無休
料$17.50、子供$8.50

 横断歩道に注目★デュバル通りと Petronia St. の角には6色レインボーカラーの横断歩道がある。2015年にフロリダ州で同性婚が合法化されたことを記念して誕生したものだ。

◎野鳥の細密画が美しい

オーデュボンの家　Audubon House

Audubon House

住205 Whitehead St.
☎(305)294-2116
URLaudubonhouse.org
開9:30〜17:00、最終ツ
アーは16:15　休1/1
料$15、 学 生$10、6〜
12歳$5

メル・フィッシャー海洋博物館の向かいに建つ白い邸宅。1845年頃に完成したもので、鳥類学者オーデュボン（→下記コラム）が滞在していたことがある。邸内には緻密に描かれた鳥の絵画が数多く展示されていて圧巻。これらは、オー

デュボンの描いた原画（ニューヨーク歴史協会所蔵）から銅版を起こして弟子が彩色したもので、色などが1枚1枚異なる。これらも「オリジナル」と呼ばれ、廉価版はショップで購入することもできる。

キューバの固有種で絶滅危惧種のクロヒゲバト Blue-headed Pigeon

キーウエストスタイルの家と庭も一見の価値あり

◎町を上から眺めてみよう

灯台博物館　Lighthouse & Keeper's Quarters

Lighthouse & Keeper's Quarters

住938 Whitehead St.
☎(305)294-0012
URLwww.kwahs.org
開10:00〜17:00
休12/25
料$17、62歳以上$13、
7〜18歳$9

1848年に建造されてから120年以上の間、船乗りの道しるべとなっていた灯台。1969年にその役目を終え、現在は博物館として保存されている。高さ22mの塔の部分は1989年に修復され、まぶしいくらいに白く輝いている。

内部にはライト部分に使われた直径3m以上のレンズ、灯台守の住居には第2次世界大戦中の日本の小型潜水艦に関する資料など、興味深い展示物がある。メキシコ湾が望める灯台のバルコニーや、ライト部分（98段の階段あり）にはぜひ上ってみよう。

島全体を見渡せる

C o l u m n　ジョン・ジェームズ・オーデュボン　John James Audubon

19世紀の鳥類学者で、おもにアメリカの自然や鳥類の詳細な絵と記録を残したことでよく知られている。オーデュボンは大学などで博物学を学んだだけではなく、もち前の好奇心によって独学で才能を開花させた。学者というより、むしろ芸術家として評価が高い。

オーデュボンの作品が高く評価されているのは、学術的、芸術的両方の面で優れているからだ。まず、緻密であること。彼の描く鳥は羽の1本1本まで正確に表さ

れており、そのしぐさや背景の自然にも鋭い観察眼が注がれている。絵を見ただけで、その鳥の性質や生息環境までも理解することができるのだ。さらに彼はより詳しい生態の様子を、アメリカの自然の話などを交えながら文章に表している。

まだまだ自然保護に目を向ける人が少なかった時代のオーデュボンの作品は、当時の生態系を知る意味からも、とても貴重なものなのだ。

---

trivia　**アメリカ初の国際航路★**オーデュボンの家から1ブロック南へ行った角の家に、かつてそこにパンナム（パンアメリカン航空）の本社があったことを示す看板が掲げられている。アメリカ最大の🔃

◎キーウエストを愛した文豪の家

ヘミングウェイの家　Hemingway Home

MAP P.100-A2

　1851年に建てられた邸宅で、1931年に文豪アーネスト・ヘミングウェイが買い取った。彼は莫大な金をかけて庭に樹を植え、キーウエストで初めてのプールを造らせた。島にはまだ上水道がなかったので海水を引いたという。この建設費は2万ドルを要した。プールが完成したとき、彼がコインを取り出してプールサイドのまだ乾いていないセメントに押しつけ、「さあ、これで最後の1セントまで使い果たしてしまった」とジョークを言ったというのは超有名なハナシ。今もそのコインが残っている。邸内には書斎や、彼がスペインやアフリカから持ち帰った調度品がそのまま残されている。

Hemingway Home
🏠907 Whitehead St.
☎(305)294-1136
🌐www.hemingway home.com
🕘9:00〜17:00。ツアーは10分おき、所要約30分
休無休
料$18、6〜12歳$7

貴重な資料や写真も多数展示されている

フロリダキーズとキーウエスト

キーウエストの見どころ

マロリースクエアから徒歩約15分、サザンモストポイントから約8分だ

Ｃｏｌｕｍｎ　パパ・ヘミングウェイ

　『老人と海』『日はまた昇る』で知られるピュリッツァー賞＆ノーベル賞作家アーネスト・ヘミングウェイErnest Hemingway。アメリカ人に "パパ" と呼ばれて親しまれている彼は、特にここキーウエストでは永遠のヒーローというべき存在だ。

　ヘミングウェイはキーウエストには約8年しか住んでいないが、その間に書かれた小説は『武器よさらば』『キリマンジャロの雪』『誰がために鐘は鳴る』など、全作品の7割にも上る。

　漁船「ピラー号」を手に入れた彼は、『老人と海』の主人公のように、ひとりでキューバに出かけてはカジキ釣りを楽しんでいたそうだ。

　1939年、作家マーサ・ゲルホーンと恋に落ちたヘミングウェイはこの地を去った。しかしそのあとも、前妻ポーリングと息子たちはこの家に住み続けたという。

パパに愛された6本指の猫

　ヘミングウェイの家の庭には、ヘミングウェイが愛した猫たちの子孫が約50匹いて、観光客がやってきても平気で寝ている。この猫たちの約半数はpolydactylと呼ばれる6本指の猫だ。このような猫は、親指のような6本目の指を使ってネズミを捕るのが上手だったので、幸運を呼ぶ猫として船乗りに愛されてきた。ヘミングウェイが地元の船長から譲ってもらった猫が6本指で、以来、この遺伝が子孫に受け継がれているというわけだ。

6本指の猫は日本にはほとんどいない

　航空会社として知られたパンナムは、ここキーウエストが発祥。1927年10月28日、キューバの首都ハバナに向けてキーウエストを離陸した航空機が、アメリカ初の国際定期フライトだった。

Oldest House

🏠322 Duval St.
☎ (305)294-9501
🔗oirf.org
🕐10:00〜16:00　🈳無休
💲無料（寄付金随意）

ハードロック・カフェの斜め前にある

Tennessee Williams Museum

🏠513 Truman Ave.
☎ (305)204-4527
🔗www.kwahs.org
🕐10:00〜17:00
🈳12/25
💲$9、62歳以上$6、18歳以下無料

デュバル通りから1ブロック

◎キーウエスト最古の家

オールデストハウス　Oldest House

MAP
P.100
-B1

　1829年に建てられたコテージで、キーウエスト最古、おそらく南フロリダでも最古と考えられている。高い床下、広いポーチ、屋根裏部屋など風通しに配慮して涼しく過ごせる工夫がなされている。自由に見学できるので当時の暮らしをのぞいてみよう。庭を挟んだ別棟に台所があるのは、火事を恐れたためだ。

◎脚本家の生涯をたどる

テネシー・ウィリアムズ博物館　Tennessee Williams Museum

MAP
P.100
-B2

　デュバル通りから東へ入ってすぐの所に、20世紀アメリカを代表する脚本家、テネシー・ウィリアムズの家がある。
　『欲望という名の電車』『熱いトタン屋根の猫』などで知られる彼は転居の刺激によって筆が進んだそうで、各地に別邸をもっていた。キーウエストにも30歳頃からたびたび訪れており、1983年に71歳で亡くなる直前までここに居を構えていた。
　特に恋人のフランク・マーロと過ごした日々は、彼の人生で最も幸せな時だったといわれている。彼はゲイであることをオープンにしていたので、当時からLGBTQに寛容だった島の空気は居心地がよかったに違いない（とはいえ同性愛者を毛嫌いする若者に襲撃されたこともある）。
　博物館では写真、貴重な初版本を含む著作、新聞や雑誌の記事などを通してウィリアムズの人生を知ることができる。TVからは映画の印象的なシーンが流され、部屋の片隅には役目を終えたタイプライターも静かに置かれている。

Ｃｏｌｕｍｎ リゾート半島を造った男

　湿地と沼ばかりで全米最貧の州だったフロリダは、ひとりの大富豪によって世界的リゾートへと変貌した。彼の名は**ヘンリー・フラグラー Henry Flagler**。ロックフェラーとともにスタンダード石油で財を成し、不動産王、鉄道王と呼ばれた事業家で、その後半生をフロリダ開発に捧げた。
　フラグラーは、妻の病気療養のために訪れたセントオーガスティンでフロリダの潜在的な魅力を確信。1885年頃から海沿いの土地を次々に手に入れ、リゾートホテルを建て、ローカル鉄道を買収して最新鋭の鉄道を通し、わずか数年のうちにセントオーガスティンとパームビーチをゴージャスな避寒地にしてしまった。
　1895年の冬、パームビーチを寒波が襲うと、フラグラーはもっと暖かい土地を目

指す。わずか1年で鉄道を延伸し、沿線にホテル、病院、学校、広大な果樹園まで造り、町が誕生した。これがマイアミだ。
　マイアミへ転居したフラグラーは、当時、政府が注力していたパナマ運河に地理的に最も近い町、キーウエストまで鉄道を延長。1912年に「海の上の鉄道」が完成した翌年、83年の生涯を閉じた。

キーウエストの鉄道駅跡に像が建てられている

---

trivia **ヘミングウェイとウィリアムズ★**ヘミングウェイとテネシー・ウィリアムズはキーウエストで過ごした時期がずれていて、交流はほとんどなかった。顔を合わせたことはあったといわれているが、男 ▶

ルームエスケープ　Room Escape

◎日本生まれの脱出ゲームがキーウエストに登場

MAP P.100 -B1

　ハードロック・カフェ脇の路地を東へ1ブロック。最大8人のグループで60分以内に部屋を脱出するゲーム（2人以下だとほかの参加者と一緒になる）。ヘミングウェイ、海賊船、監獄の3部屋から選び、各テーマに合わせた手がかりを見つけ出しパズルを解いていく。ゲーム中は撮影禁止。要予約。

どこにどんなヒントが隠れているかな？

リーガル・ラム酒蒸溜所　Legal Rum Distillery

◎キーウエスト産のラム酒はいかが？

MAP P.100 -B1

　デュバル通りから東へ2ブロック。禁酒法時代にはバー、後にコカ・コーラの倉庫として使われていた建物が、ヘミングウェイも愛したラム酒の蒸溜所になった。オーナーは、プロのカイトボーダーであり、オーナーシェフとしても地元でよく知られているPaul Menta。蒸溜工程を見学し、最後にアルコール度40％のラム酒の試飲があるので、ドライバーは誘惑に負けないように！

味の秘密は海水にあるとか

リトル・ホワイトハウス　Little White House

◎もうひとつの大統領官邸

MAP P.100 -A1

　1890年から海軍本部となっていた邸宅で、1946年以後、大統領が冬のバカンスを楽しみつつ執務も行う公邸として使用された。特にトルーマンはここがお気に入りで、11回も訪れている。第33代大統領ハリー・S・トルーマン。広島と長崎への原爆投下にゴーサインを出した人物として忘れることができない名前だ。しかし彼は、貧しい家庭の出身で低学歴、さらに視力が低いというハンデを乗り越えて大統領になり、飾らない人柄でアメリカ人に愛された。

　館内は20分ごとに行われるツアーで見学する。1962年にケネディとマクミラン英国首相の会談が行われた執務室や、トルーマンが愛したピアノのある居間などを巡る。

周辺は高級住宅街になっていて、瀟洒なコテージを見て歩くだけでも楽しめる

Room Escape

住 314 Simonton St.
☎ (305)916-5517
URL keywestroomescape.com
営 16:00〜21:00、金〜日14:00〜
休 水
料 $40、6〜16歳 $25

助けが必要な場合は一度だけマイク越しにヒントをくれる

Legal Rum Distillery

住 105 Simonton St.
☎ (305)294-1441
URL www.keywestlegalrum.com
営 11:00〜18:00。ツアーは12:00〜17:00の間30分ごと
休 無休
料 無料

Little White House

住 111 Front St.（旧税関博物館の前の道路を南へ歩き、トルーマン・アネックスと呼ばれる住宅地のゲートをくぐって1ブロック）
☎ (305)294-9911
URL www.trumanlittlewhitehouse.org
開 9:00〜16:30　**休** 無休
料 $24.67、4〜12歳 $10.75（ネット割引あり）
注：アメリカではトルーマンの原爆投下の決定について「戦争終結を早め、さらなる犠牲者を出さずに済んだ勇気ある決断」と正当化されており、ツアーもその前提で行われるので、そのつもりで

Eco-Discovery Center

🏠35 E. Quay Rd.
☎(305)809-4750
🔗floridakeys.noaa.gov
🕐金・土9:00～16:00
休日～木
料無料。無料駐車場あり

Fort Zachary Taylor SP

☎(305)292-6713
🔗www.floridastate
parks.org
🕐8:00～日没。砦は～
17:00 休無料
料1人$2.50、車で入る
と1人$4.50、2～8人$6
＋1人50¢

1947年まで要塞として使
われていた

Fort East Martello
Museum

🏠3501 S. Roosevelt
Blvd.
☎(305)296-3913
🔗www.kwahs.org
🕐10:00～17:00
休12/25
料$17、62歳以上$13、
7～18歳$9（ネット割引
あり）

キーウエストの軍事基地と
しての側面を知ろう

◎フロリダキーズの生態系を知ろう

エコディスカバリーセンター　Eco-Discovery Center

MAP
P.100
-A2

　アメリカ海洋大気圏局NOAAが運営する、海洋実験室を
兼ねた博物館。マングローブから珊瑚礁、深海までフロリダ
キーズの生態系について幅広い展示がある。研究者が海の
中で行っている調査の様子と成果についてのコーナーをお見
逃しなく。場所はSouthard St.の突き当たり。フォート・ザッ
カリー・テイラー州立公園の入口隣にある。

◎有料でも美しいビーチで泳ぎたい

フォート・ザッカリー・テイラー州立公園　Fort Zachary Taylor State Park

MAP
P.98
-A4

　島内で一番美しいといわれるビーチ。サンゴが砕けてでき
た砂は、日が当たると目がくらむほど白く輝く。有料なだけ
あって、シャワー、トイレ、売店などの施設は充実している。
ビーチにごみを残すと罰金を取られるので注意。また、フロ
リダの州立公園では飲酒は一切禁止されている。隣の建物
は、かつての砦。南北戦争時、北軍が支配していた。入口は、
US-1終点より1ブロック南側にあるSouthhard St.を西へ入っ
て行った奥にある。ゲートで料金を払ってから8分ほど歩く。

木陰にはピクニックテーブルがあるので、ランチを持っていくといい

◎心霊写真を撮りたい方もどうぞ!?

イースト・マルテロ砦博物館　Fort East Martello Museum

MAP
P.99
-D4

　島の南岸のビーチの東側には空港があるが、その入口に
南北戦争の際に建てられた砦イースト・マルテロ・タワーが
あるのでちょっとのぞいてみたい。内部は博物館になってい
て、さまざまな資料や写真をとおして島の歴史が理解できる
ようになっている。ちなみに、ここに展示されているロバー
トという人形は写真嫌いで有名。無理に撮ろうとすると、カ
メラを故障させたり姿を消したりして抵抗するそうだ。

trivia　コンク吹きの像★黒人教会の司教でもあったAlbert Kee。父親の代から50年にわたってサ
ザンモストポイントでみやげ物を売りながら、観光客にコンク貝とキーウエストの歴史を説明し、ツアー▶

◎キーウエストといえばここへ行かなくては!
サザンモストポイント　Southernmost Point

MAP
P.100
-A3

コンク吹きの像もお見逃しなく

アメリカ本土最南端の地で、ここから約145kmの沖にキューバがある。モニュメントと一緒に記念写真を撮る観光客が絶えないが、最果ての岬のようなロマンティックな風景は期待しないほうがいい。がっかり名所ランキングにでも入りそうな場所だ。そのうえさらに、ここは正確には最南端ではない。本当の最南端はフェンスの向こう、海軍基地内にある。

◎アメリカ48州で最も南にある家
サザンモストハウス　Southernmost House

MAP
P.100
-B3

　1897年に裁判官が建てたビクトリア調の邸宅で、当時まだ珍しかった電気が引かれている。フロリダという名の夫人はキーウエスト一の富豪の娘。実家がヘンリー・フラグラーの鉄道に投資していたこともあって人脈が幅広く、フラグラーはもちろんケネディ、カーターなど5人の大統領、リンドバーグ、ヘミングウェイ、ルイ・アームストロングなど多くの著名人がここに滞在したという。現在は高級ホテルになっている。

◎世界一美しい青いチョウが乱舞する
チョウ園　Key West Butterfly & Nature Conservatory

MAP
P.100
-B3

　サザンモストポイントから1ブロック。全米に3ヵ所しかないという本格的なチョウ園で、温室の中に約1000匹のチョウが乱舞する。特に、世界で最も美しいといわれるチョウ、ブルーモルフォの数が多く、まるで温室中にサファイアを撒き散らしたよう。あまりに多いので触らないよう注意。また、チョウは音に敏感なので、なるべく静かに観察しよう。訪れた時期によって見られるチョウは異なるが、常に50〜60種のチョウがいるとのこと。温室の奥にある幼虫を繁殖させている部屋も公開されている。約20種いる小鳥たちも実に愛らしいし、フラミンゴもいる。

ブルーモルフォは羽根を閉じると地味な茶色だ

Southernmost Point
Whitehead St.とSouth St.の突き当たり。ヘミングウェイの家から歩くと約8分

パラボラアンテナとドームの間に見えているホワイトヘッド・スピット White head Spit と呼ばれる地点が、本当の最南端

Southernmost House
🏠1400 Duval St.
デュバル通りの突き当たり。サザンモストポイントから東へ1ブロック

よく見るとレトロなステンドグラスが使われている

Key West Butterfly & Nature Conservatory
🏠1316 Duval St.
☎(305)296-2988
🔗www.keywestbutterfly.com
🕘9:00〜16:30
休12/25
料$15、65歳以上$12、4〜12歳$11

トレインが通るとコンクを吹いて笑顔で手を振った。人種隔離政策の時代、黒人に許されていた「海」はサザンモストポイント周辺しかなく、ごく狭いビーチが漁港兼海水浴場だったそうだ。

ドライトートゥガス国立公園

大海原の真っただ中に浮かぶ、珊瑚礁と砂州でできた7つの小さな島々。喧騒も汚染もない別天地で泳ごう

メキシコ湾のど真ん中。キーウエストから飛行艇でも40分かかる

キーウエストの西113kmの沖に浮かぶ小さな島々。1513年にスペイン人に発見された際、船員の胃袋を満たすウミガメ（スペイン語でtortugas）がたくさんいたが、飲み水がまったくなかったのでこの名がつけられたという。

19世紀後半、軍がここにジェファーソン砦Fort Jeffersonを建設。南北戦争時には北軍の捕虜収容所になり、1865年には2000人も住んでいたという。

やがて、この島周辺の自然環境がたいへん貴重なものだと認められて1935年に国定公園に指定され、1992年に国立公園に格上げされた。

島の周辺は一面の珊瑚礁。どこもかしこも熱帯魚でいっぱいだ。特に砦の周辺は水深1m前後のハウスリーフが広がっていて、泳ぎに自信のない人でも安心してスノーケリングが楽しめる。深い所はスクーバダイビングやフィッシングに最適。難破船も数隻沈んでいる。

また、ドライトートゥガスは渡り鳥の移動ルート上に位置するため、この小さな島で299種もの鳥が確認されている。特に3月下旬～5月中旬と9～10月には、ネッタイチョウtropicbird、カツオドリbooby、セグロアジサシsooty tern、グンカンドリfrigatebirdなど200種以上も観察できる。

一般のツアーで訪れるのはジェファーソン砦のあるガーデンキー Garden Key。この島内にある施設はビジターセンターとトイレのみで、売店も飲料水もない。

Yankee Freedom II

Free 1800-634-0939
URL www.drytortugas.com
出発 8:00　所要 9時間30分　休 12/25
乗り場 フェリーターミナル（MAP P.98-B3）
料 $200、62歳以上$190、4～16歳$145
　エアコン完備の大型双胴船による日帰りクルーズ。片道約2時間15分。船内に売店、真水シャワーあり。スノーケル器材レンタル無料。朝食、ランチ、入園料込み。

Key West Seaplane Adventures

☎ (305)293-9300
URL keywestseaplanecharters.com
出発 1日2～4回　休 12/25
所要 半日コース4時間、1日コース8時間
乗り場 キーウエスト空港の管制塔の奥
料 半日コース$397（2～12歳$317.60）、1日コース$697（$557.60）
　水陸両用飛行艇によるツアー。空港から離着陸し、島では海上に離着水する。高度150mという低空飛行なので、サメ、エイ、ウミガメ、イルカの群れ、沈没船、ジェファーソン砦が見下ろせる。朝のフライトなら船より先に島に到着するので、孤島の静けさも味わえる。入園料$15は別で、当日キャッシュで支払う。パイロットへのチップも忘れずに。1日コースに参加する場合、ランチは各自持参。ソフトドリンクあり。スノーケル器材レンタル無料。

trivia Q **フロリダの雪 Part 3** ★キーウエストは観測史上一度も気温が氷点下になったことがなく、雪、霜、氷いずれも公式に観測されたことはない（→ P.74、104）。

サンセットセイル

マロリースクエアから眺める夕日もいいけれど、その沖に浮かぶヨットから眺められたらもっとすてき。キーウエストには誰でも参加できるサンセットクルーズがいろいろ用意されていて、ヨットの経験がなくても気軽にロマンティックな体験ができる。クルーズ船はいくつもあるので、案内所などで聞いてみるといい。

Fury

MAP P.100-B1　Free 1888-976-0899
URL furycat.com
運航 季節による　所要 2時間
料 $55〜80、4〜10歳 $40〜56。ネット割引あり
乗り場 Greene St.を東へ歩いた突き当り

各種クルーズやスノーケリングツアーなど多数のウオーターアドベンチャーを扱っているが、おすすめは Live Music Sunset Sail $80。生演奏、飲み放題、軽食ありのクルーズ。盛り上げ上手のミュージシャンと陽気な客たちとともに海上から見る夕日も最高だ。座席は人数分あるものの、ほとんどの客はデッキに出ている。キーウエスト周辺の離島も満喫でき、最高のスポットでサンセットを眺めることができる。

人気があるので事前に要予約

Sebago Watersports

MAP P.100-B1
住 205 Elisabeth St.
☎ (305)930-6570

URL www.keywestsebago.com
運航 夏期18:30、春・秋期18:00、冬期17:00
所要 約2時間
料 双胴船サンセットクルーズ $50〜70(4〜11歳 $40〜50)(帆船 $80〜100($50〜100))。ネット割引あり
乗り場 William St.の突き当たりから、マリーナ沿いの歩道を左へ歩いた所

双胴船によるクルーズ。帆船クルーズも出ている。船内ではアルコール、ソフトドリンクなどのサービスがある。

グラスボトムボート

船底が大きな窓になっていて、船に乗ったままぬれることなく海中の珊瑚礁がのぞけるラクなクルーズ。少々の雨でも催行される。

Fury

MAP P.100-B1　Free 1888-976-0899
URL furycat.com
運航 12:00、14:00　所要 約2時間
料 $64.95、6〜12歳 $45.95（ネット割引あり）
乗り場 デュバル通りの突き当たり

フィッシング

オールドタウンからは、毎朝7:00頃からたくさんのフィッシングボートが太公望を乗せて出航してゆく。スポットは浅瀬から深海まで無限にあり、魚もグルーパー（ハタ）のような小型のものからカジキマグロまで多種多様。技量や予算に合わせていろいろなツアーがある。用具はすべて借りることができ、深海Deep Sea $1000〜、珊瑚礁Reef、浅瀬Flatいずれも4時間 $900〜、8時間 $1200〜。

サンセットタイムには無数の船が沖に停泊する

trivia Q **最高地点★**キーウエスト島内で最も標高が高いのはオールドタウンの東にある墓地で、海抜約5.5m。ハリケーンによる高波、高潮を避けるため、最高地点に埋葬されている。

ショップリスト
Shop List

◎キーライムパイならこの店

MAP P.100 -B1

キーライム・ショップ
Key Lime Shoppe

マリーナ周辺

キーライムグッズの専門店。名物のキーライムパイはもちろんのこと、クッキー、ジャム、ドレッシングなどが販売されている。スダチのようなちょっと苦味のある味、さわやかな香りはフロリダみやげにぴったり。

キーライムの入ったシャンプーもある。デュバル通りにも支店がある。

中庭に気持ちのよいイートインコーナーがある

デュバル通りから東へ3ブロック

🏠200 Elizabeth St.
支店:335F Duval St.
Free 1800-376-0806
URL www.keylimeshop.com
🕐10:00〜21:30　カード A J M V

◎日焼けを鎮めるにはこれがいちばん

MAP P.100 -A1

キーウエスト・アロエ
Key West Aloe

マロリースクエア周辺

アロエを使ったスキンケア製品の専門店。300種類にも及ぶ商品は、すべて島内の工場で生産されたオリジナル。ここの製品はキーウエストの高級ホテルのバスアメニティにも使われている。男性用のスキンケア製品も数多く扱っているのでおみやげにもいい。

ギフト用のセット商品もいろいろある

マロリースクエアにあって便利

🏠416 Green St.
☎ (305)735-4927　Free 1800-445-2563
URL www.keywestaloe.com
🕐10:00〜19:00、日〜18:00
カード A J M V

◎島に吹く風を思い出す

MAP P.100 -B2

キーウエスト・ハンモック
KW Hammocks

デュバル通り中央

さまざまなハンモックが豊富に揃う専門店。素材、色、大きさもいろいろで、シンプルなハンモックなら$60〜190で買える。ロープやネットでできたものだけでなく、キルト地、マット地などもある。スタンド付きで自立するハンモックもあり、ベランダやビーチでも使えそうだ。日本を含む海外への発送も扱っている。

↓ハンモックチェアは$90〜

↑のぞいてみるだけでも楽しい店だ

🏠719 Duval St.
☎ (305)293-0008
URL www.kwhammocks.com
🕐9:00〜22:00
カード A M V

◎国道1号線終着点の目の前

エンド・オブ・ザ・ロード
End of the Road

MAP P.100 -A1

オールドタウン北

おみやげのまとめ買いにちょうどいい

　US-1の終点の角にあるギフトショップ。US-1やゼロマイル標、サザンモストポイント、ニワトリなどをモチーフにしたグッズが豊富に揃う。Tシャツも種類が多く、デュバル通りやマロリースクエア付近の店よりセンスのいいデザインが並んでいる。値段も手頃でスタッフも親切。いずれの商品もキーウエストのおみやげにぴったりだ。

🏠 405 Fleming St. & Whitehead St.
☎ (305)296-0065
⏰ 10:00～18:00
カード **M V**

◎南の島らしさいっぱい

アイランドスタイル
Island Style

MAP P.100 -B2

デュバル通り中央

カワイイ商品がたくさんあって、ついつい長居してしまう店だ

　ローカルアーティストの作品を集めたクラフトショップ。アクセサリー、ファッション、食器、家具、照明器具、掛け時計、フォトフレーム、文具などジャンルは多岐にわたるが、共通しているのはデザインのユニークさと、キーウエストによく似合う明るい色使い。もちろんハンドメイドで、多くが一点物なのもうれしい。

🏠 512 Duval St.
☎ (305)292-7800
URL www.IslandStyleGalleries.com
⏰ 9:30～21:00　カード **A M V**

◎ロマンティックな雑貨屋さん

ベサメムーチョ
Bésame Mucho

MAP P.100 -A2

オールドタウン中央

キーウエスト感いっぱいのコテージ

店オリジナルのノートや小物も人気

　バハマビレッジの一角にある白いコテージ。インテリアからバッグ、コスメ、文具、キッチン用品までところ狭しと並んでいて、ディスプレイを見ているだけでも楽しい。ナチュラル系のドレスも揃っている。マロリースクエアからは離れているが、ペトロニア通りにはかわいい店が多いので、ヘミングウェイの家を訪れたついでに足を延ばしてみては?

🏠 315 Petronia St.
☎ (305)294-1928
URL www.besamemucho.net　⏰ 10:00～
18:00　休 日　カード **M V**

◎履きやすいと大評判のサンダル

キノ・サンダル
Kino Sandals

MAP P.100 -B1

マロリースクエア周辺

🏠 107 Fitzpatrick St.
☎ (305)294-5044
URL www.kinosandals.com
⏰ 8:30～17:30、日10:00～15:00
カード **A D J M V**

店の奥で職人たちが手作りしているサンダルが$27～40と格安

　キューバで古くから手作りサンダルの店を経営していた一家が、革命後に移住して始めた店。上質の皮革と天然ゴムを使っていねいに手作りしたサンダルは、ローカルに大人気。デザインはシンプルだが、履きやすくて長持ちすると評判だ。子供用もある。Kino Plazaというモールの奥まった所にあるため、観光客の目に留まりにくい。

◎葉巻を買うならこの店
アイランド・シガー・ファクトリー
Island Cigar Factory **デュバル通り南**
MAP P.100 -B2

キーウエストをモチーフにしたシガーボックスは1本用から12本用まである

キューバ産の葉巻専門店。ドミニカの工場で手作りしたキューバ葉巻が$70〜150を中心に各種揃う。ラムやチェリーの香りを移したフレーバータイプもある。シガーボックス$20〜は小物入れとしても人気。

🏠1100 Duval St. ☎(305)879-4959
URLwww.islandcigarfactory.com
🕘9:00〜24:00
カード AJMV

◎キーウエストといえばこの鳥!
ファンキー・チキン・ストア
Funky Chicken Store **デュバル通り中央**
MAP P.100 -B2

ちょっとユニークなキーウエストみやげにニワトリグッズを

キーウエストのシンボルともいえるニワトリをテーマにしたギフトショップ。ポップなイラストのキッチン小物から写実的なアート作品、ユニークなジョークTシャツまで、さまざまなテイストの商品がところ狭しと並んでいる。

🏠814 Duval St.
☎(305)295-9442
URLfunkychickenstore.com
🕘10:00〜21:00、日〜18:00 カード MV

レストランリスト
Restaurant List

シーフード ◎ウミガメの看板が目印
ボートハウス・バー&グリル
Boat House Bar & Grill **マリーナ前**
MAP P.100 -B1

16:00〜18:00のハッピーアワーにはアペタイザーやビールが半額になる

Historic Seaportにある名物店（旧タートルクラールズ）。ウミガメの缶詰工場としてオープンしたのは1849年。ウミガメが全面的に保護されてからカメ料理は姿を消したが、今でも気取らないシーフードの店として人気。

🏠220 Margaret St. ☎(305)294-1269
🕘11:00〜22:00
🍴朝食$10〜15、ランチ、ディナー$17〜49
カード MV

シーフード ◎ Historic Seaport にある名物バー
ハーフ・シェル・ロー・バー
Half Shell Raw Bar **マリーナ前**
MAP P.100 -B1

ボートハウス・バー&グリルの向かい側。セクシーな女性の看板が目印だ

店内には車のナンバープレートが飾られ、オープン形式なので海からの風が心地よい。コンク貝がいろいろ楽しめるが、おすすめはコンクチャウダー$7.99〜。名物の生ガキ1ダース$20前後もどうぞ。

🏠231 Margaret St. ☎(305)294-7496
URLwww.halfshellrawbar.com
🕘11:00〜22:00、日12:00〜 カード AMV
🍴ランチ、ディナー$15〜35

---

trivia **スリリングなハードロック・カフェ★**デュバル通りの中心に、おなじみのハードロック・カフェがある。コテージスタイルのかわいらしい店構えだが、実はこの店、「全米で最も呪われたカフェ」↗

シーフード ◎キーライムショップの斜め向かい

コンクリパブリック・シーフードカンパニー
Conch Republic Seafood Company

MAP P.100-B1　**マリーナ前**

マリーナに面したレストラン＆バー。ドリンクメニューにも力を入れていて、特にラム酒をベースにしたカクテル、モヒート $15は9種類もある。夜はほぼ毎日ライブが行われている。オードブルでおすすめは、地元の海域で取れるピンクシュリンプのカクテル $28。

出港していく帆船を眺めながら日暮れのカクテルを

🏠631 Greene St.　☎(305)294-4403
🌐www.conchrepublicseafood.com
🕐11:30〜22:00　カード AMV
💰ランチ $16〜32、ディナー $26〜39

シーフード ◎半額ハッピーアワーを狙え！

アロンゾ
Alonzo's

MAP P.100-B1　**マリーナ前**

ヨットハーバー沿いに数あるシーフードレストランのなかで、新鮮さと味で選ばれている店。16:00〜18:30はアペタイザーとアルコールがすべて半額になるハッピーアワー。これを狙ってくる人が多く、混雑するので、早めに行くのがおすすめだ。店内Wi-Fi無料。

2階にある姉妹店A＆Bはよりフォーマルなダイニングルームで、こちらもまた評判がいい

🏠700 Front St.　☎(305)600-3405
🌐alonzosoysterbar.com
🕐11:00〜22:00　カード AMV
💰ランチ、ディナー $12〜40

アメリカ料理 ◎まるで農家の庭先のよう

ブルーヘブン
Blue Heaven

MAP P.100-A2　**オールドタウン中央**

緑に囲まれた屋外のテーブルでいただくアットホームな店。特に人気なのが朝食で、セットメニューは卵料理＋グリッツ（コーンのおかゆ）orポテト＋ベーコンorソーセージ＋パンケーキorバナナブレッドorトーストで $14。ボリュームたっぷりのブルーベリーパンケーキ $12も人気。

🏠729 Thomas St.
☎(305)296-8666
🌐www.blueheaven
kw.com
🕐8:00〜14:30（日〜14:00)、17:00〜
22:00。秋に長期休業あり　カード MV
💰$10〜35

猫とニワトリが足元を歩き回っているので、踏まないよう注意

アメリカ料理 ◎心地よい音楽を聴きながら

マルガリータビルカフェ
Margaritaville Cafe

MAP P.100-B2　**デュバル通り中央**

キーウエストを拠点に活躍するカントリー歌手ジミー・バフェットがオーナー。彼の1977年の大ヒット曲『Margaritaville』の名を冠したレストランで、オーランド、シカゴなどに計32店舗がある。店内には彼の音楽と映像が流され、カラフルでにぎやかな雰囲気。

アロハ＆短パン姿でマルガリータを飲み、陽気に人生を楽しむバフェットのファンを“パロットヘッド”と呼ぶ

🏠500 Duval St.　☎(305)292-1435
🌐www.margaritavillekeywest.com
🕐11:00〜22:00、金・土〜23:00　カード AJMV
💰ランチ、ディナー $15〜30

として知られ、ゴーストツアーでも必ず訪れる心霊スポットでもあるのだ。不幸な一生を送ったといわれる“住人”に会いたい人は、彼が自殺した2階へどうぞ！　MAP P.100-B1

スパイシーで、エビの味が濃厚なビスクは＄8

スペイン料理	◎酒の肴にタパスを

MAP P.100 -A2

サンチャゴズ・ボデガ
Santiago's Bodega

オールドタウン中央

バハマビレッジの西にあるタパスバー。新鮮でスパイシーなシーフードメニューが多く、ローカルに愛されている。タパスと呼ばれる小皿料理が＄11～30。シンプルながら洗練された盛り付けは、最南端の島の最後のディナーにもおすすめ。人気店なので、ディナーは予約したほうがいい。

住207 Petronia St.　☎(305)296-7691
URL www.santiagosbodega.com
営11:00～22:00　休土・日　カード A M V
料ランチ＄26～42、ディナー＄36～85

シーフード	◎イートイン、テイクアウト、デリバリーもOK

MAP P.100 -B1

イートンストリート・シーフードマーケット
Eaton Street Seafood Market

オールドタウン北

古いガソリンスタンドを改装したレトロ調のアウトドアダイニング

気軽に入れるカジュアルなレストランで、鮮魚店を兼ねているのでほかの店より少し安価。甘くて柔らかいストーンクラブは量り売りで、オフシーズンの5～10月も冷凍ものを扱っている。レモンと特製マスタードの効いたロブスターロール＄27.95や、クラブケーキ＄15.95のサンドイッチが人気。

住801 Eaton St.　☎(305)295-3474
URL kwseafood.com
営11:00～21:00　カード A M V
料ランチ、ディナー＄15～25

アメリカ料理	◎朝食で人気の名物店

MAP P.100 -B1

ペペズカフェ
Pepe's Cafe

オールドタウン北

エッグトーストが＄4からと破格の安さ！

創業は1909年という老舗で、オンボロな小屋のような建物も、年季の入ったテーブルも、歴史を感じさせてくれる。ボリュームたっぷりの朝食が有名で、朝からステーキも食べられる。アルコール類も豊富なのでバーとしても人気。店の一角でオリジナルTシャツなども売られている。

住806 Caroline St.　☎(305)294-7192
URL pepeskeywest.com　営7:30～21:30
カード A M V　料朝食＄4～24、ランチ＆ディナー＄11～42

アメリカンフレンチ	◎朝食の女王とたたえられる

MAP P.100 -B2

サラベス
Sarabeth's

オールドタウン中央

ニューヨークでセレブに愛される店として知られ、日本にも4店舗を構える名店が、オールドタウンにある。さわやかなレモンリコッタパンケーキ＄12.75や、大人気のフレンチトースト＄13.50～などを味わってみよう。ブランチメニューは14:00までオーダーできる。場所はデュバル通りから東へ2ブロック。

静かな住宅街にある

フレンチトーストはふわっふわ！

住530 Simonton St.
☎(305)293-8181
URL sarabethskw.com
営8:00～14:00、火～土17:30～21:00
カード A M V　料ディナー＄26～75

---

notes もうひとつのペペ★マロリースクエアに面したれんが造りの倉庫は El Meson de Pepe というキューバ料理のレストラン。上記のペペズカフェとかかわりはないそうだ。

`コーヒーハウス` ◎オーガニックコーヒーとニワトリグッズの店

ファンキールースター・コーヒーハウス
Funky Rooster Coffee House　**オールドタウン北**

MAP
P.100
-B1

朝食にも、歩き疲れた
ときの休憩にもちょう
どいい

デュバル通りから東へ2.5ブロック。エスプレッソ、紅茶、スムージー、マフィン、ベーグルなどがあり、ワインバーとしても人気。おしゃれな屋内席のほかバルコニー席もある。ショップにはニワトリグッズが種類豊富。

🏠713 Caroline St.　☎(305)741-7563
URL funkyroostercoffeehouse.com
🕐7:00～22:00、日8:00～　カード M V
💰コーヒー＄2.75～、軽食＄6.95～

`フレンチカフェ` ◎クレープとガレットなら

ラ・クレープリー
La Crêperie　**オールドタウン中央**

MAP
P.100
-A2

🏠300 Petronia St.
☎(305)517-6799
URL lacreperiekey
west.com　🕐7:30
～15:00　カード M V
💰朝食、ランチ＄10
～17

とても人気があるので、昼どきなどは時間をずらして行くといい

クレープ、ガレット（そば粉で焼いたクレープ）それぞれ10種類以上あり、フルーツ、野菜、チーズ、ナッツ、アイスクリームの組み合わせが楽しい。オムレツ、クロックムッシュなどの朝食メニューもある。

ナイトスポットリスト
Night Spot List

◎ヘミングウェイのお気に入りだった

スラッピー・ジョーズ・バー
Sloppy Joe's Bar　**デュバル通り北**

MAP
P.100
-B1

ヘミングウェイは毎晩のようにこの店にやってきて、カウンター席でオーナーのジョーと海の話に興じていたという

1933年、禁酒法の廃止と同時にオープンした有名なバー。4年後にここへ移転した際、床がいつもビショビショだったため、ヘミングウェイが「水浸しsloppyのジョーって名にしたらどうだい?」と提案したそうだ。隣のロゴショップも人気。

🏠201 Duval St.　☎(305)294-5717
URL sloppyjoes.com
🕐9:00～翌4:00、日12:00～
カード A M V

◎ムードで飲むならこちら

キャプテン・トニーズ・サルーン
Captain Tony's Saloon　**マロリースクエア周辺**

MAP
P.100
-B1

🏠428 Greene St.
☎(305)294-1838
URL www.capttonys
saloon.com
🕐11:00～翌2:00、
日12:00～翌1:00
カード A M V

店内は客が残した名刺とブラジャーで埋め尽くされている

移転する前のスラッピー・ジョーズとして有名なバー。ヘミングウェイが愛した本来のバーの雰囲気そのままだということで、その渋さが人気を呼んでいる。最果ての島の夜を過ごすなら、やはりこんなバーがいい。

 DJ's Clam Shack ★デュバル通りの Angela St. 角にあるシーフードスタンド。クラムチャウダー
＄7、コンクフリッター＄13、ロブスターロール＄25が人気。MAP P.100-B2　🕐11:30～22:00

縦書き：フロリダキーズとキーウエスト　キーウエストのレストラン／ナイトスポット

ホテルリスト
Hotel List

観光に便利なのは、やはりオールドタウンのホテル。車があるならサザンモストポイントからサウスビーチにかけて点在するリゾートホテルもいいし、島の北東のN. Roosevelt Blvd.沿いのモーテルも経済的。冬期は非常に混雑するので予約は早めに。ホテルタックスは12.5%。

高級	◎デュバル通りの突き当たり	MAP P.100-B1

ピアハウス
Pier House ／ マロリースクエア周辺

ロケーションNo.1のリゾートホテル。広い敷地内にはヤシの木がたくさん植えてあり、小さいながらプライベートビーチとマリーナもある。サンセットデッキからは美しい夕日が楽しめ、毎夜ライブが行われ盛り上がる。スクーターレンタル、スパあり。駐車料金はリゾート料金に含まれている。

マロリースクエアもデュバル通りも目の前なのに、喧騒とは無縁の落ち着いたリゾート

住1 Duval St., Key West, FL 33040
☎ (305)296-4600　FAX (305)296-7569
URL www.pierhouse.com　カード A D M V
料⑪①夏期$299～728、冬期$496～986
＋リゾート料金$52

高級	◎マロリースクエアの奥にある	MAP P.100-A1

オパールキー・リゾート＆マリーナ
Opal Key Resort & Marina ／ マロリースクエア周辺

海に面した大型リゾート。向きによってはテラスから夕日が眺められる。ホテルのドックからサンセットクルーズが出ているので、ぜひ参加してみよう。向かいの小島にある静かなコテージも魅力的。スパ、ゲームルームあり。自転車やバイクも借りられる。室内はシックで落ち着いている。

大型客船が発着する桟橋に面していて、建物内にも周囲にもギフトショップが多い

住245 Front St., Key West, FL 33040
☎ (305)294-4000　Free 1866-790-2197
URL www.opalcollection.com　料$298～1318、スイート$712～1599＋リゾート料金$35
カード A D J M V

高級	◎マロリースクエアから東へ1ブロック	MAP P.100-B1

ハイアット・セントリック・キーウエスト・リゾート＆スパ
Hyatt Centric Key West Resort & Spa ／ オールドタウン北

外観、内装ともに美しいホテルで、センスのよさは特筆もの。すべての客室にゆったりしたバルコニーがある。ホテル所有のヨットに乗り込み、サンセットセイリングを楽しもう。昼間はプライベートビーチやプールでゆっくり過ごしたい。自転車、バイク、スクーターのレンタルあり。駐車料金はセルフパーキングで$35。

センスのよいホテルが多いキーウエストのなかでも、特におしゃれだと評判のハイアット

住601 Front St., Key West, FL 33040
☎ (305)809-1234　Free 1800-233-1234
日本無料 0800-222-0608　URL www.hyatt.com　料⑪①$429～1012＋リゾート料金$56
カード A D J M V

宿の確保は早めに★オールドタウンのホテルは数が限られているため、イベント開催時には確保が難しい。特に10月下旬のファンタジーフェストの頃は料金も跳ね上がるので覚悟しよう。

中級 ◎どこへ行くにも便利

カバナイン
Cabana Inn

MAP P.100-A2

オールドタウン中央

　デュバル通りの中ほどから西へ半ブロック入った所にあり、無料シャトル乗り場までも半ブロックで便利。スタンダードルームは少々狭いが、清潔で落ち着ける。ロビーにコーヒーが24時間用意されているほか、夕方にワインとチーズ、スナックのサービスがある。18歳未満宿泊不可。21歳未満は、21歳以上の同伴要。

プールサイドでのんびり過ごしたい

🏠413 Applerouth Lane, Key West, FL 33040　Free1866-413-2230
URL thecabanainn.com
料⑩⑪ $218～1250　B　カードAMV

高級 ◎サザンモストポイントの近く

サザンモスト・ビーチリゾート
Southernmost Beach Resort

MAP P.100-B3

デュバル通り南

　デュバル通りの南の突き当たりにあり、South St.を挟んで2ブロックにまたがっている。南側の客室棟はビーチに面しているが、オーシャンフロントの部屋はごくわずか。北側の客室棟にはパティオがあり、モーテルに近い雰囲気だ。ヨガ教室、クルーズなどが当たるビンゴ大会などのイベントが毎日開催されている。駐車場1日$45。

マロリースクエアから歩くと20～30分、サザンモスト・ポイントまで1ブロックの場所にある

🏠1319 South St., Key West, FL 33040
Free1800-354-4455
URLwww.southernmostbeachresort.com
料⑩⑪$299～1199＋リゾート料金$62
カードAMV

B&B ◎アットホームなB&B

オールドタウン・メナー
Old Town Manor

MAP P.100-B1

オールドタウン北

　コロニアル調の小さなコテージで、さまざまなタイプの客室がある。デュバル通りから半ブロックしか離れていないのにとても静か。別棟になったキャリッジハウスなら、さらに落ち着いて過ごせる。食材にこだわった朝食はほとんどがオーガニックで、朝から手作りケーキも楽しめる。緑に包まれたパティオで食べるのがおすすめ。室内に冷蔵庫あり。自由に使えるゲスト用PCあり。チェックインが夜になりそうなときには事前に連絡を。ピークシーズンは3連泊以上のみ。14室。

↑アジアンテイストなサンセットルーム。インテリアは客室ごとに異なる

→デュバル通りから東へ半ブロック。駐車場は半ブロック離れた所にあり1日$15～

敷地内に4棟のコテージが建っている。犬と一緒に泊まれる部屋もある

🏠511 Eaton St., Key West, FL 33040
☎(305)292-2170
URLwww.oldtownmanor.com
料⑤⑩⑪$275～999　B
カードADJMV

キンプトン・ウィンスローズ・バンガロー
Kimpton Winslow's Bungalows

MAP P.100 -B2

オールドタウン東

デュバル通りから3ブロック東のUS-1沿いにある。斜め前にある白い教会が目印。

キーウエストらしさにあふれた宿で、特にコテージタイプの部屋はとても落ち着ける。室内は広めで掃除も行き届いていて快適。37ある客室はいずれもダブルルーム（ベッド1台）なので、カップルにおすすめだ。冷蔵庫、室内金庫あり。

朝食はプールサイドに用意されるが、持ち帰って各部屋に併設されたポーチでいただくのも気持ちがいい。駐車場1日$20。リゾート料金はない。

↑あちこち観光して回るより、別荘を訪れた感覚でゆったりと過ごすのが似合う宿だ

→敷地全体でWi-Fiが使えるので、木陰のブランコで涼みながら友人とSNSでつながることもできる

ライムグリーンをテーマにしたインテリアがさわやか

🏠725 Truman Ave., Key West, FL 33040
☎(305)294-5229
Free1833-955-1174
URLkimptonkeywest.com
料Ⓓ$332～720　B
カードAMV

高級 ◎自分の家のようにくつろげる

マルケーサ
Marquesa

MAP P.100 -B2

オールドタウン中央

🏠600 Fleming St., Key West, FL 33040
☎(305)292-1919
Free1800-869-4631
URLmarquesa.com
料ⒹⓉ$436～1025
＋リゾート料金$40
カードADMV

1884年建築のコテージを改装したヒストリックホテル。3階建てでエレベーターなし。回廊を思わせるエレガントな造りと、心あたたまるもてなしが人気。花が咲き乱れる手入れの行き届いた庭でのんびりするのも気持ちいい。部屋は広めで、調度品も落ち着いている。マロリースクエアから5ブロック。27室。ピーク時は5連泊～。14歳未満不可。

歴史的建物を改装した新館もオープンした

高級 ◎島の北東にあるオーシャンビューのリゾート

ザ・ロリエート・キーウエスト
The Laureate Key West

MAP P.99 -D3

ルーズベルト通り

インテリアも洗練されていて、快適に過ごせる

全室キッチン付きのスイートで、海に面していて気持ちがいい。場所は、マイアミ方面から島へ入って右折し、しばらく走った左側。US-1沿い。周囲にはホテルが多く、近くにスーパーPublixもあるので便利。デュバル通りまでは車で10分、自転車で20分くらい。駐車料金はリゾート料金に含まれる。

🏠3444 N Roosevelt Blvd., Key West, FL 33040
☎(305)295-7509　Free1800-932-9332
URLwww.opalcollection.com　料夏期$199
～419、冬期$759～849＋リゾート料金$25
カードADJMV

---

notes　コーヒーメーカー★一部の高級リゾートやエコノミーモーテルを除き、キーウエストのホテルの客室にはコーヒーメーカーがない。代わりにフロント付近でいつでも飲めるようになっている。

フロリダ
東海岸
Florida East Coast

Orlando •

Miami •

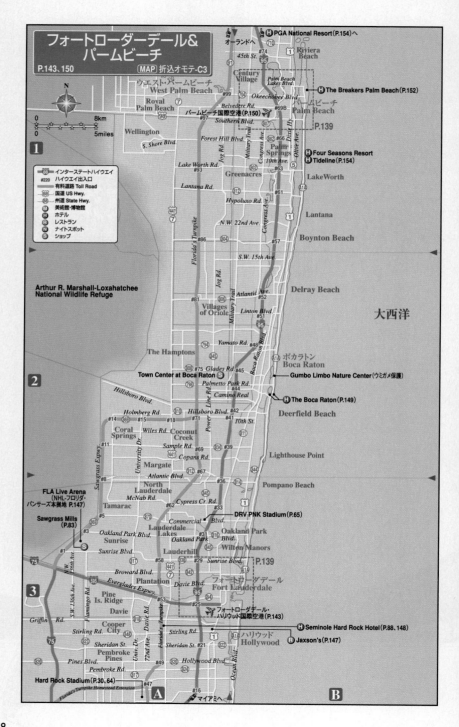

フォートローダーデール&
パームビーチ
P.143、150　MAP 折込オモテ-C3

オーランドへ
PGA National Resort(P.154)へ
Riviera Beach
45th St.
Century Village
ウエスト・パームビーチ
West Palm Beach
The Breakers Palm Beach(P.152)
Royal Palm Beach
Okeechobee Blvd.
Belvedere Rd.
パームビーチ
Palm Beach
パームビーチ国際空港(P.150)
Southern Blvd.
P.139
Wellington
Forest Hill Blvd.
S. Shore Blvd.
Palm Springs
Four Seasons Resort
Tideline(P.154)
Lake Worth
Greenacres
LakeWorth
Lantana Rd.
Hypoluxo Rd.
Lantana
N.W. 22nd Ave.
Boynton Beach
S.W. 15th Ave.
Arthur R. Marshall-Loxahatchee
National Wildlife Refuge
Atlantic Ave.
Delray Beach
Villages of Oriole
Linton Blvd.
大西洋
The Hamptons
Yamato Rd.
Town Center at Boca Raton
Glades Rd.
ボカラトン
Boca Raton
Gumbo Limbo Nature Center(ウミガメ保護)
Palmetto Park Rd.
Camino Real
The Boca Raton(P.149)
Hillsboro Blvd.
Deerfield Beach
Holmberg Rd.
Hillsboro Blvd.
10th St.
Coral Springs
Wiles Rd.
Coconut Creek
Sample Rd.
Lighthouse Point
Margate
Copans Rd.
Atlantic Blvd.
North Lauderdale
McNab Rd.
Pompano Beach
FLA Live Arena
(NHL・フロリダ・
パンサーズ本拠地 P.147)
Cypress Cr. Rd.
Tamarac
DRV PNK Stadium(P.65)
Commercial Blvd.
Sawgrass Mills
(P.83)
Lauderdale Lakes
Oakland Park Blvd.
Oakland Park Blvd.
Sunrise
Oakland Park
Wilton Manors
Sunrise Blvd.
Lauderhill
Sunrise Blvd.
P.139
Broward Blvd.
Plantation
Davie Blvd.
フォートローダーデール
Fort Lauderdale
Pine Is. Ridge
Everglades Expwy.
Davie
フォートローダーデール・
ハリウッド国際空港(P.143)
Griffin Rd.
Cooper City
Stirling Rd.
Seminole Hard Rock Hotel(P.88、148)
Sheridan Rd.
Stirling Rd.
ハリウッド
Hollywood
Jaxson's(P.147)
Pembroke Pines
Sheridan St.
Pines Blvd.
Hollywood Blvd.
Pembroke Rd.
Hard Rock Stadium(P.30、64)
Florida's Turnpike Homestead Extension
マイアミへ

インターステートハイウエイ
ハイウエイ出入口
有料道路 Toll Road
国道 US Hwy.
州道 State Hwy.
美術館・博物館
ホテル
レストラン
ナイトスポット
ショップ

0　　8km
0　　5miles

PGA National Resort(P.154)へ

Lake Mangonia

N. Congress Blvd.

N. Australian Ave.

Palm Beach Lakes Blvd.

7 St.

Kapow(P.153)

Evernia(P.154)

観光案内所(P.151)
Avocado Grill(P.154)

The Breakers
Palm Beach
(P.152)

Clear Lake

グレイハウンド・バスディーポ/アムトラック駅(P.151)
ブライトライン駅(P.151)
ザ・スクエア
The Square(P.153)

フラグラー博物館
Flagler Museum(P.152)

Okeechobee Blvd.

ウエスト・パームビーチ
West Palm Beach

Ta-Boo(P.154)
BrickTop's(P.154)

Florida's Turnpikeへ

ノートン美術館
Norton Museum of Art(P.153)
Salada Shop(P.154)

ワースアベニュー
Worth Avenue(P.152)

パームビーチ
Palm Beach

Belvedere Rd.

Lake Worth Lagoon

パームビーチ国際空港
(P.150)

観光局(P.151)

Southern Blvd.

Florida's Turnpikeへ

Gun Club Rd.

Summit Blvd.

マーララゴ(P.153)

大西洋

Tideline(P.154)へ

2km
1mile

ボカラトン、
フォートローダーデールへ

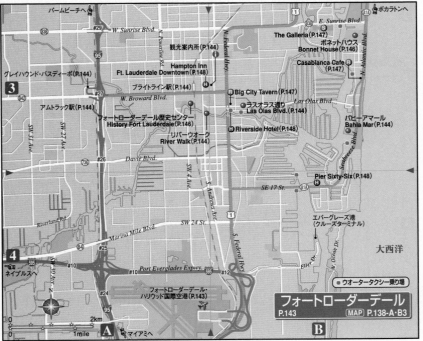

パームビーチへ

ボカラトンへ

E. Sunrise Blvd.

W. Sunrise Blvd.

The Galleria(P.147)

ボネットハウス
Bonnet House(P.146)

観光案内所(P.144)
Hampton Inn
Ft. Lauderdale Downtown(P.148)

Casablanca Cafe
(P.147)

グレイハウンド・バスディーポ(P.144)

ブライトライン駅(P.144)

W. Broward Blvd.

Big City Tavern(P.147)

アムトラック駅(P.144)

フォートローダーデール歴史センター
History Fort Lauderdale(P.146)

ラスオラス通り
Las Olas Blvd.(P.144)

Las Olas Blvd.

バヒーアマール
Bahia Mar(P.144)

Riverside Hotel(P.148)

リバーウオーク
River Walk(P.144)

Davie Blvd.

Pier Sixty-Six(P.148)

SE 17 St.

Riverland Rd.

SW 24 St.

Marina Mile Blvd.

Port Everglades Expwy.

エバーグレーズ港
(クルーズターミナル)

大西洋

ネイプルスへ

フォートローダーデール・
ハリウッド国際空港(P.143)

ウオータータクシー乗り場

2km
1mile

マイアミへ

フロリダ東海岸

MAP フォートローダーデール&パームビーチ／パームビーチ／フォートローダーデール

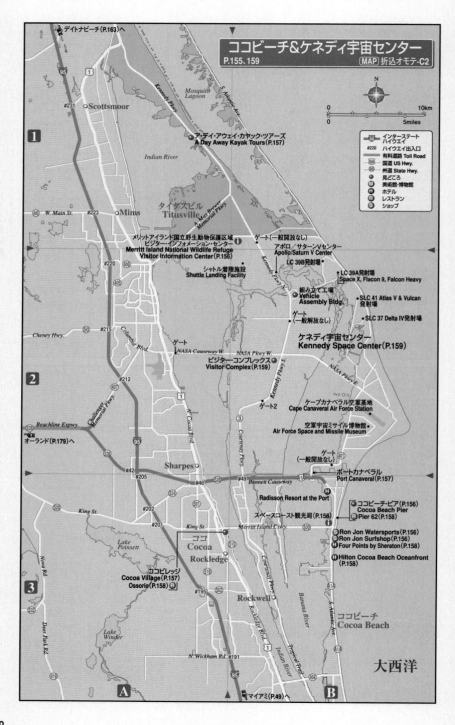

ココビーチ&ケネディ宇宙センター
P.155、159
MAP 折込オモテ-C2

デイトナビーチ(P.163)へ

#231 Scottsmoor

Mosquito Lagoon

Kennedy Pkwy.

S. Atlantic Ave.

Indian River

ア・デイ・アウェイ・カヤック・ツアーズ
A Day Away Kayak Tours(P.157)

インターステート ハイウェイ
#220 ハイウェイ出入口
有料道路 Toll Road
国道 US Hwy.
州道 State Hwy.
見どころ
M 美術館・博物館
H ホテル
R レストラン
S ショップ

0　　　　　10km
0　　　5miles

W. Main St. #223 Mims

タイタスビル
Titusville

メリットアイランド国立野生動物保護区域
ビジター・インフォメーション・センター
Merritt Island National Wildlife Refuge
Visitor Information Center(P.156)

ゲート(一般開放なし)

アポロ／サターンVセンター
Apollo/Saturn V Center

LC 39B発射場

LC 39A発射場
Space X, Flacon 9, Falcon Heavy

#220

シャトル着陸施設
Shuttle Landing Facility

組み立て工場
Vehicle
Assembly Bldg.

SLC 41 Atlas V & Vulcan
発射場

SLC 37 Delta IV発射場

ゲート
(一般解放なし)

Cheney Hwy.
#215

Columbia Blvd.

ゲート
NASA Causeway W.　NASA Pkwy W.

ケネディ宇宙センター
Kennedy Space Center(P.159)

#212

ビジター・コンプレックス
Visitor Complex(P.159)

NASA Pkwy E.

Beachline Expwy.

オーランド(P.179)へ

Challenger Memorial Pkwy.

N. Cocoa Blvd.

ゲート2

Courtenay Pkwy.

ケープカナベラル空軍基地
Cape Canaveral Air Force Station

空軍宇宙ミサイル博物館
Air Force Space and Missile Museum

#42
#205

Sharpes

#46 #49 Bennett Causeway

ゲート
(一般開放なし)

ポートカナベラル
Port Canaveral(P.157)

King St.
#202

#201　King St.

Merritt Island Cswy.

Radisson Resort at the Port

スペースコースト観光局(P.156)

ココビーチ・ピア(P.156)
Cocoa Beach Pier
Pier 62(P.158)

Lake Poinsett

ココ
Cocoa
Rockledge

ココビレッジ
Cocoa Village(P.157)
Ossorio(P.158)

#195

Rockwell

Ron Jon Watersports(P.156)
Ron Jon Surfshop(P.156)
Four Points by Sheraton(P.158)

Hilton Cocoa Beach Oceanfront
(P.158)

Nova Rd.

Rockledge Blvd.

Courtnay Pkwy.

Banana River

Indian River

S. Atlantic Ave.

ココビーチ
Cocoa Beach

Deer Park Rd.

Lake Winder

N. Wickham Rd. #191

Tropical Trail

大西洋

マイアミ(P.49)へ

A

B

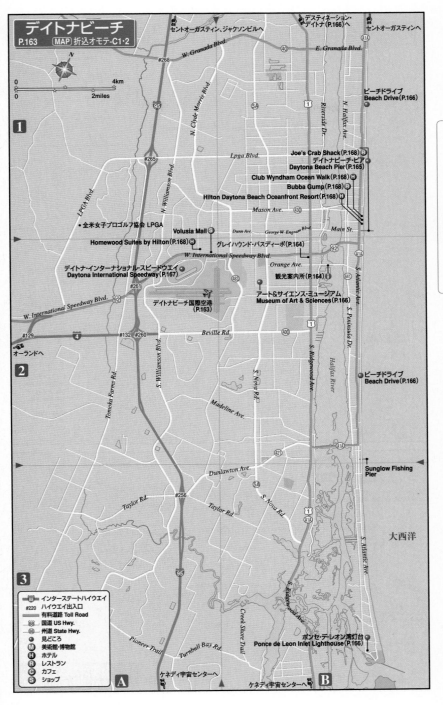

デイトナビーチ
P.163　MAP 折込オモテ-C1・2

フロリダ東海岸

MAP　ココビーチ&ケネディ宇宙センター／デイトナビーチ

141

地図中の地名・施設名

セントオーガスティン、ジャクソンビルへ
デスティネーション・デイトナ(P.166)へ
セントオーガスティンへ

#268
W. Granada Blvd.
E. Granada Blvd.
N. Clyde Morris Blvd.

ビーチドライブ
Beach Drive(P.166)

Riverside Dr.
N. Halifax Ave.

#265
Lpga Blvd.

Joe's Crab Shack(P.168)
デイトナビーチ・ピア
Daytona Beach Pier(P.165)
Club Wyndham Ocean Walk(P.168)
Bubba Gump(P.168)
Hilton Daytona Beach Oceanfront Resort(P.168)

N. Williamson Blvd.

Mason Ave.

全米女子プロゴルフ協会 LPGA
LPGA Blvd.

Volusia Mall
Homewood Suites by Hilton(P.168)
Dunn Ave.
George W. Engram Blvd.
Main St.

グレイハウンド・バスディーポ(P.164)
W. International Speedway Blvd.

デイトナ・インターナショナル・スピードウエイ
Daytona International Speedway(P.167)

Orange Ave.
観光案内所(P.164)

#261
デイトナビーチ国際空港
(P.163)

アート&サイエンス・ミュージアム
Museum of Art & Sciences(P.166)

W. International Speedway Blvd.
Beville Rd.

S. Peninsula Dr.
S. Atlantic Ave.

#129
オーランドへ
#132 #260

S. Williamson Blvd.

S. Nova Rd.
Madeline Ave.

ビーチドライブ
Beach Drive(P.166)

Halifax River

Tomoka Farms Rd.
Dunlawton Ave.

Sunglow Fishing
Pier

Taylor Rd.
#256
Taylor Rd.
S. Nova Rd.

大西洋

S. Ridgewood Ave.

S. Atlantic Ave.

Creek Shore Trail

ポンセ・デ・レオン湾灯台
Ponce de Leon Inlet Lighthouse(P.166)

Pioneer Trail
Turnbull Bay Rd.

ケネディ宇宙センターへ
ケネディ宇宙センターへ

凡例
インターステートハイウエイ
#220　ハイウエイ出入口
有料道路 Toll Road
国道 US Hwy.
州道 State Hwy.
見どころ
M 美術館・博物館
H ホテル
R レストラン
C カフェ
S ショップ

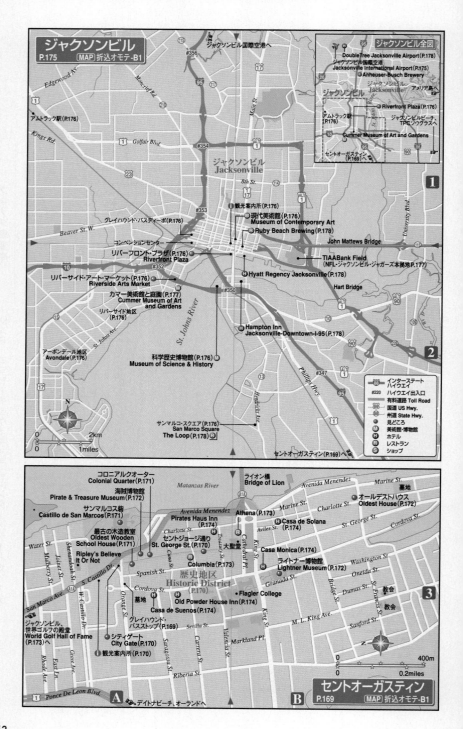

ジャクソンビル
P.175 MAP 折込オモテ-B1

ジャクソンビル全図

DoubleTree Jacksonville Airport (P.178)
ジャクソンビル国際空港
Jacksonville International Airport (P.175)
Anheuser-Busch Brewery
ジャクソンビル
Jacksonville
アメリア島へ
Riverfront Plaza (P.176)
アムトラック駅 (P.176)
ジャクソンビルビーチ
TPCソウグラスへ
Cummer Museum of Art and Gardens
セントオーガスティン (P.169) へ

ジャクソンビル国際空港へ
#356
アムトラック駅 (P.176)
Edgewood Av.
Moncrief Rd.
Main St.
Golfair Blvd
#354
ジャクソンビル
Jacksonville
8th St.

グレイハウンド・バスディーポ (P.176)
Beaver St. W.
#353
観光案内所 (P.176)
現代美術館 (P.176)
Museum of Contemporary Art
Ruby Beach Brewing (P.178)
コンベンションセンター
リバーフロント・プラザ (P.176)
Riverfront Plaza
#352
John Mattews Bridge
TIAABank Field
(NFL・ジャクソンビル・ジャガーズ本拠地P.177)
Hyatt Regency Jacksonville (P.178)
Hart Bridge

リバーサイド・アート・マーケット (P.176)
Riverside Arts Market
カマー美術館と庭園 (P.177)
Cummer Museum of Art
and Gardens
リバーサイド地区 (P.176)
#350
アーボンデール地区
Avondale (P.175)
科学歴史博物館 (P.176)
Museum of Science & History

Hampton Inn
Jacksonville-Downtown-I-95 (P.178)
#347
Phillips Hwy.
Hendricks Ave.

N
2km
1miles

サンマルコ・スクエア (P.176)
San Marco Square
The Loop (P.178)
セントオーガスティン (P.169) へ

インターステート
ハイウエイ
#220 ハイウエイ出入口
有料道路 Toll Road
国道 US Hwy.
州道 State Hwy.
見どころ
美術館・博物館
ホテル
レストラン
ショップ

コロニアルクオーター
Colonial Quarter (P.171)
海賊博物館
Pirate & Treasure Museum (P.172)
サンマルコス砦
Castillo de San Marcos (P.171)
最古の木造教室
Oldest Wooden
School House (P.171)
Ripley's Believe
It Or Not

Matanzas River
ライオン橋
Bridge of Lion
Avenida Menendez
Marine St.
墓地
オールデストハウス
Oldest House (P.172)

Pirates Haus Inn
(P.174)
Avenida Menendez
Athena (P.173)
Casa de Solana
(P.174)

Charlotte St.
Charlotte St.
St. George St.
Cordova St.

Water St.
Shenandoah St.
セントジョージ通り
St. George St. (P.170)
大聖堂
Casa Monica (P.174)
ライトナー博物館
Lightner Museum (P.172)

Mulberry St.
Columbia (P.173)
Washington St.
Oneida St.

ジャクソンビル、
世界ゴルフの殿堂
World Golf Hall of Fame
(P.173) へ
Spanish St.
歴史地区
Historic District
(P.170)
Granada St.
Flagler College
Old Powder House Inn (P.174)
Casa de Suenos (P.174)
グレイハウンド・
バスストップ (P.169)
シティゲート (P.170)
City Gate
観光案内所 (P.170)

S. Castillo Dr.
W. Castillo Dr.
San Marco Ave.
Orange St.
墓地
Cordova St.
Sevilla St.
King St.
M. L. King Ave.
Sanford St.

教会
教会

Carrera St.
Valencia St.
Markland Pl.
Saragossa St.
Riberia St.

N
400m
0.2miles

セントオーガスティン
P.169 MAP 折込オモテ-B1

A
デイトナビーチ、オーランドへ
Ponce De Leon Blvd.
B

フォート ローダーデール
Fort Lauderdale

Orlando ●

Miami ●

マイアミから北へ約50kmの所にあるフォート ローダーデールは、運河の町だ。町を縦横に流れる運河の総延長は500kmにも達し、運河沿いには豪華な邸宅が建ち並ぶ。その多くは、フロリダの太陽を求めて北からやってくる億万長者の冬の別荘だ。きらびやかな家の前にはクルーザーが係留されていて、なかには全長60mを超える豪華クルーザーもある。市内には100ヵ所を超えるマリーナがあり、ボート＆ヨットは約4万5000隻を数える。町のほとんどの観光ポイントやホテル、レストランも水に面している。"アメリカのヴェネツィア"は水の上から眺めるのが正解だ。

水上移動が便利で楽しい

Fort Lauderdale-Hollywood International Airport (FLL)

MAP P.139-A4　Free 1866-435-9355　URL www. broward.org/airport/

シャトルバン **SuperShuttle**

Free 1800-258-3826
URL www.supershuttle.com
圏 ラスオラス通りまで3人まで$35.47

タクシー **Yellow Cab**

☎ (954)777-7777
圏 ビーチまで$20～30。
Uberは$19～28

行き方 Access

飛行機

　フォートローダーデール・ハリウッド国際空港は町の南にあり、アメリカン航空、デルタ航空など約30社がニューヨーク、シカゴ、ロスアンゼルスなど全米各地から乗り入れている。中南米やバハマへの便もある。ダウンタウンへはシャトルバン、タクシーが便利。所要約15分。

フロリダにハリウッド?★空港名になっているハリウッドは、マイアミとの中間にある人口約15万人のビーチリゾート。カリフォルニアの不動産業者が1920年代に開発した。

バスディーポ
Broward Blvd Park & Ride
MAPP.139-A3
住200 NW 22 Ave.
Free1800-231-2222
開24時間

Tri Rail　→ P.57
Free1800-874-7245
URLwww.tri-rail.com
運行平日は20分〜1時間ごと、週末は1時間ごと
所要マイアミ空港から45分
料片道＄5。休日は往復でも＄5

Brightline → P.46、57
MAPP.139-A3
住101 NW 2 Ave.
☎(831)539-2901
URLwww.gobrightline.com
料座席によって片道＄10〜39

観光案内所
Greater Fort Lauderdale CVB
MAPP.139-B3
住101 NE 3 Ave.
☎(954)765-4466
URLvisitlauderdale.com
開8:30〜17:00
休土・日
ダウンタウンのラスオラス通りから3 Ave.を北へ4ブロック

長距離バス

　フロリダ東海岸を往復しているグレイハウンドが、1日12便ほど停車する。マイアミから所要40〜75分。＄8。バスディーポはアムトラック駅近くにあり、中心へはタクシーで。

鉄道

　ニューヨークやオーランドとマイアミを結んで毎日2往復しているアムトラックが、ダウンタウンの西にある駅に停車する。この駅には、マイアミ国際空港とウエスト・パームビーチをつないでいる近郊列車**トライレイルTri Rail**も停車する。

　また、マイアミのダウンタウンからは高速鉄道**ブライトライン**も走っていて、35分で着く。こちらの駅はリバーウオークまで徒歩10分と便利なので、マイアミから日帰りでも楽しめる。

レンタカー

　フォートローダーデールへは、マイアミからI-95を北上する。マイアミのダウンタウンから所要約40分。途中でI-95を下りて、海岸沿いのA 1Aを北上してもいい。

歩き方　Getting Around

　マイアミと同じく、海沿いにホテルが連なるビーチエリアと、入江を隔てた内陸にあるダウンタウンエリアに分かれている。観光のスタートはビーチ側にある**バヒーアマールBahia Mar**がいい。ここはフロリダ最大のマリーナで、ヨットスクール、マリンショップ、ホテルなどの施設も整っている。

　マリーナの目の前には砂浜の美しいビーチが広がるが、フォートローダーデールのビーチは、春休みに若者たちが思いっきりはじけるスプリングブレイクの場所として有名だ。セレブたちの別荘や巨大クルーザーを見物するなら、マリーナの一角から出ているジャングルクイーン号のクルーズ船か、ウオータータクシーに乗ることをすすめる。ウオータータクシーなら豪邸を見物しながら、運河沿いの遊歩道**リバーウオークRiverwalk**や、南の町らしい美しいショッピング街、**ラスオラス通りLas Olas Blvd.**の散策などの町歩きもできる。

レストランが多く、昼も夜もにぎわうラスオラス通り

trivia
グレート・フロリディアン★フロリダの歴史、文化、発展に多大な貢献をした385名の人物を称える県民栄誉賞のような制度。ディズニー（→ P.194）、エジソンとフォード（→ P.267）、

市内の交通機関

■ 市バス Broward County Transit

ダウンタウンと周辺都市をつないで約40路線が運行されている。ラスオラス通りから海へ出てビーチ沿いに北上する#11（東行き）、ソーグラス・ミルズ（→P.83）やアムトラック駅へ行く#22（西行き）などが便利。

市内の移動に便利なトロリー

また、ダウンタウンの中心部と北側のビーチ周辺を5ルートの**シャトルバスLauderGo!**が循環していて、近くの移動ならこれが便利。週末のみ運行のルートもあるので注意しよう。

■ ウォータータクシー Water Taxi

おもな見どころ参照。

クルーズ案内

■ ジャングルクイーン号 Jungle Queen Riverboat

1935年の開業以来、いまだに人気の衰えない観光クルーズ。バヒーアマール（→P.144）を出航し、385人乗りの外輪船を模した優雅な客船で、運河沿いの豪邸とクルーザー群を眺めながらNew River運河を遡る。船内にアルコール、ソフトドリンク、スナックあり。日中の90分クルーズは、ダウンタウンの2本の跳ね橋を通過したあたりでUターン。ディナークルーズではさらに蛇行しながら奥へ奥へと進み、バーベキューなどの夕食とファイヤーダンスなどのショーを楽しむ。

90分間のミニ運河クルーズもある

おもな見どころ Points of Interest

◎観光もできて市内の移動にも使える

ウォータータクシー　Water Taxi

MAP
P.139
-B3・4

交通機関の役割も果たし、"アメリカのヴェネツィア"を実感できる最良の方法がこのウォータータクシーだ。フォートローダーデールの見どころやおもなポイントを結んで、運河沿いを定期的に航行する水上バスではあるが、航行する途中にセレブの豪邸やとても個人のものとは思えない巨大クルーザーの横を通るなど、観光船としても人気が高い。一度パスを買えば、その日のうちは乗り降り自由。乗りっ放しで一周3時間。

アクセスできるのは次のポイント。バヒーアマール、ラスオラス通り、リバーウオーク、15 St. Fisheries、ホテルではダブルツリー・ギャラリーワン、ヒルトン・フォートローダーデール・マリーナなど。

Broward County Transit

☎(954)357-8400
URL www.broward.org/bct/
料$2、1日パス$5
ダウンタウンのバスターミナルはBroward Blvd.とNW 1 Ave.の角にある

LauderGo!

☎(954)828-8000
URL www.fortlauderdale.gov
運行 Beach Routeは毎日10:30〜17:00、Las Olas Routeは金〜日10:30〜17:00。15〜30分ごと　料無料

Jungle Queen Riverboat

☎(954)462-5596
URL www.junglequeen.com
出航 毎日12:00、14:30
所要90分
料$30.89、65歳以上$28、3〜12歳$20.95
●ディナークルーズ
出航 火〜日18:00。オフシーズンは運休あり
所要4時間
料$71.95、65歳以上$66.95、3〜12歳$49.95

無料ウオーターシャトル

リバーウオーク沿いに往復している無料ボート。川の両岸8ヵ所をつないで20〜30分ごとに運航している。ただしバヒーアマールへは行かない

Water Taxi

☎(954)467-6677
URL watertaxi.com
運行 10:00〜22:00くらいの30分間隔
料1日$35、5〜11歳$15。17:00以降の乗船は$20。チケットは船内で購入できる

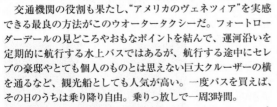

フラグラー（→ P.122 ほか）、オーデュボン（→ P.120）、ヘミングウェイ（→ P.121）、ポンセ・デ・レオン（→ P.169）などが名を連ねている。

貴重なコレクションが数多く
展示されている

History Fort Lauderdale
住231 SW 2 Ave.
(The New River Inn)
☎ (954)463-4431
URLhistoryfortlauderdale.
org
開10:00〜16:00。ツアー
は13:00、14:00、15:00
料$10、学生$5。ツアー$5
行き方無料ウオーターシャ
トルのRiverfront Plazaで
下船して上流へ徒歩4分

◎リゾートとして発展した南フロリダの歴史を知る
フォートローダーデール歴史センター History Fort Lauderdale

MAP P.139 -A3

全米でも人気の
リゾート地である
フォートローダー
デール。リゾートと
して開発される前
から現在までの町
の歴史を紹介して
いるほか、歴史的

1905年完成のニューリバーイン

価値の高い家の保
存&公開もしている。ツアーに参加するとこれらの家の内部や
生活用品、昔の町の写真パネルなどを見せてくれる。

キング・クロマティ邸 King Cromartie Houseは1907
年に完成した松でできた家。松は燃えにくく、幹の密度が高い
ことから、建物移設時に計量すると重量が150tもあったという。
中では氷を入れて冷やした冷蔵庫や1883年製の精巧なミニ
チュアの家、1914年製の手動式電話などを観ることができる。

ほかにも、ブロワード郡最初の学校(レプリカ)、同じく郡最
初の建造物である**ニューリバーインThe New River Inn**な
どがあり、これらの建物の多くは、リバーウオーク沿いに建つ。
散策ついでに楽しむのもおすすめ。

◎ジャングルのような庭園も一見の価値あり
ボネットハウス Bonnet House

MAP P.139 -B3

Bonnet House
住900 N. Birch Rd.
☎ (954)563-5393
URLwww.bonnethouse.
org
開11:00〜15:00、土・日
〜16:00。ツアーは火〜土
10:00、火〜金14:00。所
要約90分
休月、おもな祝、5月中旬
の2日間
料$25、6〜17歳$8。ツ
アーは$30
行き方ビーチからSunrise
Blvd.へ入ってすぐに
Birch Rd.を左折。ウオー
タータクシーなら#7
Gallery Oneで下船

バヒーアマールから北へ約3km。南フロリダの数ある豪邸の
なかで、南国風装飾の美しさと、自然美あふれる庭園で知られ
る名所がこのボネットハウス。

シカゴ出身の美術商であり画家でもあったFrederic Bartlett
が設計したカリブスタイルの別荘兼アトリエで、35エーカー(約
14万2000㎡)の広大な敷地は、目の前はビーチ、裏は運河に面
している。1930〜40年代にかけて収集された美術品や家具は
アフリカやラテンアメリカ色が濃く、動物の置物や随所に見ら
れるモチーフが明るい雰囲気をつくり出している。アトリエに
飾られた絵画の多くはBartlett本人によるもの。

ちなみに、邸宅前のビーチは一般開放されているが、現在
もボネットハウスの所有。春には裏側の運河にマナティが現れ
ることもあるとい
う。また、ペット
として飼われるか
わいい小ザルたち
が運がよければあ
いさつしてくれる
かも。

南国らしいアートに彩られた家

ドローブリッジって何?★運河だらけのフォートローダーデール市内にはDrawbridge＝跳ね橋
がたくさんあり、目の前で信号が赤になると何分も待たされることになる。そんなときは、日本には

ショップ＆レストランリスト
Shop & Restaurant List

◎アップルストアも入っている

ギャレリア
The Galleria　　**フォートローダーデール北**

MAP P.139 -B3

ボネットハウスの
そばにある大型モー
ル。高級ブランドか
らカジュアルまで数
多くのショップが
入っている。

デパートが2軒ある

🏠2414 E. Sunrise Blvd.
☎(954)564-1015
URL www.galleriamall-fl.com
🕐10:00～20:00、日12:00～18:00

シーフード　◎ムードたっぷりのピアノバー

カサブランカ・カフェ
Casablanca Cafe　　**ビーチ沿い**

MAP P.139 -B3

海沿いに建つロー
カルに人気のバー＆
レストラン。料理も
本格的で、ディナー
$22～40。

すぐ目の前がビーチだ

🏠3049 Alhambra St. & N. Atlantic Blvd.
☎(954)764-3500
URL www.casablancacafeonline.com
🕐8:30～23:00　カード A M V

アメリカ料理　◎ラスオラス通りの真ん中

ビッグ・シティ・タバーン
Big City Tavern　　**ダウンタウン**

MAP P.139 -B3

アルコールの種類
も豊富なカジュアル
レストラン。リバー
サイドホテルの真正
面にある。

ウォータータクシーの
乗り場も近い

🏠609 Las Olas Blvd.
☎(954)727-0307
URL www.bigcitylasolas.com　🕐11:30～
23:00、土・日16:00～　🍴軽食$14～20、ディ
ナーはメインが$25～50　カード A M V

スイーツ　◎レトロなアイスクリームパーラー

ジャクソンズ
Jaxson's　　**郊　外**

MAP P.138 -A3

店内にはブリキの
おもちゃや昔のナン
バープレートがぎっ
しり！ マイアミとの
間にある。

店の中も外もアン
ティーク雑貨だらけ！

🏠128 S. Federal Hwy.(US-1), Dania Beach
☎(954)923-4445
URL jaxsonsicecream.com
🕐11:30～23:00、金・土～24:00

フロリダ東海岸

フォートローダーデール

Column　南フロリダでアイスホッケーを観戦しよう！

　北米ホッケーリーグ南東地区に属する
フロリダ・パンサーズFlorida Panthersは、
1993年創立の比較的新しいチーム。常夏
ともいえる南フロリダにアイスホッケー・
チームがあるのは驚きかもしれない。
　本拠地はマイアミとうたっているが、
ホッケーアリーナFLA Live Arenaがある
のは、フォートローダーデール郊外のサン
ライズの町。世界最大級のアウトレットと
して知られるソーグラス・ミルズの北隣だ。
フォートローダーデールの中心部からは市
バス#22で。シーズンは10月から翌5月。

Florida Panthers
MAP P.138-A3
URL Panthers.nhl.com

数少ない跳ね橋をじっくりと眺めるチャンス。鐘の音とともに跳ね上がった車道の下を、大きな
クルーザーや外輪船のツアーボートが通過していくのは、見ていて楽しい。

ホ テ ル リ ス ト
Hotel List

中 級 ◎町を代表する快適ホテル

リバーサイドホテル
Riverside Hotel

MAP P.139 -B3　**ダウンタウン**

ウオータータクシー乗り場がホテルの裏にあるので、どこへ行くにも便利

そぞろ歩きが楽しいラスオラス通りの中心にあり、ビジネスにもレジャーにも人気。客室は南国風のインテリアで、とても清潔、広い机など使い勝手がいい。冷蔵庫あり。

下階にはチーズケーキファクトリーなどのレストランやバーもあって、便利だ。

🏠620 E. Las Olas Blvd., Ft. Lauderdale, FL 33301 ☎(954)467-0671
URLwww.riversidehotel.com
料⑤①①$159～809
カードADMV ⊘🛏🛏🛏🛏🛏🛏

中 級 ◎ビジネスパーソンに人気の

ハンプトンイン・フォートローダーデール・ダウンタウン
Hampton Inn Ft. Lauderdale Downtown

MAP P.139 -A3　**ダウンタウン**

ダウンタウンのビジネス街やブライトライン駅に近い

ダウンタウン中心のブロワード通りから2ブロック。グレイハウンドのバスディーポから1.5ブロック。客室は広くて清潔、シンプルだが使いやすく、無料の朝食がサービスされるほか、全室に冷蔵庫と電子レンジもある。コインランドリーあり。

🏠250 N. Andrews Ave., Ft. Lauderdale, FL 33301
☎(954)924-2700 Free1800-426-7866
東京(03)6864-1633 URLwww.hampton
innftlauderdale.com 料$107～353 🅱
カードADJMV ⊘🛏🛏🛏🛏🛏🛏

高 級 ◎タワーからの眺望がすばらしい

ピア・シクスティシクス
Pier Sixty-Six

MAP P.139 -B4　**マリーナ**

🏠2301 SE 17 St., Fort Lauderdale, FL 33316
☎(954)525-6666
URLpiersixtysixresort.com
料未定
カードADJMV

コンベンションセンターとポートエバーグレーズの対岸、大きなマリーナに面して建つ17階建てのタワー。最上階には名前にちなんで66分で1周するラウンジがあったが、現在は"回るイベントスペース"として利用されている。ゆったりとした客室も好評。

現在改装中で2024年秋に再開予定

⊘🛏🛏🛏🛏🛏🛏

高 級 ◎巨大なギター型の新館が斬新！

セミノール・ハードロック・ホテル
Seminole Hard Rock Hotel

MAP P.138 -A3　**郊 外**

🏠1 Seminole Way, Hollywood, FL 33314
Free1866-502-7529
URLwww.seminole
hardrockhollywood.
com 料⑤①平日
$351～864、週末
$620～1249
カードADJMV

高さ約137m。638の客室をもつ新館

フォートローダーデールから西へ約15分、マイアミからも30分程度の先住民居留地にあり、カジノやアリーナ（→P.88）を併設しているため週末は混雑する。ギター型の新館の外壁で21:00から行われる光のショーは一見の価値あり。

⊘🛏🛏🛏🛏🛏🛏

⊘ ホテル内すべて禁煙　🛏 客室内で高速インターネット接続できる（無料）　🛏 客室内で無線インターネットWi-Fiできる（無料）
🛏 喫煙できる客室あり　🛏 客室内で高速インターネット接続できる（有料）　🛏 客室内で無線インターネットWi-Fiできる（有料）

SideTrip 寄り道ガイド

ザ・ボカラトン
The Boca Raton

全米屈指の人気リゾートはいたれり尽くせり。極上の滞在で至福の時を満喫する

マイアミから北へ車を走らせると、フォートローダーデール、ボカラトン、パームビーチという町が大西洋沿いに連なっている。このあたりは、フロリダの実業家、ヘンリー・フラグラー（→P.122、152）によって開発された"フロリダのゴールドコースト"と呼ばれる所。アメリカはもとより、ヨーロッパ、中南米からも多くの人が訪れる全米屈指のリゾート地でもある。なかでも、世界的にも名高いリゾートホテルが、ボカラトンという町にあるザ・ボカラトンだ。2004年に「G7 7ヵ国務大臣・中央銀行総裁会議」が行われたホテルであり、世界中の人が一度は泊まってみたいと思う、リゾートホテルなのである。

オープンは1926年で、開業当初は、ニューヨークの上流階級の人々が避寒に訪れた。

最高級でありながらも、リゾートらしくくつろげる配慮がいろいろとなされている。客室は、壮麗な雰囲気のクロイスター、眺望のよいタワーとヨットクラブ、プライベートビーチが目の前に広がり、フォーブストラベルガイドで5つ星に選ばれたビーチクラブなど、バラエティに富んでいる。どれも洗練されたインテリアで、実に快適。レストランも充実している。落ち着いたレストランからプールサイド、プライベートビーチ沿いなどにカジュアルなレストランも数多くあり、和食も日本ボッチェクラブJapanese Bocce Clubで日本人シェフによる寿司もサービスする。クロ

イスターではかつて世界一の朝食にも選ばれたサデルズSadelle's、豪華なイタリアンのプリンシペッサ・リストランテPrincipessa Ristoranteなどが有名だ。

リゾートをさらに満喫したい人におすすめなのが、スパ。専用プールがあり、アルハンブラ宮殿を模したスパは、フォーブストラベルガイド2023で5つ星を獲得し、国際的スパアワード賞を2022年に受賞している。エクササイズが欠かせない人には、ゴルフコース、テニスコート、フィットネスセンター、プールなども完備され、ゴルフレッスンやヨガ教室などを試してみるのもおすすめ。夏期の間は近くのガンボリンボセンター Gumbo Limbo Nature Center （MAP P.138-B2）でウミガメの各種プログラムや毎日餌やりなども行っている。

世界中にファンをもつかゆいところにも手が届く、うれしいリゾートだ。

タワーの客室からは海の眺めがとてもよい

The Boca Raton
🏠501 E. Camino Real, Boca Raton, FL 33432 ☎ (561)447-3000 Free1855-874-6551 URLwww.thebocaraton.com
⑤①①$378〜5643＋リゾート料金$42＋Tax（13%）

↑プールサイドでリラックスするもよし、プライベートビーチでぜいたくな気分を満喫するのもいい
←アメリカのリゾートホテルを代表するザ・ボカラトン。リピーターはいうまでもなく、日本人の宿泊も多い

パームビーチ
Palm Beach

Orlando ●

Miami ●

イタリア・ルネッサンス様式の歴史あるホテル、ザ・ブレーカーズ。外観だけでも見ておきたい

Palm Beach International Airport (PBI)

MAP P.139-A2

☎ (561)471-7400

URL www.pbia.org

West Palm Beach Taxi Service

☎ (561)371-7171

URL wpbtaxiservice.cab

料 $25〜35。配車サービス $16〜30

　1880年代フロリダ東海岸に鉄道を敷いたフラグラーによって開発された超高級リゾート地。富豪たちの避寒地として人気が高く、今はアメリカ前大統領トランプの私邸があることでも知られる。ビーチから入江まで東西に走るワースアベニュー **Worth Avenue** は、彼らが食事やショッピングを楽しむ地中海スタイルのエレガントなスポット。また、周辺には160以上のゴルフ場があり、ゴルファーの憧れ PGA ナショナル・ゴルフコース **PGA National GC** も町の北にある。なお、入江を隔てた本土側のウエスト・パームビーチ市はぐっとカジュアルになり、交通機関はここに発着する。

行き方 | Access

飛行機

　パームビーチ国際空港は、パームビーチの西、約7kmにある。アトランタ（デルタ航空）、ニューヨーク（ユナイテッド航空、デルタ航空）、ダラス（アメリカン航空）ほか全米各地からフライトがある。市内へはタクシー、または配車サービス（Uber、Lyftなど）で。タクシーは台数が少ない。

notes **安全情報★** West Palm Beach から車で北へ10分の Riviera Beach と、南へ10分の Lake Worth は、凶悪犯罪の発生件数が州内でも特に多いので気を付けよう。

長距離バスと鉄道

グレイハウンド（フリックスバス）のバスディーポとアムトラック駅は、建物こそ異なるが同じ敷地内にあり、相互の乗り換えが容易だ。

町の西にあるバスディーポ＆鉄道駅

グレイハウンドはマイアミ（4ヵ所）から毎日10〜12便（所要約2時間）、オーランド（2ヵ所）から毎日7便（所要3〜4時間）運行されている。

アムトラックは、ニューヨーク発マイアミ行きの列車が毎日2便運行されている。南フロリダを走るトライレイル（→P.57）と駅を共有しており、トライレイルでマイアミ国際空港まで行くこともできる。

ブライトライン（→P.46、57）のWest Palm Beach駅はここからDatura St.を東に10分ほど歩いた所にある。

レンタカー

マイアミから行くなら、I-95を1時間ほど北上し、Exit 70で下りてOkeechobee Blvd.（FL-704）を東へ向かって約10分。時間に余裕があれば海岸沿いのA1Aを北上してもいいだろう。

歩き方 Getting Around

パームビーチは町全体が超高級リゾートなので、ヨレヨレのTシャツやバックパック姿で歩いていると違和感がある。宿泊費も高く、車での移動が基本となっているから、できるだけ車で回りたい。なお、車がないとまったく動けないわけではなく、パームトラン・バス#41を使えばおもな見どころへは行ける。しかし、運行本数が少ないのが難。こんなときは配車サービスを大いに利用しよう。有名なワースアベニューやフラグラー博物館を見学して、リッチな人々の生活を垣間見るのもパームビーチらしい体験だ。

パームビーチ市の入江を挟んだ西側はウエスト・パームビーチ市となり、公共交通機関の発着場所があるほか、庶民的なエリアもあり、ダウンタウンの見どころは歩いて行ける範囲にある。無料のトロリーも3路線走り、夜遅くまでにぎわっている。

観光案内所はウエスト・パームビーチ・ダウンタウンの東、入江に面したマイヤーアンフィシアター Meyer Amphitheaterから1ブロック西のOlive Ave.とDatura St.の南東の角にあり、資料はやや少なめ。

バスディーポ

MAP P.139-B1

住 205 S. Tamarind Ave., West Palm Beach

☎ (561)833-8534

開 6:00〜15:00

料 マイアミから片道$9〜13、オーランドから片道$25〜28

アムトラック駅

MAP P.139-B1

Free 1800-872-7245

開 8:45〜18:00

ブライトライン駅

MAP P.139-B1

住 501 Evernia St., West Palm Beach

☎ (831)539-2901

URL www.gobrightline.com

開 5:00〜23:00

料 マイアミから片道$15〜42

市バス Palm Tran

☎ (561)841-4287

URL www.palmtran.org

料 $2。ApplePay、GooglePayも使える

無料トロリー West Palm Beach Trolley

Free 1800-234-7433

URL www.wpbtmi.org/trolley

運行 3路線あり、路線によって異なるが平日11:00〜21:00、週末〜22:00くらい

観光案内所 Visit Palm Beach Adventure Center

MAP P.139-B1

住 226 Datura St., West Palm Beach

☎ (561)881-9757

URL www.visitpalmbeach.com

開 10:00〜17:00

⬅入江沿いには豪華なクルーザーが係留されている
←ダウンタウンの観光案内所

notes もうひとつの観光局★ The Palm Beaches MAP P.139-B2 住 2195 Southern Blvd., #400, West Palm Beach URL www.thepalmbeaches.com 空港の近くにあり、こちらはオフィス。

おもな見どころ **Points of Interest**

Worth Avenue

🏠 Worth Ave. from Beach to Coconut Row, Palm Beach
URL worth-avenue.com
行き方 ウエスト・パームビーチのダウンタウンから#41のバスでRoyal Palm Wayで下車。ビーチ沿いに南下すると10分ほどでClock Towerが見える

世界の高級ブランドが軒を連ねる

◎高級リゾートのスタイリッシュな名物通り

ワースアベニュー　Worth Avenue

MAP P.139-B2

高級リゾートを代表するおしゃれな通り

パームビーチで最初に訪れたいのが、高級ショッピング街の**ワースアベニューWorth Avenue**だ。ビーチに建ち町のランドマークでもある**時計塔Clock Tower**からCoconut Rowまでの600mほどの間に、ハイエンドブランドや宝飾店、高級レストラン、ギャラリーなど約200の店が軒を連ねる。通り沿いにはパームツリーをはじめ植栽が美しく、色鮮やかな花が南国気分を盛り上げてくれる。

通りを散策したら、ビーチから海を眺めたり、ビーチ沿いの邸宅を遠目に見学するのもいい。すてきなリゾートハウスが並び、真のリッチさを感じさせてくれる。

Flagler Museum

🏠 1 Whitehall Way, Palm Beach
☎ (561)655-2833
URL www.flaglermuseum.us
開 10:00〜17:00、日12:00〜
休 月、11月第4木曜、12/25、1/1
料 $26、6〜12歳$13
行き方 ワースアベニューからは、Coconut Rowを北へ約1マイル

↓鉄道王の邸宅はとてもエレガントで見応えあり
↘別棟はフラグラーが所有していた鉄道車両を展示

◎鉄道王が妻のために造った冬の大邸宅

フラグラー博物館　Flagler Museum

MAP P.139-B1

フロリダを語るとき、切り離せない人物がヘンリー・フラグラー（→P.122）である。スタンダード石油の創設者のひとりであり、19世紀末までは農業を主体としていたフロリダを、鉄道の整備とリゾートホテルの建設によって世界に名だたるリゾートエリアに変えた人物だ。現代なら「デベロッパー」である。

ベルサイユ宮殿のような邸宅が博物館として公開されている。ボザール様式の白亜の建物は「Whitehall」と呼ばれ、1902年に結核を患っていたメリー夫人のために造られ、ヘンリーは1913年に亡くなるまでこの家で過ごした。部屋の数は75、館内は天井から壁のモール、椅子の脚までが金箔で装飾されている。1階には舞踏会も開催されたボールルーム、パイプオルガンのあるミュージックルーム、図書室、ビリヤードルームなどがある。2階の10以上あるゲストルームはそれぞれの内装が個性的で美しく、見ているだけでもため息が漏れる。ホワイトホールは増築され、1925年から34年間にわたってホテルとしても機能していた。邸宅の見学が終わったら、海沿いに建つ別棟へ。鉄道王のプライベート車両があり、リビング、キッチン、シャワー付きの寝台車も必見。

notes　超高級ホテル「ザ・ブレイカーズ・パームビーチ」　★フラグラー博物館とは逆の大西洋沿いに建つ宮殿のようなホテル。宿泊客や会員でないと入れないが、遠目からでも見る価値大。

◎老若男女が集うピースフルなエリア

ザ・スクエア　The Square

ダウンタウンで散策したい所

MAP P.139-B1

入江西側のウエスト・パームビーチは高級感は残しながらも、ダウンタウンは庶民的でごちゃごちゃとした印象だ。中心がザ・スクエアと呼ばれる人気のエリア。エレガントな噴水を囲むように、スパニッシュコロニアル風の建物が続き、その中にはショップやレストラン、映画館、ギャラリーなどが並ぶ。石畳の歩道にはベンチが置かれ、屋台も現れて、子供の歓声も絶えない。特に夕暮れ時から市民が集い、食事をしたり、ライブを楽しんだりと、とても平和的な空気が漂う。LEDのライトが鮮やかなウィッシングツリー Wishing Treeや、階段にはアートも施され、散策するだけでも楽しい。毎週木曜夜にはジャズの演奏も行われる。

◎幅広い西洋美術で有名な美術館

ノートン美術館　Norton Museum of Art

MAP P.139-B2

8000点以上のコレクションを誇るフロリダ州屈指の美術館。ルネッサンスからロココ、現代までのヨーロッパ美術、現代アメリカ美術、紀元前200年の漢から清の時代までの中国美術など幅広い収蔵品と、バラエティに富んだ作品に出合える。なかでも現代美術は見応えがあり、マチス、シャガール、クレー、オキーフ、ポロック、デ・クーニングに加え、彫刻ではブランクーシやピカソ、チフリーのガラスの花畑の天井も必見だ。美術館では常設展示のツアーやハイライトツアーを行っているほか、各自モバイルツアーで回ることもできる。

オルデンバーグの消しゴムのオブジェが目印

The Square

🏠West Palm BeachダウンタウンのFern St., Quadrille Blvd., Okeechobee Blvd., Sapodilla Ave.に囲まれたあたり
🌐www.thesquarewestpalm.com
🚗ブライトライン West Palm Beach駅から2ブロックほど南

Norton Museum of Art

🏠1450 S. Dixie Hwy., West Plam Beach
☎(561)832-5196
🌐www.norton.org
🕐10:00〜17:00、日11:00〜
🚫メモリアルデイ〜コロンブス記念日の水曜、11月第4木曜、12/25、1/1
💵$18、学生$5、60歳以上$15
🚗US-1を走る#1のバスで
※無料Wi-Fiが通っている

ｃｏｌｕｍｎ トランプ前大統領の私邸「マーララゴ」

第45代アメリカ大統領を務め、2021年1月に退任したトランプが、現在住んでいる所がパームビーチ南の「マーララゴ」だ。大豪邸は、父からシリアルメーカーである「ゼネラルフーズ」を受け継いだ女性実業家マージョリー・メリウェザー・ポストが建てたもので、マージョリーは政府の冬の別荘として使われることを希望していたという。その後、トランプによって冬のホワイトハウスとなったわけだが、入江に面した豪華な私邸は現在、町の観光名所となっており、訪れる人が後をたたない。

MAP P.139-B2

Mar-a-Lago はスペイン語で「海から湖へ」の意。国の史跡にも登録されている

アジアの無国籍料理★ダウンタウンの Datura St. より北側はレストランもお手頃。**Kapow**（🏠519 Clematis St.）は変わったアジア料理が安くてそこそこの味。　（愛知県　S.S. '22）

レストラン&ホテルリスト
Restaurant & Hotel List

アメリカ料理 ◎ケネディ、シナトラも訪れた名店
タブー
Ta-Boo
ワースアベニュー
MAP P.139-B2

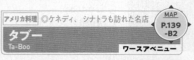

1941年創業。ワースアベニューのビストロ&バー。エレガントだが気取らない雰囲気。

リーズナブルな料理もある

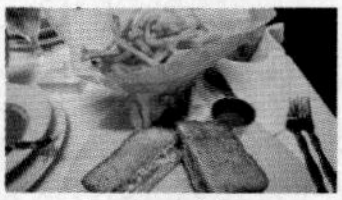

住221 Worth Ave., Palm Beach ☎(561) 835-3500 URLwww.tabooerestaurant.com 営11:30～21:00 料ランチ$20～60、ディナー $30～100 カードADJMV

アメリカ料理 ◎肉も魚も好評。開放的な店
ブリックトップス
BrickTop's
ビーチ
MAP P.139-B1

おいしいものならここ。魚は新鮮、肉はジューシー。地元っ子でいつもにぎやか。

地元の人気店

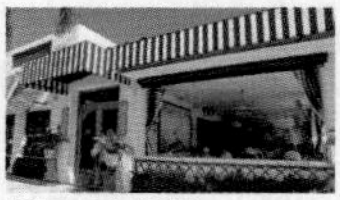

住375 S. County Rd., Palm Beach ☎(561)855-2030 URLbricktops.com 営11:00～21:00、金・土～22:00、日10:00～ 料ランチ$30～、ディナー$60～ カードAMV

サラダ&軽食 ◎ヘルシーなランチにおすすめ
サラダショップ
Salad Shop
本土
MAP P.139-B1

20種以上のサラダの具材が並ぶ。ツナ、ハム、パスタ、豆腐、フルーツ、ナッツなどを自由に組み合わせてボウルも作れる。サンドイッチ、スープ、スムージーも人気。

FL-704 沿いにある

住777 S. Flagler Dr., West Palm Beach ☎(561)659-9406 URLsaladshopflorida.com 営9:00～15:00 休土・日 料 $10～20 カードMV

高級 ◎世界中のゴルファーの羨望の的
ピージーエー・ナショナル・リゾート
PGA National Resort
郊外
MAP P.139-A1 地図外

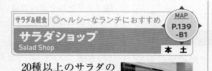

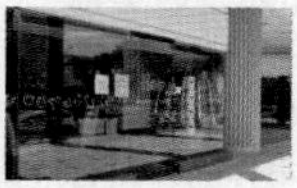

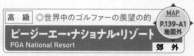

PGA（全米プロゴルフ協会）が運営する広大なリゾート。5つのゴルフコースがある。緑豊かで雰囲気もいい。

空港から北へ約30分

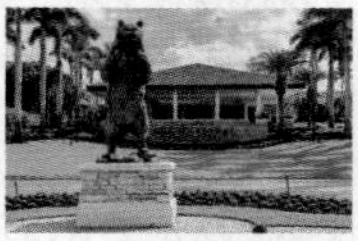

住400 Ave. of the Champions, Palm Beach Gardens, FL 33418 Free1800-863-2819 URLwww.pgaresort.com 料ⒹⓉ$309～2000、ゴルフパッケージ$519～2152 カードAJMV

高級 ◎大人の隠れ家的なデザイナーズホテル
タイドライン
Tideline
ビーチ
MAP P.138-B1

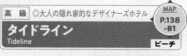

ワースアベニューから南へ6マイル。寝室もバスルームもブロンズカラーにまとめられていてシック。

もう1泊したくなる心地よさ

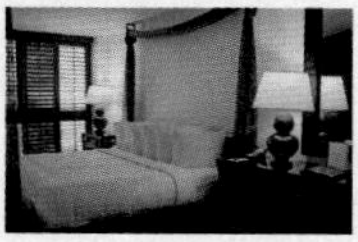

住2842 S. Ocean Blvd., Palm Beach, FL 33480 ☎(561)540-6700 Free1844-522-2833 URLwww.tidelineresort.com 料ⒹⓉ夏期$263～523、冬期$348～1828 カードAMV

エコノミー ◎ロケーションは便利
エバーニア
Evernia
本土
MAP P.139-B1

バスディーポとブライトライン駅の中間。パームビーチでは格安だが設備、サービスもそれなりなので覚悟を。

安さを求めるならココ

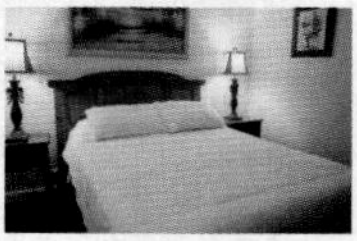

住609 Evernia St., West Palm Beach, FL 33401 ☎(561)832-6862 URLwww.hotelevernia.com 料ⓈⒹ夏期$105～150、冬期$110～160。一部バス・トイレ共同。フロント夜間クローズ カードMV

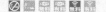

voice **バラエティに富んだアボカド料理★**リゾットや魚料理もあり、トロピカルな雰囲気でにぎわっている。ダウンタウン入江近く。**Avocado Grill** 住125 Datura St. （愛知県 S.S. '22）

ココビーチ
Cocoa Beach

Orlando ●
Miami ●

オーランドから東へ車を走らせること約1時間。穏やかな水をたたえたインディアン川と、さらにその支流のバナナ川を越えると、そこはサーファー憧れのココビーチだ。

1962年のケネディ宇宙センターの設立を受け、ココビーチを含むブレバード郡全域が、アメリカ宇宙開発の中心地として注目を浴びることになった。Titusville、Melbourneなど周辺のエリアも含めて、スペースコースト Space Coastのニックネームでも親しまれているビーチリゾートだ。

ココビーチはサーフィンが盛んで、有名ショップもある

行き方 Access

国際空港があるオーランドやデイトナからは、レンタカーが便利。車以外の交通はシャトルバンやタクシーを利用する。
レンタカー
オーランド空港からは、FL-528（Beachline Expwy. 有料。$3.85、SunPassで$1.81）を東へ約50分。FL-528がFL-A1Aに変わったらそこがココビーチのメインストリートだ。
デイトナビーチ空港からはI-95を南へ走り、Exit 205でFL-528を東へ入り、そのままFL-A1Aを南下する。1時間20分。

オーランド国際空港
→ P.187

シャトルバン
Cocoa Beach Shuttle
☎ (321)631-4144
URL www.cbshuttle.com
料 オーランドから片道1人
$45、2人$65、3人$75

デイトナビーチ国際空港
→ P.163

 ココビレッジのファーマーズマーケット★毎週水曜 10:00～16:00、ココビレッジの Myrt Tharpe Square（Brevard Ave. & Stone St.）で開催。食料品、アクセサリーやアートを販売。

スペースコースト観光局
**Florida's Space Coast
Office of Tourism**
MAP P.140-B3
🏠267 W. Cocoa Beach
Cswy.
☎ (321)617-1011
URL www.visitspace
coast.com
開10:00〜18:00
休土・日

Cocoa Beach Pier
MAP P.140-B3
🏠401 Meade Ave.
☎ (321)783-7549
URL www.cocoabeach
pier.com

メリットアイランド国立野生
動物保護区域
**Merritt Island National
Wildlife Refuge**
MAP P.140-B1
☎ (321)861-0667
URL www.fws.gov/refuge/
Merritt_Island/
開ゲートは日の出〜日没。
ビジターセンターは火〜
土8:00〜16:00
料車1台$10

321 Transit
☎ (321)633-1878
URL 321transit.com
ビーチトロリーのお得な
バスは$12（10回乗車可）

Ron Jon Surfshop
🏠4151 N. Atlantic Ave.
☎ (321)799-8820
URL www.ronjonsurfshop.
com
営9:00〜23:00
休無休

サーフィンレッスン
🏠150 E. Columbia Lane
☎ (321)868-1980
URL www.ronjonsurf
school.com
料2時間$95〜

| 歩 | き | 方 | Getting Around |

　ココビーチ周辺散策のポイントは、大きく分けてふたつ。大西洋に面し、南北に細長く延びるビーチエリアは、約62マイルにわたって白砂が続く。その北西側、バナナ川Banana Riverを隔てたメリット島Merritt Islandには、ケネディ宇宙センターがある。

　フロリダの海岸のなかでもサーフィンが盛んなことで有名なココビーチだが、家族連れや若者たちのグループも多く見られ、和やかな雰囲気。ビーチの北側にある**ココビーチ・ピア Cocoa Beach Pier**には、ビーチグッズのレンタルショップやレストランが並び、1日中遊んでも食事には困らない。

　ケネディ宇宙センター・ビジター・コンプレックス（→P.159）は、ココビーチから車で約15分。同センターの敷地内の北側は、1500種以上の**植物と野生動物たちの保護区域**として指定されている。マナティやワニをはじめとした水中動物や、野生の鳥たちのたわむれる姿を間近に楽しめるのも、このエリアのもうひとつの魅力だ。

| 市 | 内 | の | 交 | 通 | 機 | 関 |

■ 市バス　321 Transit

　FL-A1Aを南北に走るトロリーの#9 Beach Loopはビーチ周辺の移動に便利。$1.50。ほぼ30分ごと、週末は1時間ごと。

| おもな見どころ | Points of Interest |

◎サーフギアが何でも揃う
ロンジョン・サーフショップ　Ron Jon Surfshop

MAP **P.140 -B3**

　世界最大級のサーフショップで、本館の店内は4831㎡という広さを誇る。フロリダ周遊パッケージツアーのルートとして組み込まれるほどの一大観光ポイントとなっている。サーフボードやウエットスーツなどのサーフィン用具はもちろんのこと、ウエークボード、スクーバ、水着やインラインスケートなど、スポーツ用品全般にわたって商品を取り揃えている。

　サーフィン初心者なら、有料レッスンに申し込もう。何とU.S.ナショナルチームにも名を連ねる現役サーファーが指導してくれる。また、北隣にある別館**ロンジョン・ウオータースポーツ Ron Jon Watersports**は、ビーチ用品レンタルをおもに扱うショップ。パラソルやチェア、ウエットスーツやボード類など、幅広く取り扱っている。

遠くからでもわかる黄色い大きな建物だ

ショッピングや食事も楽しめるココビレッジ　　　　　　　　　人気のカフェ、オソリオ

◎かわいい雑貨が見つかるショッピングストリート

ココビレッジ　Cocoa Village

MAP
P.140
-A3

　ココビーチからFL-520を西へ走り、本土へ渡ってすぐBrevard Ave.を左折した所にある小さなショッピング街。19世紀末から20世紀初頭にかけての建物が多く残るノスタルジックな街路に、アンティークショップや雑貨店、クラフトショップ、ギャラリー、インテリアショップ、カフェ、バーなどが軒を連ねる。

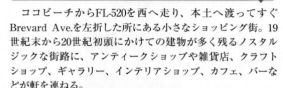

◎巨大クルーズ船に乗って豪華にカジノを楽しむ

ポートカナベラル　Port Canaveral

MAP
P.140
-B2

　1950年代半ば以降、海産物や石油を輸送する船舶の寄港地として栄えてきたポートカナベラル。現在はクルーズ船のターミナルとして知られ、水上リゾートを楽しみたい観光客の一大人気スポットとなっている。1週間にわたってカリブ海の島々をのんびり巡るクルーズもおすすめ（→P.33）。

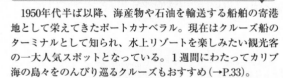

◎マナティが間近で見られる

ア・デイ・アウェイ・カヤック・ツアーズ　A Day Away Kayak Tours

MAP
P.140
-A1

　ケネディ宇宙センターの敷地内の北側は、マナティをはじめとする野生動物の保護区域として指定されたエリア。ここから出発するカヤックツアーでは、野生のマナティを間近で見られるチャンスがある。このツアーはひとり乗りもしくはふたり乗りのカヤックに乗り込み、インディアン川をこぎ進んでいく。こぎ方の指導が受けられるうえ、水面は穏やかなので、カヤック初心者でも心配はいらない。10分ほどこいだところで、手を止めてマナティの登場をじっと待機。呼吸のために丸い鼻先を水面に出すマナティたちの姿が見られるかもしれない。

　このマナティのカヤックツアーのほかに、自然を満喫する8種類のコースが用意されている。なかでも夜のツアーは、発光性の微生物や藻が、幻想的な光で水面を照らし出す。また満月の夜だけのツアーもある。マナティたちとともに水辺で過ごす静かな夜も、フロリダならではといえるだろう。

Cocoa Village
☎(321)631-9075
URL visitcocoavillage.com
営店によって異なるが、日曜定休の店が多い

Port Canaveral
☎(321)783-7831
URL www.portcanaveral.org

A Day Away Kayak Tours
☎(321)268-2655
URL www.adayaway kayaktours.com
運航ツアーにより異なるため、要確認
●Manatee Encounter
料$44（所要90分）
行き方I-95のExit 220で下り、FL-406を東へ直進。突き当たりのCourtenay Pkwy.を左折し、約4マイル直進。橋を渡ってHaulover Canalの上を通り過ぎたら、最初の角を左折。Taylor St.の突き当たりが出発地点

レストラン&ホテルリスト
Restaurant & Hotel List

| カフェ | ◎人気のフレンチベーカリー&カフェ | MAP P.140-A3 |
オソリオ
Ossorio　　　　　　　　　　　　　**ココビレッジ**

　ココビレッジのなかほどにある、ローカルに人気のベーカリー&カフェ。店内のオーブンで焼いたばかりのクロワッサンやブリオッシュがおいしい。ピザ、オムレツ、サンドイッチもある。約20種類のアイスクリームもホームメイドで、自家焙煎コーヒーもおすすめ。

2012年、当時の大統領オバマ氏がこの店で朝食を取ったことでも話題になった

住316 Brevard Ave.　☎(321)639-2423
URLossorio.com　営8:00〜19:00、日9:00〜18:00　休月　料朝食$7〜10、軽食$10〜15　カードMV

| シーフード | ◎海を眺めながらシーフードを | MAP P.140-B3 |
ピア62
Pier 62　　　　　　　　　　　　　**ビーチ**

　ココビーチ・ピアにある落ち着いた雰囲気のレストラン。全席オーシャンフロントで、地元紙で「眺めのいい店」ナンバー1に輝いたという実績もうなずける。シーフードがメインで、貝類も豊富。人気のスポーツイベントがある日は、スポーツバーと化す。

波の高い日には最高のサーファー見物ポイントになる

住401 Meade Ave.　☎(321)783-7549
営11:00〜21:00、金・土〜22:00
料$15〜25
カードAMV

| 中級 | ◎ロンジョン・サーフショップの隣 | MAP P.140-B3 |
フォーポイント・バイ・シェラトン・ココビーチ
Four Points by Sheraton Cocoa Beach　　**ビーチ**

　外観もカラフルだが、室内もさわやかなブルーの寝具が目を引く。ジャクージ付きの客室もある。電子レンジ、冷蔵庫、ビジネスセンター、コインランドリーあり。また、館内にサーフショップ、サメが泳ぐ大きな水槽があるレストランなどが入っている。海まで1ブロック。

隣のロンジョン・サーフショップとカラフルな外観で競っているフォーポイント

住4001 N. Atlantic Ave., Cocoa Beach, FL 32931　☎(321)783-8717　Free1866-225-0145　日本無料0120-142-890
URLwww.fourpointscocoabeach.com
料ⒹⓉ$150〜341
カードADJMV

| 中級 | ◎窓いっぱいに広がる海が爽快! | MAP P.140-B3 |
ヒルトン・ココビーチ・オーシャンフロント
Hilton Cocoa Beach Oceanfront　　　**ビーチ**

　細かい心遣いが随所に感じられるホテルで、ビーチグッズや自転車をレンタルできるレクリエーション用のデスクもある。ギフトショップではビーチ向けの衣類も豊富。コーヒーメーカー、ミニ冷蔵庫、アイロンあり。レストラン、ピッツェリア、ジェラートバーなどが館内にある。

ココビーチ・ピアから車で南へ約5分。目の前のビーチはピア付近に比べて静かだ

住1550 N. Atlantic Ave, Cocoa Beach, FL 32931　☎(321)799-0003　Free1800-445-8667　東京(03)6864-1633
URLwww.hilton.com　料ⒹⓉ$153〜383
カードADJMV

ケネディ宇宙センター ビジター・コンプレックス

Kennedy Space Center Visitor Complex

Orlando ●

Miami ●

人類が抱き続けてきた宇宙への果てしなき夢。その玄関口となるのがケネディ宇宙センターだ。1962年の設立以来、科学の進歩の象徴として常に世界の注目を集め続けてきた。広大な敷地内の一角にあるビジター・コンプレックスには、宇宙開発の歴史や宇宙の神秘を体感できるアトラクションがめじろ押し。運がよければ、実際にロケットの打ち上げを見られるかもしれない。

最大の見どころが実際に宇宙へ行ったスペースシャトル「アトランティス」

Kennedy Space Center Visitor Complex

MAP P.140-B2

Free 1855-433-4210

URL www.kennedyspace center.com

圖9:00〜18:00（季節により17:00まで）

圉$75、3〜11歳$65 ビジター・コンプレックス内のすべてのアトラクションに有効。2日券あり。できれば予約をしたい。駐車場$10

行き方 Access

オーランドとケネディ宇宙センター・ビジター・コンプレックス間を結ぶシャトルや鉄道はなく、近接する町から同施設を通るバスの路線もないため、レンタカーまたはタクシーや配車サービスでの移動が基本となる。幸い、オーランドの主要ホテルからの送迎を含む日帰りツアーが多数催行されていて、現地の日系旅行会社も日本語ツアーを催行している。

レンタカー

オーランドからFL-528（Beachline Expwy.。キャッシュ$5.50）、FL-407と進む。突き当たりをFL-405 EASTへ右折し、Indian Riverを越えて直進した右側。所要約1時間。

City Sightseeing Orlando

☎ (407)352-4646
🔗 www.citysightseeing
orlando.com

日系のツアーなら日本語で
JTBやHISをはじめとする
大手旅行会社でもケネ
ディ宇宙センターへのツ
アーを催行している。ウェ
ブサイトをチェックしよう
Caravan Serai Orlando
※事前にメールで問合せを
Email：info@caravanline.
com
💴$230、子供$225

バッグは小さく!
ケネディ宇宙センターは
国の重要施設なので、入
場には空港並みのセキュ
リティチェックが行われ
る。大きめのバッグは持
ち込めない場合がある

バスツアーは早めに乗りたい

Bus Tour
🚌9:30～15:30（季節
によって14:30まで）
⏱2時間～2時間30分

タイミングがよければ発射場
をバスツアーで回ってくれる

｜ツ｜ア｜ー｜案｜内｜

シティ・サイトシーイング・オーランド
City Sightseeing Orlando

　WDWやオーランドの主要ホテルからの送迎を含むガイド
ツアー。時間を取っているので、バスツアーやアトランティ
スだけでなくアイマックスなども鑑賞できる。オーランドは
7:30～8:30発、所要約11時間。$159、3～11歳$139。

キャラバン・セライ・オーランド
Caravan Serai Orlando（日本語）

　日系旅行会社による日本語ツアー。スペースシャトル「アトラ
ンティス」、バスツアーを含む。火・木・日発、所要約9時間。

｜歩｜き｜方｜ Getting Around

　「超」のつく人気アトラクションだけあって、6～8月の観光
シーズンはどこも長蛇の列。比較的すいているのが5・9月。
平日より週末のほうがすいているそうだ。混雑する時期に訪
れる場合は、できるかぎり早い時間に到着するようにしたい。
　入場券には、アポロ／サターンV（ファイブ）センターなど
が含まれるバスツアー、アトランティス、発射体験、アイマッ
クス、宇宙飛行士と会う、米国宇宙飛行士の殿堂、ゲート
ウェイなどが含まれる。ゲート左にあるインフォメーション
で、バスツアーやアイマックスの上映時間を確認しよう。ま
たはアプリ（→P.159脚注）も便利。ツアーなどの合間にほか
のアトラクションを見学すると効率よく回れる。

｜お｜も｜な｜見｜ど｜こ｜ろ｜ Points of Interest

宇宙開発の最先端に触れる
バスツアー　Bus Tour

　ケネディ宇宙センターで必ず参加したいのがこのバスツ
アー。アポロの有人月面着陸計画と、スペースシャトルの打ち
上げの準備から発射にいたるまでのプロセスや宇宙開発の歴
史、実際に稼働したロケットや宇宙船などを見学する。ツアー
はアポロ／サターンVセンターで下車し、センターを自由に見
学するが、組み立て工場や発射場などはバスの車窓からのみ。
混雑するので、なるべく早く済ませよう。ツアーのポイントは
次のとおり。日によって異なるがバスは右側に座るのがいい。

スペースシャトル組み立て工場
Vehicle Assembly Building

　アポロ計画のサターンVロケットを垂直に組み立てるため
造られた世界最大の工場。高さ160m、52階建てのビルに相
当する。アポロ計画後は、スペースシャトルの組み立てに使
われ、シャトルはここから戦車のような台車に載って発射場
まで5時間かけて運ばれた。車窓からの見学。

---

notes　バスツアーで発射場見学★ロケットの発射予定がなければ、バスツアーでは LC-39A の発射
場をひと回りする。現在スペース X 社にリースされ、発射が近くなるとツアーで回るルートが変わる。

アポロ／サターンVセンター Apollo/Saturn V Center

　ツアーのハイライトが、このセンター。The Firing Room Theater では、アメリカが旧ソ連と宇宙開発競争を繰り広げていた1960年代、アポロ計画が成功するまでの軌跡をたどる。目の前の管制室はレプリカではなく、ヒューストンで実際に使われていた機器を移送してきたもの。発射までの過程を見守る疑似体験では、当時の人々の感動と興奮を見事に再現している。

アポロ計画で使われたサターンVロケット。間近で見るとかなりの迫力

　アポロ計画で使われた巨大なサターンVロケットは3つに分けて横に寝かせて展示されているが、これを立てると110m以上にもなり、その巨大さを実感できる。ほかにも、触ることのできる月の石、摩擦熱の跡が激しいアポロ14号の司令船などに加え、必見はLunar Theaterでの人類初の月面着陸に成功したアポロ11号の軌跡をつづる3D短編映画。

実際に宇宙を飛行した本物のシャトル
スペースシャトル「アトランティス」　Space Shuttle Atlantis

　1985年の初飛行から2011年7月に最後のミッションを終えるまで、地球と宇宙を33往復したスペースシャトルのオービタ（本体部分）「アトランティス」。最後の任務を負えたあと、専用パビリオンで一般公開されている。

バスツアーと並ぶハイライトが本物のスペースシャトルとの対面

　アトランティスとご対面するまでも実にドラマチック。12分間のフィルムで完成までの苦労を見せ、次のシアターでは発射後の宇宙でのミッションを解説。そして、いよいよご対面だ。大気圏再突入時の熱で焼けたようなタイルなどを見ていると、その過酷さを実感できるだろう。

臨場感満点のアトラクション
シャトル発射体験　Shuttle Launch Experience

疑似体験だがかなりリアル

　スペースシャトルの打ち上げを疑似体験できるシミュレーターライド。ミッションが打ち切られ、本物のスペースシャトルに搭乗できる可能性がなくなってしまった今、せめてこのライドで夢をかなえよう。フライトシミュレーターに乗り込みカウントダウンが始まると、メインエンジン点火、発射の衝撃などを振動、音、光でリアルに再現していて緊張が高まる。体には重力加速度（G）がかかり、固体ロケットブースターを切り離してメインエンジン停止。燃料タンクを分離すると、一気に軽くなりついに宇宙へ到達だ。Gから解放されると正面には感動的な景色が待っている。

フロリダ東海岸

ケネディ宇宙センター　ビジター・コンプレックス

日本人宇宙飛行士とスペースシャトル

3機あるスペースシャトルのうちアトランティスには、残念なことに日本人宇宙飛行士は搭乗していない。ワシントンDCにあるディスカバリーには向井さん、野口さんらが、ロスアンゼルスのエンデバーには毛利さん、若田さんが搭乗した

Shuttle Launch Experience

※身長112㎝以上。絶叫コースターに負けないくらい揺れるので、バッグはもちろん、ポケットの中の小物もすべてロッカーへ預けよう。なお、プレショーだけ参加してシミュレーターは外から見学することも可能だ

KSC エクスプローラーツアー★組み立て工場や発射場に、もっと近づくオプショナルツアーが好評。建物近くで撮影もできる。$25。スペースシャトル計画の責任者と回るツアーもある。$75。

161

IMAXでは大迫力の宇宙に関する映画を上映している

いくつもの過酷な条件をクリアしてきた宇宙飛行士たちに会える

臨場感あふれる 3D ムービー
アイマックス・シアター　IMAX Theaters

5階建ての高さという巨大なスクリーンで約40分の3Dムービーが1日数回上映されている（作品はときおり替わる）。2023年春上映中の『**小惑星のハンターたちAsteroid Hunters**』は宇宙空間に無数に浮遊する小惑星のなかで、地球に衝突する恐れのあるものを探し出し、いかに回避させるか、科学者たちの研究を紹介する。

飛行士の体験談をじかに聞く
宇宙飛行士と会う　Astronaut Encounter

スペースシャトルに乗り、宇宙を飛行した本物の飛行士たちが体験を話してくれる約40分のコーナー。ミッションや苦労話、同乗する宇宙飛行士との会話、地球の印象などに加え、観客との質疑応答にも応じてくれる（英語のみ）。終了後は劇場前で記念撮影。1日2～3回ほど行われている。宇宙飛行士はたいてい退役した人。場所はUniverse Theater。

2023 年登場の最新スリルライド
ゲートウェイ　Gateway

ロケットガーデンの奥にオープンしたシミュレーターライド。ライドは4種類から選ぶので、あらかじめウェブサイトで内容をチェックして決めておくといい。身長99cm以上。ライドが苦手な人は外からの見学も可。プレショーでは、スペースX社の補給船カーゴドラゴン、シエラスペース社の宇宙船ドリームチェイサーなどを見学できる。

ロケットの大きさに圧倒される
ロケットガーデン　Rocket Garden

ロケットガーデンと奥が新しくできた「ゲートウェイ」のパビリオン

アラン・シェパード宇宙飛行士を乗せ、地上約185kmまで上昇した本物のマーキュリー・レッドストーンや、月探査機レインジャー3号を発射させたアトラス・アジェナ、アポロ計画で使用されたサターン1Bなど実際には飛行していないが、レプリカのロケットが9基並ぶ。1日数回無料のツアーも行われている（約15分間）。邦画『宇宙兄弟』のワンシーンもここで撮影された。

アメリカ人にとってここに名を残すことはたいへんな栄誉
米国宇宙飛行士の殿堂　U.S. Astronaut Hall of Fame

アメリカ人は宇宙開発に対して特別な思い入れがあり、未知の世界に果敢に挑む宇宙飛行士には深い敬意をもつ。この殿堂ではニール・アームストロングやジョン・グレンなど、ヒーロー中のヒーローたちを称えている。

宇宙飛行士とのチャット★かつての宇宙飛行士と直接話をして、質疑応答、記念撮影に応じてくれるというもの。1日2回で食事付き。料金は$50、3～11歳$35。英語のみ。

デイトナビーチ
Daytona Beach

Orlando ●

Miami ●

　数あるフロリダのビーチのなかでも、最も個性的なビーチのひとつがデイトナビーチ。長さ約36km、幅150mほどの砂浜が、大西洋に沿って南北に延びる。白砂と青い海のコントラストが美しく、オーランドのテーマパーク群とはまるで別世界のようだ。このビーチのうち、約18kmの砂浜は車やバイクで走ることができ、「ビーチドライブ」として知られている。

行 き 方 Access

　デイトナビーチへは、空路・陸路ともにアクセスしやすい。ダウンタウンにほど近い場所に**デイトナビーチ国際空港**があるほか、オーランドからはレンタカーで約1時間15分、グレイハウンドのバスで約1時間の距離だ。

飛行機

　デイトナ・インターナショナル・スピードウエイのすぐ裏側、I-4とI-95が交差する地点からも近い**デイトナビーチ国際空港**は、デイトナビーチの玄関口。市街地にも近く、便利なロケーションだ。デルタ（アトランタから1日5便）ほかアメリカンなどの航空会社が乗り入れている。

オーランド国際空港
→ P.187

**オーランド空港からの
シャトル Groom
Transportation**

☎(386)257-5411
料片道$49。2時間ごと
に運行

**デイトナビーチ国際空港
Daytona Beach Inter-
national Airport（DAB）**

MAP P.141-A2
☎(386)248-8030
URL www.flydaytonafirst.
com

**タクシー
Kings Transportation**

☎(386)255-5555
料ピアまで$15〜20。Uber
は$23〜30

バスディーポ
MAP P.141-B2
🏠 138 S. Ridgewood Ave.
☎ (386)255-7076
🕐 9:00～17:00
💲 オーランドから片道 $17～

長距離バス

　オーランドからデイトナビーチまでの便は1日4往復、所要時間は1時間5分。このほか、タンパから約4時間、フォートローダーデールから6時間～10時間25分、マイアミから7～11時間など。バスディーポは S. Ridgewood Ave. 沿い、International Speedway Blvd. と Magnolia Ave. の間。ビーチまでは3kmほど離れている。ディーポからは、市バス（VOTRAN#18、19)かタクシーや配車サービスを利用する。

レンタカー

　オーランドから車で行く場合、I-4を東へ約1時間半。I-4からI-95 NORTHに移り、すぐにExit 260Cで下りると、そこが International Speedway Blvd.（US-92）。この道がデイトナビーチのメインストリート。真っすぐ東へ進み、ハリファクス川 Halifax River（Atlantic Intercoastal Waterway）を渡ればAtlantic Ave. に突き当たる。その先はもうビーチ。

観光案内所
Daytona Beach Area CVB
MAP P.141-B2
🏠 126 E. Orange Ave.
☎ (386)255-0415
URL www.daytonabeach.com
🕐 9:00～17:00
🚫 土・日

歩 き 方 Getting Around

　デイトナビーチのポイントは、町の西側と海岸沿いのふたつの地域だ。デイトナビーチ市の西側にあるのが**デイトナ・インターナショナル・スピードウエイ Daytona International Speedway**。コースを1周するツアーが行われていて、カーレースのある日以外に訪れても楽しめる。

　そしてもうひとつの目玉が、アメリカでも数少ない、自分の車で走ることのできるビーチ。**ビーチドライブ**が楽しめる砂浜には、Atlantic Ave. 沿いからアクセスすることができる。Main St. が大西洋に突き当たった所にある**デイトナビーチ・ピア Daytona Beach Pier**とその周辺の**ボードウオーク・アミューズメント・エリア Boardwalk Amusement Area**は、特ににぎわいを見せる場所だ。

　オーランド滞在のついでに日帰りでも十分楽しめるが、できれば1～2泊するのが理想的。Atlantic Ave. 沿いには、International Speedway Blvd. やMain St.を中心に、南北にホテルやモーテルが数多く並ぶ。観光案内所には、ホテルの料金や設備などが詳しく書かれたアコモデーションガイドがあるので、もらっておくといいだろう。また、デイトナ・インターナショナル・スピードウエイの近くには、海沿いよりも料金が低めのモーテルが多い。

アトラクション、レストラン、ショッピングモールが集まるボードウオーク

市 内 の 交 通 機 関

■ 市バス VOTRAN（Volusia County's Transit System）

　デイトナビーチ市内に路線をもつ市バス。空港、スピードウエイ、ビーチ、ショッピングモールのボルシアモール Volusia Mall などに行くことができる。ビーチ沿いを走るルート#1は、本土側のダウンタウンまで行っている。

VOTRAN
☎ (386)761-7700
URL www.votran.org
💲 $1.75、7～18歳は85¢

◎観光客も釣り人もカップルも集まる

デイトナビーチ・ピア Daytona Beach Pier

MAP P.141 -B1

ピアは観光客にもローカルにも人気で、夕暮れ時には大勢の家族連れやカップルが集まってくる

Main St. から
ビーチへ出ると、
海に向かって
真っすぐに突き
出た **Daytona
Beach Pier** が
見えてくる。南
北に延びるデイ
トナビーチの
ちょうど中心に
当たるこの場所
は、若者から家族連れまで楽しめるアミューズメントエリア。
ビーチ沿いには**ボードウオーク Boardwalk**と呼ばれる遊
歩道があり、ビーチグッズの店やギフトショップ、レストラン
などが建ち並ぶ。このエリアで真っ先に目に入るのが、ちょっ
とレトロな観覧車だろう。遠くには180度の海岸線が広がり、
眼下では波が穏やかなしぶきを立てる。ピアの中央部には
レストラン（→P.168）があり、クラムチャウダーや地元で取れ
た新鮮なシーフード、ハンバーガーやサンドイッチなどが食
べられる。レストランを抜けてさらにピアの先端へと進むと、
釣り具のレンタルもできるギフトショップ、そして大西洋を一
望できる展望台に出る。
　ボードウオーク北側にある半ドーム形の建物は、**バンドシェ
ル Bandshell**と呼ばれるイベント会場。夕方～夜にかけて
はコンサートなどが頻繁に行われ、遅くまでにぎわいを見せる。

Daytona Beach Pier
🏠1200 Main St.
🕐7:00～19:00、冬期は
～17:00
※デイトナビーチ・ピア
は地元ではザ・ピアと呼
ばれることが多い。ボー
ドウオーク以外は、あま
り治安がよくない町なの
で、夜間、レンタカーの
乗降時には要注意。また、
少しの距離でもタクシー
を利用するといい

**ボードウオーク
Boardwalk**
🏠12 S. Ocean Ave.
☎(386)253-0254

**デイトナビーチ・バンド
シェル**
☎(386)671-3462
🔗www.daytonaband
shell.com（イベント情報）

フロリダ東海岸

デイトナビーチ

ピアからの眺めは爽快そのもの。大西洋を存分に満喫しよう

Beach Drive

☎ (386) 239-7873
開 5〜10月8:00〜19:00、11〜4月は日の出〜日没。満潮時にはアクセス不可
料 1日$20

●ビーチドライブ内は片側1車線で、一般道と同じように右側通行。車線の端は標識が出ている
●ビーチの制限速度は時速10マイル
●駐車する際にはビーチドライブの陸側に停める
●水辺、または軟らかい砂浜では運転をしない
●長時間の駐車は避ける。場所によっては満ち潮に車をさらわれる可能性も

Ponce de Leon Inlet Lighthouse

住 4931 S. Peninsula Dr., Ponce Inlet
☎ (386) 761-1821
URL ponceinlet.org
開 10:00〜21:00（冬期〜18:00）
休 11月第4木曜、12/25
料 $6.95、3〜11歳$1.95
行き方 デイトナビーチ・ピアから海沿いに南へ約30分。Beach Dr.を右折、次の交差点を左折する

Museum of Art & Sciences

住 352 S. Nova Rd.
☎ (386) 255-0285
URL www.moas.org
開 10:00〜17:00、日11:00〜。12/31は〜15:00
休 7/4、11月第4木曜、12/25、1/1
料 $12.95、6〜17歳$6.95
行き方 デイトナビーチ・ピアから内陸へ走り、N. Nova Rd.を左折。約12分

◎全米でも数少ない車が入れるビーチ

ビーチドライブ　Beach Drive

MAP P.141 -B1・2

　デイトナビーチのいちばんの特徴は、延々と36kmも続く白い砂浜。そして、そのうち約18kmを自分の車でドライブできることだ。アメリカ国内でも車で乗り入れることのできるビーチは数少なく、デイトナビーチを訪れる人の多くが一度は試す人気アトラクションとなっている。

　ビーチに沿って Atlantic Ave.（A1A）を走っていると、あちこちで "Beach Ramp" という標識を目にする。ここが、ビーチドライブへの入口。料金所があり、アクセス料を支払ってビーチドライブに入る。当然のことながら**ビーチは歩行者優先**なので、運転はいつも以上に慎重に。

　このあたりは、ウミガメの産卵地としても知られる。夜の間に砂に産み落とされた卵を守るため、ビーチでもかぎられた幅においてのみ車の走行が認められている。ポールが立てられているので規定の幅を越えないように注意しよう。また、波打ち際まで出たくなったら、パーキングの標識に従って陸側に駐車する。駐車の際には、入場時にもらったアクセスチケットを外から見える場所に置いておくこと。

◎デイトナの歴史を知る

ポンセ・デ・レオン湾灯台　Ponce de Leon Inlet Lighthouse

MAP P.141 -B3

　ポンセ・デ・レオン湾に面した州立公園の中にある、東海岸で2番目に古い灯台。1887年に初めて火がともされてから1970年まで、夜間に大西洋を航行する船の案内人の役割を果たしていた。その後大規模な改築がなされ、1982年に博物館を併設して稼働を再開した。203段にわたって続く階段を上ってみよう。デイトナビーチの全景と果てしなく続く海岸線が眼下に広がっている。

灯台上部に上がることもできる

◎人類学関連の展示が充実している

アート&サイエンス・ミュージアム　Museum of Art & Sciences

MAP P.141 -B2

　キューバやアフリカ、中国などの民族に古くから伝わるアート作品が多数展示されており、特にキューバアートのコレクションはキューバ国外では最高水準を誇る。もうひとつ見逃せないのが、このミュージアムの近くで発掘されたジャイアント・グラウンド・スロス Giant Ground Sloth の骨。約15万年前、北アメリカに生息していた地上性ナマケモノで、骨組みの高さは4m近くある。また、1961年、ノーマン・ロックウェルがデイトナの休日を楽しんだときに描いた素描もミュージアムの貴重な収蔵品だ。

notes ハーレー・ダビッドソン専門店★ Destination Daytona はハーレーの新車、中古車、パーツ、グッズがズラリと揃う店。レンタルショップ、レストラン、ホテルもある。場所は US-1 を北へ 25 分。

デイトナ・インターナショナル・スピードウエイ Daytona International Speedway

ツアーに参加してバンクの傾斜を体感しよう

インディアナポリス・モーター・スピードウエイと並ぶアメリカン・スピードウエイの代表格。

コースレイアウトは、スーパースピードウエイ Superspeedway と呼ばれるオーバル（楕円）の1周2.5マイルのコースと、その内側も使った1周3.56マイルのロードコース Road Course のふたつ。スーパースピードウエイのバンク角は最低で18度、最大が31度と、立つことも難しいほどの角度をもつ。

2輪、4輪を問わず年間をとおして数々のレースが開催される。なかでも人気なのが1月下旬のスポーツカーレースのロレックス24アット・デイトナ Rolex 24 at Daytona、2月下旬の NASCAR Sprint Cupのデイトナ500 Daytona 500など。特にデイトナ500はNASCARシリーズの一大イベントで、全米から3万人以上の観客が訪れる。

スピードウエイ・ツアー Speedway Tour

ガレージやピット、ハイバンクをトラムで走って最大31度という急角度を体感できる約1時間の見学ツアー。表彰台ではレースの勝者さながらに記念撮影もできる。2時間半のVIPツアーもあり、プレス席やNASCAR資料館、レーシングカーがずらりと並んだモータースポーツの殿堂などを訪れる。

リチャード・ペティ・ドライビング・エクスペリエンス Richard Petty Driving Experience

NASCAR Ride Alongは、公式レーシングカーの助手席に乗ってトラックを3周または6周できる。31度のハイバンクを時速200kmで駆け抜ける大興奮のアトラクションで、プロの高速ドライビングテクニックを真横で体感する。さらにTrack Timeではインストラクターの同乗なし、先導車なしで、自分でステアリングを握って公式コースを走ることができる。いずれも開催日が限定されるため、キャンセル条件などをよく確認のうえウェブサイトから要予約。

Daytona International Speedway

🏠1801 W. International Speedway Blvd.
Free1800-748-7467
URLwww.daytonainter nationalspeedway.com
🕐9:00〜17:00
休11月第4木曜、12/25

Speedway Ticket Office

Free1800-748-7467
料$35〜250

歴代チャンピオンの手形と足形が残されている

Speedway Tour

ツアー9:30〜15:00の30分ごと。VIPツアーは火〜金13:00。日によって異なるのでウェブサイトで確認を。予約がおすすめ。レース開催日は運休
料$25、5〜12歳$20

Richard Petty Driving Experience

☎(704)886-2400
URLwww.drivepetty.com
料Ride Along：3周$226、6周$440。Track Time：5分間$555、16分間$1455ほか
注意：身長200cm、体重136kg以下。Ride Alongは身長153cm、45.4kg以上。事前説明などがあるため半日かかる覚悟で。Track Timeの場合、英語に自信がない人は事前の申し出が必須

I-95（Exit 273）をくぐった所。🏠1637 N. US Hwy. 1, Ormond Beach　Free1866-642-3464
URLwww.brucerossmeyer.com　🕐9:00〜18:00、日10:00〜16:00

レストラン&ホテルリスト
Restaurant & Hotel List

シーフード ◎海とビーチの眺めが爽快
ジョーズ・クラブシャック
Joe's Crab Shack

MAP P.141 -B1

ピア内

バケツ入りのカニで知られるフランチャイズ店。ピアの中にあるので眺望は抜群だ。

夕暮れ時がおすすめ

🏠1200 Main St. 📞(386)238-4050
URL www.joescrabshack.com
🕐11:00〜22:00、金・土〜23:00
🍴ランチ&ディナー $17〜40 カード AMV

シーフード ◎フォレスト・ガンプがモチーフ
ババガンプ
Bubba Gump

MAP P.141 -B1

ピア周辺

ボードウオークに面したオーシャンウオーク・ビレッジの1階にある人気レストラン。

シュリンプならココ

🏠250 N. Atlantic Ave. 📞(386)947-8433
URL www.bubbagump.com
🕐11:00〜22:00、金・土〜23:00 🍴ランチ
&ディナー $12〜35 カード ADMV

中級 ◎モールやピアも徒歩圏内
ヒルトン・デイトナビーチ・オーシャンフロント・リゾート
Hilton Daytona Beach Oceanfront Resort

MAP P.141 -B1

ピア周辺

室内はパステルイエローを基調とした伝統的なフロリダスタイル。レストランあり。

744室の大型リゾート

🏠100 N. Atlantic Ave., Daytona Beach,
FL 32118 📞(386)254-8200 Free 1800-445-
8667 東京(03)6864-1633 URL www.hilton.
com 🍴ⓈⒹⓉ$124〜1360 カード ADJMV

中級 ◎スピードウエイの真向かい
ホームウッド・スイーツ
Homewood Suites by Hilton

MAP P.141 -A2

スピードウエイ

全室スイートタイプでフルキッチン、オーブン、冷蔵庫付き。温かい朝食付き。

客室前に駐車できる

🏠165 Bill France Blvd., Daytona Beach, FL 32114
📞(386)258-2828 Free 1800-445-8667
東京(03)6864-1633 URL www.hilton.com
🍴スイート$115〜338 Ⓑ カード ADJMV

高級 ◎全室スイートタイプでのんびり
クラブ・ウィンダム・オーシャンウオーク
Club Wyndham Ocean Walk

MAP P.141 -B1

ピア周辺

全室フルキッチン付きコンドミニアムタイプのリゾート。洗濯機、乾燥機、掃除機完備で、家族連れにおすすめ。南館と北館に分かれていて、南館はオーシャンウオーク・モールに接続している。1階レストラン奥にグロサリーストアあり。3ベッドルームもある。せっかくならオーシャンフロントの部屋に泊まりたい。2泊以上。駐車場無料。

↓ビーチ沿いの流れるプールは子供に大人気

アメリカンサイズのキッチン体験も楽しい

🏠300 N. Atlantic Ave., Daytona
Beach, FL 32118 📞(386)
323-4800 Free 1888-743-
2561 URL www.wyndham
oceanwalk.com 🍴ⓈⒹⓉ
$262〜999 カード AJMV

セントオーガスティン
St. Augustine

Orlando ●

Miami ●

　1513 年、スペイン王室の命を受けたポンセ・デ・レオン Ponce de Leon は、フロリダ半島のセントオーガスティンに降り立った。ここはアメリカ初期の町のひとつとして知られ、今でも古い町並みがよく残っている。ヨーロッパの小都市を思わせるスペイン風のダウンタウンは、歩いて回るのにちょうどいい大きさ。セントオーガスティンは車がなくても十分に楽しめる数少ない観光地のひとつだ。

　こんな町に泊まるなら、ヨーロッパ風の宿がいい。手作りの温かい朝食で迎えてくれる B & B 滞在がおすすめだ。

膨大な数のコレクションで知られるライトナー博物館

ジャクソンビル → P.175

バスストップ
MAPP.142-A3
住3 Cordova St.
※グレイハウンドバスは観光案内所の東側に停車する。小さな標識が立っているだけでバスディーポはないので、チケットは事前にウェブサイトなどで購入しておこう

行き方 Access

　中心部にバスストップがあるが、空港と鉄道駅はジャクソンビル利用となり、シャトルバン、タクシーなどで所要約50分。

長距離バス
　ゲインズビルGainesvilleから1日1〜2便、グレイハウンドが走っているが、デイトナビーチとジャクソンビルを結ぶグレイハウンドは現在、セントオーガスティンに停車しない。

小粋な雑貨店が多く、ショッピングも楽しみ

レンタカー

　セントオーガスティンはジャクソンビルとデイトナビーチの中間にある。ジャクソンビルからはI-95 SOUTH、US-1 SOUTHと走って50分。デイトナビーチからは海沿いのA1Aを北上して1時間30分ほど。急ぐならI-95経由で約1時間。

　なお、ダウンタウンは狭いので車はじゃまになる。観光案内所の駐車場などを利用しよう。

歩き方 | Getting Around

　セントオーガスティンは小さな町なので歩いて回れる。地図を見ながらぶらぶらと歩いてもいいし、時間がない人はツアーを利用すると便利。丸1日あればざっと見学できる。

　中心部は**歴史地区Historic District**。スペイン植民地時代の家並みが保存されており、ほとんどの見どころはここに集中している。入江に面した要塞はサンマルコス砦。その出口右側に**シティゲートCity Gate**があり、正面に**セントジョージ通りSt. George St.**が延びている。ここから歩き始めよう。

観光案内所

■ Visitor Information Center

　シティゲートの隣にあり、観光を始める前に立ち寄るのに便利。大きな駐車場があり、ツアーの発着場所にもなっている。

ツアー案内

　おもな見どころを巡る観光用トラムが2社走っている。赤いSL型の**Red Train**は、サンマルコス砦の北にあるRipley's Believe it or Notから発着し、約1時間で1周。一方、緑&オレ

ンジの車体の**Old Town Trolley**は、観光案内所など市内22ヵ所で乗り降り自由だ。

←車高が低く、高齢者にも好評
↓馬車ツアーもおすすめ。観光案内所の裏やサンマルコス砦から乗ることができる

建物も大きく、充実した案内所だ

Visitor Information Center
MAP P.142-A3
住 10 S. Castillo Dr.
☎ (904)825-1000
URL www.citystaug.com/618/Visitor-Information-Center
開 8:30〜17:30
休 12/25

Red Train
☎ (904)829-6545
URL www.redtrains.com
運行 10:00〜16:00。ほぼ1時間ごと。要予約
休 12/25
料 $23.99、4〜11歳$12.99

Old Town Trolley
Free 1844-388-6452
URL www.trolleytours.com
運行 9:00〜16:30。15分ごと　休 12/25
料 $36.55（2日$66.54）、4〜12歳$24.04（$42.75）。ネット割引あり

notes **若返りの泉 Fountain of Youth** ★アメリカ人の間では「ポンセ・デ・レオンは不老長寿の泉を求めてフロリダを探索し、この町でそれを発見した」という話が広く信じられている。

◎町を幾度も危険から救ってきた
サンマルコス砦　Castillo de San Marcos

MAP P.142 -A3

国立公園局が管理しているため、国立公園の年間パス（America the Beautiful Pass）も使える

　マタンザス湾を一望するサンマルコス砦は、まさに難攻不落の砦だ。入植が始まった1565年以降、セントオーガスティンは前線基地として何度も危険にさらされてきた。そのため、それまで木造だった要塞を、貝殻の破片からできたコキーナと呼ばれる石灰岩で造り直し、23年の年月をかけて1695年に完成した。以後、ダイヤモンド形の強固な砦は、海賊などから町を何度も救い、一度も陥落したことがない。砦には70門余りの大砲が並び、チャペルや弾薬庫も17世紀のスペイン統治下のまま。現在は国定公園として手厚く保護されている。

大砲発砲のデモンストレーションも行われる

Castillo de San Marcos
🏠1 S. Castillo Dr.
☎(904)829-6506
URLwww.nps.gov/casa/
🕐9:00～17:00
🈳11月第4木曜、12/25
💰$15（7日間有効）。15歳以下無料

◎木造としてはアメリカ最古
最古の木造教室　Oldest Wooden School House

MAP P.142 -A3

　砦の前にあるシティゲートをくぐると、右側に古い木造の建物がある。1750～1760年頃に建てられたセントオーガスティン

で最も古い建物のひとつだ。1階は教室、2階は校長夫婦の住居として使われていた。2階部分は床が抜ける危険があるため、部屋の様子は鏡をとおしてしか見ることはできない。

昔の教室をのぞいてみよう

Oldest Wooden School House
🏠14 St. George St.
☎(904)824-0192
URLwww.oldestwoodenschoolhouse.com
🕐10:00～18:00、金・土～20:00
🈳12/25
💰$6.95、6～12歳$5.95

◎フロリダ版"江戸村"を見にいこう
コロニアルクオーター　Colonial Quarter

MAP P.142 -A3

　セントジョージ通りの一角にある、16～18世紀の入植者たちの生活を再現したアトラクション。9つの建物はそれぞれ軍人の家、鍛冶屋、仕立屋などで、衣装を身にまとったスタッフが当時の生活を見せてくれる。スペインからの移民が、この町でどのような生活をしていたのか興味深い。

18世紀の人々の仕事ぶりがうかがえる

Colonial Quarter
🏠14 S. Castillo Dr.
Free1888-991-0303
URLwww.colonialquarter.com
🕐10:00～17:00。ツアーは10:30、12:00、13:30、15:00
🈳12/25
💰$14.99、5～15歳$8.99

フロリダ東海岸

セントオーガスティン

　この伝説にちなんで、彼が上陸したとされる場所に湧く泉が観光ポイントになっていて、当時の様子を再現するイベントも行われている。A1Aを車で北へ3分。🕐9:00～18:00　💰$20

Oldest House

住14 St. Francis St.
☎(904)824-2872
URL www.saintaugustine
historicalsociety.org
時10:00〜17:00（ツアー
は毎時30分発）
休イースター、11月第4木
曜、12/25
料$12.95、55歳以上$9.95、
学生$4。敷地内にある博
物館にも有効

Lightner Museum

住75 King St.
☎(904)824-2874
URL lightnermuseum.org
時9:00〜17:00（入館は
〜16:00） 休おもな祝日
料$17、12〜17歳$10

じっくり見学すると丸一日
かかる

Pirate & Treasure Museum

住12 S. Castillo Dr.
☎(904)819-1444
URL thepiratemuseum.
com 時10:00〜19:00
料$17.99、5〜12歳$9.99

ほかでは観られないコレク
ションがユニーク

◎アメリカに現存する最古の住宅といわれる

オールデストハウス　Oldest House

MAP P.142 -B3

修復されているが一部は当時のまま

　ダウンタウンの南、St. FrancisとCharlotteの角にある。最初の家屋は1650年に建てられたが、その後焼失し、1710年頃新たにコキーナストーン（貝殻とサンゴの破片でできた石）で再建された。

　内部は狭いが、300年以上前の家とは思えないほど頑丈だ。19世紀後半にイギリス軍の少佐の妻が使っていたマリアの部屋、天蓋付きベッドのある寝室などを、1時間ごとのツアーで見せてくれる。

◎バラエティに富んだコレクションが自慢

ライトナー博物館　Lightner Museum

MAP P.142 -B3

　シカゴの億万長者、ライトナー氏のコレクションを公開している博物館。建物は1887年にヘンリー・フラグラー（→P.122、152)がリゾートとして造ったものだ。

　コレクションは膨大で、東西のあらゆる芸術品が陳列されている。鉱石や動物のはく製や紀元前の石器、ティファニー製を含むアメリカのカットガラス、ドイツのミニチュアのドールハウスなど。2階の彫像が飾ってある部屋は、かつて大理石のトルコ式風呂だった。奥にはスチーム式のロシアバスの部屋もある。

ツアーバスも停まるが、歩いてもすぐだ

◎カリブの海賊に関するユニークなコレクション

海賊博物館　Pirate & Treasure Museum

MAP P.142 -A3

　サンマルコス砦の斜め前にある。特に見逃せないのがジョリー・ロジャーと呼ばれる骸骨をデザインした19世紀の海賊旗。相手の船に降伏を促すために掲げた旗で、現存するものは世界に3枚しかないそうだ。17世紀の港を再現したコーナーでは、有名な海賊についてのトリビアをタッチパネルで探る。さらに、縛り首になる直前のキャプテン・キッドがイギリスへ護送される船内で記した日記や、オランダ東インド会社の大砲、沈没船から引き揚げられた財宝、海賊をテーマにした映画のポスターのコレクションなどの部屋を観て回ろう。

---

trivia
Q🔍 海に沈んだ海賊の町★海賊博物館に町並みが再現されているジャマイカのポートロイヤルは、カリブの海賊の拠点として栄え、世界で最も豊かな町といわれたが、17世紀末の地震で海に消えた。

世界ゴルフの殿堂　World Golf Hall of Fame

世界中のゴルフ組織が協力して設立したもので、ゴルフ界に大きく貢献した人物、顕著な活躍をしたプレイヤーをたたえる殿堂。いうまでもなくゴルファーにとっては最高の名誉だ。

館内には、殿堂入りした人物のレリーフが展示されている。青木功、樋口久子、岡本綾子、尾崎将司の顔も見える。また、殿堂入りしたメンバーにはそれぞれロッカーが与えられており、愛用のゴルフバッグなど思い出の品が納められている。

ゴルフの歴史やセントアンドリュース、コースメンテナンスに関するコーナーも興味深い。タワー上階の部屋には、マスターズなど主要な大会のトロフィーが輝きを放っている。

場所はダウンタウンからジャクソンビル方向へ車で約30分。ふたつのゴルフコース、3軒のリゾートホテル、コンドミニアム、ゴルフショップ、ゴルフアカデミー、レストランが集まる**ワールド・ゴルフ・ビレッジWorld Golf Village**の中にある。

めったに見る機会のないトロフィーがずらりと並ぶ

World Golf Hall of Fame

🏠1 World Golf Pl.
☎ (904)940-4133
URL www.worldgolfhalloffame.org
🕐10:00～18:00、日12:00～。12/24、12/31、1/1は時間短縮
🚫11月第4木曜、12/25
💰$20.95、5～12歳$5。IMAXはフィルムによって$5～10。入館料には天然芝の練習コース18ホールも含まれる
🚗行き方 I-95をExit 323で下りたら左折し、すぐに右折

ゴルフを愛する人にとっては広大な敷地すべてがパラダイス！

レストランリスト
Restaurant List

コロンビア
Columbia

Hypolita St.の角にあるスペイン料理の老舗。パエリア、パスタは$25～38で食べられる。

創業は1905年と古い

🏠98 St. George St.　☎ (904)824-3341
URL www.columbiarestaurant.com
🕐11:00～21:00、金・土～22:00　💰ランチ$14～30、ディナー $25～50　カード A M V

アテナ
Athena

大聖堂の隣にある気取らない店。スブラキ、ムサカなどのギリシア料理が$15～28。子供用メニューもある。

テイクアウトもOK

🏠14 Cathedral Place　☎ (904)823-9076　URL www.thealcazarcafe.com/Athena-Restaurant　🕐11:00～21:00、金・土～22:00　カード A M V

ホテルリスト
Hotel List

高級 ◎まるでアルハンブラ宮殿のような

MAP P.142-B3

カーサモニカ
Casa Monica

歴史地区

↓1888年に建てられたフラグラーゆかりの宿だ

ライトナー博物館が見える部屋もある

ライトナー博物館の隣に建つホテル。長らく裁判所として使われていたが、フラグラー（→P.122, 152）所有のホテルだった頃の姿を復元して、1999年に開業した。内装もスペイン風だがバスルームはモダン。バスローブ、室内金庫あり。町いちばんのレストラン『Costa Brava』のほかラウンジでは週末に生演奏がある。

住95 Cordova St., St. Augustine, FL 32084 ☎(904)827-1888
Free 1888-213-8903
URL www.casamonica.com
料DT$238〜1049
カードADMV

B&B ◎ビクトリア調のB&B

MAP P.142-A3

オールド・パウダー・ハウス・イン
Old Powder House Inn

歴史地区

朝から手の込んだ料理を出してくれるアットホームな宿。インテリアがとてもロマンティック。

9室それぞれ個性的

住38 Cordova St., St. Augustine, FL 32084
☎(904)824-4149　URL www.oldpowderhouse.com　料D$199〜399　B

カードAMV

B&B ◎庭の手入れが行き届いた

MAP P.142-B3

カサ・デ・ソラナ
Casa de Solana

歴史地区

10室中7室がジャクージ付き。夕方はオードブルとワインのサービスあり。朝食込み。駐車場無料。

週末は2泊以上から

住21 Aviles St., St. Augustine, FL 32084
☎(904)824-3555　URL www.casadesolana.com　料DT$189〜299　B

カードADMV

B&B ◎スペイン語で夢の家の意味

MAP P.142-A3

カサ・デ・スエニョス
Casa de Suenos

歴史地区

ロマンティックなB&B。ビクトリア調、スペイン風、パステルカラーなど全5室がある。駐車場無料。

どこへ行くにも便利

住20 Cordova St., St. Augustine, FL 32084
☎(904)824-0887　URL www.casadesuenos.com　料D$179〜319　B　カードAMV

エコノミー ◎家族連れに人気

MAP P.142-A3

パイレーツ・ハウス・イン
Pirate Haus Inn

歴史地区

フロントは8:00〜22:00オープン。部屋によっては2段ベッドがあり、6人まで泊まれる。

キッチンも使える

住32 Treasury St., St. Augustine, FL 32084　☎(904)808-1999
URL piratehaus.com　料D$99〜199　B

カードAMV

ジャクソンビル
Jacksonville

　フロリダ半島のつけ根にあるジャクソンビルは、大陸横断ルートと東海岸縦断ルートの交差点。太平洋岸のサンタモニカから約4000kmに及ぶフリーウエイI-10の終着地だ。セントジョンズ川の河口奥に開けた全米有数のこの港町は、フロリダ屈指のビジネスシティとして知られ、多くの企業が拠点をおいている。特に金融企業の数が際立つ。

　高層ビルが林立するダウンタウンに観光客は少ない。郊外でのアクティビティがおすすめだ。ダウンタウンから車で東へ20分ほど走れば大西洋のビーチがあり、州立公園も人気。いつものフロリダとはひと味違った滞在ができる所だ。

市名のもとになった第7代
大統領、ジャクソン

Jacksonville International Airport (JAX)
MAP P.142-B1
☎ (904)741-4902
URL www.flyjacksonville.com
圏 ダウンタウンまでタクシーで$30～40、Uberで$32～45

行き方 Access

飛行機
　フロリダ州の北の玄関口**ジャクソンビル国際空港**は、ダウンタウンの北約22kmにあり、全米からフライトがある。ダウンタウンだけなら空港シャトルかタクシーを、ビーチやほかの観光地へも行くなら、レンタカーを借りるのが現実的。

 trivia ジャクソンビルに本社をおく企業★フィデリティ・ナショナル・ファイナンシャル（金融業）、ウィン・ディクシー（スーパーマーケット）、CSX トランスポーテーション（鉄道）などがある。

長距離バス

グレイハウンドバスがデイトナビーチから毎日5便（所要1時間40分〜2時間）、オーランドから8便（所要2時間15分〜3時間30分）、ニューヨークから8便（所要約24〜32時間）など、全米各地から走っている。バスディーポはダウンタウンにあって便利。

鉄道

ニューヨークとマイアミを結ぶアムトラックが毎日2往復している。駅はダウンタウンの北西の外れ。遠いのでタクシーか配車サービスを利用しよう。

レンタカー

オーランドからI-4を東へ約1時間走り、デイトナビーチでI-95を北へ入ってさらに約1時間30分。ちなみにジョージア州サバンナからもI-95を南へ約2時間で到着する。

歩 き 方　Getting Around

市としては全米最大の面積を誇るジャクソンビル。約747平方マイル（約1935km²）は、東京都より少し狭い。それだけにコミュニティもポイントも広範に点在する。バスなどの公共交通機関も運行されているが、本数も少なく、やはり車で回るのがベスト。

ダウンタウンの中心にある**観光案内所**は資料も豊富。案内所から2ブロック北の**現代美術館Museum of Contemporary Art（MOCA）**で個性豊かなアーティストのスピリットに触れるのもいいし、**リバーフロント・プラザRiverfront Plaza**で川を眺めるのもおすすめ。リバータクシーと呼ばれるボートツアーも出ている。土曜はカマー美術館の東側で**リバーサイド・アート・マーケットRiverside Arts Market**が開催され、200近い屋台と地元っ子でにぎわう。美術館周辺とその西側が**リバーサイドとアーボンデールRiverside & Avondale**と呼ばれるコミュニティで、中心部にはショップやレストランが集中する。セントジョンズ川を越えて南へ10分ほど車で行った**サンマルコ・スクエアSan Marco Square**も寄ってみたい。町全体に1930年代の建物が残り、San Marco Blvd.沿いにアンティークショップやレストランが連なる。また、ダウンタウンからセントジョンズ川を渡った所には、プラネタリウムを併設しジャクソンビルを知るには最適な**科学歴史博物館Museum of Science & History（MOSH）**もある。

家族連れに評判のよい科学歴史博物館（MOSH）

観光案内所

バスディーポ
MAP P.142-A1
🏠 1111 W. Forsyth St.
☎ (904)356-9976
🕐 7:00〜23:30

アムトラック駅
MAP P.142-A1
🏠 3570 Clifford Lane
🕐 6:15〜23:30

観光案内所
Visit Jacksonville
MAP P.142-A1
🏠 100 N. Laura St.
Free 1800-733-2668
URL www.visitjacksonville.com
🕐 9:00〜17:00
休 土・日

Museum of Contemporary Art
MAP P.142-A・B1
🏠 333 N. Laura St.
URL mocajacksonville.unf.edu
🕐 11:00〜17:00、日12:00〜
休 月、おもな祝日
料 $8、学生・シニア$5

Riverside Arts Market
MAP P.142-A2
🏠 Fuller Warren橋の下
🕐 土10:00〜15:00

Museum of Science & History
MAP P.142-A2
🏠 1025 Museum Circle
URL themosh.org
🕐 10:00〜17:00、土〜18:00、日12:00〜17:00
休 火・水、おもな祝日
料 $19.95、学生・シニア$16.95

notes 自転車を借りてジャクソンビルを回ろう★ Hyatt Regency などで自転車を借りて周囲のコミュニティを回れば、素顔のジャクソンビルを知ることができておもしろい。

リバータクシーは夜も運行しているので、サンセットや夜景も楽しめる

市内の交通機関

■ JTA

市内と郊外、ビーチを結ぶ市バス（$1.75。急行$2.75）や、コンベンションセンター、ダウンタウン、対岸を結ぶスカイウエイSkyway（無料）、ダウンタウンなどを2ルート走るトロリー Trolley（$1.50）を運営している。ダウンタウンのI-95のExit 352の東側にバスターミナルがある。

JTA
☎ (904)630-3100
URL www.jtafla.com

おもな見どころ Points of Interest

◎落ち着いた雰囲気のなかで芸術鑑賞

カマー美術館と庭園 Cummer Museum of Art & Gardens

MAP
P.142
-A2

紀元前22世紀から現代まで古今東西の美術品約5000点を収蔵する、フロリダ屈指の美術館。地元のアーティストから、ラファエロ、ルーベンスらの大家、古代ローマ・ギリシア美術、大西部を描いたトーマス・モラン、ワイエスやロックウェル、ローランサン、ドガなど、著名画家の作品も観られる。

Cummer Museum of
Art & Gardens
住 829 Riverside Ave.
☎ (904)356-6857
URL www.cummermuseum.org
開 11:00～16:00、火・金～21:00、日12:00～16:00
休 月、おもな祝日
料 $20、6～17歳$15
行き方 バス#16

Column アメフト、ジャガーズを観戦しよう！

面積の広いジャクソンビル市ではあるが、プロスポーツ・チームはNFL（アメリカンフットボール）のジャクソンビル・ジャガーズJacksonville Jaguarsしかない。市民のほとんどがジャガーズファンで、試合開催日はテールゲートパーティ（試合開始前に駐車場で見られる仲間内のパーティ）やスポーツバーで盛り上がる。

本拠地はダウンタウン東のスポーツコンプレックス内TIAAバンクフィールド。中心部からはリバータクシーで行ける（往復$15）ほか、開催日はダウンタウンやビーチより "Gameday Xpress" が試合開始2時間前から運行される。MAP P.142-B2

Jacksonville Jaguars
（AFC南地区） URL www.jaguars.com

notes NFLジャガーズを応援するなら★ジャガーズのチームカラーは青緑、黒、金の3色。これらの色の衣類や小物を身につけてジャガーズを応援すれば、きっと楽しくなる。

レストラン&ホテルリスト
Restaurant & Hotel List

MAP P.142 -B2

ビアハウス ◎ダウンタウンにある人気の醸造所

ルビービーチ・ブリューイング
Ruby Beach Brewing **ダウンタウン**

クラフトビールが約20種類あり、4種類$12のサンプラーが人気。料理はないが、目の前に停まっているフードトラックから好きなものを購入して屋外席で食べられる。Hyatt Regencyから2ブロック。
🏠228 E. Forsyth St. ☎(904)647-6044
🌐rubybeachbrewing.com
🕐14:00〜22:00、日10:00〜、金・±11:00〜24:00 💴ビール$5〜10 [カード]MV

MAP P.142 -B2

アメリカ料理 ◎気軽に楽しくアメリカン

ループ
The Loop **サンマルコ地区**

ハンバーガー、サラダ、アメリカ的なピザなど。カロリーは高いが、期待を裏切らない味。

ピザが人気

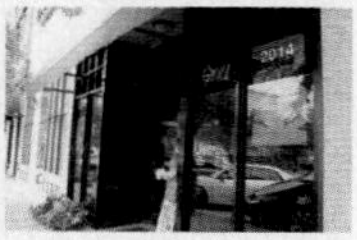

🏠2014 San Marco Blvd. ☎(904)399-5667 🌐www.thelooprestaurant.com
🕐11:00〜21:00 💴$10〜19
[カード]AMV

MAP P.142 -B2

中級 ◎セントジョンズ川沿いに建つ

ハイアット・リージェンシー・ジャクソンビル
Hyatt Regency Jacksonville **ダウンタウン**

ダウンタウンの中心、リバーフロント・プラザまで徒歩5分。客室は広く使いやすい。全951室。

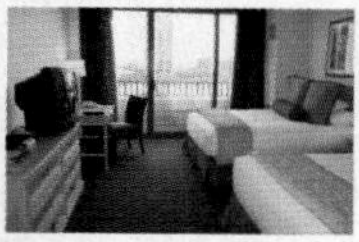

便利な場所にあるハイアット

🏠225 E. Coastline Dr., Jacksonville, FL 32202
☎(904)588-1234 日本無料0120-923-299
🌐www.hyatt.com 💴⑤①⑦$153〜281
[カード]ADJMV

MAP P.142 -B1

中級 ◎早朝のフライトに便利

ダブルツリー・ジャクソンビル空港
DoubleTree Jacksonville Airport **空港周辺**

空港に隣接する大型ホテル。空港無料送迎あり。I-95をExit 363Bで空港へ向かうと左側。

屋外温水プールあり

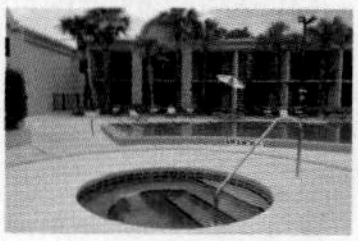

🏠2101 Dixie Clipper Rd., Jacksonville, FL 32218 ☎(904)741-1997
東京(03)6864-1633 🌐hilton.com
💴⑤①⑦$88〜451

MAP P.142 -B2

中級 ◎レンタカー派におすすめ

ハンプトンイン・ダウンタウン-I-95
Hampton Inn Jacksonville-Downtown-I-95 **対岸**

ダウンタウンからMain Street Bridgeを渡って3ブロック。コーヒーメーカー、冷蔵庫、電子レンジ付き。マッサージ機能付きシャワーがうれしい。ビジネスセンターあり。平日は新聞のサービスがある。駐車場$10。温かい朝食込み。

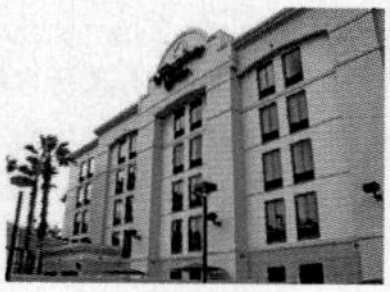

電子レンジ、冷蔵庫があり、簡単な食事もOK

🏠1331 Prudential Dr., Jacksonville, FL 32207 ☎(904)396-7770
東京(03)6864-1633 🌐hilton.com
💴①⑦$132〜285 Ⓑ
[カード]ADMV

対岸にあってちょっと遠いがキレイ

オーランド
Orlando

ユニバーサル・スタジオ・フロリダ　ダイアゴン横丁

Orlando ★

Miami

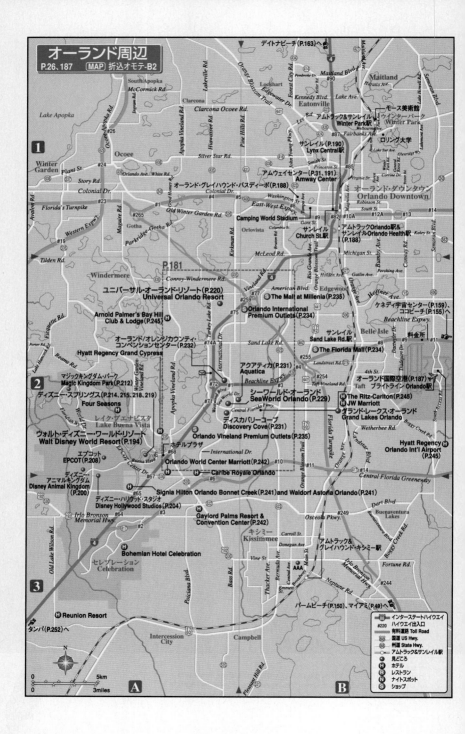

オーランド周辺
P.26、187 MAP 折込オモテ-B2

デイトナビーチ(P.163)へ

Maitland

South McCormick Rd.
McCormick Rd.
Lockhart
Kennedy Blvd.
Lake Lake Ave.
Eatonville
Clarcona
Clarcona Ocoee Rd.
モース美術館
ウィンターパーク
アムトラック&サンレイル
Winter Park駅 Winter Park
ロリング大学
サンレイル(P.190)
Lynx Central駅
Lake Apopka

Winter
Garden
Plant St.

Ocoee
Silver Star Rd.

アムウェイセンター(P.31、191)
Amway Center

オーランド・ダウンタウン
Orlando Downtown

オーランド・グレイハウンド・バスディーポ(P.188)

Colonial Dr.

East-West Expwy.

Florida's Turnpike

Camping World Stadium(P.188)

サンレイル
Church St.駅

アムトラックOrlando駅&
サンレイルOrlando Health駅
(P.188)

Western Expwy.

McLeod Rd.

Windermere

P.181

Conroy-Windermere Rd.

American Blvd.

ユニバーサル・オーランド・リゾート(P.220)
Universal Orlando Resort

The Mall at Millenia(P.235)

ケネディ宇宙センター(P.159)、
ココアビーチ(P.155)へ

Arnold Palmer's Bay Hill
Club & Lodge(P.245)

Orlando International
Premium Outlets(P.234)

Beachline Expwy.

オーランド/オレンジカウンティ・
コンベンションセンター(P.232)
Hyatt Regency Grand Cypress

Belle Isle

サンレイル
Sand Lake Rd.駅

料金所

マジックキングダム・パーク
Magic Kingdom Park(P.212)

The Florida Mall(P.234)

ディズニー・スプリングス(P.214、215、218、219)
Four Seasons

アクアティカ(P.231)
Aquatica

オーランド国際空港(P.187)
ブライトライン Orlando駅

シーワールド・オーランド
SeaWorld Orlando(P.229)

The Ritz-Carlton
JW Marriott

ウォルト・ディズニー・ワールド・リゾート(P.194)
Walt Disney World Resort(P.194)

ディスカバリーコーブ(P.231)
Discovery Cove

グランド・レークス・オーランド
Grand Lakes Orlando

Lake Buena Vista

Orlando Vineland Premium Outlets(P.235)

エプコット
EPCOT(P.208)

ホテルプラザ

International Dr.

Hyatt Regency
Orlando Int'l Airport(P.245)

Orlando World Center Marriott(P.242)

ディズニー・
アニマルキングダム
Disney Animal Kingdom
(P.200)

Caribe Royale Orlando

Central Florida Greeneway

ディズニー・ハリウッド・スタジオ
Disney Hollywood Studios(P.204)

Signia Hilton Orlando Bonnet Creek(P.241)and Waldorf Astoria Orlando(P.241)

Buenaventura
Lakes

Gaylord Palms Resort &
Convention Center(P.242)

キシミー
Kissimmee

Irlo Bronson
Memorial Hwy.

Bohemian Hotel Celebration

セレブレーション
Celebration

アムトラック&
グレイハウンド・キシミー駅

AAA

Reunion Resort

タンパ(P.252)へ

Intercession
City

Campbell

パームビーチ(P.150)、マイアミ(P.49)へ

0   5km
0   3miles

A   B

インターステートハイウエイ
ハイウエイ出入口
有料道路 Toll Road
国道 US Hwy.
州道 State Hwy.
アムトラック&サンレイル駅
見どころ
ホテル
レストラン
ナイトスポット
ショップ

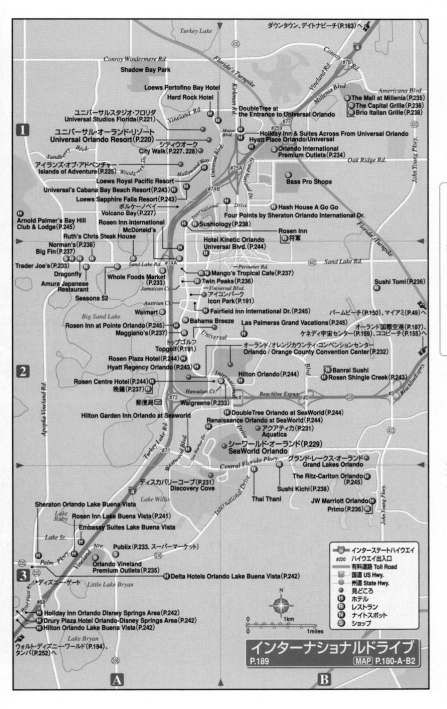

Turkey Lake

ダウンタウン、デイトナビーチ(P.163)へ

Conroy Windermere Rd.

Florida's Turnpike

Conroy Rd.

#78 Rd.

Shadow Bay Park

Americana Blvd.

Millenia Blvd.

Loews Portofino Bay Hotel

Hard Rock Hotel

DoubleTree at
the Entrance to Universal Orlando

⑤The Mall at Millenia(P.235)
ℝThe Capital Grille(P.238)
ℝBrio Italian Grille(P.238)

ユニバーサルスタジオ・フロリダ
Universal Studios Florida(P.221)

Vineland Rd.

Kirkman Rd.

Major Blvd.

#77

ℍHoliday Inn & Suites Across From Universal Orlando
Hyatt Place Orlando/Universal

ユニバーサル・オーランド・リゾート
Universal Orlando Resort(P.220)

#259

⑤Orlando International
Premium Outlets(P.234)

シティウオーク
City Walk(P.227、228)

Grand National Dr.

Oak Ridge Rd.

John Young Pkwy.

アイランズ・オブ・アドベンチャー
Islands of Adventure(P.225)

Woodbury Rd.

#75A

Hollywood Way

#74B

Bass Pro Shops

Loews Royal Pacific Resort

Universal's Cabana Bay Beach Resort(P.243)

Loews Sapphire Falls Resort(P.243)

ボルケーノベイ
Volcano Bay(P.227)

International Drive

ℍHash House A Go Go

Four Points by Sheraton Orlando International Dr.

Florida's Turnpike

Arnold Palmer's Bay Hill
Club & Lodge(P.245)

Rosen Inn International
McDonald's

ℝSushiology(P.238)

Rosen Inn
将軍

Ruth's Chris Steak House

Hotel Kinetic Orlando
Universal Blvd.(P.244)

Norman's(P.238)
Big Fin(P.237)

Sand Lake Rd.

#74A

Sand Lake Rd.

Trader Joe's(P.233)

ⓢⓇⓇ

Perimeter Rd.

Dragonfly

ℝMango's Tropical Cafe(P.237)

Sushi Tomi(P.236)

Whole Foods Market(P.233)

ℝTwin Peaks(P.236)

Amura Japanese
Restaurant

Jamaican Ct.

Universal Blvd.

Seasons 52

アイコンパーク
Icon Park(P.191)

Austrian Ct.

Walmart ⑤

ℍFairfield Inn International Dr.(P.245)

パームビーチ(P.150)、マイアミ(P.49)へ

Big Sand Lake

ℍBahama Breeze

Rosen Inn at Pointe Orlando(P.245)

Las Palmeras Grand Vacations(P.245)

Maggiano's(P.237)

Universal Blvd.

オーランド国際空港(P.187)、

トップゴルフ
Topgolf(P.191)

オーランド/オレンジカウンティ・コンベンションセンター
Orlando / Orange County Convention Center(P.232)

ケネディ宇宙センター(P.159)、
ココビーチ(P.155)へ

Rosen Plaza Hotel(P.244)ℍ

Hyatt Regency Orlando(P.243)ℍ

Hilton Orlando(P.244)ℍ

ℝBanrai Sushi
ℍRosen Shingle Creek(P.243)

Rosen Centre Hotel(P.244)ℍ
晩鐘(P.237)ℝ

Hawaiian Ct.

Beachline Expwy

#1

#2

#3

Beachline Expwy.

郵便局✉

Hilton Garden Inn Orlando at Seaworld ℍ

Walgreens(P.233)

ℍDoubleTree Orlando at SeaWorld(P.244)

Renaissance Orlando at SeaWorld(P.244)ℍ

アクアティカ(P.231)
Aquatica

シーワールド・オーランド(P.229)
SeaWorld Orlando

グランド・レークス・オーランド
Grand Lakes Orlando

ディスカバリーコーブ(P.231)
Discovery Cove

The Ritz-Carlton Orlando
(P.245)

Central Florida Pkwy.

ℝSushi Kichi(P.238)

Thai Thani

JW Marriott Orlando ℍ
Primo(P.236)ℝ

Sheraton Orlando Lake Buena Vista

Rosen Inn Lake Buena Vista(P.241)

Embassy Suites Lake Buena Vista

Publix(P.233. スーパーマーケット)

Orlando Vineland
Premium Outlets(P.235)

Orlando Vineland
Premium Outlets(P.235)

ℍDelta Hotels Orlando Lake Buena Vista(P.242)

ディズニー・ゲート

Little Lake Bryan

ℍHoliday Inn Orlando Disney Springs Area(P.242)
ℍDrury Plaza Hotel Orlando-Disney Springs Area(P.242)
ℍHilton Orlando Lake Buena Vista(P.242)

Lake Bryan

ウォルト・ディズニー・ワールド(P.194)、
タンパ(P.252)へ

N

0   1km
0   1miles

インターナショナルドライブ
P.189

MAP P.180-A・B2

A   B

オーランド

MAP オーランド周辺／インターナショナルドライブ

181

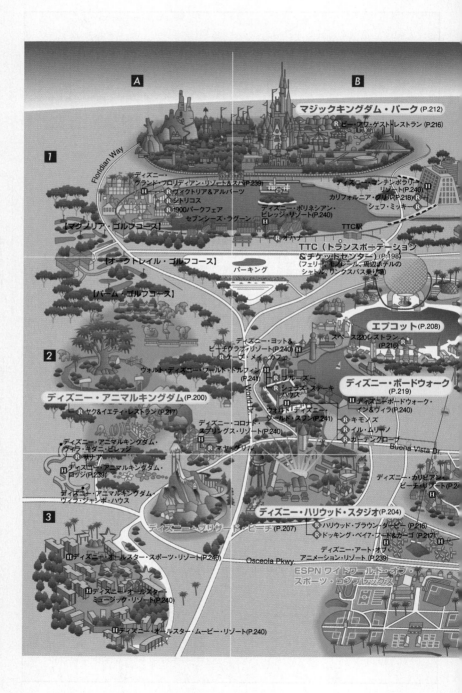

マジックキングダム・パーク (P.212)

Ⓡ ビー・アワ・ゲスト・レストラン (P.216)

Floridian Way

Ⓐ **Ⓑ**

1

ディズニー・
グランド・フロリディアン・リゾート＆スパ(P.239)
Ⓗ Ⓡ ヴィクトリア＆アルバーツ
Ⓡ シトリコス
Ⓡ 1900パークフェア
セブンシーズ・ラグーン

ディズニー・コンテンポラリー・
リゾート(P.240) Ⓗ
カリフォルニア・グリル(P.218) Ⓡ
シェフ・ミッキー Ⓡ

ディズニー・ポリネシアン・
ビレッジ・リゾート(P.240)
Ⓗ

Ⓡ オハナ TTC駅

【マグノリア・ゴルフコース】

【オークトレイル・ゴルフコース】

パーキング

**TTC（トランスポーテーション
＆チケットセンター）**(P.198)
(フェリー、モノレール、周辺ホテルの
シャトル、リンクスバス乗り場)

【パーム・ゴルフコース】

エプコット(P.208)

スペース220レストラン
(P.216)

2

ディズニー・ヨット＆
ビーチクラブリゾート(P.240) Ⓗ
Ⓡ ケープ・メイ・カフェ

ディズニー・ボードウォーク
(P.219)

ウォルト・ディズニー・ワールド・ドルフィン
(P.241)

Ⓗ Ⓡ フルーツ
Ⓡ シアーズ・ステーキ
ハウス

Ⓗ ディズニー・ボードウォーク・
イン＆ヴィラ(P.240)

ディズニー・アニマルキングダム (P.200)

Ⓡ ヤク＆イエティ・レストラン (P.217)

ウォルト・ディズニー・
ワールド・スワン(P.241)

Ⓡ キモノズ
Ⓡ イル・ムリーノ
Ⓡ ガーデンガローブ

ディズニー・アニマルキングダム・
ヴィラ・キダニ・ビレッジ
Ⓡ サナア

ディズニー・コロナド・
スプリングス・リゾート(P.240)
Ⓡ マヤ・グリル

Buena Vista Dr.

ディズニー・アニマルキングダム・
ロッジ(P.239)

ディズニー・カリビアン・
ビーチ・リゾート(P.24)
Ⓗ

ディズニー・アニマルキングダム・
ヴィラ・ジャンボ・ハウス

3

ディズニー・ブリザード・ビーチ (P.207)

ディズニー・ハリウッド・スタジオ(P.204)

Ⓡ ハリウッド・ブラウン・ダービー (P.216)
Ⓡ ドッキング・ベイ7・フード＆カーゴ (P.217)

Ⓗ ディズニー・オールスター・スポーツ・リゾート(P.240)

Osceola Pkwy

ディズニー・アート・オブ・
アニメーション・リゾート(P.239)

Ⓗ ディズニー・オールスター・
ミュージック・リゾート(P.240)

ESPN ワイドワールド・オブ・
スポーツ・コンプレックス

Ⓗ ディズニー・オールスター・ムービー・リゾート(P.240)

C　オーランド・ダウンタウン　D　オーランド国際空港

1

H ベイ・レイク・タワー

ベイ・レイク

フープ・ディ・ドゥ・ミュージカル・レビュー

ディズニー・ウィルダネス・ロッジ(P.240) H

ディズニー・フォートウィルダネス・リゾート&キャンプグラウンド(P.240)
H ウィスパリング・キャニオン・カフェ
Vista Blvd.

ドゥルリー・プラザ・ホテル・ディズニー・スプリングス・エリア(P.242)
H
ダブルツリー・スイート・オーランド・ディズニー・スプリングス・エリア

H フォーシーズンズ・オーランド・アット・ウォルト・ディズニー・ワールド・リゾート
R キャバ

ビー・リゾート&スパ

ヒルトン・オーランド・ブエナビスタパレス

ホリデイイン・オーランド・ディズニー・スプリングス・エリア(P.242)
H

【レイク・ブエナビスタ・ゴルフコース】

Hotel Plaza Blvd.

H ウィンダム・レイク・ブエナビスタ

ディズニー・ポートオーリンズ・リゾート(P.240) H

EPCOT Center Dr.

H ディズニー・サラトガ・スプリングス・リゾート&スパ

H ヒルトン・オーランド・レイク・ブエナビスタ(P.242)

R 紅花

2

ディズニー・オールド・キーウエスト・リゾート

ディズニー・リビエラ・リゾート

ディズニー・スプリングス(P.214, 215, 218, 219)
Buena Vista Blvd.

ディズニー・タイフーン・ラグーン(P.207)

H シグニア・ヒルトン・オーランド・ボネットクリーク(P.241) R ラ・ルーチェ
Exit 67
(536)

3

240)

ディズニー・ポップ・センチュリー・リゾート(P.240)

H ウォルドルフ・アストリア・オーランド(P.241) R ブル&ベアー

WALT DISNEY WORLD RESORT
ウォルト・ディズニー・ワールド・リゾート

ボートルート
WC トイレ
☎ 公衆電話
♿ 車椅子&ベビーカーレンタル
🛈 インフォメーション
🔑 コインロッカー
Ⓢ ATM
✚ 救護室
Ⓟ 駐車場
Ⓗ ホテル
Ⓡ レストラン
Ⓕ カウンターサービス
・フードショップ
Ⓢ ショップ
Ⓝ ナイトスポット

UNIVERSAL

ウィザーディング・ワールド・
オブ・ハリーポッター
The Wizarding World
of Harry Potter
Ⓡ 三本の箒 (P.228)

ザ・ロスト・コンチネント
The Lost Continent

ジュラシック・パーク
Jurassic Park

髑髏島の巨神：コングの君臨
Skull Island : Reign of Kong

アイランズ・オブ・アドベンチャー
Islands of Adventure
(P.225)

スース・ランディング
Seuss Landing

トゥーン・ラグーン
Toon Lagoon

チョコレート・
エンポリウム (P.227) Ⓢ
ハードロック・ライブ
HardRock Live

ボート・オブ・エントリー
Port of Entry

マーベル・スーパーヒーロー・アイランド
Marvel Super Hero Island

ローズ・サファイア・フォールズ・リゾート
Loews Sapphire Falls Resort (P.243)

Ⓗ ローズ・ロイヤル・パシフィック・リゾート
Loews Royal Pacific Resort

Ⓢ ユニバーサル・スタジオ・
ストア (P.227)
Ⓡ アントヒートス
Ⓡ カウフィッシュ・スシ・
バーガー・バー (P.228)
Ⓡ ビボ・イタリアン・キッチン

トランスポーテーションセンター (P.220)
（ホテル送迎シャトル、リンクス乗り場）

Universal Blvd.

ボルケーノベイ (P.227)、
Ⓗ ユニバーサル・カバナベイ・ビーチ・リゾート (P.243)、
Ⓗ ユニバーサル・アベンチュラ・ホテル、
Ⓗ ユニバーサル・エンドレス・サマーリゾート、
インターナショナルドライブ

パーキングガレージ

ORLANDO RESORT

ユニバーサル・オーランド・リゾート

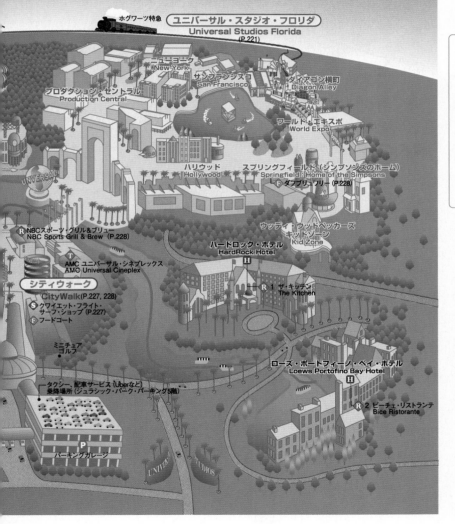

ホグワーツ特急

ユニバーサル・スタジオ・フロリダ
Universal Studios Florida
(P.221)

ニューヨーク
New York

サンフランシスコ
San Francisco

ダイアゴン横町
Diagon Alley

プロダクション・セントラル
Production Central

ワールド・エキスポ
World Expo

ハリウッド
Hollywood

スプリングフィールド（シンプソンズのホーム）
Springfield：Home of the Simpsons
└ F ダフブリュワリー (P.228)

ウッディ・ウッドペッカーズ
キッドゾーン
Kid Zone

R NBCスポーツ・グリル&ブリュー
NBC Sports Grill & Brew (P.228)

ハードロック・ホテル
HardRock Hotel
H

AMC ユニバーサル・シネプレックス
AMC Universal Cineplex

R 1 ザ・キッチン
The Kitchen

シティウォーク
CityWalk(P.227, 228)

S クワイエット・フライト・
サーフ・ショップ (P.227)
F フードコート

ミニチュア
ゴルフ

ローズ・ポートフィーノ・ベイ・ホテル
Loews Portofino Bay Hotel
H

タクシー、配車サービス（Uberなど）
乗降場所（ジュラシック・パーク・パーキング5階）

R 2 ビーチェ・リストランテ
Bice Ristorante

パーキングガレージ

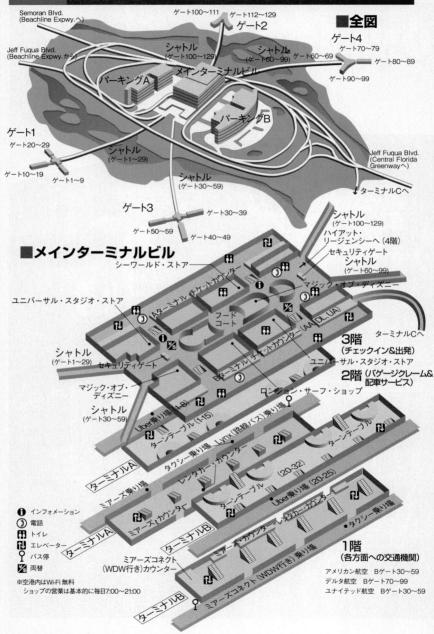

行き方 | Access

飛行機

■ オーランド国際空港
Orlando International Airport（MCO）

　テーマパーク王国の空港は、コンベンションセンターから東へ20kmの所にあり、空港はAとBのふたつのターミナル（3階のみフロア共有）と、2022年に完成したCターミナルの3つのターミナルからなる。A&BターミナルとCターミナルはターミナルリンクという列車が結び、Cターミナルにはオーランド〜マイアミ間を走る高速鉄道**ブライトラインBrightline**（→P.46）が発着する。

　A、Bターミナルのゲートのある3階がメインフロア。ディズニー、ユニバーサル、シーワールドのテーマパークがギフトショップを出店している。2階はバゲージクレーム、1階からは市内への交通機関が発着する（配車サービスは2階）。

　空港からの交通機関は、空港シャトル、タクシー、路線バス、配車サービスなどがあるが、観光の拠点といえるエリアへは空港シャトルかタクシーがベスト。ダウンタウンへ向かうのなら路線バスの**リンクスLynx**（Aサイド1階）もいい。ディズニーエリアのホテルに泊まる人は**ミアーズコネクトMears Connect**の空港シャトルが便利。

↑↑オーランド国際空港に着いたらシャトル（モノレール）でターミナルに移動する
↑ディズニー・ワールドの直営ホテルや周辺のホテルと、オーランド国際空港を結ぶミアーズコネクト

■ 空港から市内&テーマパークエリアへ

ミアーズコネクト（空港シャトル）　Mears Connect

　ディズニー・ワールド内やワールド周辺のホテルと空港を結ぶシャトル。ターミナルBの1階にカウンターがあり、宿泊先のホテル名を告げれば手配してくれる。できれば予約を。乗り場はB46〜42。

路線バス・リンクス　Lynx

　ダウンタウンやインターナショナルドライブへ一番安く行けるのがこのバス。しかし、時間がかかり現実的ではない。

タクシー　Taxi

　3人以上のときや夜間、急いでいるときに便利。空港利用料として$1が加算される。

配車サービス　Uber、Lyft など

　ウーバー Uberや**リフトLyft**などの配車サービスで空港から目的地まで行くのも一般的。料金はタクシーより安いが、混雑する時間帯や悪天候時にはかえって高くなり、待たされる。

オーランド市データ

●人口　約32万人（オレンジ郡約145万3000人）
●セールスタックス　6.5%
●ホテルタックス　12.5%

Orlando International Airport（MCO）

MAP P.180-B2
☎ (407)825-2001
URL www.orlandoairports.net

Mears Connect

☎ (407)423-5566
URL mearstransportation.com
運行 24時間（深夜はカウンターが無人となるのでウェブサイトから予約を）
料 ディズニー・ワールド、ホテルプラザ、ボネットクリークまで往復$32

Lynx

☎ (407)841-5969
URL www.golynx.com
料 $2
ダウンタウンへは# 11、51
運行 月 〜 金5:10〜23:30の30〜60分に1本、土5:10〜22:30の30〜60分に1本、日6:25〜22:30の1時間に1本。所要約40分
インターナショナルドライブへは# 42
運行 月〜土5:35〜翌0:05、30分に1本、日6:25〜翌0:05、1時間に1本。所要約1時間

Taxi

料 インターナショナルドライブ$38〜45、レイク・ブエナビスタとディズニー・ワールド$52〜68

Uber、Lyft など

料 ディズニー・ワールドまでUberで$41〜96
※Uberは日本語表示もある

グレイハウンドと提携するフリックスバス。インターナショナル・プレミアム・アウトレット案内所の前にも停まる

オーランド国際空港の1階に各レンタカー会社のカウンターがある。ここで手続きを

バスディーポ
MAP P.180-B1
住 555 N. John Young Pkwy.
☎ (407)292-3424
開 24時間
行き方 ダウンタウンへはリンクス #25で。John Young Pkwy.を挟んだ向かいのバス停から乗る。Central駅からユニバーサルへは#38、ディズニー・スプリングスへは#300

アムトラック駅
MAP P.180-B1
住 1400 Sligh Blvd.
Free 1800-872-7245
開 10:00〜20:00
行き方 アムトラック駅からユニバーサル・オーランドのバス停までリンクス#40が行く。ユニバーサルへは駅側、ダウンタウンへは通りを渡ったバス停から乗車

1926年に完成した歴史ある駅舎。スペイン風のデザインにも注目したい

長距離バス

フロリダのほぼ中央に位置するオーランドへは、マイアミから1日28〜30便（4時間30分〜）、タンパから9〜11便（約2時間）、ジャクソンビルから7〜8便（2時間45分〜）、グレイハウンドのバスが運行されている。現在グレイハウンドは**フリックスバスFlixBus**と提携し、バスの発着所は市内に5ヵ所ある。メインはダウンタウンの西外れにあるバスディーポ。なお、メイン以外は単なるバスストップで、夜間の利用は避けること。

バスディーポからは**リンクスLynx**のバスを使えばダウンタウン（約15分）と、ダウンタウンのCentral駅（リンクスバスのターミナルとサンレイル駅）経由で各テーマパークへも行ける。Central駅からユニバーサルまで所要約25分、ディズニー・スプリングス約25分。

鉄道

ニューヨーク〜マイアミ／タンパ間を結ぶシルバーミーティア、シルバースターの列車が1日2往復している。ニューヨークから22〜23時間30分、マイアミから5時間〜7時間30分。なお、列車はモーテルの多いキシミーにも停車する。駅はダウンタウンの南、約2kmの所にある。近郊列車のサンレイルや#40のリンクスのバスで、鉄道駅からオーランドのダウンタウンまでアクセスできる。

レンタカー

オーランドへは、北のジャクソンビルからはI-95を南へ。I-4と交差したら西へ、計約150マイルで2時間30分、西のタンパからはI-4を東に約85マイルで1時間30分、南のマイアミからはフロリダターンパイクを北へ約240マイル、3時間30分。

Column レンタカーで空港へ行く人へ

I-4やインターナショナルドライブ方面からBeachline Expwy.（FL-528）を経由してオーランド国際空港へ行く場合、料金所Toll Plaza（$2.03〜3.71）を1回通る。空港へはExit 11で右端レーンへ下りるので注意を。

下りたあとすぐに分岐がある。空港方面は右レーンを走り、利用する航空会社のターミナルへ分岐してからRental Car Returnの標識をたどればいい。

ところで、FL-528はBee Line Expwy.と呼ばれていたが、ハチbeeは人を刺して死にいたらしめることもあるため、Beachline Expwy.に改名された。少なくなったが、両方の表記が混在している。

---

voice フリックスバスでマイアミへ★グレイハウンドのウェブからマイアミ行きのバスを予約したが、これがフリックスバスで、乗り場が北のプレミアムアウトレットの案内所の前だった。 （静岡県 Y.I. '22）

歩き方 Getting Around

オーランドは、一般的なアメリカの町の構造とまったく異なる。旅行者の99％は郊外のテーマパークやコンベンションが目的で、これらはビジネス街のダウンタウンから15～30km以上離れる。そんなオーランドは車での移動を基本に造られている。そのため、レンタカー利用者が利用する道は、オーランドエリアを南北に貫くI-4、空港へ向かうBeachline Expwy.（FL-528）、Central Florida Greeneway（FL-417）、そしてInternational Dr.などを覚えておくと便利。

車がなくても移動交通機関が充実

車社会ではあるが、車のない旅行者も心配無用。WDW（ウォルト・ディズニー・ワールド）だけが目的なら、WDW直営ホテル（→P.239～240）の宿泊がいい。WDW内は独自の交通網（→P.198）が整備されているので、車いらずだ。

では、車がなく、WDWの直営ホテルに泊まらない人はどうすればいいのか？ オーランドのほとんどのホテルが各テーマパークへシャトルを運行させている。基本的にバス運行会社に委託しており、運行本数、有料か無料かなどはホテルのランクとテーマパークへの位置関係で決まる。時間がなければタクシーや配車サービスが便利。また、インターナショナルドライブ沿いに泊まっていれば、アイライドトロリー（→P.190）とリンクスのバス（→P.190）を組み合わせてテーマパークへも行ける。ただし、時間がかかる。

■ オーランドのエリア分け

オーランドの中心は南北に走る**インターナショナルドライブInternational Drive**。その北東に**ダウンタウンDowntown**、東にオーランド国際空港、やや北西にユニバーサル・オーランド・リゾートUniversal Orlando Resort、南に安いモーテルがたくさんある**キシミー Kissimmee**、南西にウォルト・ディズニー・ワールドのある**レイク・ブエナビスタ市Lake Buena Vista**が位置する。

■ ホテルをどこにするか

WDWだけを回りたいのなら、前述のとおりWDW内の直営ホテルが断然おすすめ。ユニバーサルも楽しみたいのなら、インターナショナルドライブ沿いがいい。この**通称「アイドライブ」**には南北にアウトレット、レストランが連なり、**アイライドトロリー I-Ride Trolley**のトロリー型のバスが朝から夜遅くまで頻繁に走っている。

車があるのなら、キシミー地区のモーテルが特に安い。ただし、テーマパークの駐車場は有料だ。レイク・ブエナビスタ市のホテルであれば基本的にWDWへ無料のシャトルを運行している。

オーランドの多くのホテルからテーマパークへシャトルが走っている。運行本数、無料か有料かはホテルによって異なる

オーランド観光局
Visit Orlando
☎ (407)363-5872
URL www.visitorlando.com
インターナショナルドライブの便利な場所にあったオーランド観光局の案内所は、コロナ禍で閉鎖された。現在は電話かライブチャットで質問に答えてくれる
ライブチャットURLdirect.lc.chat/12285111/
（月～金9:00～18:00、土～15:00）

オーランド

行き方／歩き方

オーランドの中心にある巨大なコンベンションセンター

インターナショナルドライブを縦断するアイライドトロリー（バス）は観光の便利な足

オーランドでは Uber がおすすめ★ Int'l Dr. から WDW へトロリーとリンクスを乗り継いで行くこともできるが不便。Uber ならどこでも呼べて、料金も明瞭。何度も利用した。（静岡県 Y.I. '22）

189

路線バスのリンクスでも
テーマパークへ行けるが、
時間がかかる

Lynx

☎ (407)841-5969

URL www.golynx.com

料 $2、トランスファー90分
以内無料、1日パス$4.50

● ダウンタウンCentral駅
（MAP P.180-B1）からWDW
ディズニー・スプリングス
経由WDWのTTCへ#300

● インターナショナル
ドライブへ#8

● ユニバーサルへ#21、
40

I-Ride Trolley

URL www.iridetrolley.com

料 $2。1日パス$6、3日パ
ス$8など（パスはトロリー
以外にも各ホテルやショッ
ピングモールなどで発売）

運行 8:00～22:30の30～
45分間隔

Taxi

料 コンベンションセンター
からWDWのTTCまで$35
～70

Uber

料 コンベンションセン
ターからWDWのTTCまで
$30～60。朝のテーマ
パークへの往路、夕方の
テーマパークからの帰路
は料金が高くなり、待た
されることもしばしば

Uber は日本語対応

クレジットカード情報な
どを入力する必要がある
ので、日本でダウンロー
ドしたい。チップは不要
だが、乗り終わったあと
評価やチップを要求され
る。無視してもいい。

グレイライン・オーランド

Free 1800-537-0917

URL graylineorlando.com

Kennedy Space Center

出発 毎日8:00　料 $157～

所要 約10時間

市内の交通機関

　テーマパークが目的なら、初めに滞在ホテルから各テーマ
パークへ行くシャトルバスの時間を確認しよう。ホテルに
よっては予約が必要だ。シャトルに乗ることができなくても、
下記の交通機関を使ってテーマパークへ行くことも可能だ
が、時は金なりの人にはタクシーや配車サービスがベスト。

リンクス Lynx

　オーランドエリア全域をカバーする、地元の人向けの路線
バス。ダウンタウンを起点に走っているので、観光客には便
利とはいえない。しかし、下記のアイライドトロリーと合わ
せて利用すれば、テーマパークへのアクセスも可能。事前に
ウェブサイトでタイムテーブルを手に入れておくと便利。

アイライドトロリー I-Ride Trolley （路線図→ P.192）

　車のない旅行者の強い味方。インターナショナルドライブ
を中心に**メインラインMain
Line（赤）**と**グリーンライン
Green Line**の2路線ある。メ
インラインは南北のアウトレット2
軒を結んで走る。グリーンライン
はインターナショナルドライブの
東を並行して走るユニバーサル
ブルバードUniversal Blvd.を、
ユニバーサル・オーランド・リゾー
ト近くまで走っている。夜遅くま

アウトレットやシーワールドへのアク
セスに便利なアイライドトロリー

で運行しているので、アトラクションだけでなく、食事や
ショッピングにも便利。WDWへは走っていないが、下記脚
注のようにアイライドトロリーとリンクス#350を乗り継いで
WDWへ行くこともできる。

タクシー Taxi

　3人以上集まれば、タクシーのほうが安くて便利で時間の
節約にもなる。オーランドは流しのタクシーは走っていない
ので、ホテルのフロントに頼んで呼んでもらおう。テーマパー
クからのタクシーはほとんどボラれないから安心。

配車サービス　Uber、Lyft など

　アプリがあれば、言葉の心配もなく目的地へ簡単に行くこ
とができる。Wi-Fiなどの環境があればどこでも呼べる。

ツアー案内

■ バスツアー

グレイライン・オーランド Gray Line Orlando （英語）

ホテルへの送迎あり。サイトから予約を入れること。

● Kennedy Space Center Visitor Complex Tour

　ケネディ宇宙センターへの1日ツアー。スタンダードな1日入
場券が含まれる。ほかに、ケネディ宇宙センターへの往復送
迎のみ（$79～）、クリアウォーターへのツアー（$79～）なども
ある。

 notes インターナショナルドライブから WDW への行き方★アイライドトロリーの 27 番か G12 番のバ
ス停で下車し、リンクス 350 番のバスに乗り換える。"Disney Springs" であることを確認すること。

■日本語オプショナルツアー

アメリカの日系旅行会社がオーランドの日本語ツアーを催行している。ウェブサイトでチェックしてみよう。

- **JTB ルック** URL www.looktour.net
- **H.I.S.** URL top.his-usa.com
- **IACE トラベル** URL www.iace-usa.com

●JTBルック
☎(212)424-0800
●H.I.S.
☎(212)977-5800
●IACEトラベル
☎(212)972-3200

観戦するスポーツ

■バスケットボール（NBA）

オーランド・マジック（東・南東地区）

オーランドで数少ないプロスポーツチームで、怪物シャキール・オニールとスーパーマン・ドワイト・ハワードが在籍していた。創設は1989年。地区優勝4回、ファイナル進出は2回だが、戴冠は未達。2020年代は下位を迷走している。

Orlando Magic (Amway Center)
MAP P.180-B1 住 400 W. Church St., Orlando URL www.nba.com/magic/ 行き方 ダウンタウンにあり、International Dr.からリンクスのバス#8で45〜70分

おもな見どころ Points of Interest

◎観覧車をはじめアトラクションが集結

アイコンパーク Icon Park

MAP P.181-A2

インターナショナルドライブの中心にあり、アトラクション、レストラン、ナイトスポットが集中して夜遅くまでにぎわっている所。目印が高さ122mの**観覧車The Wheel**。オーランドのアイコンで、10人乗りのカプセルが1周18分かけて回る。フロリダは平地が続く土地柄だけにユニバーサルはもちろん、WDWも遠くに見え、オーランドの鳥瞰図が楽しめる。敷地内の**シーライフ水族館Sea Life Aquarim**は館内に難破船、海底洞窟、エバーグレーズの湿原が再現されて、楽しい演出のなか多くの魚類を見学できる。タツノオトシゴやクラゲのコーナーは癒やされると人気だ。圧巻は360度の海底トンネルで、エイやサメが泳ぐなか、海中散策をしているよう。アイコンパークには、セレブが勢揃いする**マダムタッソーろう人形館Madame Tussauds Orlando**、ノスタルジックな**回転木馬Carousel**のほかにも、観覧車の北側には、高さ137mまで到達する回転ブランコの**スターフライヤー・オーランドStarflyer Orlando**があり、終始悲鳴が絶えない。

アイコンパークから車で南へ3分、コンベンションセンター近くにあり、打ちっ放しができる**トップゴルフTopgolf**も人気。6人まで座れるベイBayが100あり、その中央でボールを打つと、チップを内蔵したボールの軌道や距離が横のモニターに表示される。仲間や同僚とワイワイしながら楽しめる。飲食は有料となるが、ボールは時間内無制限。

アイコンパークのスターフライヤー・オーランドの回転ブランコ

Icon Park
住 8375 International Dr., Orlando
URL iconparkorlando.com
行き方 アイライドトロリー14番下車

●観覧車
営 13:00〜22:00、金〜23:00、土12:00〜24:00、日12:00〜22:00 料 $35

●シーライフ水族館
URL www.visitsealife.com/orlando
営 11:00〜19:00、金・土〜20:00
料 水族館の入場料は観覧車やマダムタッソーなどほかのアトラクションとのコンボチケットになる。$35〜

●スターフライヤー・オーランド
住 8265 International Dr., Orlando 営 10:00〜翌2:00 料 $16

●トップゴルフ
住 9295 Universal Blvd., Orlando URL topgolf.com/us/orlando
営 10:00〜24:00、金・土〜翌1:00 料 1ベイ$37〜60。ひとり$5の会員料金要

notes **オーランドのプロサッカーチーム★**移民を中心にプロサッカー人気が高まっている。オーランドシティSCは成長著しいチームで、本拠地はダウンタウンのエクスプロリアスタジアム。URL www.orlandocitysc.com

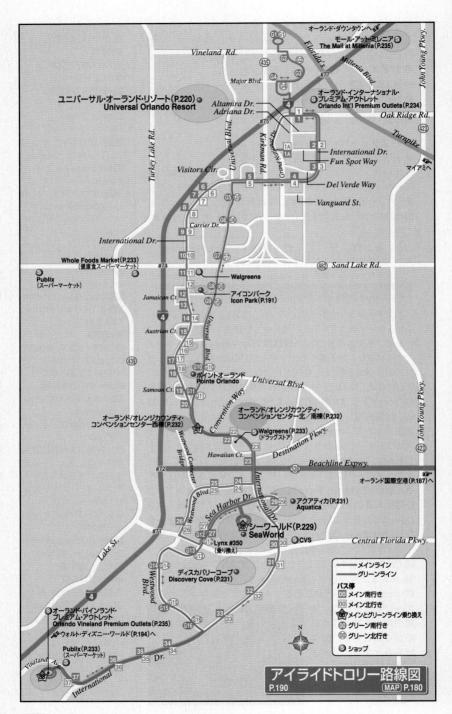

ユニバーサル・オーランド・リゾート(P.220)
Universal Orlando Resort

オーランド・ダウンタウンへ

モール・アット・ミレニア(P.235)
The Mall at Millenia(P.235)

オーランド・インターナショナル・
プレミアム・アウトレット
Orlando Int'l Premium Outlets(P.234)

Vineland Rd.

Major Blvd.

Altamira Dr.

Adriana Dr.

Oak Ridge Rd.

Turnpike

マイアミへ

International Dr.

Fun Spot Way

Del Verde Way

Vanguard St.

Visitors Cir.

Turkey Lake Rd.

Universal Blvd.

Kirkman Rd.

Carrier Dr.

International Dr.

Whole Foods Market(P.233)
(健康食スーパーマーケット)

Publix
(スーパーマーケット)

Walgreens

アイコンパーク
Icon Park(P.191)

Jamaican Ct.

Austrian Ct.

Universal Blvd.

Sand Lake Rd.

ポイントオーランド
Pointe Orlando

Samoan Ct.

Universal Blvd.

オーランド/オレンジカウンティ・
コンベンションセンター西棟(P.232)

Convention Way

オーランド/オレンジカウンティ・
コンベンションセンター北/南棟(P.232)

Walgreens(P.233)
(ドラッグストア)

Hawaiian Ct.

Destination Pkwy.

Beachline Expwy.

オーランド国際空港(P.187)へ

Westwood Connector Bridge

Sea Harbor Dr.

International Dr.

アクアティカ(P.231)
Aquatica

Lake St.

Westwood Blvd.

シーワールド(P.229)
SeaWorld

CVS

Central Florida Pkwy.

Lynx #350
(乗り換え)

ディスカバリーコーブ(P.231)
Discovery Cove(P.231)

Westwood Blvd.

オーランド・バインランド・
プレミアム・アウトレット
Orlando Vineland Premium Outlets(P.235)

ウォルト・ディズニー・ワールド(P.194)へ

Publix(P.233)
(スーパーマーケット)

Vineland Ave.

International Dr.

John Young Pkwy.

Millenia Blvd.

メインライン
グリーンライン

バス停
00 メイン南行き
00 メイン北行き
メインとグリーンライン乗り換え
00 グリーン南行き
00 グリーン北行き
ショップ

N

アイライドトロリー路線図
P.190　MAP P.180

オーランドで楽しむ初めてのゴルフ

1年をとおして温暖な気候のオーランドは、ゴルフをするには最高の環境が整っている。超一流選手の設計するゴルフコースが点在し、有名選手が主催するゴルフアカデミーも行われている。ぜひその すばらしさを実感してほしい。最初の数字はグリーンフィー。

おすすめのゴルフコース

メトロウエスト MetroWest
URL www.metrowestgolf.com
$39～69。ユニバーサルの北7kmの所にあり、プレイしやすい

ベイヒル Bay Hill Club & Lodge
URL www.bayhill.com（→P.245）

宿泊とセットで$265～。伝説のゴルファー、アーノルド・パーマー設計のゴルフ場。すべてにおいて超一流だが格式ばらないよさがある

グランド・サイプレス Grand Cypress
URL evermoreresort.com/golf
$145～165。ジャック・ニクラウス設計。WDWに近い

シングル・クリーク Shingle Creek
URL www.shinglecreekgolf.com（→P.243）
$99～251。コンベンションセンターに近い人気のコース

ミスティック・デューンズ Mystic Dunes
URL www.mysticdunesgolf.com
$39～69。攻略の難しさではトップクラス

アメリカでのゴルフの手順

コースの駐車場に到着すると、係員が荷物の出し入れを手伝ってくれる。バッグ1個に$3～5のチップを持参したい

どのコースにもあるプロショップでは、プレイレイするための用具や衣類が揃う。シューズは持参したい

受付はプロショップ。事前に予約が必要で、ウェブサイトで予約を。料金は前払い

練習もプロショップで申し込む。レシートに従ってボールの数が出ているコースのルールや注意点を聞く。10分前にはここにいるように

ティーグラウンドは自分で選べる。だいたい青、赤、白の3種類。くれぐれもムリをしすぎないように

目土がコースのところどころに置かれているので、ディボット跡は直しておく。気持ちよくプレイするためにはマナーを守るのが第一

プレイをしていると、飲み物のカートが何度も回ってくる。購入したら係員にはチップを。いらないときは"All Set."でOK

ゴルフ場によってはカートにコースの案内が表示される。便利

コース場のトイレ。セキュリティのため施錠されているが、カート内のキーがトイレのキーであることが多い

スターターの指示に従ってプレイを開始。コースのルールや注意点を聞く。10分前にはここにいるように

プロジェクションマッピングを駆使したマジックキングダム・パークの「ハッピリー・エバー・アフター」のショーは見逃せない

誰もが憧れる夢と魔法の世界

ウォルト・ディズニー・ワールド・リゾート
Walt Disney World Resort in Florida

MAP
P.180-
A2・3
P.182〜
183

娘を遊ばせながら「子供も大人も一緒になって遊べる場所を造りたい」と考えたウォルト・ディズニー。自らの夢をかなえたのが1955年に開業した南カリフォルニアのディズニーランドであり、夢の集大成が中央フロリダに誕生したウォルト・ディズニー・ワールド（＝WDW）だ。ウォルトの理想郷であるWDWは進化を続け、2021年に50周年を迎えた。

4つのテーマパークを中心に、ふたつのウォーターパーク、ふたつのエンターテインメントエリア、25以上の直営ホテルなどが山手線内の1.6倍の面積に点在し、現在でも成長を続けている。ここには、1週間かけても遊びきれないほどの夢と魔法が詰まっている。想像以上の大きさとウォルトが求めた理想の世界を体験していってほしい。

ディズニー・ハリウッド・スタジオのコミッサリー・レーンでかわいい衣装をまとったミニー

ウォルト・ディズニー・ワールド・リゾートのDATA&チケット料金

注意 WDW各パーク入園には予約が必要（2024年1月9日以降は不要）。チケットの価格は変動制であり、本書は2023年4月現在の情報

インフォメーション ☎(407)939-5277
直営ホテル予約 ☎(407)939-1936
[URL]disneyworld.jp（日本語）
[URL]disneyworld.disney.go.com（英語）
4パークの開園：毎日9:00～20:00（各パーク、季節や曜日により大きく異なるので、ウェブサイトで必ず確認を）

1日1パークチケット

チケットの日数分、4パークのいずれか1パークにその日のうちなら何回でも入場できる。使い始めの日によって料金が変わる。パークのはしごをするなら次のチケットが必要。

・パークホッパー・オプション

4パークのすべてに1日何回でも入園できるオプション。ふたつ目のパークは14時以降入園可能で、時間のかぎられた日本人旅行者は、このオプションがおすすめ。

・ウォーターパーク&スポーツ・オプション

4パークの1日1パークチケットに、ディズニー・タイフーン・ラグーン、ディズニー・ブリザード・ビーチ、ESPNワイド・ワールド・オブ・スポーツ・コンプレックス、オークトレイル・ゴルフコース、同ゴルフコースのフットゴルフ、ふたつのミニチュア・ゴルフコースに入園できる。チケットの日数と同じ回数入場できる。

・パークホッパー・プラス・オプション

上記の「パークホッパー・オプション」と「ウォーターパーク&スポーツ・オプション」が合わさったもので、1日複数パーク入場でき、ウォーターパークやスポーツ施設にも入園可。

チケット料金表

1日1パークチケット（英語の公式サイトで購入した場合の参考価格）

オプション	日数	1	2	3	4	5	6	7	8	9	10
1日1パークチケット	10歳以上	$109~189	$232~337	$341~496	$456~633	$492~707	$507~751	$523~771	$559~788	$583~803	$599~816
	3～9歳	$104~184	$223~328	$327~482	$438~615	$473~687	$487~730	$502~749	$538~765	$561~780	$577~793
パークホッパー	10歳以上のみの料金	プラス$59~93	プラス$75~85					プラス$85~95			
ウォーターパーク&スポーツ		–	プラス$70								
パークホッパー・プラス		プラス$79~113	プラス$95~105					プラス$105~115			

小数点以下切り上げ。1日チケットを除き、パークホッパー・オプションの有効期間はプラス2～4日間、パークホッパー・プラス・オプションはプラス3～5日間。1日チケットはパークホッパー・オプションの有効期間は1日間、パークホッパー・プラス・オプションは2日間

Column　WDW直営ホテルのすすめ

オーランド訪問の目的がWDWで遊ぶことだけなら、WDWの直営ホテルを断然おすすめする。移動が便利なだけでなく、さまざまなメリットがあるからだ。

特典1　ホテルのルームキーでWDW内の決済がOK

直営ホテルにチェックインするとルームキーが渡されるが、このルームキー1枚でWDW内でのショップやレストラン、クイックサービスの決済ができる。WDW内で支払いの際はクレジットカードや現金が不要というわけ。

特典2　ホテルのチェックイン&チェックアウトがアプリで可能に！ フロントに寄る必要なし！

アメリカ到着後、スマートフォンにMy Disney Experienceアプリをダウンロードしよう。直営ホテルの宿泊とリンクすれば、ホテルのチェックインとチェックアウトがフロントに寄らずにできたり、客室の開錠、各パークへのバスの時間も教えてくれるな

どとても便利。

特典3　アーリー・テーマパーク・エントリーとエクステンデッド・イブニング・テーマパーク・アワーズ

直営ホテル宿泊者は毎朝4パークに一般より30分早い入場が可能。また直営ホテルのデラックス・リゾート、デラックス・ヴィラや指定ホテルの宿泊者は、特定日、決まったパークに閉園から2時間長く滞在できる

特典4　レストランの先行予約

レストランの予約開始は60日前が基本だが、直営ホテル宿泊者は宿泊数分早く予約ができる

特典5　WDW内の移動が便利

直営ホテルなら各パークやディズニー・スプリングスにバスなどのWDW内の交通網で直接アクセスできる。閉園後もしっかりバスなどが運行されているので、最後まで遊ぶことができ、安心してホテルに帰れる

チケットの有効期間について　どのチケットやオプションも、1日チケットを除けば連続した日を使う必要はなく、使い始めの日から有効期間内に使い終えればよい。有効期間はチケットやオプションによって異なる

1日券を買う人へ

1日券を買うなら、パーク内のアトラクションやパレードの時間などもよく検討して、パーク単位の選択をするしかない。各パークともその日のうちなら再入場（Re-Entry）は可能

ウォルト・ディズニー・ワールドには4つのパーク以外にもさまざまな施設があり、移動距離や時間を考慮すると1日にふたつのパークを回るのはとても厳しい。最低でも1日1パーク回る計画を立てたい。それでも時間のない人は、初めに「何を見たいか、何を体験したいか」を先決しておこう。もし行きたい所が4つのパークにあり、3日滞在だったとしても3日間のチケットにパークホッパーのオプションをつけて、パークのはしごができるようにしておく。つまり「今日は、午後のパレードまでマジックキングダム・パークにいて、夕方からディズニー・ハリウッド・スタジオで遊ぼう」など、自分の好みと都合に合わせたスケジュールが組めるからだ。

ウォルト・ディズニー・ワールド・リゾートのオリエンテーション

Q. どんなパークがあるの？

A. 4つのパークとふたつのウォーターパーク、ふたつのエンターテインメントエリア、25以上の直営ホテルなどから構成されている。4パークは、動物と会えるパークの**ディズニー・アニマルキングダムDisney's Animal Kingdom**、ディズニー映画のエッセンスが詰まった**ディズニー・ハリウッド・スタジオDisney's Hollywood Studios**、人類の過去と未来、各国の文化を知ることのできる**エプコットEPCOT**、創設者の思いのこもった**マジックキングダム・パークMagic Kingdom Park**。ほかにも**ディズニー・ブリザード・ビーチDisney's Blizzard Beach**と**ディズニー・タイフーン・ラグーンDisney's Typhoon Lagoon**のウォーターパークがあり、**ディズニー・ボードウォークDisney's BoardWalk**と**ディズニー・スプリングスDisney Springs**にはショップやレストラン、ナイトスポットなどが集まり、各パークで遊んだあと夜おそくまで楽しめるエリアとなっている。

Q. そんなに広いところだと車がいるの？

A. 地図上は近くに見える隣のパークも歩いて行ける距離ではない。しかし、リゾート内は独自の交通システム（→P.198）が整備されているので、車がなくても大丈夫。直営ホテル滞在者へのサービスで、パーク閉園後も直営ホテルへはバスなどが運行されている。

Q. 何日あれば回りきれるの？

A. 4つのパークをひととおりクリアしたいなら最低5泊は必要。そのほかのパークや郊外にも足を延ばすなら最低7日間はほしい。

Q. ライトニング・レーンって何？

A. 従来のファストパス・プラスに代わるともいえるもので、待ち時間を短縮して入場できる優先レーン。ひとつのみ取得でき、次の取得は2時間後、またはアトラクション終了後に可能。なお、直営ホテル宿泊者は朝7時から購入・取得可能だが、一般客は入園後となる。インディビジュアル・ライトニング・レーンは有料（$7〜25）の優先レーンで、ディズニー・ジーニー・プラス（→次項）にも含まれないアトラクションの優先予約をすることができる（最大ふたつ）。

Q. ディズニー・ジーニーって何？

A. 好きなアトラクションやキャラクター、食べ物などを選ぶと、その人向けに効率的なスケジュールを作ってくれるサービス。待ち時間も教えてくれ、レストランの予約や食事のモバイルオーダーもできる。ディズニー・ジーニー・プラスは有料（$15〜29）でライトニング・レーンも利用できる。ほかにも、いくつかのポイントでとっておきの話（Audio Experience）を聴くことができ、ディズニー・フォトパスの無制限ダウンロードもできる。アクセスには有効なパークチケットが必要。

※ライトニング・レーン、ディズニー・ジーニー・プラスの対象アトラクションは URL disneyworld.disney. go.com/genie/lightning-lane/で確認を。また、当日現地でしか買えないので注意したい

notes **WDWのベストシーズン★** WDWが混雑するのは、11月のサンクスギビング近辺、クリスマスから年末年始、イースター、そして夏休み。比較的すいているのが5月半ば、10〜11月上旬。

Q. ディズニーのアカウントって何?

A. ディズニーのテーマパークへ行くならウェブサイトからアカウントを作っておきたい。アカウントからパークチケットの購入(アカウントなしでもパークチケットは購入可)や直営ホテルの予約、レストランの予約などができる。まず URL StartYourDisneyExperience.comにアクセスして、上の"Sign In or Create an Account"をクリックして必要情報を入力していく。ディズニーアカウントの作り方は URL lumiere-a.akamaihd.net/v1/documents/parksresorts_park_reservations_72607ee4.pdf で詳しく解説して

いる。アメリカに着いたらスマートフォンに My Disney Experienceアプリをダウンロードして、前述のディズニー・ジーニーにアクセスしてみよう。ディズニー・ジーニー・プラス(有料)は有効なパークチケットがある場合、当日購入して利用できる。

Q. WDWを楽しむコツを教えて!

A. 「早起きは三文の徳」はまさにそのとおり。早朝から動き回る人は意外に少ない。できれば開園時刻の40分前にはゲートに到着して混雑しそうなものからクリアしていこう。

ＷＤＷを３日間で遊ぶモデルプラン

※本来は「1日1パーク」で旅程を組みたいけれど、時間がない場合のプラン。あくまでも参考程度に

▼ 出発前に
現地で効率よく回るために日本での準備は欠かせない。まず、カレンダーの確認→ディズニーアカウントの作成→チケット購入(パッケージ参加者はチケット番号を入手)→大まかなスケジュールを組む→細部をつめる(ショー、パレード、キャラクター・グリーティングの時間などを確認)。キャラクター・ダイニングは、60日前から受け付けている。

▼ 1日目
8:30 エプコットへ
直営ホテル宿泊者ならアーリー・テーマパーク・エントリーの特典を利用して入園し、ガーディアンズ・オブ・ギャラクシー:コズミック・リワインドへ。次にテスト・トラックを。
11:00
ワールドショーケースをメキシコ館から回り、列が短かければノルウェー館のフローズン・エバー・アフターを。途中ランチを。
13:30
アメリカン・アドベンチャー館でアメリカ建国の歴史を鑑賞後、インターナショナル・ゲートウェイからディズニー・スカイライナーに乗る。
15:00 ディズニー・ハリウッド・スタジオへ
ディズニー・ジーニー・プラス

を活用してミッキーとミニーのランナウェイ・レイルウェイを。
17:00
ハリウッドスターのミッキーとミニーとグリーティング。その後トイ・ストーリーランドでスリンキー・ドッグ・ダッシュをクリア。
19:30
時間があれば、ロックン・ローラー・コースター。夕食。
21:00
ファンタズミック!鑑賞。

▼ 2日目
7:30 ディズニー・アニマルキングダムへ
パンドラ:ザ・ワールド・オブ・アバターはまるで映画の世界。ナヴィ・リバー・ジャーニーで熱帯雨林の森を満喫。
9:00
キリマンジャロ・サファリをクリア。次はフェスティバル・オブ・ライオン・キングを鑑賞。
11:00
エクスペディション・エベレストで絶叫。列が長ければマハラジャ・ジャングル・トレックか、フェザード・フレンズ・イン・フライト!で鳥のショーを。予約を入れたヤク&イエティ・レストランでランチ。
13:00
ファインディング・ニモ:ザ・ビッグ・ブルー・アンド・ビヨンドの心あたたまるショーのあとは、サファリルックのミッキーとミニーとグリーティング。

16:30 エプコットへ
ワールド・ネイチャーのソアリンをクリア後は、シー・ウィズ・ニモ&フレンズやオーサム・プラネットなどクリアしやすいものを。夕食はコネクションズ・カフェがオススメ。
21:00
エプコットのショーを鑑賞。

▼ 3日目
8:30 ディズニー・ハリウッド・スタジオへ
注目度No.1のスター・ウォーズ:ギャラクシーズ・エッジを目指し、スター・ウォーズ:ライズ・オブ・レジスタンス、続いてミレニアム・ファルコン:スマグラーズ・ランは並んででもクリアしたい。
12:00
インディ・ジョーンズ・スタント・スペキュタクラーのショーを鑑賞後、フィフティーズ・プライム・タイム・カフェなどでランチ。
14:30 マジックキングダム・パークへ
トゥモローランドに近いハブの所でパレードの待機。
15:00
ディズニー・フェスティバル・オブ・ファンタジー・パレード鑑賞。
17:00
インディビジュアル・ライトニング・レーンを活用してトロン・ライトサイクル・ランを。
20:00
ホール・オブ・プレジデンツでアメリカらしさを感じて、コロンビア・ハーバー・ハウスのクラムチャウダーに舌鼓。
21:00
ハッピリー・エバー・アフターのショーで締めくくり。

※ホテルはディズニーの直営。チケットは3デー・パークチケットにパークホッパーのオプションを付けたものを購入。毎朝7時に希望のライトニング・レーンの予約を。なお、ショーやパレードの実施日、時間は必ず確認を。
URL disneyworld.disney.go.com

 notes 旅先でも時は金なり★現地でさらに効率的に回りたいのなら、有料となるがディズニー・ジーニー・プラスやインディビジュアル・ライトニング・レーンの購入を。より多くのアトラクションを楽しめる。

<WDWの交通機関> 広大なウォルト・ディズニー・ワールド・リゾートを効率よく回るためのウォルト・ディズニー・ワールド・トランスポーテーション・システム徹底解説

広大な敷地を誰もが簡単に移動できるよう、WDW独自の交通システムが整っている。モノレール、フェリー、ボート、ゴンドラ（ディズニー・スカイライナー）、バスが4つのテーマパークとふたつのウォーターパーク、ディズニー・スプリングス、すべての直営ホテルなどを結んで、頻繁に運行している。直営ホテル滞在者のためのサービスではあるが、テーマパーク間の移動など直営ホテル滞在者でなくても使うことができ、WDW内は車いらずだ。

これらの交通機関は各施設の開園45分前から、閉園1時間後まで運行されている。テーマパークやディズニー・スプリングス、各直営ホテルのバス乗り場には、交通機関の運行状況を表示した案内があるので、最新情報はこれで確認しよう。

なお、ピーク時は普段以上の時間がかかる場合があるので、移動には時間に余裕をもつこと。また、交通機関は変わる可能性もあるので、現地で必ず確認を。

TTCとディズニー・スプリングス・トランスファーセンターについて

マジックキングダム・パークの湖を挟んだ南に位置する**トランスポーテーション&チケットセンター Transportation & Ticket Center** (MAP P.182-B1)、略して**"TTC"**とディズニー・スプリングスの西側（シルク・ドゥ・ソレイユの劇場の西）にある**ディズニー・スプリングス・トランスファーセンター Disney Springs Transfer Center**は、路線バスのリンクスLynxやタクシーの乗り場であり、WDW外のホテルが運行するWDWへのシャトルバスのドロップオフ&ピックアップ場所にもなっている。直営ホテル外の人にとっては重要な場所（ホテルによってはシャトルが各パークへ直接乗り入れる）。TTCには駐車場もあり、直営ホテル滞在者でない人はここに車を止めて、WDWの交通機関を使ってテーマパークへアクセスする。

ウォルト・ディズニー・ワールド・トランスポーテーション・システム　アクセス早わかり表

各パーク間アクセス　出発地点	行き先	マジックキングダム・パーク (MK)	エプコット	ディズニー・ハリウッド・スタジオ (DHS)	ディズニー・アニマルキングダム (DAK)	ディズニー・スプリングス (DS)	ディズニー・タイフーン・ラグーン	ディズニー・ブリザード・ビーチ
マジックキングダム・パーク (MK)			バスorモノレールorフェリー→TTC→モノレール	バス	バス	コンテンポラリーまで歩く→バス	コンテンポラリーまで歩く→バス→DS→バス	コンテンポラリーまで歩く→バス
エプコット		モノレール→TTC→モノレールorフェリー		ディズニー・スカイライナー	バス	バス→R→バス	バス→R→バス→DS→バス	バス→AK→バス
ディズニー・ハリウッド・スタジオ (DHS)		バス	ディズニー・スカイライナー		バス	バス→R→バス	バス→R→バス→DS→バス	バス→AK→バス
ディズニー・アニマルキングダム (DAK)		バス	バス	バス		バス→R→バス	バス→R→バス→DS→バス	バス
ディズニー・スプリングス (DS)		バス→R→バス	バス→R→バス	バス→R→バス	バス→R→バス		バス	バス→R→バス
ディズニー・タイフーン・ラグーン		バス→DS→バス→R→バス	バス→DS→バス	バス→DS→バス	バス→DS→バス	バス		バス→DS→バス
ディズニー・ブリザード・ビーチ		バス→AK→バス	バス→AK→バス	バス→AK→バス	バス	バス→R→バス	バス→R→バス→DS→バス	

TTC:トランスポーテーション&チケットセンターで乗り換え　R:いずれかのリゾートホテル（直営ホテル）で乗り換え。DS:ディズニー・スプリングスで乗り換え。DAK:ディズニー・アニマルキングダムで乗り換え。4テーマパーク間のバスは13:30以降の運行

notes 移動に便利なミニー・バン★ WDW内を走るミニー・バンは、配車サービスのリフトLyftがディズニーＣと提携して走らせているもので、急いでいるときにとても便利。Lyftのアプリをダウンロードしておこう。

各パークに交通乗り場の案内板があり、とてもわかりやすい

WDW の交通機関のなかで最も利用頻度が高いのがバス。各パークと直営ホテルなどを結ぶ

ディズニー・ハリウッド・スタジオやエプコットへの移動にも便利なゴンドラ式のディズニー・スカイライナー。頻繁に運行されている

リゾート内の移動に便利なミニー・バン。配車サービスのリフト Lyft のアプリをダウンロードして呼び出す。キャラクター・ブレックファストなどのときに便利

ネイバーフッドホテルのローゼンイン・レイク・ブエナビスタから WDW へのシャトル。周辺のホテルからもこのようなシャトルが運行されている

直営ホテルの案内表示。各パークへの次のバスの出発時刻が表示される

Column 現地でアプリをダウンロード、パークに入ったら日本語マップを入手

　ウォルト・ディズニー・ワールドを楽しむためには、アメリカに到着したら、ウォルト・ディズニー・ワールド・リゾートのアプリ、My Disney Experience のダウンロードは必須。直営ホテルのルームキー、ダイニングの予約、ディズニー・ジーニー、ライトニング・レーンの取得に加えて、スタンバイの待ち時間、ショーやパレードの時間、キャラクター・グリーティング、当日空きがあればレストランの予約、モバイルオーダーもできて、現地で効率的に動ける。さらにパーク間やホテルの移動の交通機関の検索も簡単にできる。

　パーク内では各テーマパークに用意されている日本語のガイドマップが便利。マップはスマートフォンでは見にくいが、ガイドマップなら一目瞭然。外国語ガイドマップは各パークの入口近くに用意されている。現地ではこのふたつを使いながら回りたい。

4パークの入口近くには各国語のガイドマップが用意されている。これを入手しよう

 4パークからディズニー・スプリングスへの行き方★各パークからディズニー・スプリングスへはどこかのホテルを経由しなければならないが、ディズニー・サラトガ・スプリングス・リゾートへ行き、そこから歩けば早い（約15分）。

映画『アバター』のテーマエリアがすばらしい

MAP
P.182
-A2

ディズニー・アニマルキングダム

Disney's Animal Kingdom

４つのテーマパークのなかで最も広大な敷地を有する、動物たちの楽園のようなパーク。園内は７つのテーマエリアに分かれ、中では300種以上、約2000匹の動物たちがのんびりと過ごしている。さらに、太古の恐竜をはじめとして、サバンナに生きる珍獣や絶滅寸前の動物たちとも触れ合えるアトラクションやショーが満載。これらのアトラクションをとおしてディズニーの取り組みや環境保護、動物などの生きものたちについて学び、私たちに何ができるかを考えてみよう、というディズニーのメッセージが込められているパークだ。

パ ー ク 案 内

パンドラ：ザ・ワールド
オブ・アバター
Pandora - The World of Avatar

映画『アバター』の楽園をイメージして造られたエリア。パンドラの浮遊する岩、熱帯雨林を思わせる植物など、映画の世界に紛れ込もう。夜は夜光植物が幻想的な輝きを放つ。

アバター・フライト・オブ・パッセージ
Avatar Flight of Passage ★ ◆ 4D

初めはあなたがナヴィに変身。3Dめがねを付け、バンシーに乗っていざパンドラの世界へ。次々に展開される壮大なパンドラの景観は見応えがあり、飛翔感、浮遊感、スピード感、急降下と急上昇など新体感の連続だ。爽快感もある。三半規管が弱い人は注意を。身長制限112cm以上。

アバターの最新アトラクションは抜群の人気。ライトニング・レーンを活用しよう

notes | アイコンの説明★ ■ スリルライド ◆ モーションシミュレーター 3D 3D ♪ ミュージカル
♡ スローライド ◆ ウオーク（展示） 4D 4D ● ショー

ナヴィ・リバー・ジャーニー
Na'vi River Journey ♡

パンドラの植物や動物は、暗くなると活動的になる。神秘的な色に輝く世界をボートに乗って探検する。ナヴィたちも喜びを歌で表現して、異星からの訪問者を歓迎してくれる。

神秘的なパンドラの世界を探検できる

アフリカ
Africa

ハランベ村を中心に広がるジャングルやサバンナが再現された、アフリカそのものといったエリア。ここでは、アドベンチャー気分を満喫できるアトラクションを楽しもう。

キリマンジャロ・サファリ
Kilimanjaro Safaris ♡

32人乗りのサファリトラックに乗り込んで冒険旅行に出発！　広大な自然のなかで生活する本物のキリン、ゾウ、ライオンなどの動物たちの姿を間近で見ることができる。サファリトラックで行くでこぼこ道は、エキサイティングでスリル満点。活発な動物たちがとても印象的だ。

さまざまな動物に遭遇できるが、百獣の王ライオンを見られる可能性もある

フェスティバル・オブ・ザ・ライオン・キング
Festival of the Lion King ♪

大ヒット映画『ライオン・キング』のミュージカルショー。シンバ、ティモン、ブンバが軽快な音楽にのって登場。色とりどりの衣装を身にまとったキャストたちが、エネルギッシュなパフォーマンスを披露する。歌手たちの力強い歌唱力に加え、アクロバティックな演技は必見。生きているような動物たちの表情など見応えたっぷりで大人も子供も楽しめる。約30分。

セットも衣装もとても華やかで、ライオン・キングの世界に引き込まれる

ゴリラ・フォール・エクスプロレーション・トレイル
Gorilla Falls Exploration Trail 👣

東アフリカの熱帯雨林を再現したトレイルを歩きながら、おもにアフリカ東部にすむゴリラ、カバ、ミーアキャット、カラフルな鳥など珍しい動物たちに出合える。

アジア
Asia

東南アジアのうっそうとした熱帯雨林とエベレストのベースキャンプとなる村を再現したエリア。古代宮殿の遺跡や石像などがあり、どことなくエキゾチックな雰囲気が漂う。

エクスペディション・エベレスト
Expedition Everest 🎴

平地続きの中央フロリダで屈指の高さを誇るエベレストの山。その雪山を走り抜けるジェットコースターには、約34mの急降下や、雪男イエティとの遭遇など、スリルたっぷりの仕掛けがたくさん詰まっている。絶叫せずにはいられないスリルライドをぜひ試してみよう。身長制限112cm以上。

ウォルト・ディズニー・ワールド・リゾート（ディズニー・アニマルキングダム）

カリ・リバー・ラピッド
Kali River Rapids ☀

　円形のいかだに乗って激流下りを楽しむ、ウォーターライド。チャクラナディ川は想像以上に荒れ狂い、水しぶきも激しい。ずぶぬれ覚悟で挑戦しよう。身長制限97cm以上。

マハラジャ・ジャングル・トレック
Maharajah Jungle Trek 📄

　アジア固有の動物たちが揃ったトレイルを巡ってみよう。動物たちをガラス越しに見ることができ、なかには絶滅危惧種の動物もいる。注目は何といってもベンガルトラ。いつもマイペースで、昼寝をしていることが多い。そのほか50種類以上の美しい鳥やバク、コウモリ、コモドオオトカゲなどもいる。

フェザード・フレンズ・イン・フライト！
Feathered Friends in Flight! 🌐

　カラフルでエキゾチックな世界の鳥がさまざまな技を披露する。ステージや観客の頭上を旋回したり、走り回ったり、芸達者は言葉を喋るし、歌も歌う。彼らの賢さには脱帽だ。鳥の習性についても解説する。

観客も一緒に鳥たちの芸を演出する

ディスカバリー・アイランド
Discovery Island

　ディズニー・アニマルキングダムの真ん中に位置する緑いっぱいのエリア。ツリー・オブ・ライフ **Tree of Life** は、ディズニー・アニマルキングダムのシンボル。高さが44mあり、根元の太さが15m。幹には300以上の動物たちが彫り込まれている。

イッツ・タフ・トゥー・ビー・ア・バグ！
It's Tough to be a Bug! 4D

　アリを主人公にした映画『バグズ・ライフ』をもとに生まれた3Dショー。映画の主人公であるフリックとホッパーと一緒に冒険旅行に出発だ。バグズアイと呼ばれる、3D用のめがねをかければ、準備は完了。昆虫になった気分でミクロの世界をリアルに体験できる。ところで、その昆虫たちはとてもイタズラ好き。ボーッとしないよう注意してね。

ディズニー・アニマルキングダムのシンボルの木。よく見てみよう

昆虫たちは予想外の動きを

アドベンチャー・アウトポスト
Adventures Outpost

　サファリルックのミッキーとミニーとキャラクター・グリーティングできる所。探検本部にはふたりが世界を旅して集めた思い出の品が飾られていて、それらを見るのも楽しい。サファリルックのふたりはここだけだから貴重！

voice ミッキーのサファリルックは2種類★タスカーハウスでキャラクター・ダイニングのあと、アドベンチャー・アウトポストでもミッキーに会ったが、同じサファリルックでも衣装が違っていた!!（神奈川県・のぶ '22）

ダイノランド USA
DinoLand USA

時空を超えて恐竜たちが生息する世界に行ってみよう。恐竜の化石発掘現場そっくりに造られたアスレチックや、滑り台などがあるボーンヤード、今までに発見されたティーレックスのなかで最大の大きさを誇るダイナソーなどの展示もある。

ダイナソー
Dinosaur ❋

タイムマシンに乗り込んで、6500万年前にタイムスリップ。絶滅寸前の恐竜たちを救う冒険旅行に出発だ。どう猛なカルノタウルスが襲いかかってきたり、隕石が飛んできたりと何か起こりそうな予感……。まっ暗闇のなか、どこから襲われるかわからない恐怖と闘いながら、果たして無事に恐竜たちを救うことはできるのか!? 身長制限102cm以上。

絶滅の危機に瀕した恐竜を救い出そう

ファインディング・ニモ:ザ・ビッグ・ブルー・アンド・ビヨンド!
Finding Nemo-The Big Blue... and Beyond! ♪

大ヒット映画『ファインディング・ニモ』をモチーフにしたミュージカルがスケールアップして再登場。

海の中で繰り広げられるニモとお父さん、そして愛らしい仲間たちの世界をステージで見事に再現。おなじみの映画のストーリーを、ディズニーがミュージカル仕立てに演出。オリジナルの歌と踊り、きらびやかな衣装と舞台装置、観客を巻き込んでの、カラフルな珊瑚礁の舞台と魚たちのパフォーマンスを楽しもう。所要約25分。

映画に登場するキャラクターたちがいっそう身近に感じられるショーだ

トリケラトップ・スピン
Tricera Top Spin ❋

4人乗りのトリケラトップに乗り込むと、ふんわり上下移動を始め、くるくると回転を。外からはかわいらしいコマが回っているよう。回転の連続に目が回りつつも、不思議な仕掛け見たさに、また乗ってみたくなる。小さな子供もOK。

子供も大喜びのライド

Column タスカーハウス・レストランのキャラクター・ダイニング

ドナルド隊長をはじめデイジーやグーフィー、そしてミッキーのサファリルック姿が見られることから、人気の高いキャラクター・ダイニング。キャラクターはひとりずつすべてのテーブルを回ってくれるので、しっかり記念撮影もできる。レストランはバフェスタイル。ペストリーをはじめアフリカ料理がおいしいことでも知られ、名物のスモークハムやバターピラフ、焼きバナナなど珍しい料理をご賞味あれ。

オーランド

ウォルト・ディズニー・ワールド・リゾート(ディズニー・アニマルキングダム)

ミッキーとミニーのランナウェイ・レイルウェイなど新しいアトラクションで注目を浴びているディズニー・ハリウッド・スタジオ

MAP
P.182
-B2・3

スター・ウォーズのテーマエリアはまさに圧巻

ディズニー・ハリウッド・スタジオ

Disney's Hollywood Studios

　　ディズニー映画やディズニーのテレビ番組を見て大人になった、そんな人たちに
断然人気があるのがディズニー・ハリウッド・スタジオ。規模はエプコットやマジッ
クキングダム・パークより小さいが、ディズニーとピクサー映画のエッセンスがギッ
シリ詰まったその充実ぶりには目を見張るものがある。2018年にはおもちゃ箱
をひっくり返したようなトイ・ストーリーランドが、2019年秋には世界のスター・
ウォーズ・ファン待望のスター・ウォーズ：ギャラクシーズ・エッジのエリアがオー
プンした。惑星バトゥーの貿易港ブラック・スパイア・アウトポストの世界観もさ
ることながら、カイロ・レンやチューバッカが歩いていたり、ストームトルーパー
の行進が始まったりと、スター・ウォーズがより身近に感じられる所となっている。

◆━━━━━━━━━━ パ ー ク 案 内 ━━━━━━━━━━◆

スター・ウォーズ：ライズ・オブ・ザ・レジスタンス

Star Wars: Rise of the Resistance 🔲◆🌐

　　ゲストはレジスタンスに入隊する新兵の
一員。レジスタンスの基地からオーガナ将
軍のいる秘密基地目指して輸送船に乗り込
むが、ファースト・オーダーの宇宙船スター・
デストロイヤーに捕まってしまう。間一髪
のところでレジスタンスの部隊が現れて、
予想もつかない全方向からの激しい攻撃が

始まる。無事脱出できるのか？　ストーリー
仕立てのこれまでにない新感覚アトラク
ションだ。身長制限102cm以上。

WDWのアトラクションの
なかで屈指の人気を誇る
スター・ウォーズ：ライズ・
オブ・ザ・レジスタンス

 notes　アイコンの説明★　🔲 スリルライド　　◆ モーションシミュレーター　3D 3D　♪ ミュージカル
　　　　　　　　　　　💙 スローライド　　🚶 ウオーク（展示）　　4D 4D　　◎ ショー

ミレニアム・ファルコン：スマグラーズ・ラン
Millennium Falcon: Smugglers Run

宇宙船ミレニアム・ファルコンに乗り込み、惑星コレリアへのミッションの開始だ。ゲストはパイロットやエンジニアなどそれぞれ役割を担当し、執拗なまでのファースト・オーダーからの攻撃を回避しながら進む。ワープや乱気流、急なターンなど臨場感もたっぷり。ミレニアム・ファルコンの内部もファンにはうれしい！　身長制限97cm以上。

ミレニアム・ファルコン：スマグラーズ・ランは予想もつかないライドと評判

© 2023 Disney © & TM 2023 Lucasfilm Ltd.

ロックンローラー・コースター
Rock'n Roller Coaster Starring Aerosmith

ロックバンドのエアロスミスが演出した、高速絶叫の屋内ライドだ。一気に高速に達して、迷路へ飛び出していく。ロックにのって、宙返りやスピンで"HOLLYWOOD"の看板をくぐり抜けるなど、アクロバティックな走行に絶叫の連続だ。コンサートに誘われるストーリー仕立てになっている。身長制限122cm以上。

ひと工夫凝っている絶叫コースター

トワイライト・ゾーン・タワー・オブ・テラー
The Twilight Zone Tower of Terror

かつては華やかだったハリウッドのホテルも、今はその面影もなく無気味な姿をさらしている。エレベーターに乗ったはずなのに、ホテルで行方不明になった人たちに誘われて異次元の空間をさまよう私たち。そして、エレベーターはあるはずのない13階から一気に落下！　この落下＆上昇するタイミングの絶妙さが、ディズニーならではは。絶対体験すべきアトラクション。身長制限102cm以上。

WDWはスケールが違う！

ファンタズミック！
Fantasmic!

湖を背景にした大スタジアムで上演される必見のショー。水とレーザー光線と花火とが織りなす夢のステージだ。ミッキーが魔法使いとなって巨大ドラゴンと対決する。水のスクリーンの演出に加え、おなじみのディズニーキャラクターも総登場。上演は約30分間だが、開場は基本的に90分前から。夕食持参で開演を待つ人も多い。

スター・ツアーズ：アドベンチャー・コンティニュー
Star Tours : The Adventures Continue

映画のさまざまなシーンがちりばめられ、乗るたびに違うシーンに遭遇できる

フライト・シュミレーター型の3Dアトラクション。新しい宇宙旅行も大迫力だ。宇宙基地を出発し、氷山のすきまや巨木の生い茂る森を猛スピードで抜け、無数の隕石を避けながら進軍する。攻撃にはビーム光線で対抗だ。『スター・ウォーズ』シリーズの場面をランダムに組み合わせた映像は臨場感たっぷりで、ハラハラ、ドキドキしっぱなし。身長制限102cm以上。

© & TM Lucasfilm Ltd.

インディ・ジョーンズ・スタント・スペクタキュラー！
Indiana Jones Epic Stunt Spectacular!

　ジョーンズ博士が数々の災難に見舞われながらも大活躍。まるで映画が現実であるかのように、息つく間もないアクションシーンが次々と演じられるショーだ。おもしろいのは観客から選ばれたゲストも衣装に着替え、アクションシーンのエキストラ（？）として参加すること。なかには役者並みの演技者もいる

ので、笑いと拍手で観客も一緒になって楽しめる。

大迫力のスタントショーだ
© & TM Lucasfilm Ltd.

『美女と野獣』ライブ・オン・ステージ
Beauty and the Beast - Live on Stage ♪

　ディズニーの名作映画『美女と野獣』のミュージカルショー。ブロードウエイに勝るとも劣らない完成度だ。場所はサンセットブルバードにある屋根付きの野外劇場。座席は開演30分前に開放される。約30分間のステージ。

ベルの気分になることのできるすてきなミュージカル

ミッキーとミニーのランナウェイ・レイルウェイ
Mickey & Minnie's Runaway Railway ♥

　グーフィーが運転する蒸気機関車に乗ってさあ出発。ドライブ中のミッキーとミニーと並走しながら、炭鉱、アメリカの大西部、遊園地などの車窓を楽しんでいく。途中滝壺に落ちたり、工事現場の振動や劇場でワルツを体験するなどバラエティに富んだアニメーションの展開が楽しい。めがねのいらない最新技術を駆使した2.5次元体感型ライド。

ミッキーとミニーの新アトラクションはチャイニーズシアターで

リトル・マーメイドの旅
Voyage of the Little Mermaid ♪

　映画『リトル・マーメイド』の短編ミュージカル。人やパペットの演技に物語の映像を重ね、独創的な世界観を生み出している。アリエルのせつない歌声が琴線に触れ、魚たちの陽気なダンスに心も弾む。深海を表現した舞台装置や天井の仕掛けはまさにディズニー・マジック。多角的に楽しめるステージを満喫したい。

ウォルト・ディズニー・プレゼンツ
Walt Disney Presents

　夢と魔法の王国を造り上げたウォルト・ディズニーの生涯を紹介するウオーキングツアー。ウォルトはなぜ夢の世界を目指したのか？　彼の知られざる努力とは？　五感に訴える演出での解説を体感し、ディズニーへの理解を深める。ここでしか聞けない実録インタビューや最後に上映される生涯を追った短編映画（15分間）も楽しみだ。

スリンキー・ドッグ・ダッシュ
Slinky Dog Dash ✦

　子供も楽しめるトイ・ストーリーランドのマスト。胴がコイル状になっているスリンキー・ドッグのコースターは、ウキウキするような色使いでかわいらしい姿。しかし、子供向けとあなどってはいけない！　お得意のツイストで、スリリングな動きに。また乗りたくなると評判。身長制限97cm以上。

スリンキーのコースターは老若男女に人気

© 2023 Disney/Pixar. Slinky Dog © Just Play LLC

As to Disney artworks, photos, logos and properties: ©2023 Disney

トイ・ストーリー・マニア！
Toy Story Mania! `3D`

3Dのめがねをかけ、ウッディたちの活躍する『トイ・ストーリー』の世界へ！ 思わず力が入ってしまうシューティングタイプのアトラクションで、大砲を撃ち落とすと高得点になる。ゲーム展開が毎回違い、人気。

3Dめがねをかけて高得点を狙おう

Inspired by Disney・Pixar's *Toy Story* © 2023 Disney/Pixar

生まれてはじめて：
シング・アロング・セレブレーション
For the First Time in Forever:A Frozen Sing-Along Celebration ♪

美しい映像とキャストの演技、そして観客と一緒に作り上げるライブショー。ふたりの語り部を中心に、映画のストーリーに沿って進んでいく。衣装はもちろん、舞台装置も細部にわたって工夫が凝らされ、次々と変化するステージに圧倒される。劇場が一体となって、おなじみの『Let It Go』（英語の字幕付き）を歌ったあとの、フィナーレは感動もの。特に雪と氷の演出が秀逸。

マペットビジョン 3D
Muppet ★ Vision 3D `3D`

マペット（あやつり人形）たちの生きいきとした姿を触覚、視覚、聴覚、嗅覚を使ってよく見てみよう。子供だましか……なんてとんでもない、その特殊効果に驚かされる。スクリーン以外にも注目を。劇場は広く、一度に多数のゲストを収容できるので、待ち時間も少なくて済む。17分間。

Column テーマパークにも負けない楽しさ！
WDWのふたつのウォーターパーク

ディズニー・ブリザード・ビーチ
Disney's Blizzard Beach `MAP` P.182-A3

フロリダが大雪に見舞われて誕生したビーチ（？）

常夏のフロリダを突然の大雪が襲い、その雪が解けてできあがったという伝説をもつウォーターパーク。ぜひチャレンジしてほしいのが、スリル満点のスライダー。スキーのジャンプ台が急降下のスライダーになるなど、絶叫マシンと異なって生身の体で体験するだけに、そのオソロシサはハンパではない。まずは心の準備から。

ディズニー・タイフーン・ラグーン
Disney's Typhoon Lagoon `MAP` P.183-C2・3

台風に襲われた南太平洋の小さな島。海は荒れ、台風が過ぎ去り、船が火山に打ち上げられた島は、熱帯雨林のジャングルや美しく澄んだ海に、珊瑚礁や熱帯魚がすむ楽園だった……。そんなコンセプトをもとに誕生したウォーターパーク。スライダーはもちろん、サーフィンができるプール、水のジェットコースターと評判のクラッシュン・ガッシャーなどがある。

ディズニー・タイフーン・ラグーンは難破船が目印。恐怖のスライドが人気

ウォルト・ディズニー・ワールド・リゾート（ディズニー・ハリウッド・スタジオ）

春に開催されるエプコット・インターナショナル・フラワー＆ガーデン・フェスティバルでは、いつもとは違うキャラクターのトピアリーが見られる

人類の最新技術と世界旅行を体感する

エプコット

EPCOT

MAP P.182 -B2

ウォルト・ディズニー・ワールドで 2 番目に誕生したテーマパークがエプコットだ。これは「Experimental Prototype Community Of Tomorrow ―未来社会の実験的なモデル」の頭文字から名づけられたもの。パークは、過去・現在・未来の世界を体験できる 3 つのワールドと、短時間で世界旅行が楽しめるワールド・ショーケースの 4 つに分かれている。

ディズニーが示した、科学と世界を楽しむという新しいテーマパークのあり方は、その後世界中のテーマパークに大きな影響を与えている。

パーク案内

ワールド・ディスカバリー／ワールド・セレブレーション／ワールド・ネイチャー
World Discovery/World Celebration/World Nature

宇宙、エネルギー、海洋、大地の恵みなどをテーマに、人類の過去と現在、未来が映し出されているエリア。世界の最先端技術や環境保護への取り組みが、アトラクションやライドとして楽しめるエリアになっているというわけ。

ソアリン
Soarin ◈ 4D

カリフォルニアの空中旅行で好評を博した「ソアリン」が、スケールアップして登場。今度の旅は世界がデスティネーションだ。座席が上がると、旅のスタート。エベレスト や北極、ドイツのノイシュバンシュタイン城、中国の万里の長城、アメリカ大西部のモニュメントバレーやパリのエッフェル塔など、世界の名所をハンググライダーに乗ったように空から見学する。そして、最後に戻ってくるのは……。五感を研ぎ澄まして鳥になったように楽しもう。身長制限102cm以上。

notes 開園は北側から★エプコットではワールド・ショーケースよりエコーレイク北の正面入口側のエリアの開園時刻が早い。北側 3 つのエリアを先に回る計画を立てよう。

テスト・トラック
Test Track ◼

　新車開発用の走行テストコースをイメージしたアトラクションで、WDWでも屈指の人気を誇る。自分で自動車をカスタマイズできる楽しみがあり、選択は日本語でもできる。雨や雪のなかのテスト走行などを自分の好みの車で走り抜ける爽快感を体験しよう。体感速度は最高105kmまで達して、かなりのスリル。身長制限102cm以上。

テスト・トラックは日本語での案内を選ぶこともできる

ミッション：スペース
Mission: SPACE ◼ ◉

　ふたつのレベルがある宇宙旅行体験アトラクション。火星に向かう宇宙船X-2の操作に挑戦できるオレンジ（112cm以上）と地球を1周するグリーン（102cm以上）があるから、どちらかを選ぼう。オレンジは4人グループでX-2に乗り込み、それぞれに与えられた指令（ミッション）を果たさなくてはならない。大気圏脱出にかかる "G" に耐えながらの任務遂行はなかなか困難だ。指令に合わせて、ボタンを押して任務を完了する。大気圏脱出時上半身にかかるGは想像以上に強力。覚悟のほどを。

オレンジはかなりGがかかるので注意。気になる人はグリーンがおすすめ

ガーディアンズ・オブ・ギャラクシー：コズミック・リワインド
Guardians of the Galaxy：Cosmic Rewind ◼

　映画『ガーディアンズ・オブ・ギャラクシー』の仲間とともに宇宙船に乗って銀河を救うミッションを遂行する。星空しか見えない宇宙を駆け抜けるはずが、光の戦闘機に襲われる！　攻撃から避けるために宇宙船が360度回転するなど、これまでにない動きがエキサイトでスリリング。ミッションを終えるとガーディアンズがお礼のあいさつをしてくれる。

未曾有の体験と評判の新アトラクションだ

シー・ウィズ・ニモ＆フレンズ
The Seas with Nemo & Friends Attraction ♥ ◉

　この館はパビリオン全体が巨大な水族館になっている。その中を貝殻のライドに乗って映画『ファインディング・ニモ』のキャラクターたちを見ていくのだが、キャラクターたちが本物の海の生物の間を泳ぐというのがオドロキ。もうひとつ人気のアトラクションが、**タートル・トーク・ウィズ・クラッシュ Turtle Talk with Crush**。ニモの仲間であるカメのクラッシュがスクリーンに登場し、観客と楽しくおしゃべりをする。ちょっと忘れっぽいけどおちゃめな、映画『ファインディング・ドリー』の主役ドリーも登場する。

ライド、トーク、水族館とアトラクションが盛りだくさん

 notes　世界のコーラが味わえる★ワールド・セレブレーションに、世界各地のコカ・コーラ社が作った多種多様なコーラを飲むことができるクラブ・クールがある。ドリンクは無料。

ジャーニー・イントゥ・イマジネーション・ウィズ・フィグメント
Journey Into Imagination With Figment ❤

イマジネーションのなかへと旅に出るライドアトラクション。イメージの世界だけに、変化に富んだ、とんでもない状況が次々と巻き起こる。暗闇を突進してくる列車に驚かされたり、キッチンの天井を逆さまになって走り抜けたり、ホント不思議。

ディズニー/ピクサー・ショート・フィルム・フェスティバル
Disney & Pixar Short Film Festival 4D

ディズニーとピクサーの短編アニメ映画3本が4Dで鑑賞できる。キュートな初期のミッキーがスクリーンから飛び出してきて大活躍。ピクサーのキャラクターが笑わせてくれたり、英語がわからなくても楽しめる。壁のイラストもお見逃しなく。

スペースシップ・アース
Spaceship Earth ❤

エプコットのシンボルである巨大な銀色の球体の中には、人類のコミュニケーションの歴史がぎっしりと詰まっていて、タイムマシンに乗って3万年を約15分間で巡る。日本語も選べて、最後にゲストの未来の生活をコンピューターが予想してくれる。

リビング・ウィズ・ザ・ランド
Living with the Land ❤

ボートに乗り込んで熱帯雨林、砂漠、大草原の3つの環境を体験したあと、実験農場へ行く。無重力状態で遠心力によって育つ野菜などはすべて本物。ここで育てられている野菜はパークのレストランに提供される。

ワールド・ショーケース
World Showcase

ウォルト・ディズニー・ワールドにいながら短時間で世界旅行ができるのがここ。ラグーンを囲むように建ち並ぶ世界11ヵ国のパビリオンでは、国際色豊かな料理やショッピング、ときには踊りなどのライブエンターテインメントが楽しめる。

メキシコ館
Mexico ❤

雄々しくそそり立つ、マヤのピラミッド。内部に入ると照明を落としたコロニアル調の広場。ここは市場で、カラフルな民芸品の屋台を見て回ると一瞬、ウォルト・ディズニー・ワールドにいることを忘れてしまいそう。奥の運河から出ている**三人の騎士のグラン・フィエスタツアー Gran Fiesta Tour Starring The Three Caballeros**は、ドナルドと仲間たちがボートに乗ってメキシコの名所を案内してくれるアトラクション。ぜひ体験しておこう。

古代遺跡を思わせるメキシコ館

中国館
China 🌐

北京の天壇にある祈年殿のレプリカで、中央の丸い石に立って話すと声が拡大される構造。360度のサークルビジョン**リフレクションズ・オブ・チャイナ Reflections of China**は巨大な360度のスクリーンに映し出される悠久の中国。背後から前方に走り抜ける馬の群れが大迫力。1日数回の中国雑技団のショーは、レベルの高さに拍手喝采。

アメリカン・アドベンチャー館
The American Adventure 🌐

メイフラワー号に始まる合衆国200年の歴史をオーディオ・アニマトロニクス（コンピューター制御の人形）のマーク・トウェインたちとともにたどる**アメリカン・アドベンチャー The American Adventure**を見ておこう。精巧な人形の動きとマリリン・モンロー、ウォルト・ディズニーまで登場する映像が楽しめる。45分おきに上映。

エプコットは食事が充実★世界各国のパビリオンのあるワールド・ショーケースは、世界各国の料理が堪能できる所。しかも、じっくり座って食事をできるレストランと、さっさと簡単に食事を済🔋

フランス館
France 4D

2021年秋にオープンした**レミーのおいしいレストラン・アドベンチャー Remy's Ratatouille Adventure**はレミー（ネズミ）の目線でキッチンを駆け巡り、探検する4Dライド。臭いや温度など、これまでにない臨場感で人気だ。ところで、映画発祥の地がフランスであることを知らない人も多いかもしれない。シアターで上映される**インプレッション・ド・フランス Impressions de France**では、約20分間のフィルムのなかにフランスの田園地帯の美しさやファンタジーいっぱいの映像が映し出される。ひと息つきたくなったら、美しいスイーツとカフェオレで休むのもいい。フランス館はどこもおいしいと評判だ。

ネズミの目線でキッチンを大冒険で

モロッコ館
Morocco

モロッコの古都フェズを模して造られた、タイル細工の門が見事なモロッコ館。キリムやアクセサリー、民族衣装などアラブのムードたっぷりの品が並ぶ。**スパイス・ロード・テーブル Spice Road Table**のレストランではラムのケフタ（肉だんご）やスパイスチキンなどを堪能したい。

エキゾチックなモロッコ館。おみやげ探しにもいい

ノルウェー館
Norway ♥

釘やネジを用いずに建てられたスターブ教会のノルウェー館で『アナと雪の女王』がベースの**フローズン・エバー・アフター Frozen Ever After**が人気を博している。ボートに乗ってふたりの王国を尋ねるが、『Let It Go』の曲とともに氷の宮殿が現れるなど、オーディオアニマトロニクスとアニメーションの融合が見事。

ノルウェー館の『アナと雪の女王』のアトラクションは並ぶ覚悟を

日本館
Japan

五重の塔と鳥居と天守閣が並ぶ。館内では盆栽やお香など日本の伝統的なものに加え、日本を代表する人気キャラクターのグッズも販売されている。塔の前では和太鼓のパフォーマンスも披露。レストラン・**鉄板江戸 Teppan Edo**は本格的な鉄板焼きの店で、フィレやニューヨークカットなどのステーキのほか、サーモン、エビ、ホタテなどの魚介類や巻物も充実している。

日本館で行われる太鼓の演舞

カナダ館
Canada

トーテムポールとファーストネーションのモチーフをあしらった建物と、世界遺産にも登録されたケベックシティの城ホテルなど、カナダを代表する対照的な建築が並ぶ。ここでは約15分の映画**カナダ・ファー・アンド・ワイド・イン・サークル：ヴィジョン360 Canada Far and Wide in Circle-Vision 360**を鑑賞しよう。360度のサークルビジョンにナイアガラの滝やロッキーなどの雄大な景色が映し出され、とても壮観。また、カナダ館はステーキハウスの**ル・セリエ・ステーキハウス Le Cellier Steakhouse**が好評で、ボリューミーなフィレやリブなどのカナディアンビーフや、サーモンなどのシーフードもいただける。

カナダの先住民、ファーストネーションを象徴する建築だ

ますことのできるクイックサービスの2種類あるので、TPOに合わせて楽しみたい。日本人に人気は、日本館の桂グリル。カリフォルニアロール、ラーメン、トンカツカレーなどうれしい味が楽しめる。

エントランスの WDW 鉄道と花壇。WDW では美しい花壇にも注目を

MAP
P.182-
A・B1

ディズニーの原点がここにある

マジックキングダム・パーク

Magic Kingdom Park

　マジックキングダム・パークは、南カリフォルニアのディズニーランドをベースにしたパークで、ディズニーの人気者たちが登場する乗り物、刺激的なコースター、キャラクターが勢揃いするパレード、プロジェクションマッピングの妙を見せるすばらしい夜のショーなど、どのアトラクションもフロリダならではの趣向を凝らしている。実は、WDW の 4 つのテーマパークのなかで最も来場者数が多いのがこのマジックキングダム・パーク。WDW 史上最大の拡張工事を経て楽しみが倍増したファンタジーランドは、大人も童心に返ることができると好評だ。2023 年春に登場した映画『トロン』のスピーディなライドも人気で、さらに楽しみが増えたパークとなっている。

パーク案内

7人のこびとのマイントレイン

Seven Dwarfs Mine Train ■

　白雪姫を助けた7人のこびとは、トロッコに乗って宝石鉱山へ通っていた。トロッコ形のかわいらしいコースター。これまでにないスムーズな乗り心地で、子供たちも大喜び。97cm以上。

これならコースターが苦手な人も大丈夫

アンダー・ザ・シー〜ジャーニー・オブ・リトル・マーメイド

Under the Sea〜Journey of the Little Mermaid ♥

　『リトル・マーメイド』のストーリーをライドに乗りながらもう一度楽しもう。海の仲間たちのオーケストラは踊りたくなる軽快さ。

アリエルと海の仲間たちのかわいらしいアトラクション

As to Disney artworks, photos, logos and properties: ©2023 Disney

 ささっとおいしいランチを★リバティー・スクエアにあるコロンビア・ハーバー・ハウスでは、クイックサービスながら本格的なクラムチャウダーが味わえる。ロブスターサンドも珍しい。予算は $12 〜 25。

トロン・ライトサイクル・ラン
TRON Lightcycle/Run

1982年公開の『トロン』は世界初のコンピューターグラフィックスを導入したSF映画で、続編が『トロン・レガシー』。映画に登場した未来型のバイク「ライトサイクル」をモチーフにしたコースターで、時速はディズニーのコースターでは最速を誇り、急旋回や猛スピードでの車体の傾き、駆け抜ける爽快感は抜群だ。特に夜はネオンが光って幻想的。身長制限122cm以上。

空飛ぶダンボ
Dumbo the Flying Elephant

フロリダの空飛ぶダンボは2機あり、メルヘンチック＆華やか！　かわいらしく、軽やかに舞うダンボは、大人が見ても癒やされる。

フロリダの「空飛ぶダンボ」はさらにかわいらしく飛んでくれる

バズ・ライトイヤーの
スペースレンジャー・スピン
Buzz Lightyear's Space Ranger Spin

悪事のかぎりを尽くすザーク皇帝と戦うために、『トイ・ストーリー2』に登場したバズ・ライトイヤーとともに宇宙へ。レーザーで敵を撃ち落とし、そのポイント数でスペースレンジャーとしての階級が決まる。

アラジンのマジックカーペット
The Magic Carpets of Aladdin

魔法のカーペットに乗って、ふわりと空中散歩をどうぞ。高さを自分で調整できるのも特徴。足元にはアグラバ市街地が広がり、意外に遠くまで眺められる。

自分で高さを調節できる

スペース・マウンテン
Space Mountain

フロリダのスペース・マウンテンはボブスレーのようなソリに、縦一列の3人乗り。座席に内蔵されたスピーカーの宇宙的な効果音と漆黒の空間を走り抜けるスリルがやみつきに。身長制限112cm以上。

ツイスト時に発生するGのかかり方がすごい

Column　ディズニーらしさを堪能できる
マジックキングダム・パークのパレードと夜のショー

夢が現実となったようなマジックキングダム・パークの、華やかなパレードは必見！
ディズニー・フェスティバル・オブ・ファンタジー・パレード（昼のパレード）
心躍るような色とりどりのフロートに乗って、次々とおなじみのキャラクターが現れる。華やかさがリズミカルな音楽と相まって、まさにここは夢の世界と感じさせてくれるハッピーなパレードだ。
ハッピリー・エバー・アフター（夜のショー）
シンデレラ城を中心に展開される、レーザーと花火、映像、音楽、特殊効果のハーモニーが見事な夜のショー。お城をスクリーンにディズニー名作映画からのシーンがいくつも展開され、懐かしの音楽と相まって大人もぐっとくる演出だ。WDWのマスト。

ドナルドとデイジーも登場する昼のパレード

　疲れたときは★ウォルト・ディズニー・ワールド鉄道に乗ることをすすめる。あまり待つこともなく、ぼーっと園内を眺めながら好きなだけ乗ることができる。　　（神奈川県　さっちゃん）［'23]

213

ショップリスト
Shop List

各パークや直営ホテルのショップのほか、ディズニー・スプリングスにもディズニー・オリジナルのショップがたくさんあり、おみやげ探しにも最適。遅くまで営業しているので、パークで遊んだあとに寄ることができる。

◎ディズニーグッズが豊富に揃う

MAP P.183-C・D2

ワールド・オブ・ディズニー
World of Disney　　　**ディズニー・スプリングス**

広い店内に豊富なアイテムが揃った、世界最大のディズニーグッズが揃うショップ。定番のTシャツ、ぬいぐるみはもちろん、生活に必要なものすべてがディズニーキャラクターのモチーフで揃ってしまいそう。ひととおり見てから買うことをおすすめする。フード系も豊富。複数人でこの店を訪れる場合は、迷子にならないように気をつけて。

世界最大のディズニーグッズが揃うショップ。じっくり時間を取りたい

住 ディズニー・スプリングス
営 10:00〜23:00、金・土〜23:30
カード A D J M V

◎ファッショニスタも注目

MAP P.183-C・D2

トレン-D
Tren-D　　　**ディズニー・スプリングス**

いつものディズニーをさらにおしゃれに、さらにスタイリッシュにしたブティック。ここで販売されているウエアは、よく見ないとミッキーのモチーフであることがわからないものばかり。バッグや小物、ブレスレットやヘアアクセサリーもおしゃれでかわいいものが多い。値段も比較的手頃で、普段使いもできて、家族や大人の女性へのおみやげにも最適だ。

トレン-Dでは粋なアイテムが見つかる

住 ディズニー・スプリングス
営 10:00〜23:00、金・土〜23:30
カード A D J M V

◎ピンコレクター必見

MAP P.183-C・D2

ディズニー・ピントレーダーズ
Disney Pin Traders　　　**ディズニー・スプリングス**

ピンバッジが発売されると必ず購入するディズニーのピンコレクターは多い。ピンはWDWオリジナルのものも多く、手頃で人気アイテムなのだ。ここはピンを購入できるばかりでなく、ほかのゲスト（ときにはキャスト）とピンの交換ができる交流の場でもある。ひとつ$12〜15くらい。かさばらないので、おみやげにもおすすめ。限定版をチェック！

コレクターが集まるディズニー・ピントレーダーズ

住 ディズニー・スプリングス
営 10:00〜23:00、金・土〜23:30
カード A D J M V

notes モバイルチェックアウトで待たずに会計★アプリから Merchandise Mobile Checkout をタップして店を選択。購入品のバーコードをスキャンし、クレジットカードを確認して Purchase。出口で QR コードを見せれば買い物終了。

◎スター・ウォーズ・ファン Must の店

スター・ウォーズ・トレーディング・ポスト
Star Wars Trading Post　ディズニー・スプリングス

スター・ウォーズのグッズを探すならトレーディング・ポストへ

© & TM Lucasfilm Ltd.

　スター・ウォーズのグッズ専門店。Tシャツ、バッグ、キャラクターのぬいぐるみ、カイロ・レンなどのマント、マグカップ、ピン、キーホルダー、おもちゃなど大きさも、種類もバラエティに富んだものが並ぶ。人気は自分でパーツを選んで組み立てるライトセーバー（$250くらい）で、一風変わったカチューシャもおしゃれ。ファンならかなり楽しめる店だ。

🏠ディズニー・スプリングス
🕙10:00～23:00、金・土～23:30
カード A D J M V

◎愛犬もディズニーグッズで

ディズニー・テイルズ
Disney Tails at Marketplace Co-Op　ディズニー・スプリングス

ディズニー仕様のペットアイテムも揃う

　テイルとはしっぽの意味。ペットのアクセサリーが揃う店。ドッグウエアをはじめとして首輪、バンダナ、ハーネス、ペットラウンジなどが、ミッキー、スティッチ、アリエルなどのキャラクターデザインに彩られる。『パイレーツ・オブ・カリビアン』や『リメンバー・ミー』のドクロがあるなど、見ているだけでも楽しい。

🏠ディズニー・スプリングス
🕙10:00～23:00、金・土～23:30
カード A D J M V

◎ミッキーのオフィシャルチョコレート

ガナシェリー
The Ganachery　ディズニー・スプリングス

ミレニアム・ファルコンのチョコレート!!

　アメリカみやげの代表、チョコレートも近年高級化、ヘルシー化が進んでいる。この店はそんな流行を取り入れながら、ミッキーをモチーフとしたチョコレートも販売している。チョコに黄色いサークルの入った赤いパンツや黄色いシューズがあしらわれて、思わず手に取ってしまいたくなるかわいさ。最近はスター・ウォーズをテーマにしたチョコもお目見えした。

🏠ディズニー・スプリングス
🕙10:00～23:00、金・土～23:30
カード A D J M V

◎ミッキーをモチーフにした石鹸がかわいい

ベイシン
Basin　ディズニー・スプリングス

ベイシンではおもしろい物が見つかるかも

　フロリダらしいオレンジやグレープフルーツの石鹸や入浴剤など多数揃え、ディズニーをテーマにしたアイテムも豊富。球状石鹸の断面にミニーやドナルドのキュートな顔が彫られていたり、ソープディスペンサーの注ぎ口がミッキーだったり、かわいいものが揃う。プリンセスのバスソルトはバラマキにもいい。

🏠ディズニー・スプリングス
☎(407)827-8080
🕙10:00～23:00、金・土～23:30
カード A D J M V

notes ライトセーバー（有料）が作れる店★ディズニー・スプリングスの SW トレーディング・ポスト以外にも、ディズニー・ハリウッド・スタジオのサヴィのワークショップで本格的なライトセーバーが作れる。

レストランリスト
Restaurant List

WDW内レストランの最大の特徴はキャラクター・ダイニングの多さ。レストランはファストフードを除き、どこも人気が高い。できれば予約をしていこう。予約は"My Disney Experience"から。
URL disneyworld.disney.go.com/dining/

アメリカ料理 ◎宇宙から地球を見ながら食事を
MAP P.182-B2

スペース220レストラン
Space 220 Restaurant
エプコット

話題のレストラン。地球から220マイル（約354km）離れたレストランへは宇宙エレベーターに乗って。足元には遠ざかっていく地球、上には空を超えて宇宙が見える。そして、到着したレストランの窓から見えるのは青い地球！ 料理には宇宙で栽培した野菜も提供され、宇宙に因んだメニューも楽しい。

今一番人気は宇宙レストラン

🏢ワールド・ディスカバリー　☎(407)337-7223　💰コースでランチ$55、ディナー$79　🕐11:30〜15:30、16:00〜20:40　カード A D J M V

フランス料理 ◎『美女と野獣』の野獣の館で食事を
MAP P.182-B1

ビー・アワ・ゲスト・レストラン
Be Our Guest Restaurant
マジックキングダム・パーク

とても人気の高いダイニング。お城は舞踏会風ホールのグランド・ボールルーム、野獣の部屋のウェストウイング、バラのあるローズ・ギャラリーの3つに分かれ、雰囲気もいい。料理はフランス料理のプリフィックス。前菜、メイン、デザートから好きなものを選ぶスタイル。食事中に野獣があいさつに来てくれることも。予約は必須。

お姫様気分になれるエレガントなレストランだ

🏢ファンタジーランド　☎(407)939-5277　💰ランチ&ディナー $67〜　🕐ランチ10:00〜14:55、ディナー15:00〜22:00　カード A D J M V

アメリカ料理 ◎ハリウッドセレブ気分で食事を
MAP P.182-B3

ハリウッド・ブラウン・ダービー
Hollywood Brown Derby
ディズニー・ハリウッド・スタジオ

映画スターに愛された伝説のレストランを再現。壁にはスターの似顔絵が飾られ、ハリウッド華やかなりし頃のおもかげを伝える。オーソドックスな雰囲気のなか、フィレステーキやシーフードを堪能したい。名物は卵や七面鳥、ベーコンやチーズに緑の野菜をふんだんに使ったコブサラダ（前菜とメイン）。

しゃれたハリウッドらしいレストラン

🏢サンセット・ブルバード　💰ランチ&ディナー $40〜90　🕐ランチ11:00〜15:55、ディナー16:00〜21:00　カード A D J M V

As to Disney artworks, photos, logos and properties: ©2023 Disney

※営業時間は曜日、シーズンにより変更の可能性あり

アメリカ料理 ◎スター・ウォーズの世界で気軽に食事を

MAP P.182-B3

ドッキング・ベイフ・フード＆カーゴ
Docking Bay 7 Food and Cargo **ディズニー・ハリウッド・スタジオ**

惑星バトゥーの貨物船の離着陸するドッキング・ベイ7の近くにあったレストランを再現。貨物船の船内のような店は、雰囲気も抜群。シェフのストロノ"クッキー"タグズが銀河系の素材を用いたちょっと凝ったメニューが味わえる。モバイルオーダーもでき、席数も多いので時間のないときに便利。

宇宙の名シェフが腕を振るう料理が楽しめる

住 スター・ウォーズ：ギャラクシーズ・エッジ
$15〜30
11:30〜21:30、 水 〜 土11:00〜22:00
カード A D J M V

アジア料理 ◎日本人に評判のいい

MAP P.182-A2

ヤク＆イエティ・レストラン
Yak & Yeti Restaurant **ディズニー・アニマルキングダム**

中国やタイ、日本、ネパールなどのアジアテイストを取り入れた創作料理で、ご飯物も充実しているのがうれしい。サーモンの味噌漬けMiso Salmon $30.99やマレー風シーフードカレー Malaysian Seafood Curry $35.99が人気。シーフードカレーは具だくさん、ココナッツ風味でマイルド。

ご飯などがあって日本人に人気のレストラン

住 アジア
(407) 824-9384
10:30〜19:00
カード A D J M V

Column キャラクター・ダイニングをせずに、WDWを去ることなかれ!!

WDWでは10以上のキャラクター・ダイニングが行われており、フロリダに来たからにはぜひとも体験したい。彼らはすべてのテーブルを回って、ゲストと一緒に写真を撮ったり、ハグするなど、サービス精神にあふれているのだ。しかも多くのレストランでミッキー型のワッフルも提供している。

ただし、キャラクター・ダイニングはたいへん人気で、現在60日前から予約を受け付けている。直営ホテルに泊まっていれば宿泊数分前倒しで予約できる特典もある。

人気のキャラクター・ダイニングは……

シェフ・ミッキー Chef Mickey's
@ディズニー・コンテンポラリー・リゾート（MAP P.182-B1）朝食、ディナー。シェフ姿のミッキーやプルート、エプロン姿のミニーが現れる。

タスカーハウス・レストラン
Tusker House Restaurant
@ディズニー・アニマルキングダム（MAP P.182-A2）朝食、ランチ、ディナー。サファリルックのドナルドと仲間たちがお出迎え。子供たちと一緒のパレードがかわいらしい。エスニック料理が美味。

シンデレラ・ロイヤル・テーブル
Cinderella's Royal Table
@マジックキングダム・パーク（MAP P.182-A・B1）朝食、ランチ、ディナー。優雅なシンデレラ城で、プリンセスたちに囲まれての食事は人気No.1。白雪姫、オーロラ姫らも登場。

オハナ 'Ohana
@ディズニー・ポリネシアン・ビレッジ・リゾート（MAP P.182-B1）朝食、ディナー。アロハ姿のミッキーとスティッチ、リロが登場。スティッチのワッフルもある。

カリフォルニア・グリル
California Grill

マジックキングダム・パークの花火を観賞しながら思い出の夕食を

アメリカ料理 ◎花火を見ながらロマンティックな夕食を

MAP P.182-B1

ディズニー・コンテンポラリー・リゾート

　直営ホテルのディズニー・コンテンポラリー・リゾートの最上階にあるファインダイニング。マジックキングダム・パークが一望できることから、花火の時間に合わせての食事がおすすめ。料理のクオリティが高く、寿司もサーブするカリフォルニア料理が楽しめる。カリフォルニアワインも多数揃え、要予約。

🏠 ディズニー・コンテンポラリー・リゾート
💰 ディナー \$90〜
🕐 ディナー17:00〜22:00
カード A D J M V

ラグランロード・アイリッシュパブ＆レストラン
Raglan Road Irish Pub & Restaurant

アイルランド名物料理のシェパードパイ

アイルランド料理 ◎ダンスとアイルランド音楽の生演奏がいい

MAP P.183-C・D2

ディズニー・スプリングス

　陽気でにぎやかなアイリッシュパブ。木のぬくもりがあたたかい雰囲気の店内ではリバーダンスなどが披露される。大衆的なアイルランド料理のシェパードパイやビーフシチュー、ほかにもとろけるようなサーモンのフィレ、そしてデザートをお試しあれ。ビールの種類が多いのもうれしい。

🏠 ディズニー・スプリングス
☎ (407)938-0300　URL www.raglanroad.com　💰 ディナー \$35〜70　🕐 11:00〜23:30、土・日10:00〜　カード A M V

モリモト・アジア
Morimoto Asia

寿司以外にもラーメンも食べられるモリモト

アジアンフュージョン ◎創作アジア料理がいろいろ

MAP P.183-C・D2

ディズニー・スプリングス

　かつての人気番組「料理の鉄人」でおなじみの森本正治シェフの店。オーランド店は純和風ではなくアジアンフュージョンだ。飲茶やカルビ、タイ料理もあって、メニューの数も多い。ラーメンや五目チャーハン\$20〜30、寿司など日本の味もあり、アメリカ料理に疲れたら寄りたい。サッポロビールもおいている。

🏠 ディズニー・スプリングス　☎ (407)939-6686　URL www.morimotoasia.com
💰 \$30〜80　🕐 11:30〜23:00、金・土〜23:30　カード A M V

ボートハウス
The Boathouse

日本ではなかなか食べる機会のないロブスターを

シーフード ◎テラス席の風が心地よいシーフード店

MAP P.183-C・D2

ディズニー・スプリングス

　ラグーンに面した店で、シーフードは新鮮、ステーキ類も充実してボリュームもたっぷり、がっつり食べたいときにおすすめ。生ガキやクラブケーキの評判もいいが、せっかくアメリカに来たのだからロブスターはいかが？ ロブスターテイル\$63。夜は生演奏も楽しめる。人気が高いので予約を。

🏠 ディズニー・スプリングス　☎ (407)939-2628　URL theboathouseorlando.com
💰 \$35〜90　🕐 11:00〜23:00、金・土〜23:30（変更あり）　カード A M V

---

voice **小腹がすいたときのチュロス★** WDWに来たからにはできるだけ遊びたい。列に並ぶのももったいない。そんなときはチュロスを。あまり待たずに食べられる。（神奈川県　さっちゃん）['23]

アトラクション＆ナイトスポットリスト
Attraction & Night Spot List

`気球フライト` ◎ WDW を上空から眺める

MAP P.183 -C・D2

エアロフィル・ザ・ワールド・リーダー・イン・バルーン・フライト
Aerophile:The World Leader in Balloon Flight
ディズニー・スプリングス

　気球に乗って約120mの高さまで上昇し、WDWを眺めながらディズニー・スプリングスの上を空中散歩。周辺は高い建物がほとんどなく、360度のパノラマが楽しめる。なお、気球は遠くまでは飛ばない。強風の日は運休となるので注意。約8分間の飛行。

🏠 ディズニー・スプリングス★中央のラグーン沿い
☎ (407)938-9433
🕐 9:00～23:00、金・土～23:30
休 強風時　料 $25、3～9歳$20
カード A D J M V

フロリダは平地なので意外に遠くまで見ることができる

`ライブハウス` ◎洋楽好きは要チェック

MAP P.183 -C・D2

ハウス・オブ・ブルース
House of Blues
ディズニー・スプリングス

　ライブステージのあるチェーン店。ブルースのほか、R&B、ジャズ、カントリー、ゴスペルまで楽しめる。大物が出演することもしばしば。料理の評判もよく、アメリカ版おふくろの味といえる南部料理が名物だ。ステージのあるときはぜひ予約を。

ライブ演奏と南部料理が楽しめる

🏠 ディズニー・スプリングス　☎ (407)934-2583　URL www.houseofblues.com/Orlando　🕐 11:00～23:00、金・土～23:30（変更あり）　料 $35～55　カード A D J M V

`ライブハウス` ◎ピアノのライブ演奏が聴けるカジュアルバー

MAP P.182 -B2

ジェリーロールズ
Jellyrolls
ディズニー・ボードウォーク

　懐かしの名曲から最新のヒット曲まで、2台のピアノが客のリクエストに応えて即興でかけ合いをする。じっくりとピアノの生演奏に耳を傾けるのもいい。※21歳未満は入場不可、入場には写真入りの身分証明書が必要。

ボードウォークにあるライブハウス。かけ合いが楽しい

🏠 ディズニー・ボードウォーク　☎ (407)560-8770　URL jellyrollswdw.com　🕐 19:00～翌1:45（ライブは20:00～）　カード A D J M V　料 カバーチャージ$20

Column　ディズニーとシルク・ドゥ・ソレイユの夢のコラボショー
『ドロウン・トゥー・ライフ Drawn to Life』

　人間とは思えない優美かつパワフルなパフォーマンスで知られるカナダのエンターテインメント集団、シルク・ドゥ・ソレイユ。ラスベガスや日本でも評判のシルク・ドゥ・ソレイユとディズニー・アニメーションが融合した新しいスタイルのショーだ。ストーリーは、アニメーターの父親が残したスケッチブックを娘が発見したことから始まるイマジネーションの世界。誰もが知るディズニーのアニメーションが舞台に映し出され、アニメーションに合わせてシルク・ドゥ・ソレイユの幻想的なアクロバティックな技が次々に披露される。まるで夢を見ているようなひとときだ。

ウォルト・ディズニー・ワールド・リゾート（レストラン／アトラクション＆ナイトスポット）

ユニバーサル・オーランド・リゾートではふたつのテーマパークを楽しみたい

"エンターテインメント"を徹底して楽しむ

ユニバーサル・オーランド・リゾート

Universal Orlando Resort (UOR)

MAP
P.181-A1、
P.184～
185

ハリウッドで人気の映画のテーマパークが、1990年オーランドに開業した。ユニバーサル・スタジオ・フロリダ (USF) は大きな話題となり、次いでライド系の多いアイランズ・オブ・アドベンチャー (IOA)、エンターテインメント施設のシティウォーク、21世紀にはウオーターパークのボルケーノベイもオープンして、世界屈指のエンターテインメント・コンプレックス（複合体）へと発展した。2025年にはスーパー・ニンテンドー・ワールドも開業する。進化が止まらない総合リゾートを短時間でどう楽しみ尽くすか！　まずは予習から始めよう。

入園料金

1パーク1日チケット 1 Park-1 Day Ticket	\$109～159、3～9歳\$104～154（ボルケーノベイ\$80～85）+Tax
2パーク無制限チケット Park-to-Park	1日券\$164～209、3～9歳\$159～204。2日券\$276～360、3～9歳\$266～350。 3日以上のチケットもあり

オプション

ユニバーサル・エクスプレス・パス Universal Express Pass **EX**	指定のアトラクションに各1回優先入場できるパス 大人・子供とも\$89.99～349.99（ボルケーノベイ\$19.99～149.99）+Tax
ユニバーサル・エクスプレス・アンリミテッド・パス Universal Express Unlimited Pass	1日中優先入場ができるパス 大人・子供とも\$99.99～379.99（ボルケーノベイ\$49.99～179.99）+Tax

DATA

🏠6000 Universal Blvd., Orlando, FL 32819（駐車場の住所）　☎(407)363-8000　📠1877-801-9720（チケットなど）
🌐www.universalorlando.com　🕐9:00～19:00（夏期や繁忙期は最長8:00～22:00）　🅿️駐車場1日\$30～60
🚌各ホテルの提携シャトルで。またはコンベンションセンター前のインターナショナルドライブとダウンタウンからリンクス#38のバスがユニバーサルのトランスポーテーションセンター（MAP P.184）まで行く。コンベンションセンターから車で約10分

EX ユニバーサル・エクスプレス（優先入場）対象アトラクション

五感を楽しませる映画のテーマパーク

ユニバーサル・スタジオ・フロリダ

Universal Studios Florida (USF)

MAP
P.181-
A1,
P.185

遊園地的なアトラクションが多いアイランズ・オブ・アドベンチャー（IOA）に対して、老舗ユニバーサル・スタジオ・フロリダ（USF）は、あくまでも映画のテーマパークに徹している。ハリー・ポッターの世界を見事に再現した「ダイアゴン横丁」や『ワイルドスピード』のアトラクションなど、一歩先んじたアイデアが画期的なパークだ。大ヒットしたユニバーサル映画がアトラクションとして揃い、映画のセットや衣装の公開を含めて、映画製作会社ならではの解説やしかけで楽しませてくれる。また、園内の演出が実に事細かく行われているのもお見逃しなく。

　このスタイルこそがユニバーサルを存分に満喫させてくれるのだ。

パーク案内

ハリー・ポッターとグリンゴッツからの脱出

Harry Potter and the Escape From Gringotts ✹ 3D EX

　IOAに次ぐもうひとつのハリポタエリアが「ダイアゴン横丁Diagon Alley」だ。マストは、360度ハリーの世界が広がる3-Dライド。地下にある金庫へトロッコに乗っていざ出発。突然、鎧の巨人に襲われて奈落へと真っ逆さまに。ヴォルデモートの襲撃を避けて、グリンゴッツ銀行からの脱出を試みるが……。トロッコに乗るまでも映画のエピソードが隠されていて、それを探すのも楽しい。身長制限107cm以上。

火を噴くドラゴンの下がアトラクション。ダイアゴン横丁では魔法の杖があれば魔法をかけられる

notes アイコンの説明★ 🎢 スリルライド　◈ モーションシミュレーター　3D 3D　♪ ミュージカル
🚗 スローライド　👁 ウオーク（展示）　4D 4D　🌐 ショー

トランスフォーマー:ザ・ライド-3D
Transformers : The Ride-3D 4D EX

　宇宙制覇をたくらむディセプティコン軍から地球を救うため、オプティマスプライムたちと一緒に戦おう。町を破壊して突き進み、鉄くずや水、爆風などに次々と襲われるなか、間断ないディセプティコン軍からの攻撃に私たちは立ち向かえるのか！　これまでにない特撮技術による迫力の臨場感が体験できる。身長制限102cm以上。

トランスフォーマーのもとは日本のおもちゃ。アメリカで映画化され、超人気シリーズとなった

ディスピカブル・ミー・ミニヨン・メイヘム
Despicable Me Minion Mayhem ◈ 4D EX

　全米で大ヒットした『怪盗グルーと月泥棒』がモチーフのアトラクション。3-Dグラスをかけたら、冒険旅行にいざ出発！　怪盗グルー（実は子供嫌い）と、施設にいたマーゴ、エディス、アグネスの三姉妹、そして茶目っ気たっぷりのミニヨンの大群と一緒にミッションを遂行する。計画どおりに進めないと、思わぬ落とし穴が⁉　バナナには注意を！　身長制限102cm以上。

ミニオンたちが大活躍。バナナが出てくると…

ワイルドスピード・スーパーチャージ
Fast & Furious - Supercharged ◈ 4D EX

　大迫力のカーアクションが魅力の、シリーズ10作を数える『ワイルドスピード』。そのカーチェイスが体感できるUSF人気のアトラクションだ。舞台はサンフランシスコ。トラム式の車両に乗りいざ出発。ハイウエイを猛スピードでカーチェイス、事故車に衝突しそうになったり、目の前でタンクが爆発したり、息もつかせぬスリルの連続だ。水しぶきあり、火災の炎ありの4-Dで、体全体を使って楽しめる。乗る前には整備工場の見学もしっかりしておきたい。身長制限102cm以上。

ワイルドスピードの作戦基地ものぞくことができる

リベンジ・オブ・ザ・マミー
Revenge of the Mummy ▣ EX

　映画『ハムナプトラ』がテーマの屋内絶叫マシン。エジプトの古墳の中を高速ジェットコースターが走り抜ける。

　3000年の時空を超えて、聖なる寺院に足を踏み入れる者たちに、ミイラの復讐が始まる。落差7m以上の奈落にたたき落とされ、コガネムシに襲われたかと思えばすさまじい形相のミイラが出現する……。真っ暗闇のため、次に訪れる恐怖は予測不能、コワさ倍増というわけ。

　動きが激しいので乗る前に荷物をロッカーに入れておくこと。身長制限122cm以上。

ミイラたちの逆襲にあなたは立ち向かうことができるのか

notes　人気深夜番組のライド Race Through New York Starring Jimmy Fallon ★ジミー・ファロンはNBC系深夜のトークショー『ザ・トゥナイト・ショー』の名司会者。ニューヨークのスタジオからレースカーに乗っ▶

ハリウッド・リップ・ライド・ロキット

Hollywood Rip Ride Rockit

シートに設置されたタッチパネルで各自BGMを選び、座席スピーカーから流れるその音楽を聴きながら自分のライドを楽しむ。17階の高さまで時速105km（！）で垂直上昇したあと、一気に落とされてからさまざまなループに突入する。次々と襲いかかる恐怖＋絶叫の連続で、音楽を聴くどころではない！身長130〜201cm。

スリルが快感になり、何度も乗る人がいるほど

ザ・シンプソンズ・ライド

The Simpsons Ride

1987年から続いている超人気アニメそのままの演出が楽しい。世界60ヵ国で愛されている黄色い一家が、ピエロのクラスティが造ったテーマパークを訪れる。ところが、ローラーコースターに乗って出発しようとしたところで、なんと刑務所を脱獄してきた助手のボブがコースターをハイジャック！高さ24mもあるドームにアニメの世界が細部まで忠実に再現され、空中3mに浮き上がったモーションシミュレーターで約6分間、縦横無尽に飛び回る。風刺の効いたシニカルな大人向けアニメなので、英語がわかると楽しさは倍増する。身長制限102cm以上。

シンプソン一家と一緒にスリリングなテーマパークを訪れよう

ホグワーツ特急──キングスクロス駅

Hogwartz Express – King's Cross Station

ユニバーサル・スタジオ・フロリダのキングスクロス駅とアイランズ・オブ・アドベンチャーのホグスミード駅を結んで走る魔法特急。キングスクロス駅では9と3/4番線から発車するが、映画さながらの仕掛けが……。列車が動き出すと、車窓にはヘドウィグ（フクロウ）が追いかけてきたり、通路でハリーたちがナイショ話をするなど、到着するまでの間もハリポタの世界を満喫できる。特急に乗るには2パーク無制限チケットが必要。

USFとIOAのふたつのハリー・ポッター・エリアを結んで走るホグワーツ特急

ユニバーサル・オーランド・ホラー・メーキャップ・ショー
Universal Orlando's Horror Make-Up Show

特撮やメーキャップの技を教えてくれる、映画製作会社ならではのアトラクション。ホラー映画につきものの血の滴るシーンや効果音の作り方を目の前で見せてくれる。最後は昔の特撮映画の短編集を鑑賞。

メン・イン・ブラック・エイリアン・アタック
Men in Black Alien Attack

アメリカの大ヒット映画シリーズ『メン・イン・ブラック』がベース。ニューヨークに出没するエイリアンとの銃撃戦にエージェントの訓練生として参加してスコアを競う。素早い動きのずるがしこいエイリアンから地球を守れるか、それとも屈するかはあなたのスコア次第だ。身長制限107cm以上。

シューティング型のアトラクションは、ついつい力が入る

てニューヨークを猛スピードで駆け巡るライドだ。名所のラジオシティ・ミュージックホールやタイムズスクエアを回り、途中地下鉄と激突!?　自由の女神に遭遇してさらにどこへ行くのか……。爽快感も味わえる。身長制限102cm以上。

E.T.アドベンチャー

E.T. Adventure ♥ EX

1982年公開の伝説的名作映画として知られる『E.T.』。ライドの前半は、映画の再現。人間に追われ森に逃げ込み、故郷に帰りたいと願うE.T.に出会う。そして後半、E.T.と一緒に自転車に乗り、大空へ飛びたち、彼らのプラネットの危機を救いにいく。最後にE.T.は感謝と友情のしるしに、私たち一人ひとりの名前を呼んでくれるのがうれしい。身長制限87cm以上。

E.T.はフロリダだけ。乗っておきたい。

アニマル・アクターズ・オン・ロケーション！

Animal Actors On Location! 🌐 EX

動物たちの賢く、おちゃめな芸と映像から構成されるロングランのショー。ブタやイヌ、ネコ、チンパンジーが披露するユーモアたっぷりの名演技ぶりは、どんな名優も脱帽するほど。動物たちが活躍する映画のシーンも放映される。小さな子供から大人まで楽しめて、癒やしの効果も抜群だ。

動物たちの芸達者ぶりにきっと驚くはず

Column　ユニバーサル・オーランド・リゾート攻略法

ユニバーサル・オーランド・リゾート（以下 "UOR"）は、現在、ユニバーサル・スタジオ・フロリダ（以下 "USF"）、アイランズ・オブ・アドベンチャー（以下 "IOA"）のふたつのテーマパークと、ボルケーノベイのウオーターパーク、シティウォークのエンターテインメントエリア、8つのオンサイトホテル（→P.243）から構成されている。

1日でふたつのパークを回るには？

1日でふたつのパークを回るのは、忙し過ぎてすすめられないが、そうせざるをえない人も多いはず。

スタートはIOAから。何といっても屋外のアトラクションが多いというのがポイントだ。日差しが強くなる午後に、広い池を囲むように造られた園内を歩き回るのは、想像以上に疲労する。IOAで真っ先に向かいたいのが「ウィザーディング・ワールド・オブ・ハリーポッター」だ。

なお、このエリアは一部オンサイトホテル宿泊者向けに入場を1時間早める特典があるので注意したい。

IOAからUSFへはハリポタのエリアから出発するホグワーツ特急でアクセスしよう。出発前、早めに「3本の箒」でランチを取るのもいい。午後はUSFの屋内アトラクショ

ンを回るのがおすすめ。夏のオーランドには夕立があるので、この時間にUSFにいれば、屋内アトラクションをはしごすることで、夕立をうまく回避できる。パークは映画のテーマパークらしく、ハリウッドスターやキャラクターが園内を闊歩していたり、ブルースブラザーズのショーなども行われるのでこちらもお見逃しなく。

できるだけ多くのアトラクションを制覇したい、また待つことを避けたい人におすすめなのがUniversal Express Passのシステム。追加料金を払えば、長い列に並ばずにアトラクションに優先入場できる。混雑期にはおすすめ。

オンサイトホテルのすすめ

ユニバーサルのオンサイトホテル（→P.243）はUORを徹底的に楽しみたい人には断然おすすめ。宿泊者には以下のような特典がある。

1. 人気のアトラクションへの優先入場（Universal Express Pass対象のアトラクション。例外ホテルあり）
2. IOAの「ホグスミード村」やUSFの「ダイアゴン横丁」へ1時間早く優先入場できる。
3. レストランの優先着席
4. デリバリーサービス　など

📝notes 新しいオンサイトホテル★ 2019 〜 2020 年に開業したユニバーサル・エンドレス・サマーリゾート Universal's Endless Summer Resort は UOR 最新のオンサイトホテル。ふたつの姉妹ホテルからなり、↗

MAP
P.181-
A1、
P.184

オーランド

映画『ハリー・ポッター』のテーマエリアはオーランドのマスト

アイランズ・オブ・アドベンチャー

Islands of Adventure (IOA)

　世界初の『ハリー・ポッター』のテーマエリアが誕生したパークがアイランズ・オブ・アドベンチャー（IOA）だ。日本に続きハリウッドもそれに追従したのは周知のとおり。IOA は絶叫マシンを中心にドキドキ、ワクワクするような冒険心をかきたてられるアトラクションにあふれている。アニメのヒーローたちがモチーフになったアトラクションが揃うマーベル・スーパー・ヒーロー・アイランドや、子供たちが楽しめるトゥーンラグーン、人気絵本『ドクタースース』の世界が広がるスースランディング、キングコングが秘かにすむ髑髏島、恐竜の時代を再現したジュラシック・パークなど、個性があふれる 7 つの島は、楽しみ方も無限大。それぞれのエリアの個性を楽しもう。

────── パ ー ク 案 内 ──────

ハリー・ポッター・アンド・ザ・フォービドゥン・ジャーニー

Harry Potter & the Forbidden Journey ☀◈ EX

　ベストセラー『ハリー・ポッター』シリーズ。ハリポタのホグワーツ城一帯が実に忠実に再現されている。特に夜の幻想的な街並みは必見！このエリアのメインライドがコレ。ライドに乗るまでの通路にも、ハリポタファン感涙もののエピソードがいっぱい。肝心のライドはクィディッチの試合に参加したり、ドラゴンと戦ったりとかなりの臨場感。乗り物酔いしやすい人は注意。身長制限122cm以上。

ホグワーツ城の中が人気のアトラクション

ユニバーサル・オーランド・リゾート（アイランズ・オブ・アドベンチャー）

サーフサイド・イン・アンド・スイート Surfside Inn and Suites はサーフィン、ドックサイド・イン・アンド・スイート Dockside Inn and Suites は海岸をテーマにしている。リーズナブルで、少しパークから離れるが、観光には便利。

ハグリッド・マジカル・クリエイチャー・モーターバイク・アドベンチャー

Hagrid's Magical Creatures Motorbike Adventure ✦

廃墟と禁じられた森をバイクに乗って疾走する。途中ハグリッドの小屋を見ながら、三頭犬のフラッフィーに吠えられたり、スクリュートの爆発があったりと、急発進、逆走にプラスアルファーの仕掛けが、スリリングで爽快。約1.6kmのフロリダ最長コースを時速80km で駆け抜ける。乗るまでの演出も秀逸。身長制限122cm以上。

バイクに乗って廃墟を走り抜ける！ 三頭犬を見る余裕はあるかな

インクレディブル・ハルク・コースター

The Incredible Hulk Coaster ✦ EX

コースター史上最強の呼び声も高いコースター。空中に放り出されるかのような度肝を抜かれる激しい回転の連続だ。空中を暴れまわるハルクは、もう誰にも止められない！ 身長制限138cm以上。

スケールアップした超人ハルクのコースター。どんな暴れっぷりかを体験しよう

アメイジング・アドベンチャー・オブ・スパイダーマン

The Amazing Adventures of Spider-Man ✦ ◆ 4D EX

3-Dのゴーグルを装着し、NYを舞台に繰り広げられるスパイダーマンの正義の戦いに、いざ出発。度肝を抜かれる飛び出す映像や全身で体感する水や熱の攻撃、ビルの谷間を小気味よく飛ぶ爽快感が、もう一度と言わせてしまう。身長制限102cm以上。

スパイダーマンは従来よりひと味もふた味も違って、また乗りたくなる

髑髏島の巨神:コングの君臨

Skull Island:Reign of Kong ♥ 3D EX

おどろおどろしい姿の髑髏島を、3-Dめがねをかけてジープに乗って進んでいくと、突如仲間のひとりがコウモリにさらわれた！ 次々と襲ってくる巨大爬虫類や昆虫を振りよけながら進むと、そこに現れるのが凶暴なTレックス。これで最後と思った瞬間、キングコングとTレックスの死闘が始まる。

身長制限92cm以上。

キングコングを恐れないで‼

ジュラシック・パーク・リバー・アドベンチャー

Jurassic Park River Adventure ✦ EX

恐竜たちが生息する森をボートに乗って探検に出発！ のんびりと草を食べる恐竜たちが突如、暴れ出し、ザブーンと豪快に滑り落ちるライド。怒り狂うTレックスにはご注意。身長制限107cm以上。

滝つぼに一気に突っ込む恐怖を覚悟して！

ジュラシック・ワールド・ヴェロキコースター

Jurassic World VelociCoaster ✦

ガタイは小さいのに、俊敏な動きと知能の高さで人々を恐怖に落とし入れる肉食恐竜ヴェロキラプトル。その檻が突如破壊された！ 暴れまくり、人々に襲いかかるヴェロキラプトルをイメージしたコースターは、急発進、急旋回に加え、約47mからほとんど垂直に落ちる。ただ振り回されるだけでなく、スムーズな動きながらもスリル倍増、爽快なのも特徴。身長制限130cm以上。

凶暴な恐竜がいるエリアへ、いざ出発

ショップリスト
Shop List

◎一番大きいユニバーサルのオフィシャルショップ
ユニバーサル・スタジオ・ストア
Universal Studios Store　　シティウォーク

MAP P.184～185

映画ファンなら何時間いても楽しいショップだ

　UORのなかでも一番大きいのがココ。Tシャツやキーホルダー、ぬいぐるみと品数も種類も豊富だ。ミニオンやスポンジボブ、ハリー・ポッター・グッズを集めたコーナーもあり、ハリーの魔法の杖は$65（魔法なし$55）。

住USF側　Free 1888-762-0820
営8:00～24:00（日によって異なる）
カード A J M V

◎暑いオーランドで快適なファッション
クワイエット・フライト・サーフ・ショップ
Quiet Flight Surf Shop　　シティウォーク

MAP P.184～185

普段使いにもいいTシャツやサーフパンツが揃う

　豪快な波のオブジェが目印のショップでは、サーフボードはもちろん、ビーチライフにgoodなTシャツやアロハ、サーフパンツが揃い、品数の多さに目を奪われる。帽子やサンダル、サングラスなども充実して、このまま海に直行したくなる。

住USF側　☎(407)224-2125
営9:00～22:00（季節によって変更あり）
カード A M V

◎レストランもあるチョコレートショップ
チョコレート・エンポリウム
Chocolate Emporium　　シティウォーク

MAP P.184

宝石のようなチョコレートはおみやげにもいい

　ラグーンの向かいにあり、まるで映画に出てくるような工場の外観がなんともかわいらしい。宝石のようなチョコレートやマカロン、キャンディなどが並ぶが、奥にはレストランもある。ぜひアメリカらしいサンデーやシェイクに挑戦して！

住IOA側　☎(407)224-3663
営10:30～23:00（日によって異なる）
カード A M V

Column　リゾート感もスリルも体感できる、これまでにないウオーターパーク
ボルケーノベイ　Valcano Bay

　UORのウオーターパークは、実に革新的。約60mの火山を中心に約20のボディスライダー、ラフティングスライダー、流れるプールや波の出るプールがあり、大人も子供も1日中楽しめる。タプタプTapu Tapuというバンドをスライダーの入口でタッチすれば、待ち時間が表示され、時間を無駄なく過ごせる。これまでのウオーターパークとの違いは、園内が深い緑に包まれてリラックスにも最適であること。テーマパークに1日プラスして過ごす価値のあるパークだ。MAP P.181-A1

notes シティウォークのミニチュアゴルフ★シティウォーク入口の北側にミニチュアゴルフコースがある。お化けとインベーダーがテーマで、毎日9:00～24:00の営業。18ホール$19.99。

レストランリスト
Restaurant List

イギリス料理 ◎ハリポタの世界を満喫できるレストラン **MAP P.184**

三本の箒
Three Broomsticks
アイランズ・オブ・アドベンチャー

人気のグレート・フィースト・プラター

　ホグワーツ魔法学校の先生も生徒もよく通う人気のパブは、高い天井とダークな造りが映画そのもの。グレート・フィースト・プラター（フィッシュやトウモロコシなどの盛り合わせ）とバタービールがおすすめ。

🏠ウィザーディング・ワールド・オブ・ハリー・ポッター
☎(407)224-3663　💰$13〜30
🕐8:00〜21:00（日によって異なる）
カード A D J M V

アメリカ料理 ◎ビールを飲みながらファストフードを **MAP P.185**

ダフブリュワリー
Duff Brewery
ユニバーサル・スタジオ・フロリダ

シンプソンズのモニュメントもかわいい！

　ターキーラップ、ホットドッグ（大、小）、フルーツ、サラダなど、健康的なファストフードやスナックが揃う。シンプソン一家のお父さんが大好きなビールは5種類以上もあり、ビール好きにはたまらない。

🏠スプリングフィールド
☎(407)224-3663　💰$10〜20
🕐10:00〜23:00（日によって異なる）
カード A D J M V

アメリカ料理 ◎スポーツバーで一喜一憂 **MAP P.185**

NBCスポーツ・グリル&ブリュー
NBC Sports Grill & Brew
シティウォーク

アメリカンな雰囲気と食事を楽しむならここ

　アメリカTV4大ネットワークのひとつがNBC。そのレストラン&パブで、100台以上のモニターがあって、とてもにぎやか。大リーグやNBAの中継のある日はビール片手に大盛り上がる。おつまみはチキンウィングがおすすめ。

🏠USF側
☎(407)224-3663　💰$25〜45
🕐11:00〜23:00（日によって異なる）
カード A M V

アメリカ料理 ◎肉とシーフードが一緒に食べられる **MAP P.184〜185**

カウフィッシュ・スシ・バーガー・バー
The Cowfish Sushi・Burger・Bar
シティウォーク

アメリカらしい巻物が付いたセットがお得

　カウは牛、フィッシュは魚、ここはバーガー類も寿司も一緒に食べられる珍しい店。料理の鮮度には気を使い、肉は店でこねて焼くほどフレッシュ。席数も多いので少し待てば入れる。量はアメリカンで、値段が手頃なのもありがたい。

🏠IOA側
☎(407)224-3663　🕐11:00〜23:00、金・土〜24:00　💰ランチ・ディナー $25〜45　カード A M V

---

notes　ユニバーサルへの交通の停車場★パーク外のホテルからのシャトルは、シティウォーク前のトランスポーテーションセンターに。タクシーや配車サービスは駐車場ジュラシックパークの5階。

海の動物と触れ合い、絶叫マシンも楽しめる一石二鳥のテーマパーク

海の友達と遊ぼう
シーワールド・オーランド
SeaWorld Orlando

MAP
P.180-A2、
P.181-B2

テーマパークでも癒やされたい！ と感じている方へおすすめするのがシーワールド・オーランドだ。園内には10の絶叫マシン＆ライドと、動物たちと触れ合う15以上のアトラクションやショーがあって、テーマパークとしてはとてもユニーク。アザラシやイルカ、エイに餌をやったり、サメのひしめくプールの水中トンネルを歩いたり、ペンギンの楽園を訪問したりと、海の動物たちが身近に感じられるような工夫がされている。アメリカの全国紙 "USA Today" で、2021、2022年と2年連続で「アメリカのベストテーマパーク」にも選ばれた。海の動物たちのショーはアクロバティックなものから、動物たちに負荷の少ないものに変わりつつある。

DATA

🏠7007 SeaWorld Dr., Orlando, FL 32821
☎(407)545-5550
URL seaworld.com → SeaWorld Orlandoをクリック 🕐10:00〜18:00（夏期や年末は9:00〜23:00） 💰1日券$99.99〜 カード A M V
行き方 アイコンパークからInternational Dr.を南へ車で約10分。アイライドトロリーの28番下車。シーワールド系列のアクアティカは29番、ディ

スカバリーコーブは31番で下車。リンクスは#8、350が便利

海の動物たちに餌をやることもできる

notes 混雑期に便利なパス 人気の高いシーワールド。列に並びたくない、またいい席でショーを見たい人のために優先パス Reserved Seating & Quick Queue Unlimited がある。日によって$29.99〜99.99の追加料金。

アイスブレーカー
Ice Breaker ☀

人気の絶叫マシンは、始まりから予想もつかない動きに何度も翻弄され、「えっ」と感じている間に、高さ93フィート（約28m）から突き落とされ、さらに時速52マイル（約84km）の猛スピードに突入する。大回転こそないもののスリリングなスピンなど、叫びっぱなしでいつの間にか終わるコースターだ。身長制限120cm以上。

アンターティカ(南極大陸)・ペンギンとの出合い
Antarctica : Penguin Encounter ♡ ☀

ライドとペンギンの飼育エリアが融合した、シーワールドならではのアトラクション。前半はシミュレーターライドでペンギンが南極大陸でいかに生き抜いていくかを学んでいく。後半がペンギンの飼育エリアで、温度は摂氏0℃。半袖では耐えられない寒さだが、ペンギンたちにとってそこは楽園。彼らの楽しそうな様子を見ていると、こちらも幸せな気分になってくる。

最後は生きいきとしたペンギンたちに遭遇

マコ
Mako ☀

時速118km、長さ約1.5km、高さ60m。オーランドで、最速、急降下の最強のコースター。素早い動きで知られるサメをイメージし、そのすさまじさで悲鳴をあげっぱなしになる。身長制限137cm以上。

垂直に近い角度で何度もアップダウンのあるマコ

マンタ
Manta ☀

マンタにチャレンジせずにシーワールドを去ることなかれ。巨大なエイ（マンタ）になって空へ舞い上がり、回転しながら水面ギリギリまで落下する、これまでのどのコースターにもなかった新感覚体験だ。ちょうどハンググライダーにぶら下がったようなうつぶせ状態で水面スレスレを疾走する。ほかのコースターとの最大の違いは乗る位置。普通のコースターは視界が開ける最前列がベストポジションだが、マンタは最後列。そこには最大の "G" がかかるのだ。身長制限137cm以上。

水面スレスレを走り抜けていく

クラーケン
Kraken ☀

クラーケンとは、ノルウェー沖に現れると、船乗りたちに恐れられている伝説のモンスター。モンスターの異名どおりに15階建ての高さから、乗客たちを振り回しながら急降下する。建設当時、オーランドで最も高く、速く、長く、ワイルドなコースターを目指しただけあって、"オソロシイ"のひと言に尽きる。大回転に加え、きりもみが間断なく続く。足は宙ぶらりんだから、安定しないぶん、終わったときはふらふら状態に。マニアはぜひお試しあれ！ 身長制限137cm以上。

足が宙に浮く分、スリルが増す

 notes アイコンの説明★　★ スリルライド　◆ モーションシミュレーター　3D 3D　♪ ミュージカル
♡ スローライド　✦ ウオーク(展示)　4D 4D　⊕ ショー

オルカとの出合い
Orca Encounter 🌐

　海の殺し屋の異名をもつオルカ（シャチ）が見事な芸を披露し、合わせてオルカを頂点とした海の生態系を解説する。見どころはポップな音楽にのってのジャンプや猛スピードでの泳ぎ。ヒレの水しぶきで観客も大喜びするなど、オルカとの一体感も味わえる。シーワールドの海の生物に対する取り組みも垣間見えてくる。

オルカのショーでは前のほうの列は水しぶきがかかる

ドルフィンアドベンチャーズ
Dolphin Adventures 🌐

　ジャンプ姿がとても美しいイルカのショー。トレーナーたちがイルカの背びれにつかまって猛スピードで泳ぎ抜けたり、イルカが立ってダンスをしたり、ジャンプで水しぶきをあげて子供たちを喜ばせたりして、イルカの賢さ、能力の高さも合わせて解説してくれる。特にかわいらしいのが鳴き声。イルカも人間たちと一緒に喜んでいるよう。水中での動きにも注目。

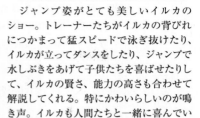

イルカのダイナミックな芸も見られる

Column　シーワールドに来たら、絶対に行くべきふたつのテーマパーク！

イルカと泳ぎたいのなら予約を

ディスカバリーコーブ Discovery Cove

　旅行口コミサイト「トリップアドバイザー」で世界No.1のウオーターパークに選ばれたこともあるのが、このディスカバリーコーブ。熱帯の雰囲気に満ちた人工の海とビーチでイルカやエイなどの海の生物たちと人間が一緒に泳ぐことができるのが特徴。一人ひとりと動物たちが十分接する時間がもてるよう、予約制で入場制限を行っている。それだけにここで1日過ごした人たちの表情は、どの顔も満足げ。海の動物や生物たちとの触れ合いは、まさにヒーリング効果を生んでいるようだ。予約はディスカバリーコーブのウェブサイト🔗discoverycove.comで。🗺P.181-A3

アクアティカ Aquatica

　海の動物たちに親しみながら、冬でも楽しめるウオーターパークがアクアティカ。波が打ち寄せる砂浜はもちろん、8階建ての高さから超急傾斜で滑り降りるイフズ・ブレイクアウェイ・フォールズIhu's Breakaway Falls、暗闇ループがスリリングなワルハラウエーブWalhalla Wave、ウオータースライダーや波の出るプールなどがある。そして開園以来一番の人気は、かわいいイロワケイルカ（愛称「パンダイルカ」）たちを見ながら透明の水中パイプを滑り抜けるリーフプランジReef Plunge。スリリングなスライドは世界中でもここだけ。🔗aquatica.com/orlando
🗺P.181-B2

スリリングだけでなくひと工夫したスライダーも人気

オーランド／オレンジカウンティ・コンベンションセンター
Orlando/Orange County Convention Center

住 西棟 9800 International Dr.
南棟 9899 International Dr.
北棟 9400 Universal Blvd.
MAP P.180-A2、181-A・B2
☎ (407)685-9800
Free 1800-345-9845
URL www.occc.net

オーランド訪問がコンベンション参加という人も多いはず。できるだけ時間をとってテーマパークも回りたい

　テーマパークで有名なオーランドは、実は全米屈指のコンベンションシティとしても知られている。シカゴに次いで第2位といわれる規模のコンベンションセンターOrlando/Orange County Convention Centerがあり、毎年250近いコンベンションやトレードショーが開催されている。特に医療、製薬関係のコンベンションが多い。

　場所はインターナショナルドライブのほぼ中央に位置し、道を挟んで西棟West Buildingと北／南棟North/South Buildingの大きくふたつに分かれている。なお、一般的なアメリカの町はダウンタウンが起点だが、オーランドはコンベンションセンターが起点。

コンベンションセンターへの行き方

　コンベンション参加者なら、ほとんどの主催者が参加者の滞在するホテルまで専用バスを走らせている。何番のルートか確認しておくように。

●タクシーで行く場合の注意

　タクシーでセンターへ行くときは、北／南棟、西棟のどちらの建物に行けばいいのかをはっきりさせておくこと。そうでないと、下手をすれば15分くらい歩くはめになる。タクシー乗り場はどちらの建物にも

コンベンション開催時はタクシーも待機しているので、車がなくても大丈夫

ある。料金はWDWから$40〜65、ユニバーサルから$15〜30、近くのホテルなら$10〜30くらいが目安。

●公共の交通機関で行く場合

　リンクス#38はダウンタウン（ハイウエイ経由）〜ユニバーサル・オーランド〜コンベンションセンターを結ぶ。コンベンションセンター南を走るDestination Pkwy.からリンクス#350でWDWのディズニー・スプリングスへも行ける。インターナショナルドライブ沿いのホテルに泊まっているのならアイライドトロリーが便利（→P.190）。21か22番のバス停で下車。

コンベンションセンターへ歩いて行けるホテル

●ローゼン・センター・ホテル（→P.244）
　北／南館の正面にあり
●ハイアット・リージェンシー・オーランド（→P.243）
　専用通路あり
●ヒルトン・オーランド（→P.244）
　専用通路あり
●ローゼン・プラザ・ホテル（→P.244）
　専用通路あり

コンベンション開催中、食事に困ったら

　食事に飽きることもある。西館の北端からインターナショナルドライブを北へ歩いて12分程度の所にある**ポイントオーランドPointe Orlando**には、イタリア料理の**マジアーノスMaggiano's**（→P.237）をはじめ、高級ステーキの**キャピタルグリル The Capital Grille**（→P.238）、シーフード、メキシコ料理店などがある。

やっぱり日本食が食べたい！

オーランドにも日本人シェフのいる日本料理店はある。コンベンションセンターから最も近い日本食がローゼン・センターのホテルにある**晩鐘Banshoo**（→P.237）。日本の寿司職人が握る寿司や巻物は安心の味。テイクアウトにも応じてくれるので、仕事が終わったあと部屋でのんびり食べるのもいい。

リッツカールトンやJWマリオットなどのあるグランドレイクス近くにも日本人シェフの経営する気軽な店もある。**すし吉**（→P.238）は庶民的な日本食が楽しめるだけでなく、リーズナブルで、丼物をテイクアウトする人が多い。

みやげ＆ビジネスアイテムのショップ

仕事とはいえ、海外旅行につきものといえば、やはりおみやげ。オーランドには、ニューヨークの五番街のようなショッピング街はないため、必然的にショッピングモールかアウトレットでの買い物となる。なお、化粧品店はアウトレットに入っていないので、モール・アット・ミレニアへ行くことをすすめる。こちらは高級ブランドも揃う。アウトレットやモールへのアクセスは配車サービスやタクシーが便利だ。

●オーランド・インターナショナル・プレミアム・アウトレット（北）（→P.234）

コンベンションセンターからはこちらのほうが近く、規模も大きい。車で10分強。

●オーランド・バインランド・プレミアム・アウトレット（南）（→P.235）

ディズニー・ワールドに近い所にあり、北に比べヨーロッパブランドがやや多い。

●モール・アット・ミレニア（→P.235）

アウトレットではないが、シャネル、グッチ、ルイ・ヴィトンなど高級ブランドが揃うモール。ビジネスパーソンの評判もいい。コンベンションセンターから車で約15分。

時間のない人のおみやげ調達方法

アウトレットやモールに行く時間のない人もいるだろう。スーパーマーケットはみやげの宝庫だ。また、ドラッグストアではチープなみやげ物が揃う。コンベンションセンターの前にウォルグリーンズがある。

●トレーダージョーズ Trader Joe's
🏠8323 Sand Lake Rd., Orlando
MAPP.181-A2　🕐8:00〜21:00
●ホールフーズ Whole Foods Market
🏠8003 Turkey Lake Rd., Orlando

日本人に人気のスーパー、トレーダージョーズもあるが歩くにはかなり遠い

MAPP.181-A2　🕐8:00〜22:00
●ウォルグリーンズ Walgreens
🏠9858 International Dr., Orlando
MAPP.181-A・B2　🕐24時間
●パブリクスPublix
🏠8145 Vineland Ave., Orlando
MAPP.181-A3　🕐7:00〜23:00

パブリクスはフロリダで最も一般的なスーパーマーケット。みやげもの以外にも、近年イートインにも力を入れている。

1日空いたときの過ごし方

**●おすすめ　その1
「ケネディ宇宙センター」**

オーランドで一番人気のオプショナルツアーが、**ケネディ宇宙センター**（→P.159）の1日ツアー。実際に宇宙を飛行したスペースシャトル「アトランティス」号の常設展示やアポロ計画で使われたロケットなどがあり、宇宙への夢をかきたててくれる。発射場やシャトル組み立てビルの近くに行けるツアーも人気が高い。

**●おすすめ　その2
「テーマパークへの1日ツアー」**

オーランドはテーマパーク王国。複数あるので、本書を読み、どのテーマパークに行きたいか考えてみよう。アクセスしやすいのが**ユニバーサル・オーランド・リゾート**（→P.220）で、絶叫ライドはIOA、映画製作会社ならUSFがいい。

●おすすめ　その3「ゴルフ」

気候のいいオーランドは「ゴルフ天国」とも呼ばれている。一流のゴルフコースさえもオープンで、ビジターも大歓迎だ。マナーを守ってプレイすれば、ゴルフ天国のとりこになりそう。オーランドでのゴルフのハウツーについてはP.193参照。

ゴルフを予約する時間のない人には、**トップゴルフ**（→P.191）が人気。同僚と飲食をしながらスイングできて、コースを回るように楽しめる。

日系のオプショナルツアーはP.191参照のこと。

あり、1時間ツアーが$55。送迎はない。予約を。Boggy Creek Airboat Tour **URL**bcairboats.com　（東京都　T.G.）['23]

ショップリスト
Shop List

意外にも、オーランドはショッピング天国だ。中心部にふたつのアウトレットがあり、近くには高級ブランドを扱うショッピングモールもある。テーマパークを一歩出て、存分にショッピングを楽しんでほしい。バラ撒きみやげはスーパーやドラッグストアへ。

◎空港近く、ホテルに直結

MAP P.180-B2

フロリダモール
The Florida Mall
オーランド空港周辺

アップルストアもあるフロリダモール

オーランド国際空港に近く、オーランドっ子に人気の高いモール。デパートはメイシーズなど3軒、iPadの付属品を忘れたときのアップルストア、日本人に人気のビクトリアズシークレットやバナナリパブリック、コスメのMAC、アメリカの定番コーチなど。客室数の多いフロリダホテルに隣接して、宿に困ったときにも便利。館内はWi-Fi無料。

🏠8001 S. Orange Blossom Trail, Orlando
☎(407)851-6255　URLwww.simon.com/mall/the-florida-mall　⏰10:00〜20:00、金・土〜21:00、日11:00〜19:00　カード店舗により異なる

◎180軒、最大65%以上オフ

MAP P.181-B1

オーランド・インターナショナル・プレミアム・アウトレット
Orlando International Premium Outlets
インターナショナルドライブ

一部のエリアは屋根があって歩きやすい。時間をかけて回りたい

ユニバーサルとコンベンションセンターに近いほうのアウトレット。日本人に人気のコーチやトゥミ、ブルックス・ブラザーズ、ケイト・スペード、アディダスに加え、ビクトリアズシークレットやロクシタンのアウトレットも入っていて、これはかなりうれしい!!　もちろん南の店（オーランド・バインランド・プレミアム・アウトレット店→P.235）同様、ディズニーストアもあって、おみやげのまとめ買いに最適。路線バスのリンクス#8、24、42、アイライドトロリー（北終点）でアクセスできる。

時間を作ってアウトレットに行ってみよう

荷物が入りきらなくなったら、バッグがもうひとつ欲しくなるかも

🏠4951 International Dr., Orlando
☎(407)352-9600
URLwww.PremiumOutlets.com
⏰10:00〜21:00、日11:00〜19:00
カード店舗により異なる

フリックスバス（グレイハウンドと提携）がアウトレットに発着★マイアミに行こうとグレイハウンドを予約。発車場所がインターナショナル・プレミアム・アウトレットでとても便利だった。　（静岡県　Y.I.　'22）

◎掘り出し物を探してみよう

オーランド・バインランド・プレミアム・アウトレット

Orlando Vineland Premium Outlets インターナショナルドライブ

MAP P.181-A3

人気の高級ブランドが多いアウトレットで、WDWに近いほう。約160店舗が集結する。

プラダ、ブルックス・ブラザーズ、ノースフェイス、バーバリー、カルバン・クライン、コーチ、トゥミ、サルバトーレ・フェラガモ、トリー・バーチ、マックスマーラ、トゥルー・レリジョン、ポロ・ラルフ・ローレンなどのブランドが25〜65％引き。路線バスであるリンクス#8やアイライドトロリー（南終点）でもアクセスできて、とても便利だ。近くにはPublixのスーパーマーケットもある。

プラダには日本語を話せるスタッフがいることも

ディズニーに近いアウトレット。コーチやケイトスペードなどおなじみのブランドが揃う

バインランド・プレミアム・アウトレットの入口にある屋台のアサイーが人気

🏠8200 Vineland Ave., Orlando, I-4 at Exit 68　☎(407)238-7787
URLwww.PremiumOutlets.com　⏰10:00〜21:00、日11:00〜19:00　休11月第4木曜、12/25　カード店舗により異なる

◎高級ブランドとデパートの入ったモール

モール・アット・ミレニア

The Mall at Millenia インターナショナルドライブ北

MAP P.181-B1

オーランドで最もハイエンドブランドが揃うモール。ティファニーやルイ・ヴィトン、シャネル、グッチ、コーチ、ブルガリ、トリー・バーチ、マイケル・コースなど、日本人旅行者が求めるブランドが揃っている。

そのほかブルーミングデールズやニーマンマーカス、メーシーズといったデパート、レストランも7軒あり、メインエントランス近くにはコンシェルジュもいる。両替など旅行者へのサービスも充実していて、タクシーならユニバーサルスタジオから約10分、$13程度。モール内はWi-Fi無料。

↑高級ブランドのテナント数ではオーランドいちのモールだ
→チーズケーキ・ファクトリーなどレストランもグレードアップ

オーランドを代表する高級ショッピングモールだ

🏠4200 Conroy Rd., Orlando
☎(407)363-3555
URLwww.mallatmillenia.com
⏰11:00〜21:00、土10:00〜、日11:00〜19:00　カード店舗により異なる

---

voice　フルーツたっぷりのアサイー Açai Brazil ★バインランド・アウトレット正面入口のそばの小さな屋台で、フルーツたっぷりのアサイーを販売している。$7〜13.25。チョコがけはボリューミー。（福岡県　てつこ '22）

オーランド

ショップ

レストランリスト
Restaurant List

テーマパークで遊んでいるとどうしても食事がワンパターンになりがち。実は、テーマパーク以外でも、オーランドのレストランはとても充実している。多くはインターナショナルドライブ沿いにあり、アイライドトロリーや配車サービスでアクセスできる。

アメリカ料理 ◎暑いオーランドはビールがうまい

MAP P.181-A2

ツインピークス
Twin Peaks
インターナショナルドライブ

−1.6℃に冷えたビールが五臓六腑に染み渡る。しかも、若さはちきれんばかりのウエートレスさんが運んでくるのだ！ 自慢のビールは、ダーティブロンドがシトラス系の軽い味、ノーティブルネットはリッチでダーク、ドロップ・デッドレッドはコクのある苦味が特徴。料理の質が高いのもうれしい。

ビールもおいしいが、男性はぜひ訪れてほしい店

🏠8350 International Dr., Orlando ☎(407)680-2811 URLtwinpeaksrestaurant.com 営11:00〜24:00、金・土〜翌1:00 予$25〜45 カードAMV

日本料理 ◎握りはオーランドいちと評判の

MAP P.181-B2

すし富
Sushi Tomi
サンドレイク・ロード東

寿司をはじめとして、焼き物、揚げ物、丼物、カレーライス、うどん、ラーメンなどうれしいメニューが豊富で、リーズナブル。地元の若者たちも足しげく通う。おすすめはネタの新鮮な握り寿司。ランチはカリフォルニアロールや餃子、天ぷら、テリヤキなどのセットが$15.50とお得。予算の目安は$20〜45。

オーランドで本格的な寿司と評判のすし富

🏠8463 John Young Pkwy., Orlando ☎(407)352-8635 URLwww.sushitomiorlando.com 営月〜金11:30〜14:00、月〜土17:30〜21:00 休日 カードADJMV

イタリア料理 ◎2022年ミシュラン・ビブグルマン獲得のイタリアン

MAP P.181-B3

プリモ
Primo
インターナショナルドライブ東

オーガニック食材を用いたイタリア料理店。オープンキッチンのある店内はカジュアルな雰囲気で、シェフのメリッサ・ケリー氏が作り出す優しい味の料理が高評価を受けている。タコのグリルやローストチキンなど、シンプルな素材ながらも繊細な味つけ。納得のいく料理に出合える。

おいしい食事をじっくり味わいたい人におすすめ

🏠JWマリオット内。4040 Central Florida Pkwy., Orlando ☎(407)206-2300 URLwww.grandelakes.com→Dining 営18:00〜22:00 カードAMV

ディナーショー ◎ショーを見ながら食事も満喫

マンゴー
Mango's Tropical Cafe

インターナショナルドライブ

MAP P.181 -A2

インターナショナルドライブの中心にあり、食事、エンターテインメント、バーと、オーランドの夜を3倍楽しませてくれる大人気スポットだ。ラテンのリズムに乗ったキレのいいダンスと歌、マイケル・ジャクソンのそっくりさん、イリュージョンなどのステージを、クオリティの高い料理を食べながら鑑賞できる。

キレッキレッのダンスと食事で一気に目が覚めるよう

住8126 International Dr., Orlando ☎(407)673-4422 URLmangos.com 営木〜土18:00〜翌2:00、日21:00〜 休月〜水 料3つのコースはショー込み$80 カードAMV

イタリア料理 ◎テイクアウトも人気のイタリアン

マジアーノス
Maggiano's

インターナショナルドライブ

MAP P.181 -A2

地元っ子に人気のイタリア料理。パスタはアルデンテで$20〜25。味つけも上品で日本人好みだ。自慢のフラットブレッドはトマトやチーズ、イタリアンソーセージが乗って前菜にもいい。ボリュームもあるのでシェアして食べるのがおすすめだ。デザートも美味。コンベンション開催時は予約を。予算の目安は$40〜60。

パスタもどれもハズレがないマジアーノス

住ポイントオーランド内。9101 International Dr., Orlando ☎(407)241-8650 URLwww.maggianos.com 営11:30〜22:00、金〜23:00、土11:00〜23:00、日11:00〜22:00 カードAMV

シーフード ◎名物のカニのツメに舌鼓

ビッグフィン
Big Fin Seafood Kitchen

サンドレイク・ロード西

MAP P.181 -A2

入口で迎えてくれるのは旬のシーフード。カニのツメや全米各地のカキなど、見ているだけで新鮮さが伝わる。迷ったらシェル&テールプラター Big Fin Shells & Tails Platterを。ロブスター、カニのツメ、カキ、カクテルシュリンプのセット$195もある。デザートにはフロリダ名物キーライムパイ$10をどうぞ。

フロリダ名物のストーンクラブ。時価だが一度は食べてみたい

住8046 Via Dellagio Way, Orlando ☎(407)615-8888 URLbigfinseafood.com 営16:30〜21:00、金・土〜22:00 料$50〜90 カードAMV

日本料理 ◎コンベンションのあとにささっと寿司を

晩鐘（ばんしょう）
Banshoo

インターナショナルドライブ

MAP P.181 -A2

コンベンションセンター南棟の正面に位置するローゼン・センターの1階にある寿司バー。握りはもちろん、アメリカらしい巻物も各種揃える。アメリカ人は前菜のつもりで寿司をつまみ、夕食に繰り出すという。テイクアウトもできるので、部屋に帰ってのんびり食べるのもいい。日本酒もある。

テイクアウトも、気軽に食べることもできる店だ

住ローゼン・センター・ホテル。9840 International Dr., Orlando ☎(407)996-9840 URLwww.rosencentre.com/dining/ 営17:00〜22:00 休不定期 カードADJMV

右側：オーランド　レストラン

ステーキハウス ◎個室もあるステーキハウス

キャピタルグリル
The Capital Grille

インターナショナルドライブ北

接待にもよく使われるステーキハウス

熟成させた肉のおいしさと、質の高いサービスでファンの多い店。肉はもちろん、魚介類の鮮度にも気を使い、その日に仕入れた素材によりメニューも変わる。個室もあるので、接待にもよい。地元の人は特別な日に利用するそうだ。モール・アット・ミレニアのほかにポイントオーランドにもある。

MAP P.181-B1

🏠4200 Conroy Rd., Orlando ☎(407) 351-2210 URL www.thecapitalgrille.com ⏰11:30〜21:00、金・土〜22:00 💰$70〜170 カード A D M V

イタリア料理 ◎本格的なイタリア料理

ブリオ・イタリアン・グリル
Brio Italian Grille

インターナショナルドライブ北

評判のイタリア料理は高級モールの中にある

トスカーナ地方の料理を堪能できる店。なかでも、ロブスターとエビを使ったクリームソースのフェットチーネLobster & Shrimp Fettucine $35.99には定評がある。店内の釜で焼いた、焼きたてが食べられるフラットブレッドも絶品だ。カジュアルな雰囲気で、気軽に入れる。モール・アット・ミレニア内。

MAP P.181-B1

🏠4200 Conroy Rd., Orlando ☎(407) 351-8909 URL www.brioitalian.com ⏰11:00〜22:00、金・土〜23:00 💰$35〜70 カード A D M V

フュージョン ◎セレブの心もつかむ、ファインダイニング

ノーマンズ
Norman's

サンドレイク・ロード西

フォーブス誌の4つ星を獲得している名店で、味もサービスも超一流。オーナーのノーマン・ヴァン・エイケン氏は有名なセレブリティシェフ。南フロリダとカリブの味をベースにアジア、アフリカなど世界中のレシピとスパイスを取り入れ、フレンチテイストに仕上げた料理で知られる。予算は$75〜150。

MAP P.181-A2

🏠7924 Via Dellagio Way, Orlando ☎(321) 754-1025 URL www.normans.com ⏰18:00〜22:00 休日・月 カード A D J M V ※ドレスコードあり

食通をうならせるノーマンズの料理

日本料理 ◎お手頃で、優しい日本の味

すし吉
Sushi Kichi Japanese Restaurant

インターナショナルドライブ東

優しい味の牛丼。すぐそばのスーパーで買い物の間にテイクアウトするのもいい

だしもドレッシングもほとんどが自家製で、魚の鮮度にもこだわるなど、細部までシェフの気配りが感じられる店。はまちのカマやコロッケ、唐揚げなどうれしいメニューが勢揃い。近年はテイクアウトに力を入れ、ウェブでオーダー＆ピックアップや、近くのスーパー Publixで買い物がてら寄る人が多い。

MAP P.181-B2・3

🏠5368 Central Florida Pkwy., Orlando ☎(407)778-1953 URL www.sushikichi.com ⏰12:00〜14:30、17:00〜20:30 休月 💰$15〜35 カード A D J M V

---

notes スシオロジー★持ち帰りの寿司や牛丼、日本茶、スナックを販売。ちょっと奥にあるのでわかりにくいが、灯台が目印。🏠6400 International Dr. URL sushiologyorlando.com MAP P.181-A1

ホ テ ル リ ス ト
Hotel List

テーマパーク王国であり、コンベンションシティでもあるオーランドには、最高級ホテルからモーテルまでさまざまなタイプの宿泊施設がある。客室数は13万以上。テーマパークへの交通機関と運行頻度、移動時間も考えて選ぼう。ホテルタックスは12.5〜13.5%。

オーランド

レストラン／ホテル

最高級	◎ WDW 最高級のホテル	MAP P.182 -A1

ディズニー・グランド・フロリディアン・リゾート&スパ
Disney's Grand Floridian Resort & Spa　　**WDW 直営**

19世紀のフロリダに多く見られた高級リゾートホテルをイメージして造られている。赤い切妻屋根に小さな尖塔、白いベランダ、格子の出窓……ビクトリア調のかわいい建物で、内部は超豪華。アメリカ南部のエレガントさを備え、滞在するほうも優雅な気分になる。館内にモノレールの駅があり、マジックキングダム・パークに直接行ける。

リゾート・フロリダを満喫するには最適なホテル

🏠4401 Floridian Way, Lake Buena Vista, FL 32830　☎(407)824-3000　URLdisney world.disney.go.com/resorts/　料⑤ⒹⓉ $703〜1302、スイート$1284〜3215
カードADJMV

高級	◎動物たちに囲まれて眠りにつく	MAP P.182 -A3

ディズニー・アニマルキングダム・ロッジ
Disney's Animal Kingdom Lodge　　**WDW 直営**

エントランスに足を踏み入れた瞬間、そこは別世界。森を思わせる静けさと、大きな窓越しに見える動物たち……このサファリの雰囲気は直営ホテルのなかでも群を抜いた完成度を誇る。約30種類の本物の動物たちと出合えるのも魅力。高評価を得ている客室は、バスルームが広めで快適。内装は落ち着いた雰囲気だ。

サバンナを思わせる内装のディズニー・アニマルキングダム・ロッジ

🏠2901 Osceola Pkwy., Lake Buena Vista, FL 32830　☎(407)938-3000　URLdisneyworld.disney.go.com/resorts/　料⑤ⒹⓉ$427〜1021、スイート$682〜3422
カードADJMV

中級	◎ファミリーにぴったり、装飾がかわいい	MAP P.182 -B3

ディズニー・アート・オブ・アニメーション・リゾート
Disney's Art of Animation Resort　　**WDW 直営**

『ファインディング・ニモ』『カーズ』『ライオン・キング』『リトル・マーメイド』のディズニーアニメの世界がホテルに変身。ベッドカバー、電気スタンド、シャワーカーテンなど随所に映画のキャラクターが登場し、とても凝っていて、人気も高い。スイートはファミリーを意識し、最高6人まで泊まれるが、リトル・マーメイドの客室はツインのスタンダードタイプ。

©Disney/Pixar

家族連れに人気の『ファインディング・ニモ』のスイートルーム

🏠1850 Animation Way, Lake Buena Vista, FL 32830　☎(407)938-7000　URLdisneyworld.disney.go.com/resorts/　料⑤ⒹⓉ$208〜353、スイート$439〜823
カードADJMV

🚭ホテル内すべて禁煙　🖥客室内で高速インターネット接続できる(無料)　📶客室内で無線インターネットWi-Fiできる(無料)
🚬喫煙できる客室あり　🖥客室内で高速インターネット接続できる(有料)　📶客室内で無線インターネットWi-Fiできる(有料)

ウォルト・ディズニー・ワールド・リゾートの直営ホテル

ホテル名	ホテル紹介	データ
ディズニー・ポリネシアン・ビレッジ・リゾート Disney's Polynesian Village Resort **MAP** P.182-B1	その名のとおりポリネシアの民家をイメージした、トロピカル一色のリゾート。屋根の両端が大きく上へカーブした独特の造りはエキゾチックで、一度は泊まってみたいという気になる。メインビルにモノレールが発着する	⊞1600 Seven Seas Dr., Lake Buena Vista, FL 32830 ☎(407)824-2000 囲⑤①①$606〜1399、スイート$829〜4195 カードAⒹⒿⓂⓋ
ディズニー・ボードウォーク・イン／ボードウォーク・ヴィラ Disney's BoardWalk Inn/ BoardWalk Villas **MAP** P.182-B2	ボードウォーク沿いに建てた個人の邸宅を思わせるエレガントなホテル。美しい中庭は、色鮮やかな花々が目を楽しませてくれる。ボードウォーク・ヴィラは長期滞在者向き。ディズニー・バケーション・クラブ・メンバー用の施設だが、一般客も利用できる	⊞2100. Epcot Resorts Blvd., Lake Buena Vista, FL 32830 ☎(407)939-6200 囲ボードウォーク・イン⑤①①$539〜1025、ヴィラプレベル$739〜3097 カードAⒹⒿⓂⓋ
ディズニー・コンテンポラリー・リゾート Disney's Contemporary Resort **MAP** P.182-B1	A字型をした宇宙基地のような姿で、吹き抜けになっている巨大なコンコースにはモノレールが発着する。眺望のよさは抜群で、客室がマジックキングダム・パーク側なら夜の花火が見える	⊞4600 N. World Dr., Lake Buena Vista, FL 32830 ☎(407)824-1000 囲⑤①①$504〜1216、スイート$888〜4614 カードAⒹⒿⓂⓋ
ディズニー・ヨット&ビーチクラブ・リゾート Disney's Yacht & Beach Club Resort **MAP** P.182-B2	19世紀のニューイングランドの海辺をテーマにした安らぎと落ち着きのある雰囲気のホテル。大きな船がシンボルのヨットクラブと、広々とした暖かな浜辺をイメージさせるビーチクラブのふたつの建物に分かれている	ヨットクラブ ⊞1700 Epcot Resorts Blvd., Lake Buena Vista, FL 32830 ☎(407)934-7000 ビーチクラブ ⊞1800 Epcot Resorts Blvd., Lake Buena Vista, FL 32830 ☎(407)934-8000 囲ヨットクラブ／⑤①①$534〜1009、スイート$727〜3395。ビーチクラブ／⑤①①$484〜1004、スイート$2491〜 カードAⒹⒿⓂⓋ
ディズニー・カリビアン・ビーチ・リゾート Disney's Caribbean Beach Resort **MAP** P.182-183-B・C3	パステルカラーがさわやかなカリブの街並みをイメージした人気のホテル。ベアフット・ベイを囲むように5つの客室棟からなり、バス停が7つあるほど敷地は広い。海辺風のビーチも楽しく、ホテルの北側にはディズニー・スカイライナーの駅もある。客室は落ち着いた雰囲気。	⊞1114 Cayman Way, Lake Buena Vista, FL 32830 ☎(407)934-3400 囲⑤①①$299〜497 カードAⒹⒿⓂⓋ
ディズニー・ウィルダネス・ロッジ Disney's Wilderness Lodge **MAP** P.183-C1	イエローストーン国立公園にある"オールド・フェイスフル・イン"をモデルにした豪華ホテルだ。木造のあたたかさと重厚感を兼ね備え、心地よい滞在が味わえる。ジャクージでのんびり湖を眺めていると突然、間欠泉が噴き上がる	⊞901 Timberline Dr., Lake Buena Vista, FL 32830 ☎(407)824-3200 囲⑤①①スタジオ$409〜1039、ヴィラ$672〜2551 カードAⒹⒿⓂⓋ
ディズニー・フォートウィルダネス・リゾート&キャンプグラウンド Disney's Fort Wilderness Resort & Campground **MAP** P.183-C1	キャンプグラウンドは、充実した設備で何も不自由を感じない。ログキャビンはファミリーに人気が高く、チップ&デールとキャンプファイアを囲むなんてウォルト・ディズニー・ワールドだけの体験が味わえる	⊞4510 N. Fort Wilderness Trail, Lake Buena Vista, FL 32830 ☎(407)824-2900 囲ログキャビン$404〜787、キャンプサイト$69〜288 カードAⒹⒿⓂⓋ
ディズニー・ポートオーリンズ・リゾート Disney's Port Orleans Resort **MAP** P.183-C2	アメリカ南部に多く見られたプランテーション（大農場）の大邸宅を再現したリゾートホテル。敷地内は川沿いのリバーサイドと、ニューオリンズの繁華街をテーマにしたフレンチクオーターのふたつのエリアに分かれる	リバーサイド ⊞1251 Riverside Dr., Lake Buena Vista, FL 32830 ☎(407)934-6000 囲⑤①①$270〜500 フレンチクオーター ⊞2201 Orleans Dr. ☎(407)934-5000 囲⑤①①$270〜472 カードAⒹⒿⓂⓋ
ディズニー・コロナド・スプリングス・リゾート Disney's Coronado Springs Resort **MAP** P.182-A2	中級クラスで料金もお手頃。中南米の広大な農場やスパニッシュコロニアルの街並み風で、都市部、田園風景、ビーチリゾートなどをテーマにした客室で構成されている。レストランMaya Grillの評価も高い	⊞1001 W. Buena Vista Dr., Lake Buena Vista, FL 32830 ☎(407)939-1000 囲⑤①①$265〜565、スイート$568〜3176 カードAⒹⒿⓂⓋ
ディズニー・ポップ・センチュリー・リゾート Disney's Pop Century Resort **MAP** P.182-B3	テーマは20世紀を彩ったポップカルチャーだ。巨大なヨーヨーやルービックキューブがあり、明るく楽しい演出。懐かしくも新しい演出がディズニーらしい。コインランドリーあり	⊞1050 Century Dr., Lake Buena Vista, FL 32830 ☎(407)938-4000 囲⑤①①$176〜363 カードAⒹⒿⓂⓋ
ディズニー・オールスター・リゾート Disney's All-Star Resort **MAP** P.182-A3	スポーツ／ミュージック／ムービーの3つのテーマをもつホテル。客室はシンプルだが、内外装も楽しい。ミュージックのプールはギターやピアノの形をしていたり、バスケットボールだったりと、演出がとても細かい。ムービーでは『101匹わんちゃん』のキャラクターたちがゲストを迎えてくれる	オールスター・スポーツ ⊞1701 W. Buena Vista Dr., Lake Buena Vista, FL 32830 ☎(407)939-5000 オールスター・ミュージック ⊞1801 W. Buena Vista Dr. ☎(407)939-6000 オールスター・ムービー ⊞1901 W. Buena Vista Dr. ☎(407)939-7000 囲⑤①①$132〜294、スイート$302〜589（ミュージックのみ） カードAⒹⒿⓂⓋ

notes ディズニー・スカイライナーの登場でアクセスが便利になる★直営ホテルのアート・オブ・アニメーション・リゾートとポップ・センチュリー・リゾートの間にディズニー・スカイライナーの駅がある。これらのふたつのホテルでエ▸

ローゼンイン・レイク・ブエナビスタ

エコノミー ◎WDW、UOR、シーワールドにも無料シャトルあり

ローゼンイン・レイク・ブエナビスタ
Rosen Inn Lake Buena Vista

MAP P.181-A3　レイク・ブエナビスタ

ディズニーが厳しい審査を設け、認可するグッドネイバーフッドホテルで、WDWやユニバーサル、シーワールドにも無料シャトルを定期的に運行している。客室はシンプルだが、木目調の落ち着いた内装。電子レンジやコーヒーメーカーなどあって使いやすい。コンビニ売店（毎日6:00〜翌1:00）、ミッキーのワッフルが焼けるレストランもあり、コスパも高い。

リーズナブルな料金でWDWへの無料シャトルも運行しているホテル

住8442 Palm Pkwy., Orlando, FL 32836
☎(407)996-7300　FAX(407)996-1475
URL www.rosenlbv.com　料ⓈⒹⓉ$96〜160　カードADJMV

高級 ◎レジャーにもビジネスにもおすすめ

シグニア・ヒルトン・オーランド・ボネットクリーク
Signia Hilton Orlando Bonnet Creek

MAP P.183-C3　WDW隣接

コンベンションセンター、ゴルフコース、プールがあり、レジャー、ビジネスの双方を満足させる評判のいいホテル。客室も広く、机も大きいので使いやすい。西側に面した部屋ならWDWの夜の花火を見ることができる。WDW各パークとディズニー・スプリングスへの無料シャトルを30〜60分おきに運行。

WDWへ頻繁にバスを運行させているヒルトン

住14100 Bonnet Creek Resort Lane, Orlando, FL 32821　☎(407)597-3600　FAX(407)597-3601
URL hiltonbonnetcreek.com　料ⓈⒹⓉ$189〜419、スイート$317〜1674+リゾート料金$45
カードAMV

高級 ◎ニューヨークの老舗ホテル

ウォルドルフ・アストリア・オーランド
Waldorf Astoria Orlando

MAP P.183-C3　WDW隣接

ニューヨークの老舗ホテルの第2号店。フロリダらしく内観は明るく、近代的。しかし、客室は明るさを保ちながらも落ち着いた色調が安らぎを与えてくれる。隣のヒルトン（→上記）とコンベンションセンターを挟んでつながっている。レストランも充実して、おいしい。WDWへの無料バスもヒルトンと共有だ。アウトレットへのシャトルも手配可（有料）。

プールやゴルフ場などの施設も充実したホテル

住14200 Bonnet Creek Resort Lane, Orlando, FL 32821　☎(407)597-5500　URL www.waldorfastoriaorlando.com　料ⓈⒹⓉ$515〜950、スイート$782〜+リゾート料金$45
カードAMV

高級 ◎日本人に人気が高くWDWに近い

ウォルト・ディズニー・ワールド・スワン&ドルフィン
Walt Disney World Swan & Dolphin

MAP P.182-B2　WDW隣接

エプコットから歩いて12分ほどの便利なロケーション。白鳥がシンボルのスワン館、小さな湖を挟んで魚（イルカではない）とピラミッド型の建物がドルフィン館で、施設やサービスなどを共有している。アーリーエントリーも行っており、直営ホテルと比べても遜色はない。レストランが多く、料理の質が高いのもうれしい。

直営ホテルと遜色ないといわれるスワン&ドルフィン

住1500 Epcot Resorts Blvd., Lake Buena Vista, FL 32830　☎(407)934-4000（ドルフィン）、934-3000（スワン）　URL swandolphin.com　料スワンⓈⒹⓉ$210〜1944、ドルフィンⓈⒹⓉ$185〜2008+リゾート料金$40　カードADJMV

エプコットとディズニー・ハリウッド・スタジオへはスカイライナーで簡単に行ける。なお、エプコットはインターナショナル・ゲートウェイ側に着くので、エプコット正面に行きたいなら園内を通るしかない。待ち合わせなど注意したい。

高級 ◎ディズニー・スプリングスも歩いてすぐ

ヒルトン・オーランド・レイク・ブエナビスタ
Hilton Orlando Lake Buena Vista

WDW ホテルプラザ

ディズニー・スプリングスの道路を挟んだ向かいにあり、ゆっくりショッピングや食事が楽しめる。アーリーエントリーも行っている。

歩道橋を渡ればディズニー・スプリングス

🏠1751 Hotel Plaza Blvd., Lake Buena Vista, FL 32830 ☎(407)827-4000 FAX(407)827-3890 URLwww.hiltonorlandolakebuenavista.com 料ⓈⒹⓉ$199〜364+リゾート料金$35 カードADJMV

中級 ◎トリップアドバイザーで評価の高い

ホリデイン・オーランド・ディズニー・スプリングス・エリア
Holiday Inn Orlando-Disney Springs Area

WDW ホテルプラザ

ディズニー・スプリングスは徒歩圏内。各パークへも1時間おきに無料バスが運行。清潔で、レストランやラウンジの設備も整い、宿泊料金も比較的手頃。アウトレットはタクシーで5分。

清潔で使いやすい

🏠1805 Hotel Plaza Blvd., Lake Buena Vista, FL 32830 ☎(407)828-8888 日本無料0120-677-651 URLwww.hiorlando.com 料ⓈⒹⓉ$167〜305+リゾート料金$38 カードADJMV

エコノミー ◎WDWに隣接、コストパフォーマンスの高い

ドゥルリー・プラザ・ホテル・ディズニー・スプリングス・エリア
Drury Plaza Hotel Orlando - Disney Springs Area

WDW ホテルプラザ

建物は14階建て。清潔感もあり、使いやすい。周辺と比較しても$20〜40は安く、無料シャトルバスがWDWまで走っている。朝食付き。

新しくできたばかりのドゥルリー・プラザ

🏠2000 Hotel Plaza Blvd., Lake Buena Vista, FL 32830 ☎(407)560-6111 FAX(407)560-6118 URLwww.druryplazahotelorlando.com 料ⓈⒹⓉ$140〜400 Ⓑ
カードADMV

中級 ◎WDW周辺で使いやすいホテル

デルタ・ホテルズ・オーランド・レイク・ブエナビスタ
Delta Hotels Orlando Lake Buena Vista

レイク・ブエナビスタ

WDWゲートのそばにあるマリオット系のホテル。ロビーはブティックホテルのようだが、客室はシンプル。周囲にはレストランやギフトショップもあり、清潔で快適。

WDW周辺で新しいホテルがデルタ

🏠12490 S. Apopka Vineland Rd., Orlando, FL 32836 ☎(407)387-9999 日本無料0120-925-659 FAX(407)387-2222 URLwww.marriott.co.jp 料ⓈⒹⓉ$107〜308 カードAMV

高級 ◎FL-536沿いで目立つ、ワンランク上のマリオット

オーランド・ワールドセンター・マリオット
Orlando World Center Marriott

WDW 南東

天井からの採光で明るく開放感のあるロビーでは、地球をイメージしたオブジェがお出迎え。ビジネス客の利用が多く、設備も整っている。WDW側の部屋からは花火も見える。

ビジネス客の利用の多いワールドセンター・マリオット

🏠8701 World Center Dr., Orlando, FL 32821 ☎(407)239-4200 日本無料0120-925-659 URLwww.marriott.co.jp 料ⓈⒹⓉ$249〜646+リゾート料金$42 カードADJMV

高級 ◎庭園のぶらぶら歩きが楽しい

ゲイロード・パーム・リゾート＆コンベンションセンター
Gaylord Palms Resort & Convention Center

WDW 南東

広大なアトリウムには、フロリダの古都セントオーガスティンのかわいらしい街並みが再現され、歩くだけでリフレッシュできる。プールなどの施設も充実し、家族連れにも人気。

庭園で癒やされる

🏠6000 W. Osceola Pkwy., Kissimmee, FL 34746 ☎(407)586-0000 日本無料0120-925-659 FAX(407)586-9556 URLwww.marriott.com 料ⓈⒹⓉ$273〜891+リゾート料金$38 カードADJMV

notes ヒルトンはいくつもあるので注意★オーランドにはヒルトンが4ヵ所、ほかにヒルトン・ガーデンインも多数ある。タクシーに乗車の際など、どのヒルトンか住所をはっきり伝えること。

高級	◎コンベンションセンターに隣接する大型ホテル	MAP P.181 -A2

ハイアット・リージェンシー・オーランド
Hyatt Regency Orlando　　**インターナショナルドライブ**

コンベンション参加者の多くが泊まるハイアット・リージェンシー

インターナショナルドライブの中心にある高級ホテルで、24時間営業のコンビニ、大型プール、スパ、広く機材の充実したフィットネスなど、申しぶんのない施設を誇る。サービスの質も高く、コンシェルジュの対応もいい。レジャーのサポートも万全。宿泊客にはアイライドトロリーの1日券（バウチャー2枚）の無料提供もある。

🏠9801 International Dr., Orlando, FL 32819
☎(407)284-1234　FAX (407)309-5676
URLorlando.regency.hyatt.com　料⑤①①$219
～392、スイート$322～1082＋リゾート料金$30
カードADJMV

高級	◎ゴルフリゾートも有名	MAP P.181 -B2

ローゼン・シングル・クリーク
Rosen Shingle Creek　　**インターナショナルドライブ東**

ゴルフコースも人気のローゼン・シングル・クリーク

客室数1501、ハイキングトレイル、4つのプール、スパなどを備えた総合リゾートホテル。大規模ゆえ、大型コンベンションの指定ホテルになることも多く、日本人でにぎわうこともある。ゴルフ場はロケーションと評判ともによく、ゴルフ教室も行っている（前日までに予約）。日本人の板前がいる万来寿司バーもここにあり、日本語が通じるのもうれしい。

🏠9939 Universal Blvd., Orlando, FL 32819
☎(407)996-9939　Free1866-996-6338
FAX (407)996-9935　URLwww.rosenshin
glecreek.com　料⑤①①$179～384
カードAMV

高級	◎ユニバーサルのリゾートホテル	MAP P.181 -A1

ローズ・サファイア・フォールズ・リゾート
Loews Sapphire Falls Resort　　**ユニバーサル・オンサイト・ホテル**

ビジネス客にも満足のいく設備

カリビアンスタイルのホテルで、ユニバーサルのオンサイトホテルのなかでは評判もいい。広いプールが自慢だ。南国を思わせるさわやかな客室で、100％コットンを使うなどリネン類にも気を使っている。ビジネスユースにも対応できる施設の充実度で、IOAのハリー・ポッター・エリアへの優先入場の特典がある。

🏠6601 Adventure Way, Orlando, FL 32819
☎(407)503-5000　Free1888-464-3617
URLwww.loewshotels.com　料⑤①①
$262～465、スイート$382～2789
カードADJMV　

中級	◎ポップな装飾のホテルはファミリー向け	MAP P.181 -A1

ユニバーサル・カバナベイ・ビーチ・リゾート
Universal's Cabana Bay Beach Resort　　**ユニバーサル・オンサイト・ホテル**

リゾートらしく、ちょっとリーズナブルなオンサイトホテル

1950年代、60年代をテーマにしたレトロ調がかわいらしいホテルで、スイートルームが多いのが特徴。スイートには電子レンジ付きのキチネットもある。スターバックスやデリも充実し、何よりボウリング場があるのが驚き。部屋によってはロビーから歩く覚悟も。IOAハリポタ・エリアへの優先入場の特典がある。

🏠6550 Adventure Way, Orlando, FL
32819　☎(407)503-4000　URLwww.
loewshotels.com　料⑤①①$174～329、
スイート$224～719
カードADJMV　

　リゾート料金に注意★オーランドのホテルではリゾート料金 Resort Fee を宿泊費とは別に徴収するホテルが増えてきた。1泊あたり$15～48ほど。Wi-Fiの料金はこれに含まれる。

高 級	◎コンベンションセンターに隣接	MAP P.181 -B2

ヒルトン・オーランド
Hilton Orlando

インターナショナルドライブ

コンベンションセンターへは専用通路でわずかの距離。現代的な装いながらも、アースカラーを多用し、リラックスできる雰囲気で、ビジネスにもレジャーにもよい。

設備もロケーションもよいヒルトン

🏠6001 Destination Pkwy., Orlando, FL 32819
☎(407)313-4300　日本無料0120-489-852
東京(03)6864-1633　URLwww.thehiltonorlando.com　料ⓈⒹⓉ$184~1074+リゾート料金$40
カードＡＤＪＭＶ

高 級	◎シーワールド好きにおすすめの	MAP P.181 -A2

ルネッサンス・オーランド・アット・シーワールド
Renaissance Orlando at SeaWorld

インターナショナルドライブ

広く自慢のアトリウムロビーはフロリダの太陽の光がいっぱいに降り注ぐ。アトリウムに面したバルコニー付きの客室とシーワールドが見渡せる客室は、リラックスに最適。

シーワールドのオフィシャルホテルでもある

🏠6677 Sea Harbor Dr., Orlando, FL 32821
☎(407)351-5555　Free1800-327-6677
URLwww.renaissanceseaworld.com
料ⓈⒹⓉ$159~1300+リゾート料金$40

中 級	◎さまざまなタイプの客室がある	MAP P.181 -B2

ダブルツリー・オーランド・アット・シーワールド
DoubleTree Orlando at SeaWorld

インターナショナルドライブ

客室数も多く、タイプもさまざま。ヴィラタイプは広めなのでファミリー向け。シャワーのみの部屋もあるので要注意。コンベンションのホテルにもしばしば指定される。

レジャーにもビジネスにも適している

🏠10100 International Dr., Orlando, FL 32821
☎(407)352-1100　FAX(407)352-2632
URLwww.doubletree.com　料ⓈⒹⓉ$99~339、スイート$179~559+リゾート料金$15
カードＡＤＪＭＶ

高 級	◎コンベンションセンターの目の前	MAP P.181 -A2

ローゼン・センター・ホテル
Rosen Centre Hotel

インターナショナルドライブ

各テーマパークまでいずれも車で10~15分圏内という好立地。どの部屋もシックなインテリアでまとめられ、快適。Banshooの寿司が好評。

コンベンションセンターの目の前。日本食が人気

🏠9840 International Dr., Orlando, FL 32819
☎(407)996-9840　Free1800-204-7234
FAX(407)996-2659　URLwww.rosencentre.com　料ⓈⒹⓉ$139~364、スイート$500~　カードＡＭＶ

中 級	◎レジャー客にも人気が高い	MAP P.181 -A2

ローゼン・プラザ・ホテル
Rosen Plaza Hotel

インターナショナルドライブ

コンベンションセンターの北側。カジュアルな雰囲気で、従業員もフレンドリーだ。木のあたたかみが感じられるインテリアでコンパクトにまとめられており、くつろげる。

快適な滞在が楽しめる

🏠9700 International Dr., Orlando, FL 32819
☎(407)996-9700　Free1800-627-8258
FAX(407)996-9111　URLwww.rosenplaza.com　料ⓈⒹⓉ$119~319
カードＡＭＶ

中 級	◎繁華街で夜も出歩ける	MAP P.181 -A2

ホテル・キネティック・オーランド・ユニバーサル・ブルバード
Hotel Kinetic Orlando Universal Blvd.

インターナショナルドライブ東

インターナショナルドライブの繁華街から至近距離。車なしでも、買い物や食事に出かけられる。ニューヨークの粋とマイアミの華やかさを併せもった内装が印象的。

アイコンパークに近いキネティックホテル

🏠7800 Universal Blvd., Orlando, FL 32819
☎(407)355-0550　日本無料0120-925-659
FAX(407)355-0504　URLwww.marriott.com
料ⓈⒹⓉ$133~437、スイート$392~1033
カードＡＭＶ

voice カップラーメンで生き返った★ローゼン・センターに宿泊。コンベンションの食事に飽きていたのだが、売店でカップラーメンを発見! 店の人にコーヒーメーカー横の赤いレバーからは熱湯が▶

フェアフィールドイン・インターナショナルドライブ

中級　◎朝食付き、アイコンパークのすぐそば

MAP P.181-A2

フェアフィールドイン・インターナショナルドライブ
Fairfield Inn International Dr.　**インターナショナルドライブ東**

アイコンパークから歩いてすぐの穴場的ホテル。外観はシンプルだが、客室は広くて快適。フルーツたっぷりの朝食付きで、ロビーでは24時間コーヒーとお茶のサービスあり。

ロケーションもよく快適そのもの

🏠8214 Universal Blvd., Orlando, FL 32819
☎(407)581-9001　FAX(407)581-9002
URLwww.marriott.com　料⑤⑩①$139〜336、スイート$162〜409　B
カードADJMV

ラス・パルメラス・グランド・バケーションズ

高級　◎コンベンションセンターの北東から徒歩3分

MAP P.181-B2

ラス・パルメラス・グランド・バケーションズ
Las Palmeras Grand Vacations　**インターナショナルドライブ東**

コンベンション参加者には便利なホテル。静かなエリアにあり、客室はキチネットかフルキッチンが付いているなど長期滞在者向けでもある。寝具も快適と好評。

コンベンションセンターの北東にある

🏠9501 Universal Blvd., Orlando, FL 32819
☎(407)233-2200　FAX(407)233-2201
URLwww.hilton.com　料⑤⑩①$149〜329、スイート$189〜888＋リゾート料金$25
カードAJMV

ローゼンイン・アット・ポイント・オーランド

中級　◎コスパが高く、ビジネスにもレジャーにもいい

MAP P.181-A2

ローゼンイン・アット・ポイント・オーランド
Rosen Inn at Pointe Orlando　**インターナショナルドライブ**

向かいは人気ショップやレストランのあるポイントオーランド。客室の寝具は快適さを追求したもので、電子レンジや冷蔵庫もある。売店は24時間営業、ユニバーサルへのシャトルが無料。

目の前に小さなモールがあって便利

🏠9000 International Dr., Orlando, FL 32819
☎(407)996-8585　FAX(407)996-6849
URLwww.roseninn9000.com　料⑤⑩①$100〜180　カードADJMV

リッツカールトン・オーランド

最高級　◎ゴルフもビジネスも楽しみたい人に好評

MAP P.181-B3

リッツカールトン・オーランド
The Ritz-Carlton Orlando　**インターナショナルドライブ東**

オーランドのイメージを刷新する高級リゾート。贅沢な家具調度、サービス、レジャー施設ともすばらしいが、特筆すべきはゴルフ場。グレッグ・ノーマン設計のコースがある。

ゴルフ欲張り派も満足できる

🏠4012 Central Florida Pkwy., Orlando, FL 32837
☎(407)206-2400　日本無料0120-925-659　FAX(407)206-2401　URLwww.grandelakes.com　料⑤⑩①$579〜2129、スイート$1579〜＋リゾート料金$48
カードADJMV

アーノルド・パーマー・ベイヒル・クラブ＆ロッジ

高級　◎ゴルフファンの憧れ、オーランドの隠れ家的な宿

MAP P.181-A1

アーノルド・パーマー・ベイヒル・クラブ＆ロッジ
Arnold Palmer's Bay Hill Club & Lodge　**ユニバーサル西**

伝説的ゴルファーとして尊敬を集めるアーノルド・パーマーのクラブ＆ロッジで、美しいグリーンを見るだけでリラックスできる。プレイするには宿泊が前提。UORから西に2マイルの距離。

ゴルファー憧れの宿。一度はプレイしてみたい

🏠9000 Bay Hill Blvd., Orlando, FL 32819
☎(407)876-2429　Free1888-422-9445
FAX(407)876-1035　URLwww.bayhill.com
料ゴルフとのパッケージ⑤⑩①$265〜555
カードAMV

ハイアット・リージェンシー・オーランド国際空港

高級　◎空港の中にあって早朝出発、深夜到着に便利

MAP P.180-B2

ハイアット・リージェンシー・オーランド国際空港
Hyatt Regency Orlando International Airport　**オーランド国際空港内**

1泊ではもったいないほど設備、サービスとも充実。客室からは離発着する航空機か、リゾートムード満点の空港内を望むことができる。ビジネスに必要な機器も揃う。

ショップやレストランの充実した空港内を散策しては

🏠9300 Jeff Fuqua Blvd., Orlando, FL 32827
☎(407)825-1234　FAX(407)856-1672
URLorlandoairport.hyatt.com
料⑤⑩①$200〜501、スイート$330〜791
カードADJMV

出ること教えてもらい、カップラーメンを作ったが、これがとてもおいしかった。牛肉エキスの関係で日本からカップラーメンを持っていけなかったので、助かった。　（京都府　T.H.）['23]

ホモサッサスプリングス
Homosassa Springs

人魚のモデルとしても知られるマナティは、沖縄の海にいるジュゴンによく似た海牛目。フロリダ沖などに生息しており、性格は極めておとなしく、争うということをほとんどしない平和主義者だ。クジラやアシカより、むしろゾウに近い仲間。草食性で、ひたすら水草を食べている。

ジュゴンとの大きな違いはふたつある。まず、ジュゴンの尾びれはイルカに似ているが、マナティの尾びれはうちわのように丸い。そして、ジュゴンは海だけに生息するが、マナティは淡水でも生きられる。

マナティを見にいくツアーはフロリダ各所で催行されているが、それらの多くは運がよければ出会えるという程度のもの。確実に野生のマナティを見たいのなら、フロリダ西海岸の**ホモサッサスプリングス州立野生動物公園**に行ってみよう。ここでは水温がいつでも約22℃なので、温暖な水を求めて冬場にマナティがうようよ集まる。夏は数が少なくなるが、年中園内で過ごしているマナティもいるので、いつ訪れても確実にマナティを見ることができる。

なかにはマナティと一緒に泳げる場所もある。有名なのがホモサッサスプリングスの北にある**Crystal River**だ。住宅街の小さな川でマナティと一緒に泳ぐツアーが大人気。水深が浅いのでスノーケルで十分。年中催行しており、見物客が多くなってマナティが逃げてしまわない早朝にツアーが行われる。マナティには両手で触れてはいけないなど注意事項があるので、よく確認しよう。

↑ボートのスクリューなどで傷ついたマナティもよく見かける

→冬、タンパ湾にある発電所の排水口には、温かい水を求めて無数のマナティが集まる

Homosassa Springs Wildlife State Park

🏠4150 S. Suncoast Blvd., Homosassa
☎(352)423-5564
URL www.floridastateparks.org/park/homosassa-springs
🕐9:00～17:30（チケットオフィスは～16:45）
💲$13、6～12歳$5
🚗車のみ。オーランドからは、Florida Turnpikeを北へ48マイル走り、Exit 307で下り、FL-44を西へ。約26マイル走って地方道490/West Homosassa Trailを左へ入り、約6マイル走ってUS-19/98にぶつかったら左折するとすぐ右側にある。所要約2時間

American Pro Diving Center

🏠821 SE Hwy. 19, Crystal River
Free1800-291-3483
URL www.americanprodiving.com
🕐夏期7:00、8:30、11:30。要予約
💲$68。スノーケル＆ウエットスーツレンタル込み
🚗ホモサッサからUS-19/98を北へ15分。オーランドから1時間30分

住宅街の細い水路にまでマナティはやってくる

notes　**タンパから★ホモサッサスプリングスへ行くときには FL-589（Veterans Expwy. & Suncoast Pkwy.）を経由すると早いが、約1時間の間に5ヵ所もORT（→ P.59）があり、計$8.84かかる。**

フロリダ西海岸と
パンハンドル
Florida West Coast and Panhandle

©Visit Tampa Bay

Orlando
Miami

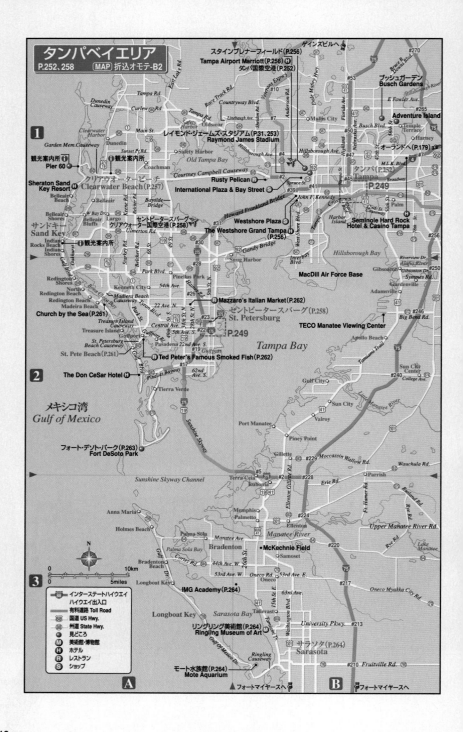

タンパベイエリア
P.252、258
MAP 折込オモテ-B2

スタインブレナーフィールド(P.256)
Tampa Airport Marriott(P.256) H
ダ/国際空港(P.252)

ゲインズビルへ

ブッシュガーデン
Busch Gardens

Adventure Island

オーランドへ(P.179)

観光案内所 i
Pier 60

i 観光案内所

レイモンド・ジェームズ・スタジアム(P.31、253)
Raymond James Stadium

Sheraton Sand
Key Resort H

クリアウォータービーチ
Clearwater Beach(P.257)

タンパ(P.252)
Tampa
P.249

Rusty Pelican R

International Plaza & Bay Street S

Seminole Hard Rock
Hotel & Casino Tampa

サンドキー
Sand Key

i 観光案内所

セントピーターズバーグ
クリアウォーター国際空港(P.258)

Westshore Plaza
The Westshore Grand Tampa
(P.256)

MacDill Air Force Base

Mazzaro's Italian Market(P.262)

セントピータースバーグ(P.258)
St. Petersburg
P.249

TECO Manatee Viewing Center

Church by the Sea

Tampa Bay

St. Pete Beach(P.261)

Ted Peter's Famous Smoked Fish(P.262)

The Don CeSar Hotel H

メキシコ湾
Gulf of Mexico

フォート・デソト・パーク(P.263)
Fort DeSoto Park

Bradenton

McKechnie Field

IMG Academy(P.264)

リングリング美術館(P.264)
Ringling Museum of Art

サラソタ(P.264)
Sarasota

モート水族館(P.264)
Mote Aquarium

A

フォートマイヤースへ

B

フォートマイヤースへ

インターステートハイウエイ
ハイウエイ出入口
有料道路 Toll Road
国道 US Hwy.
州道 State Hwy.
見どころ
美術館・博物館 M
ホテル H
レストラン R
ショップ S

0   10km
0   5miles

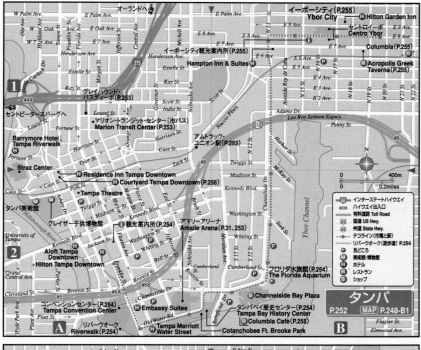

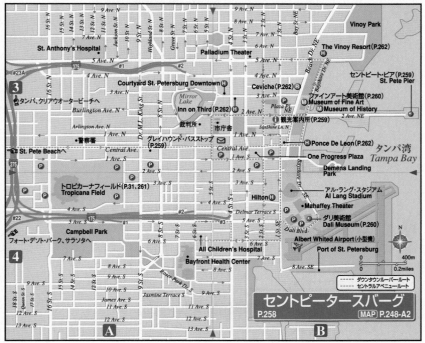

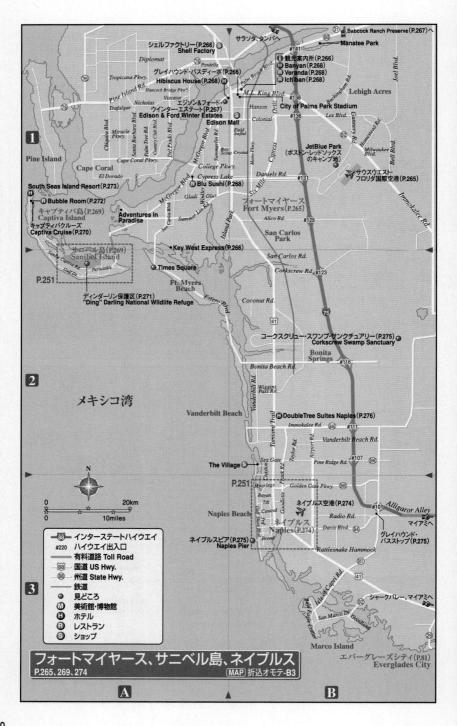

シェルファクトリー(P.266)
Shell Factory

サラソタ、タンパへ

Manatee Park

グレイハウンド・バスディーポ(P.266)
Hibiscus House(P.268)

Babcock Ranch Preserve(P.267)へ

観光案内所(P.266)
Banyan(P.268)
Veranda(P.268)
Ichiban(P.268)

エジソン&フォード・
ウインター・エステート(P.267)
Edison & Ford Winter Estates
Edison Mall

M.L. King Blvd.

City of Palms Park Stadium

Lehigh Acres

1

Pine Island

Cape Coral

JetBlue Park
(ボストン・レッドソックス
のキャンプ地)

サウスウエスト
フロリダ国際空港(P.265)

South Seas Island Resort(P.273)

Biu Sushi(P.268)

Bubble Room(P.272)

キャプティバ島(P.269)
Captiva Island
キャプティバクルーズ
Captiva Cruise(P.270)

Adventures in
Paradise

フォートマイヤース
Fort Myers(P.265)

San Carlos
Park

サニベル島(P.269)
Sanibel Island

Key West Express(P.266)

P.251

Times Square

Ft. Myers
Beach

ディンダーリン保護区(P.271)
"Ding" Darling National Wildlife Refuge

コークスクリュー・スワンプ・サンクチュアリー(P.275)
Corkscrew Swamp Sanctuary

Bonita
Springs

2

メキシコ湾

Vanderbilt Beach

DoubleTree Suites Naples(P.276)

The Village

P.251

ネイプルス空港(P.274)

Naples Beach

ネイプルス
Naples(P.274)

グレイハウンド・
バスストップ(P.275)

ネイブルスピア(P.275)
Naples Pier

N

0   20km
0   10miles

インターステートハイウエイ
#220 ハイウエイ出入口
有料道路 Toll Road
国道 US Hwy.
州道 State Hwy.
鉄道
見どころ
美術館・博物館
ホテル
レストラン
ショップ

アリゲーター・アレイ
Alligator Alley
マイアミへ

シャークバレー、マイアミへ

Marco Island

エバーグレーズシティ(P.81)
Everglades City

フォートマイヤース、サニベル島、ネイプルス
P.265、269、274   MAP 折込オモテ-B3

A   **B**

フォートマイヤースへ

サニベル島
P.269　MAP 折込オモテ-B3

1

Tarpon Bay

"Ding" Darling National Wildlife Refuge(P.271)
ディンダーリン保護区

キャプティバ島へ

観光案内所(P.270) **i**

Jerry's
(スーパーマーケット)

Periwinkle Way

H Colony Inn

灯台

Sanibel Captiva Rd.

シェルミュージアム
Bailey-Matthews National
Shell Museum(P.271)

Periwinkle Way

Island Cow(P.272)

West Wind Island Resort
H (P.273)

Island Inn(P.273)

W. Gulf Dr.

Island Inn Rd.

Casa Ybel Rd.

Middle Gulf Dr.

N

メキシコ湾

A

B

0　　　　　　　　　2km

0　　　　　　　　1mile

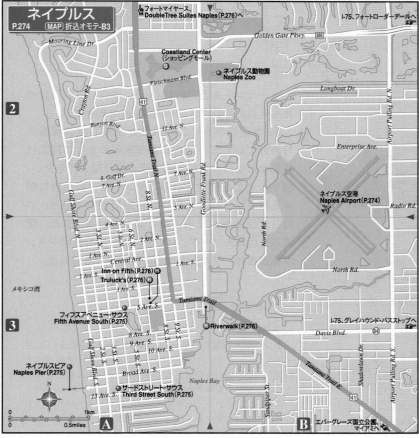

ネイプルス
P.274　MAP 折込オモテ-B3

フォートマイヤース、
DoubleTree Suites Naples(P.276)へ

I-75、フォートローダーデールへ

Mooring Line Dr.

Golden Gate Pkwy.

Coastland Center
(ショッピングモール)

ネイプルス動物園
Naples Zoo

Fletchmann Blvd.

Longboat Dr.

2

Banyon Blvd.

12 Ave. N.

Tamiami Trail N.

Enterprise Ave.

S. Golf Dr.

7 Ave. N.

7 Ave. N.

Goodlette-Frank Rd.

ネイプルス空港
Naples Airport(P.274)

Radio Rd.

Gulf Shore Blvd. N.

4 Ave. N.

2 Ave. N.

North Rd.

Central Ave.

1 Ave. N.

1 Ave. S.

North Rd.

メキシコ湾

Inn on Fifth(P.276) H

Truluck's(P.276)

3 Ave. S.

5 Ave. S.

Tamiami Trail

3

フィフスアベニュー・サウス
Fifth Avenue South(P.275)

8 Ave. S.

9 Ave. S.

10 Ave. S.

Riverwalk(P.276)

I-75、グレイハウンド・バスストップへ

Davis Blvd.

Tamiami Trail E.

ネイプルスピア
Naples Pier(P.275)

Gulf Shore Blvd.

Broad Ave. S.

Naples Bay

サードストリート・サウス
Third Street South(P.275)

13 Ave. S.

0　　　　　1km

0　　　　0.5miles

A

B

エバーグレーズ国立公園、
マイアミへ

タンパ
Tampa

Orlando

Miami

オーランドの西方約130km、フロリダ西海岸の真ん中にあるのがタンパ湾 Tampa Bay だ。

19世紀前半までは海賊船が出没し奴隷貿易が行われていたが、現在は豪華客船やカリブ諸国の果物などを積んだ船、観光客の釣り船が行き交い、穏やかな姿を見せている。タンパ湾の最も奥に開けた町タンパは、全米有数の港湾都市であり、フロリダ西海岸の交通の要となっている。また、空港近くには大リーグ、NY ヤンキースの春季キャンプ地があり、プロレスなどのスポーツも盛んだ。

ダウンタウンの北東にあるイーボシティは異国の雰囲気

Tampa International Airport（TPA）
MAPP.248-B1
☎ (813)870-8700
URLwww.tampaairport.com

タクシー
料ダウンタウンまで\$35均一。所要15〜30分。
配車サービス\$25〜45

HART #10、30
URLwww.gohart.org
料\$2

行き方 Access

飛行機

タンパ国際空港Tampa International Airport（拡張中）は、ダウンタウンの北西約15kmにあり、カナダやカリブ諸国などからの便も発着している。ターミナルは赤と青のふたつに分かれ、レンタカーセンターも完成した。Wi-Fi無料。

市内へはタクシー、配車サービス、市バスのハートHARTの10、30番（レンタカーセンターで乗車、ターミナルへはスカイコネクトのトラムで。所要20〜30分）でアクセス可。

---

notes マイアミとタンパを結ぶバス★レッドコーチ Red Coach のバスが1日1〜2本、マイアミ〜タンパ空港間を約5時間で走っている。片道\$25〜60。URLwww.redcoachusa.com

長距離バス

　タンパへはオーランドから、1日8〜11便のグレイハウンドバス（フリックスバス）が運行されている。所要1時間40分〜2時間5分。料金は$15〜27。なお、バスストップが数ヵ所あるので確認しておこう。

鉄道

ユニオン駅は鉄道黄金時代を感じさせる

　オーランドからタンパまでは、アムトラックのシルバースター Silver Star号やアムトラック連絡バス（列車との乗り継ぎのみ利用可）が1日各1便運行されている。所要約2時間。

レンタカー

　オーランドからタンパへはI-4を西へ。I-4がI-275に合流すれば、タンパまではすぐだ。所要約90分。

歩き方　Getting Around

　タンパはビジネスシティで、見どころはあまり多くない。1日あれば水族館のあるダウンタウンとダウンタウンの北東約3kmにあるイーボーシティは十分回れる。**市バス（HART）**の路線網が張り巡らされているので、車がなくてもHARTのバスを乗り継げばほとんどの所へアクセスできる。

市内の交通機関

　下記の市電もHARTの運営。

■ テコライン（市電）Teco Line (Streetcar)

イーボーシティへはこの市電で

　ダウンタウンとイーボーシティを結ぶクラシックなストリートカー。イーボーシティ観光に最適。無料。

観戦するスポーツ

■ アメリカンフットボール （NFL）
タンパベイ・バッカニアーズ（NFC南地区）

　1976年創設、2002年にスーパーボウル制覇1回と輝かしい歴史もあるが、2011年以降のほとんどの年は地区最下位。しかし、2020年代に突入してから奮起し、地区優勝または2位と近い将来が楽しみなチームになりつつある。

■ アイスホッケー （NHL）
タンパベイ・ライトニング（東・大西洋地区）

ライトニングの本拠地はリバーウオーク沿いにある

　1992年創設の比較的新しいチーム。2004年には見事王座に輝いたが、その後は低迷。2020年にはダラスを退けスタンレーカップ優勝、続く2021年もチャンピオンに輝くなど、今最も安定したチームである。

バスディーポ

MAP P.249-A1
住1302 N. Marion St.
☎(813)229-2174
開深夜2:00〜18:00

アムトラック・ユニオン駅

MAP P.249-A1
住610 N. Nebraska Ave.
Free 1800-872-7245
URL www.amtrak.com
開9:45〜18:15

HART （市バス）

☎(813)254-4278
URL www.gohart.org
料$2、Express$3
●**Marion Transit Center**
MAP P.249-A1
住1211 N. Marion St.
開6:00〜18:00、土8:00〜17:00　休日
テコライン
URL www.tecolinestreetcar.org
運行7:00〜23:00、金〜翌2:00、土8:30〜翌2:00、日8:30〜23:00。12〜15分間隔の運行

Tampa Bay Buccaneers （Raymond James Stadium）

MAP P.248-B1
住4201 N. Dale Mabry Hwy.
☎(813)870-2700
URL www.buccaneers.com
行き方ダウンタウンのMarion Transit Centerから#7のバスで

Tampa Bay Lightning （Amalie Arena）

MAP P.249-A2
住401 Channelside Dr.
☎(813)301-6500
URL www.nhl.com/lightning
行き方ダウンタウンの歴史センターの隣

---

notes　**ウオータータクシー Pirate Water Taxi** ★水辺の町タンパをウオータータクシーでホップする。水族館など17ヵ所に寄港し1日乗り放題で$34。URL www.piratewatertaxi.com

高層ビル群を眺めながら水辺の散策が楽しい
リバーウオーク　Riverwalk

MAP P.249-A2

川沿いにありジョギングする人も

ダウンタウンはヒルズボロ川Hillsborough River、ギャリソン水路Garrison Channelなどに囲まれているが、ヒルズボロ川沿いに続く全長約4kmの遊歩道がリバーウオークだ。歩道沿いにコンベンションセンター、公園、博物館や水族館などがあり、対岸のビル群や豪華客船を眺めながらの散策は、実に心地よい。たばこ産業で名を上げたイーボーなどタンパ発展に寄与した人物の銅像も点在する。

■タンパベイ歴史センター Tampa Bay History Center

石器時代からのタンパの歴史を紹介。市が発展を遂げたのは1880年代から。キューバとの交易が盛んだったことから、葉巻の生産が主力産業となった。現在はヤンキースに代表される春季キャンプ、フットボールなどプロスポーツが盛んな土地柄が紹介されている。

子供連れにおすすめのフロリダ最大の水族館
フロリダ水族館　The Florida Aquarium

MAP P.249-B2

約7000種以上の海洋生物や植物を飼育する水族館。タンパ周辺の魚類やビーチなどに生息する鳥類、爬虫類もおり、圧巻は巨大なエイやサメなどフロリダ固有の魚類がゆったり泳ぐ珊瑚礁の巨大水槽。

絶滅危惧種の繁殖にも力を入れている水族館だ

タツノオトシゴやクラゲのコーナーも人気で、必見は世界の水族館に30匹しかいない海藻のようなリーフィ・シードラゴンLeafy Sea Dragon。また水族館は絶滅危惧種の珊瑚ピラーコーラルの繁殖に成功している。

左サイドバー

タンパベイ観光案内所

MAP P.249-A2
住201 N. Franklin St., Suite 102
☎(813)223-2752
URL www.visittampabay.com
圏10:00〜18:00、日11:00〜17:00
行き方ヒルトンホテルの東のブロック

Riverwalk
URL thetampariverwalk.com

Tampa Bay History Center

MAP P.249-A2
住801 Water St.
☎(813)228-0097
URL tampabayhistory center.org
圏10:00〜17:00（変更あり）
休11月第4木曜、12/25
料$16.95、60歳以上・学生$14.95、7〜17歳$12.95、6歳以下無料

The Florida Aquarium

住701 Channelside Dr.
☎(813)273-4000
URL www.flaquarium.org
圏9:30〜17:00
休11月第4木曜、12/25
料$31.45〜37.70、60歳以上$28.45〜33.95、3〜11歳$26.70〜$32.20

Column　タンパのコンベンションセンター

商業都市として知られるタンパには、ビジネスを目的として訪れる人も多い。タンパのコンベンションセンターでは、一年をとおして大小さまざまなトレードショーやコンベンションが開催される。徒歩圏内に大きなホテルも多く、便利。

フロリダらしい建物のコンベンションセンター

●Tampa Convention Center
MAP P.249-A2　住333 S. Franklin St.
URL www.tampaconventioncenter.com

---

notes タンパベイのシティパス★ブッシュガーデン、フロリダ水族館、動物園。クリアウオーター水族館、子供博物館、ボートツアーかサンセットクルーズ、科学産業博物館からふたつ選択、計5つの入場料が$139。

別名ラテンクオーター
イーボーシティ　Ybor City

MAP P.249 -B1

　ダウンタウンと対照的に歴史的な建物が美しいイーボーシティは、かつて"The Cigar Capital of the World"として知られた葉巻産業の町。1885年、キューバ人ビセント・M・イーボーらが、キーウエストから工場を移したのを契機

葉巻産業のおもかげを残すイーボシティ

に、多くの移民がこの地に移ってきた。最盛期には200の葉巻工場があり、年間7億本の葉巻を生産していた。その名残で、スペイン風の街並みが続く一帯にはキューバ料理のレストランやバーが多く、ナイトスポットとしても人気。もちろん、葉巻店も健在だ。テコラインの市電で行ける。

イーボーシティ観光案内所
MAP P.249-B1
住 1600 E. 8 Ave.
☎ (813)241-8838
URL ybor.org
開 10:00～16:00、日12:00～

葉巻ショップものぞいてみて

レストランリスト
Restaurant List

スペイン&キューバ料理　フロリダ最古のレストランの本店
コロンビア
Columbia　　イーボーシティほか

MAP P.249 -B1

　1905年創業のフロリダのトップ25に選ばれた店で、タンパ国際空港など州内に7店舗をもつ。タパスとピンチョス（おつまみ）の種類は30種類以上あり、サングリアを片手につまむのもいい。人気メニューはキューバンサンドイッチ$14。月～土曜の夜にはフラメンコのショー（ディナー時の鑑賞は要予約）がある（カバーチャージ$8）。

←スペイン風の店内。雰囲気もいい
→キューバンサンドイッチはタンパのマスト

住 2117 E. 7 Ave.　☎ (813)248-4961
URL www.columbiarestaurant.com　営 11:00～21:00、金・土～22:00　予 $10～45　カード A M V

ギリシア料理　有名レストランサイトにも選ばれた
アクロポリス・グリーク・タベルナ
Acropolis Greek Taverna　　イーボーシティ

MAP P.249 -B1

　ナガサキ、ムサカ、ザジキなどのメニューが揃う本格的ギリシア料理店。ベリーダンスなどが時おり行われる。

イーボーシティにある
住 1833 E. 7 Ave.　☎ (813)242-4545
URL acropolistaverna.com　営 11:00～23:00、金・土～翌1:00　予 $25～45　カード A M V

スペイン&キューバ料理　老舗の味をダウンタウンで
コロンビアカフェ
Columbia Café　　ダウンタウン

MAP P.249 -A2

　上記コロンビアの料理を歴史センターで気軽に。タパスはもちろん、名物のスープとキューバンサンドのコンボがおすすめ。

歴史センターの中
住 タンパベイ歴史センター。801 Water St.
☎ (813)229-5511　営 11:00～21:00　予 コンボ$14　カード A M V

ホ テ ル リ ス ト
Hotel List

高級 ショッピングモール前の快適ホテル

MAP P.248-B1

ウエストショア・グランド・タンパ
The Westshore Grand Tampa

ダウンタウン西

意外に便利な場所にある

　#30のバスで空港へは10分、ダウンタウンへは20分、目の前にはショッピングモールがあり、買い物にも食事にも困らない。快適さ、サービスもタンパではトップクラスで、ギャラリーのような内装もおしゃれ。ヤンキースの球場まで#45のバス&徒歩で約20分。Wi-Fi$9。

🏠4860 W. Kennedy Blvd., Tampa, FL 33609 ☎(813)286-4400 FAX(813)286-4053 URLwestshoregrand.com
料⑤①①$209〜839 カードADMV

高級 タンパ国際空港の中にある

MAP P.248-B1

タンパ国際空港マリオット
Tampa Airport Marriott

空港内

防音設備も万全だ

　空港ターミナルに直結していて、深夜の到着や早朝の出発に便利。10番のバスなら中心部まで20分。

🏠Tampa International Airport, Tampa, FL 33607 ☎(813)879-5151 URLwww.marriott.com 料⑤①①$209〜829
カードADJMV

中級 ダウンタウンのお手頃ホテル

MAP P.249-A2

コートヤード・タンパ・ダウンタウン
Courtyard Tampa Downtown

ダウンタウン

　広い机と座り心地のいい椅子、清潔なホテル。ビジネス街も徒歩圏内。レジデンスインの隣。　ビジネスマンに人気

🏠102 E. Cass St., Tampa, FL 33602 ☎(813)229-1100 URLwww.marriott.com
料①①$149〜809 カードADJMV

Ｃｏｌｕｍｎ **ニューヨーク・ヤンキースのキャンプ地、タンパ**

　大リーグ、NYヤンキースの春季キャンプ地がタンパ（スタインブレナーフィールドMAPP.248-B1）だ。空港から車で10分の所にあり、毎年2月中旬から3月下旬まで、スター選手をこの目で見ようというファンでにぎわう。3月は午前中に練習、午後にオープン戦が組まれ、試合観戦は有料だが、練習は見学無料だ。気軽にサインに応じてくれるのもキャンプならでは。キャンプが終われば、ヤンキースのマイナーリーグの球場として試合が開催される。将来を有望視される選手を見る楽しみもあるし、時としてけがなどで調整中の大リーグの選手が出場することもある。

　スタジアムの外にはベーブ・ルースなどヤンキース永久欠番選手の記念プレートもある。季節を問わず、ショップではヤンキースの選手のグッズも販売している。
🏠1 Steinbrenner Dr., Tampa
行き方ダウンタウンから#7のバスで約20分

←南国らしい雰囲気のヤンキースの球場

→ベーブ・ルースのプレート

🚭ホテル内すべて禁煙　🚬喫煙できる客室あり　💻客室内で高速インターネット接続できる(無料)　💻客室内で高速インターネット接続できる(有料)　📶客室内で無線インターネットWi-Fiできる(無料)　📶客室内で無線インターネットWi-Fiできる(有料)

SideTrip
寄り道ガイド

クリアウオータービーチ
Clearwater Beach

海水の透明度と砂の白さを実感したい
全米有数の美しさを誇るビーチ

メキシコ湾に浮かぶ細長い島（砂州）に、その名のとおり水のきれいなクリアウオータービーチがある。島の東側は内海に面したヨットハーバーになっていて、西側のビーチまで歩いて横切っても10分くらい。ここでの楽しみは、透明度の高い穏やかな海での海水浴と、メキシコ湾に沈む夕日。これを見るためだけでもクリアウオータービーチへ行く価値はある。各種ウオータースポーツも盛んだ。

ビーチの中心は**ピア60**（☎ (727) 462-6466）。夕暮れ時には屋台や大道芸人が現れ、ライブコンサートなどが行われる。観光案内所は桟橋のすぐ手前にあり、毎日10:00〜18:00の営業で、ホテル紹介などを行っている。

なおクリアウオーター市のダウンタウンは本土側にあり、ビーチとは長い堤道でつながっているので混同しないように。

クリアウオーターでの移動には**Jolley Trolley**が便利。ビーチ沿いを走る南北ルートと、ダウンタウンを走るコースタルルートがあり、ビーチを走る南北ルートは9:41〜22:18（週末〜23:18）、コースタルルートは9:00〜22:30（週末〜翌0:30）、45〜60分ごとに走っている。料金は$2.25、1日$5。8歳以下無料。

ピア60は静かな早朝もおすすめ

行き方 タンパから公共交通機関は運行されていないため、車のみが足となる。I-275をタンパ国際空港方面へ向かい、Courtney Campbell Cswy. (FL-60)を渡って約45分。

一方、セントピータースバーグのダウンタウンからはCentral Avenue Trolleyでセントピートのビーチへ行き、75th Ave. & Gulf Blvd.からSuncoast Beach Trolleyに乗り継ぐことになる。車の場合はダウンタウンからCentral Ave.を西へ走り、メキシコ湾へ突き当たったら北上する。所要約1時間。

Beach Visitor Information Center
🏠1 Causeway Blvd.
☎(727)442-3604
URL visitstpeteclearwater.com
🕐10:00〜18:00

砂の白さに注目！　フロリダ西海岸ならではの天然のビーチを堪能したい

trivia 全米ナンバーワン！★クリアウオータービーチはトリップアドバイザー（旅行の口コミサイト）の読者が選ぶビーチランキングで2016、2018、2019年に全米1位に選ばれた。

セントピータースバーグ
St. Petersburg

Orlando ●

Miami ●

タンパ湾の入口西側にある、スペイン風の家並みが心地よい町セントピータースバーグ。メキシコ湾に沿って、白い砂が輝く天然のビーチが続く美しいビーチリゾートだ。全米のベストビーチによく選ばれるビーチもこのエリアにある。こぢんまりとしたダウンタウンはタンパ湾のマリーナに面しており、ダリ美術館をはじめ、美術館、博物館が多いことでも知られる。市内にはギャラリーも多く、芸術色の濃い町といえるだろう。

St. Pete-Clearwater International Airport (PIE)
MAP P.248-A1
☎ (727) 453-7800
URL fly2pie.com
空港からダウンタウンまでは車で所要約20分
タクシー United Cab
☎ (727) 777-7777
料 $40～60

タンパ国際空港から
タクシーで約$60、所要約30分。スーパーシャトルでダウンタウンのホテルまで片道$85.01（6人までの貸切料金）
Free 1800-258-3826
URL supershuttle.com

行き方 Access

セントピータースバーグにも空港（PIE）があるが、Allegiant AirとSwoop Airlines（LCC）のフライトのみ。タンパ国際空港（→P.252）を利用するのが一般的。フロリダの各都市から訪れるのなら、レンタカーかグレイハウンドバスが便利だろう。

ダウンタウンの西には大リーグの球場もあるから、野球観戦もおすすめ

notes **セントピートって何？★**セントピータースバーグという名は長いので、しばしばセントピートSt. Peteと略される。セントピート・ビーチは省略形が正式なビーチ名になっている。

長距離バス

オーランドからタンパ経由で、1日1本のグレイハウンドバス（FlixBus）が運行している。所要約3時間。タンパからは1日2本、所要30分。バスストップはダウンタウンの西寄りにある。セントピート・ピアまでは歩いて約15分。

レンタカー

オーランドからI-4 WEST、タンパ方面へ。I-275に合流し、タンパを過ぎると長い橋を渡ってタンパ湾を横切る。I-275を南へそのまま進み、I-375を経て一般道に下りる。約2時間。

歩き方 Getting Around

観光の中心は、タンパ湾に面したダウンタウンの東側。観光の拠点となっているのは**セントピート・ピア St. Pete Pier**。あたりには**ファインアート美術館**、歴史博物館 Museum of History、**ダリ美術館**などがある。Central Ave.にはレストランやショップが集まっていて、のんびり散策しながら回ってみるのにいい。ダウンタウンの西側には大リーグのタンパベイ・レイズの本拠地、**トロピカーナフィールド Tropicana Field**もある。見どころはほとんど徒歩で回れるが、観光トロリーの**ダウンタウンルーパー Downtown Looper**がとても便利だ。

ビーチエリアはメキシコ湾に面して**セントピート・ビーチ St. Pete Beach**などいくつか点在している。これらの美しいビーチを結ぶトロリーバスも運行されているので、ぜひ行ってほしい。セントピート・ビーチのGulf Blvd.沿いにはレストラン、ショップなどが並び、観光客でにぎわっている。

観光案内所

■ St. Petersburg Area Chamber of Commerce

ダウンタウンにある案内所。ホテルやクルーズなど各種情報が手に入る。市内を歩く前に地図を手に入れておくといい。

市内の交通機関

■ セントピータースバーグ・トロリー St. Petersburg Trolley

2路線が運行されている。セントピート・ピア、ダリ美術館などダウンタウンの見どころを結ぶ**ダウンタウンルーパー Downtown Looper**と、セントラルアベニューを東西に走る**セントラルアベニュー・トロリー Central Avenue Trolley**（ダウンタウン無料）だ。ダウンタウンルーパーは観光、セントラルアベニュー・トロリーは大リーグ観戦やビーチに行く際に利用するといい。

ビーチ沿いを南北に走る Suncoast Beach Trolley にも接続している

バスストップ

MAP P.249-A3
住 860 Central Ave.（連邦政府庁舎前のFlixBusのバスストップに停まる）
料 オーランドから片道 $11〜40

サルバドール・ダリの美術館（→ P.260）は周囲のオブジェもお見逃しなく

St. Pete Pier

MAP P.249-B3
開 日の出〜23:00、ショップ10:00〜18:00、レストランは深夜まで

観光案内所

MAP P.249-B3
住 100 2 Ave. N., #150
☎ (727)821-4069
URL visitstpeteclearwater.com
開 10:00〜17:00　休 日

中心部にある観光案内所

St. Petersburg Trolley

☎ (727)821-5166
URL loopertrolley.com
運行 ダウンタウンルーパーは7:00〜22:00の15分ごと、金・土8:00〜22:00の20分ごとの運行
休 1月第3月曜、11月第4木曜、12/25
料 無料

---

trivia サンシャインシティ★セントピータースバーグは日照のあった日の年間平均が 361日！1967年2/9から1969年3/17まで、768日連続で晴れの日が続いたこともある。

PSTA

☎ (727)540-1900
URL PSTA.net
料 $2.25、1日パス$5

■ PSTA バス Pinellas Suncoast Transit Authority

　セントピータースバーグとクリアウオーター一帯を走る市バス。郊外のモールやメキシコ湾岸のビーチへ行くときに役立つ。ダウンタウンではGrand Central Stationが起点になっているが、西の外れにあるので観光客には不便だ。

おもな見どころ　Points of Interest

奇才ダリの一大コレクション
ダリ美術館　Dali Museum

MAP
P.249
-B4

ダリのシュールな世界を堪能したい

Dali Museum

住 1 Dali Blvd.
☎ (727)823-3767
URL thedali.org
開 10:00～18:00、木～20:00
休 11月第4木曜、12/25、セントピータースバーグ・グランプリ（→下欄外）
料 $29、65歳以上$27、学生$20、6～12歳$12。木17:00～は半額で入場できる。駐車場$10
行き方 ザ・ピアから海沿いに南へ歩いて約15分

参加してみよう
館内では頻繁にツアーが行われている。ガイドによって解説する作品も異なるので、時間の許すかぎり何度でも参加するといいだろう

　1904年、スペイン北東部のカタロニア地方に生まれたシュールレアリスムの代表的画家、サルバドール・ダリの作品を集めた美術館。ダリのプライベートコレクションとしては世界最大で、油絵96点、100点を超える水彩画、そのほかスケッチやブロンズ像など約2400点の作品を所蔵している。

　これらのコレクションは、ダリ夫妻と45年にわたって親交のあったクリーブランドの実業家、A・レイノルズ・モースとその妻、エレノアの所有物であったが、1980年にこの地に寄贈され、1982年に美術館として一般公開された。ダリは超現実的な作風で知られるが、公開されているものは、ダリの人間性に触れられる作品が多い。作品にもしばしば登場するロシア人妻のガラGalaをはじめとして、故郷のカタロニア、ダリが影響を受けたミレーやピカソからヒントを得た作品、早世した兄への思いをつづった絵画など、ひとりの芸術家を知るうえでとても興味深いコレクションとなっている。

スペインのダリ劇場美術館と同様、エニグマと呼ばれるガラスのドームで飾られている

Museum of Fine Arts

住 255 Beach Dr. NE
☎ (727)896-2667
URL mfastpete.org
開 10:00～17:00、木～20:00、日12:00～17:00
休 月、11月第4木曜、12/25
料 $22、65歳以上$17、7～17歳$12

パラディオ様式の美しい
ファインアート美術館　Museum of Fine Arts (MFA)

MAP
P.249
-B3

　ミュージアム巡りが楽しいセントピータースバーグで、ぜひ立ち寄ってほしい美術館。創設は1965年。古今東西、あらゆる美術品を網羅しながら、コンパクトにまとまって観やすい。

notes　市街地でカーレース★セントピータースバーグ・グランプリは、ダリ美術館付近の一般道路を周回するインディカーレース。毎年3月頃の週末に行われる。

古今東西の美術を網羅する美術館だ

絵画だけにとどまらず装飾美術も充実

アジアは2世紀の仏教美術から始まり、時代を追うにつれ書画が増える。充実しているのはヨーロッパ美術。古代ギリシアやローマ期の装飾品や彫像はもちろんのこと、ルネッサンスを含む中世ヨーロッパの絵画も見応えがある。18〜20世紀の絵画ではコロー、ブーダン、モネ、ベルト・モリゾなど、巨匠の作品も揃ってすばらしい。アメリカでは風景画のイネス、ハドソンリバー派のモラン、アメリカ印象派のハッサムなどに加え、現代美術ではオキーフの『ポピー Poppy』が目を引く。ほかにも、スチューベンのガラス工芸、ティファニーガラスの装飾品、中庭に点在するロダンらの彫像もお見逃しなく。また、館内のカフェは地元の人にも人気が高い。

セントピータースバーグのビーチ
真っ白な美しいビーチは別世界

Beaches in St. Petersburg

MAP P.248 -A2

実はセントピータースバーグの観光の目玉は、メキシコ湾岸に連なるビーチの数々。どのビーチも、本当に目が痛くなるくらい白く輝き、とても美しい。セントピータースバーグでは、美術館を含めてダウンタウン観光に1日、もう1日は真っ白な砂浜のビーチで贅沢な時間を過ごそう。ダウンタウンから最も近いビーチは、**セントピート・ビーチ St. Pete Beach**。メキシコ湾岸のビーチを結ぶ**Suncoast Beach Trolley**に乗れば、北のクリアウォータービーチ（→P.257）までビーチのはしごができる。

美しさで有名なビーチを楽しみたい

ヒヨコみたいな教会

セントピート・ビーチの北にあるMadeira Beachには、ヒヨコの顔に見えることで有名な教会Church by the Seaがある。1943年の創建当時からこのデザインだったが、SNSで拡散されて人気に火がつき、ファンクラブまでできたそうだ。Gulf Blvd.から見えるので、137 Ave.が近づいたら東側に注目を
MAP P.248-A2
住495 137 Ave. Circle

セントピート・ビーチから車で15分程度だ

セントピート・ビーチ

行き方ダウンタウンの1 Ave. N.から無料のSun Runnerで35分。15分ごと

Column **大リーグ、タンパベイ・レイズの試合を観にいこう！**

MLBアメリカンリーグ東地区所属のタンパベイ・レイズTampa Bay Raysは、セントピータースバーグにあるトロピカーナフィールドが本拠地。NYヤンキースやボストン・レッドソックスなどの人気チームが遠征するので、スター選手を間近で見られるかも。センター後方の

エイに手で触れられるタッチタンクとレイズ博物館は球場の名物となっている。
トロピカーナフィールドはセントピータースバーグのダウンタウンの西の外れにあり、セントピート・ビーチ行きのSun Runner（→上記）利用が便利。
MAP P.249-A4

レストラン＆ホテルリスト
Restaurant & Hotel List

シーフード スモークドフィッシュの有名店

MAP P.248 -A2

テッド・ピーターズ・フェイマス・スモーク・フィッシュ
Ted Peter's Famous Smoked Fish　　　　　**郊外**

燻製した魚はサーモン、シイラ、サバ、ボラの4種類。ピクルスやマヨネーズをつけて食べる。

魚の種類も多い

住1350 Pasadena Ave. S.
☎(727)381-7931　URLwww.tedpetersfish.com　営11:30～19:30　休月・火　料ランチ、ディナー $15～30　カード現金のみ

スペイン料理 若者に人気のタパスレストラン

MAP P.249 -B3

セヴィチェ
Ceviche　　　　　**ダウンタウン**

地元の人でとてもにぎやかなタパス（小皿）料理店。少しずつ料理を味わうことができる。場所はファインアート美術館から北へ1ブロック。

住332 Beach Dr. NE　☎(727)209-2299
URLwww.ceviche.com
営11:00～22:00、金・土～23:00
料ランチ、ディナー $12～45　カードＡＭＶ

デリ サンドイッチのおいしいデリ

MAP P.248 -A2

マツァロス・イタリアンマーケット
Mazzaro's Italian Market　　　　　**郊外**

ダウンタウンとビーチの間にあるグルメスーパー。パスタ、チーズ、ワイン、ジェラートなどのセレクションが充実している。おいしいと評判のサンドイッチをパティオで食べるといい。

住2909 22 Ave. N.　☎(727)321-2400
URLwww.mazzarosmarket.com
営9:00～17:00、土～14:30
休日　料サンドイッチ$8～　カードＡＭＶ

中級 中心部にあるおしゃれなデザイナーズ

MAP P.249 -B3

ポンセ・デ・レオン
Ponce De Leon　　　　　**ダウンタウン**

客室は簡素だがデザインが凝っている。セントピート・ピアまで2ブロック。

中心部にあって便利

住95 Central Ave., St. Petersburg, FL 33701
☎(727)550-9300　FAX(727)895-2287
URLPoncedeLeonHotel.com　料ＤＴ$129～200　カードＡＭＶ

高級 ロマンティックなリゾート

MAP P.249 -B3

ビノイ・リゾート
The Vinoy Resort　　　　　**ダウンタウン**

地中海復古調の歴史的な建物。町を代表する高級リゾートでアクティビティも充実。

1920年代の建物だ

住501 5 Ave. NE, St. Petersburg, FL 33701
☎(727)894-1000　Free1800-627-7468
日本無料0120-142-890　URLwww.marriott.com　料ＤＴ$450～979　カードＡＤＪＭＶ

中級 ザ・ピアから4ブロック

MAP P.249 -B3

イン・オン・サード
Inn on Third　　　　　**ダウンタウン**

1937年に建てられた小さなホテルを改装したアットホームなホテル。駐車場無料。

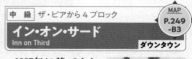

10部屋の小さな宿

住342 3 Ave. N., St. Petersburg, FL 33701
☎(727)894-3248
URLwww.theinnonthird.com
料ＤＴ$104～180　Ｂ　カードＡＭＶ

SideTrip
寄り道ガイド

フォート・デソト・パーク
Fort DeSoto Park

MAP P.248-A2

都市部から車でわずか30分で離島気分を満喫できる

セントピータースバーグの南、タンパ湾の入口にあるMullet Keyなど5つの島にまたがっている。パーク内にあるノースビーチは著名なビーチランキングの常連で、2005年にはハワイなどのビーチを抑えて全米ナンバーワンに選ばれた。その後も、2008年と2009年と連続して「トリップアドバイザー」の全米No.1ビーチにも輝いた。

広さはそれほどでもないが、粒子の細かい砂浜の心地よさと海の美しさは抜群。島内にはホテルや住宅が一切ないため、まるで沖の孤島に来たような雰囲気が味わえる。静かな入江ではカヌーもできるし、メキシコ湾に突き出した桟橋からのフィッシングも人気を集めている。

ビーチの隣には19世紀に造られた砦があり、アメリカで唯一のライフリング付き300mm迫撃砲などが残っている。幸い、これまでに一度も戦争に使われたことはないというが、第2次世界大戦中は、タンパのマクディール空軍基地の爆撃訓練場として使われていたそうだ。

Fort DeSoto Park

🏠 3500 Pinellas Bayway, Tierra Verde
☎ (727)582-2100
🕐 7:00～日没
🚗 車のみ。セントピータースバーグからI-275を南へ走り、Exit 17で下りて54 Ave.を西へ。料金所（$1.50）を通ってPinellas Bayway（FL-682）を進み、FL-679へ左折。いくつか橋を渡り、もう一度料金所（75¢）を通るとパークへいたる。ノースビーチへ行くには突き当たりを右折。ダウンタウンから30分ほど。駐車場1台$5。

なお、園内にはキャンプ場はあるがホテルはない。スナックとドリンクが買える屋台がノースビーチとガルフピアにある

←砦の内部は大砲を中心としたミニ博物館になっている　↓桟橋からはイルカの姿がよく見られる。水鳥も多い

フロリダ西海岸とパンハンドル　セントピータースバーグ

カブトガニの産卵★フォート・デソト・パークは全米有数のカブトガニの産卵地になっている。特に6月頃の満月前後の夜には1000匹近くのカブトガニが見られることもある。

SideTrip
寄り道ガイド

サラソタ
Sarasota

ビーチの白砂と、来日もした
サーカス団のレジェンドを見学しよう

タンパとフォートマイヤースの間にあるサラソタは、もとはさびれた漁村だったが、今ではダウンタウンにビルが並ぶ南西フロリダ随一の都市に成長した。

サラソタの魅力は何といっても白砂のビーチだ。特に美しいのが、ダウンタウンからサラソタ湾を隔てたシエスタ・キーにある**シエスタビーチSiesta Beach**。全米ビーチランキングでトップ10に入る常連。高層ホテルは少なく、島の北側にヴィラ形式のホテルが数軒ある。

行き方 郊外にサラソタ・ブラデントン国際空港Sarasota Bradenton International Airport（SRQ）があり、アトランタ、ニューヨークなどからフライトがある。

車ならセントピータースバーグから約50分、フォートマイヤースから約1時間15分。

また、グレイハウンドバスならセントピータースバーグから50分だ（1日2便）。

リングリング美術館

2017年に幕を閉じた世界的サーカス団のオーナーの元邸宅で、オーナー夫妻のコレクションを収蔵する美術館だ。

リングリングは7人兄弟のうち5人でサーカス団を結成し、1870年から世界を回って興行を続けた。5男のジョンは経営手腕を発揮し、世界で最も有名なサーカス団に育てた。1929年、ジョンと妻のメーブルは、毎冬を過ごしていたサラソタに豪邸を建てる。外観はベネチアのサンマルコ広場に建つドゥカーレ宮殿をモチーフにしている。美術コレクションにも莫大な資金を注ぎ込み、傾倒していたヨーロッパ美術、特に17世紀のバロックアートとルーベンスのコレクションは秀逸。彫像が配

まさに宮殿といった趣の美術館

された庭園も中世ヨーロッパ風だ。

隣に建つサーカス博物館も見逃せない。珍しいサーカス場のミニチュアやポスター、コスチューム、ワゴンなどで150年のサーカスの歴史を紹介している。

モート水族館

リド・キーの北端にある水族館。サメやマナティなどの研究、タツノオトシゴの保護と繁殖、海洋調査で知られるモート研究所の付属施設で、マナティのほか、ウミガメや約100種の魚類などが飼育されている。要予約。

Ringling Museum of Art

住 5401 Bay Shore Rd.
電 (941)359-5700
URL www.ringling.org
開 10:00～17:00
休 11月第4木曜、12/25、1/1
料 $25、65歳以上$23、6～17歳$5
行き方 I-75のExit 213からUniversity Pkwy.を西へ15分ほど走った突き当たり

Mote Aquarium

住 1600 Ken Thompson Pkwy.
電 (941)388-4441　URL www.mote.org
開 9:30～17:00　休 無休
料 $26、3～12歳$19
行き方 I-75のExit 210からFruitville Rd.を西へ15分ほど走り、US-41を左折したら次の信号を右折。リド・キーへ入ったらFL-789を右折し、大きな橋の手前でKen Thompson Pkwy.へ右折する

サーカス博物館のジオラマは圧巻

trivia Q 錦織圭を育てた★多くのプロテニス選手を輩出したIMGアカデミーへは、リングリング美術館からUS-41を車で北へ約15分。敷地はゲートで囲まれていて、テニスコートは見えない。

フォートマイヤース
Fort Myers

Orlando ●

Miami ●

　パームシティの異名をもつ、カルーサハッチ川 Caloosahatchee River の河口に開けた町。こぢんまりとしたダウンタウンに植えられた約2000本のロイヤルパームが印象的だ。

　フォートマイヤースに初めてヤシの木を植えたのは、発明王エジソン。彼はここに冬の別荘をもっており、自宅前の通りにキューバから輸入したヤシの木を200本植えさせた。今でもその通りには美しいヤシの並木が続いていて、発明王が過ごした家とともに人気の観光スポットになっている。

ダウンタウンで最もにぎやかなファーストストリート

行き方 Access

飛行機

　ダウンタウンの南東にある**サウスウエスト・フロリダ国際空港**は、サニベル島などフロリダ南西部への玄関口。アトランタ、ニューヨーク、シカゴ、ダラスなど各都市から大手航空会社が乗り入れていて便利だ。ダウンタウンまではシャトルバンあるいはタクシーで。いずれも料金はエリアごとに決まっていて、ほぼ同額。シャトルバスを走らせているホテルもあるので宿泊先に確認しよう。

Southwest Florida International Airport (RSW)
MAPP.250-B1
☎ (239)590-4800
URLwww.flylcpa.com
シャトルバン
MBA Airport Transportation
☎ (239)482-2777
料ダウンタウンへ3人まで$35（約30分）、サニベル島$56～75（約50分）、ネイプルス$70（約50分）

バスディーポ
MAP P.250-B1
住2250 Widman Way
Free1800-231-2222
開24時間

キーウエスト直行フェリー
Key West Express
MAP P.250-A1、P.98-B3
☎(239)463-5733
URL www.keywestexpress.net
運航8:30発。キーウエスト
18:00発。所要3時間30分
休6～12月の火・水
料片道$89(5～12歳$60)、
往復$149(5～12歳$86)
乗り場San Carlos Blvd.を
ビーチへ向かい、橋を渡る直
前でMain Stを左折した所。
要予約。パスポート必携

観光案内所
MAP P.250-B1
住2201 2 St.
☎(239)338-3500
URL visitfortmyers.com
開8:30～17:00
休土・日

長距離バス

　グレイハウンドバスがセントピータースバーグから毎日2便（所要約3時間）、ネイプルスから1便（約1時間）走っている。ディーポはダウンタウンにあるが、エジソンの家（徒歩約20分）以外の見どころへ行く足はなく、タクシー利用となる。

レンタカー

　サラソタからはI-75を南へ約1時間20分。ネイプルスからはI-75を北へ約1時間。Exit 136で下りてColonial Blvd.(FL-884)を西へ走り、McGregor Blvd.を右折。約2マイル走ると右側にエジソンの家、その先にダウンタウンがある。

歩 き 方　Getting Around

　フォートマイヤースの見どころは広範囲に散らばっているため、車なしで観光するのはたいへんだ。レンタカーを借りて、サニベル島（→P.269）も含めてドライブしよう。
　ダウンタウンの川に面した地域、リバーフロントは、しゃれたカフェやレストランが並ぶ眺めのよい一帯。特に日暮れ時には夕日を見ながらシーフードを食べる人々でにぎわっていて、ナイトスポットも多い。観光案内所もここにある。
　エジソンの家があるMcGregor Blvd.沿いにはゴルフコース、ショップ、ホテルなどが並ぶ。この通りはサニベル島へと続いているが、途中でSan Carlos Blvd.を南下すると**フォートマイヤース・ビーチFort Myers Beach**に出る。桟橋のたもとにある**タイムズスクエアTimes Square**はかわいらしいショッピングエリア。リゾートホテルも多い。

Column 世界最大の貝殻ショップ、シェルファクトリー

　フォートマイヤース郊外にあるシェルファクトリー Shell Factoryは、数百種類の貝殻コレクションが自慢のギフトショップ。80年以上営業している有名な店だ。店内には$1以下で買える二枚貝から美しい巻き貝、ピンク色のコンク貝、$100以上するサンゴまでところ狭しと並べられている。キーチェーンなどのミニギフトからアクセサリー、インテリアまで貝殻の加工品も豊富で、おみやげにもいい。さらに敷地内にはレストランやミニ動物園まであり、ちょっとしたテーマパークのようだ。国道沿

フロリダの思い出に貝殻のギフトはいかが？

いにあるので、ぜひ立ち寄ってみよう。

コンク貝は大きさによって$20～30

Shell Factory
MAP P.250-A1　住16554 N. Cleveland Ave.
☎(239)995-2141　開10:00～18:00、動物園10:00～17:00　休月
行き方ダウンタウンからUS-41を北へ4マイル

さまざまな実験が行われた
研究室も見学できる

世紀の発明が生まれた場所

エジソン&フォード・ウインター・エステート Edison & Ford Winter Estates

MAP
P.250
-A1

1886年、トーマス・A・エジソンが39歳のときに病気療養のために建てた別荘。彼はこの家をこよなく愛し、84歳で亡くなるまで毎冬ここに滞在していた。ほとんど学校教育を受けず、人間の生活様式を大きく変える発明品を次々と生み出したエジソン。彼が一生のうちに取得した特許は1000を超えるが、後半生の発明の多くがこの家で生まれたのだ。

エジソンの家はMcGregor Blvd.を挟んで両側にあり、30分ごとに出発する約1時間のガイドツアーで見学する。道路の北側に渡ると、庭園内に植えられた植物の種類の多さに驚く。ブーゲンビリア、パイナップル、サトウキビ、パピルス、8種類の竹など、世界中の熱帯植物が何と6000種もある。そんな中に建つ家がエジソン夫妻がくつろいだ別荘だ。リビングルームを照らしている電球はエジソン自身が作ったもので、真ちゅうのシャンデリアも彼の手作りだそうだ。敷地内には大親友であったヘンリー・フォードHenry Fordの別荘もある。

道の南側は研究室と博物館。蓄音機、テレタイプ、白熱電球、電池、映写機など無数の発明品が並ぶ。フォードから贈られたクラシックカーも展示されている。

聴覚障害こそがエジソンの努力とひらめきの
きっかけになったとする説もある

**Edison & Ford Winter
Estates**
🏠2350 McGregor Blvd.
☎(239)334-7419
🌐www.edisonford
winterestates.org
🕐9:00～17:30（最終ツアーは16:30発）。12/24
は～14:00
🚫11月第4木曜、12/25
💲$30（13～19歳$25、
6～12歳$18）。研究室&
博物館だけなら$25
（$20、$15）。クラシックカーを案内してくれるツアーは月曜10:30発。
$40（$30、$16）

開発前のフロリダの姿をとどめる

バブコックランチ保護区 Babcock Ranch Preserve

MAP
P.250-B1
地図外

郊外にある牧場。広大な敷地の中に南フロリダの典型的なスワンプ（沼）が残っており、スワンプバギーで行く90分間のツアーでは、ワニやシカなどの野生動物が数多く見られる。場所はI-75のExit 143からFL-78を東へ走り、FL-31を北へ9マイル走った所。ダウンタウンから40分以上かかるので、ツアーの時刻に遅れないように気をつけよう。

↑このような原生景観は残り少なくなっている　→敷地内の沼にはワニがうようよいる！

**Babcock Ranch
Preserve**
🏠8502 State Road 31,
Punta Gorda
📞1800-500-5583
🌐babcockranch
ecotours.com
🚌9:00～15:00。要予約
🚫11月第4木曜、12/25
💲$24、55歳以上$23、3
～12歳$16

レストラン＆ホテルリスト
Restaurant & Hotel List

南部料理 南西フロリダ屈指の名店

MAP P.250 -B1

ベランダ
Veranda ダウンタウン

1978年から愛されてきた店。ロマンティックなダイニングルームのほかに、パティオ席もある。Tシャツ＆ジーンズ不可。あらかじめ電話で予約をして行こう。

Broadway 角にある

住2122 Second St. ☎(239)332-2065
URLverandarestaurant.com 営17:00～21:00 休日 料$50～80 カードＡＭＶ

日本＆中国料理 お弁当もボリュームたっぷり

MAP P.250 -B1

イチバン
Ichiban ダウンタウン

チャーハン$5～と安い。照り焼き弁当は鶏、牛、鮭、エビの4種類あり、天ぷら付き$18.50。

Banyan Hotel の1階だ

住1520 Broadway ☎(239)334-6991
営11:00～22:00、金～23:00、土12:00～23:00 休日
料$10～30、寿司$9～20 カードＡＭＶ

日本料理 ナイトクラブのようにクールな

MAP P.250 -A1

ブルー寿司
Blu Sushi 郊外

サニベル島へ向かう途中、Cypress Lake Dr.角の小さなショッピングモールの中にある。

新鮮なネタが好評

住13451 McGregor Blvd.
☎(239)489-1500 URLblusushi.com
営11:30～22:00、木～21:30、金・土～23:00
料握り、巻き物など$12～30 カードＡＭＶ

中級 チャーミングな宿

MAP P.250 -A1

ハイビスカスハウス
Hibiscus House ダウンタウン

1923年に建てられた邸宅を改装したB&B。ダウンタウンからエジソンの家へ行く途中にあり、ヤシの並木がコテージに映える。5室それぞれに趣向を凝らしたインテリアになっている。

住2135 McGregor Blvd., Ft. Myers, FL 33901 ☎(239)332-2651 URLwww.the hibiscushousebnb.com 料ⒹⓉ$194～245
カードＡＭＶ

高級 上層階なら町のパノラマも楽しめる

MAP P.250- B1

バニヤン
Banyan ダウンタウン

ダウンタウンの中心にあり、どこへ行くにも便利なホテル。周囲には歩ける範囲にレストランがたくさんある。客室はとても広く、Wi-Fi、ワークデスクなどの設備も整っている。二重窓で防音もバッチリ。24時間オープンのビジネスセンターあり。

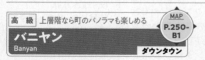
ホテル内にもショッピングアーケードがあって便利

全面改装し2023年7月再開予定（写真は改装前）

住1520 Broadway, Ft. Myers, FL 33901
☎(239)337-3446 Free1844-382-7378 URLwww.hilton.com
料ⒹⓉ$210～325
カードＡＤＪＭＶ

サニベル島
Sanibel Island

Orlando ●

Miami ●

　フォートマイヤースの沖には、メキシコ湾に突き出したような格好で小島が点々と続いている。一番手前がサニベル島 Sanibel Island。本土と橋で結ばれており、隣のキャプティバ島 Captiva Island とともに車で訪れることができる。

　サニベル島のビーチはすべて島の南側にある。遠目には普通の白いビーチにしか見えないが、砂浜へ下りてみると、足元を埋め尽くす貝殻に驚かされる。ここは世界でも有数の貝殻の多いビーチ。大きくて立派な巻き貝や色のキレイな貝殻を探して、引き潮の浜を歩く。そんな、ちょっとほかとは違うビーチの楽しみ方を体験してみよう。

美しい形を保ったまま打ち上げられた巻き貝や色鮮やかな二枚貝は、たいてい朝のうちにひろわれてしまう

行 き 方 Access

　サウスウエスト・フロリダ国際空港（→P.265）またはフォートマイヤースのグレイハウンド・バスディーポ（→P.266）を利用する。公共の交通機関はないので、サニベルまではタクシーか配車サービスなどを利用する。島内の見どころもそれぞれ離れているので、できれば車があったほうが便利だ。

notes　ハリケーン・イアン★ 2022 年秋にフロリダを襲ったハリケーンは、サニベル島と本土を結ぶ橋が崩落するなど甚大な被害をもたらした。2023 年夏にはまだ再開できないホテルもあるので注意。

フォートマイヤースからサニベル島へ渡る橋は通行料$6（帰りは無料）。Toll by Plate（→P.59）か Sun Pass のみ

レンタカー

　フォートマイヤースからMcGregor Blvd.を南下する。所要約30分。キャプティバ島まではさらに30分ほどかかる。

歩き方 Getting Around

　島へ入って最初の一時停止を右折するとPeriwinkle Way。レストランやギフトショップが並ぶメインストリートだ。突き当たりを右折し、次の一時停止を左折すると、キャプティバ島まで続くSanibel-Captiva Rd.となる。

　サニベル島では、あちこち忙しく観光して回るより、海沿いのホテルでのんびりと過ごすことを提案したい。各ホテルでは潮位表を用意しているので、引き潮になったらビーチに出てシェリング（貝殻ひろい）をしてみよう。運がよければ10〜20cmのコンク貝が見つかるかもしれない。

観光案内所

■ Visitor Center

Visitor Center
MAP P.251-B1
住1159 Causeway Blvd.
☎(239)472-1080
URL sanibel-captiva.org
開9:00〜17:00　休無休

　島へ入ってすぐ右側にある。ここで島の地図を手に入れよう。島内の道路は意外と複雑で標識も整っていない箇所がある。

クルーズ案内

■ シェリングボート Shelling Boat

Captiva Cruise (McCarthy's Marina)
MAP P.250-A1
☎(239)472-5300
URL www.captivacruises.com
運航シェリングボート半日ツアー9:00発$45（2〜12歳$30）、ドルフィンウオッチ90分ツアー16:00発$30（$20）。いずれも要予約
乗り場キャプティバ島に入って最初の一時停止の交差点でAndy Rosse Laneへ右折した右側。駐車場$5

　サニベル&キャプティバ島には貝のことなら何だって知っているというエキスパートがたくさんいて、彼らの案内で貝殻を探しに行くクルーズがあちこちで行われている。半日か1日かけてキャプティバ島の北にあるCayo Costaなどの小島へ出かけ、湾内や入江に停泊して貝殻を探す。

■ アイランドクルーズ Island Cruises

　本土から続く道路はキャプティバ島で終わるが、その先にはさらに美しい海と島々が連なっている。どこも極めて静かで平和な別天地。排気ガスや生活排水に汚されていないみずみずしい自然が残っている。そんな島々を訪れるクルーズに参加してみよう。途中、イルカがボートに近寄ってくることも多いし、イルカの観察に焦点を絞ったドルフィンウオッチングのクルーズなども行われている。

←←生きた貝は海へ戻さなければいけない
← Cayo Costa へのクルーズはシェリングだけでなく、途中の風景の美しさも魅力

x

trivia 星空を楽しもう★サニベル島の中には街灯がない。夜空を楽しむため、あえて設置していないのだ。メキシコ湾に降りかかる天の川を存分に堪能しよう。

お も な 見 ど こ ろ　Points of Interest

◎ワニや水鳥を探しに行こう

ディンダーリン保護区　"Ding" Darling National Wildlife Refuge

MAP
P.251
-A1

　別荘やホテルで開発され尽くした感のあるサニベル島だが、実は面積の3分の2が野生生物保護区として守られている。島の北側にある保護区では、全長4マイルの車道を走りながら手軽に自然観察ができる。この道路は一方通行になっており、最後はSanibel-Captiva Rd.の西側へ出られる。見学には1～2時間を予定しておこう。

　マングローブが生い茂る汽水域には、ワニをはじめとして約50種の爬虫類、アライグマ、ウサギ、それに300種もの野鳥が生息している。しかし暑い日中は日陰に隠れてしまうので、なかなか姿を見ることができない。やはり早朝か日没直前、動物たちが食事に動き出す頃がいい。ワニは道の両側のマングローブの茂みに身をひそめていることが多いので、よく注意して探そう。ここのワニはおとなしいミシシッピワニ（アリゲーター）が多いが、近づきすぎるのは危険。4～5m以上離れて観察しよう。

　途中にある展望台はバードウオッチングに最適。ハクトウワシ、ミサゴ、コウノトリ、ペリカン、カモ、シラサギ、ピンク色の美しい羽をもつベニヘラサギ、首の長いアメリカヘビウなど、何種類見つけられるだろうか？

　日中に訪れるなら、約90分間のトラムツアーに参加するといい。自分たちだけではなかなか気がつかない動物や鳥、カニなどを見つけてくれるし、ガイドの解説も興味深い。

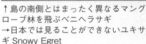

↑島の南側とはまったく異なるマングローブ林を飛ぶベニヘラサギ
→日本では見ることができないユキサギ Snowy Egret

◎世界中の珍しい貝殻を一堂に

シェルミュージアム　Bailey-Matthews National Shell Museum

MAP
P.251
-A1

　サニベル島周辺に生息する貝を中心に、世界各地の貝を集めた博物館。小規模ながら展示は充実しており、見応えがある。30に分かれたギャラリーの中には日本近海のコーナーもある。恐竜より古い時代の貝の化石、小さな貝をたくさんくっつけた大きな貝殻などのコレクションも珍しい。また、1日5回フィルムを上映しており、貝殻だけでなく、生物としての貝についても学ぶことができる。

"Ding" Darling National Wildlife Refuge
🏠1 Wildlife Dr.
☎(239)472-1100
URLfws.gov/dingdarling/
📅道路は7:30（夏時間中は7:00）～日没。**金曜閉鎖**。ビジターセンターは9:00～16:00
💰車1台$10
行き方Sanibel-Captiva Rd.をキャプティバ島に向かって走った右側

トラムツアー
Tarpon Bay Explorers
☎(239)472-8900
URLtarponbayexplorers.com
運行火・木10:00、13:30
💰$18、3～15歳$10
カヤックでマングローブの林の間を行くツアーや、早朝のバードウオッチング・クルーズなども行っている

アライグマに注意
保護区では道端にアライグマが出てくることが多いが、絶対に食べ物を与えてはいけない。狂犬病も怖いので、子供が手を出して咬まれたりしないよう注意を

Bailey-Matthews National Shell Museum
🏠3075 Sanibel-Captiva Rd.
☎(239)395-2233
URLwww.shellmuseum.org
📅11:00～15:00
休土～月、11月第4木曜、12/25、1/1
💰$10、12～17歳$5

レストランリスト
Restaurant List

アメリカ料理 ◎キッチュでノスタルジックな

バブルルーム
Bubble Room

キャプティバ島

MAP P.250 -A1

キャプティバ島にあるユニークなレストラン。インテリアに凝っていて、まるでアンティーク雑貨の博物館のよう。キャプティバ島へ入って最初の一時停止の交差点角にあり、ポップな外観はとても目立つ。

🏠15001 Captiva Rd.
☎(239)472-5558
URLwww.bubbleroom
restaurant.com
🕐11:00〜15:00、
16:30〜21:00
💰ランチ、ディナー $20
〜40 カード A M V

おもちゃのコレクションが充実

ランチ時は混雑し、待たされることもある

南部料理 ◎朝からにぎわう人気のレストラン

アイランドカウ
Island Cow

ダウンタウン

MAP P.251 -A1

島のメインストリートの中央にあり、観光客にもローカルにも人気。シーフード、南部料理などメニュー豊富で、カキやエビをフランスパンに挟んだポーボーイサンドなどが$20以下で食べられる。

火災のため休業中。2024年春に再開予定

🏠2163 Periwinkle Way ☎(239)472-
0606 URLsanibelislandcow.com
🕐8:00〜23:00 💰ランチ、ディナー $15
〜27 カード A M V

Column サニベルの猫背

フロリダ半島の沖に連なる島々は、そのほとんどが本土の海岸線に沿って南北に細長い砂州になっている。ところがサニベル島は東西に延びており、しかもブーメランのような形に湾曲している。数ある島々のなかでサニベルだけ極端に貝殻が多い理由は、この独特の地形にあると考えられている。

特にシェリング（貝殻ひろい）に最適なのは、島の東寄りのビーチと、サニベル＆キャプティバをつなぐ橋のたもと。海が荒れた翌朝は大きな貝が打ち上げられることが多く、反対に穏やかな天気が何日も続いているときにはあまり期待できない。5〜9月がシェリングのピークシーズンといわれるが、冬の嵐のあとも狙い目だ。

サニベルのビーチでは、皆ひとつでも多くの美しい貝殻、大きな貝殻を見つけよ

うと、一様に下を向いて腰をかがめている。こんな人々の様子を**サニベルストゥープ**Sanibel Stoop（サニベルの猫背）、もしくは**キャプティバクラウチ Captiva Crouch**（キャプティバのしゃがみこみ）と呼ぶそうだ。

貝殻のなかで一番多いのは白くて小さな二枚貝。形が美しい巻き貝、色とりどりのホタテ貝、ホラ貝、ヒトデ、サンドダラーなど全部で400種にも及ぶ貝殻があり、1日に50種をひろうことも珍しくない。潮が引いてきたら、海からの贈り物を探しにビーチへ行こう。

シェリング用の熊手やバケツはホテルに用意してあることが多い。見つけた貝殻は、客室内のシンクではなく、専用の洗い場で砂を落とそう。

なお、浜に打ち上げられた貝殻をひろうのは自由だが、日本の潮干狩りと違って生きた貝を取るのは禁止されている。

ホテルリスト
Hotel List

中級 ◎ディンダーリン保護区にも近い

MAP
P.251
-A1

ウエスト・ウインド・アイランド・リゾート
West Wind Island Resort

ビーチ

Periwinkle Wayの突き当たりを左折し、海にぶつかったら右折して2マイル。とても静かなビーチにあるカジュアルなリゾート。すべての客室に網戸付きのバルコニーがあり、メキシコ湾に沈む夕日を眺めながら飲むビールが最高だ。冷蔵庫、電子レンジ、室内金庫あり。ゲスト用のコンピュータールームやビーチに面した温水プールもうれしい。

↑アットホームなリゾートだ

→本格的な料理を出してくれるシーサイドパブ。ほかにプールサイドバーもある

キチネットと電子レンジは全室にある、冷蔵庫と電子レンジ付きの部屋が多く、冷

🏠3345 W. Gulf Dr., Sanibel, FL 33957
☎(239)472-1541　Free1800-824-0476
URLwestwindislandresort.com
ハリケーン被害のため臨時休業中

カードAMV

中級 ◎ポーチでのんびり過ごしたい

MAP
P.251
-A1

アイランドイン
Island Inn

ビーチ

とても清潔で気持ちよく過ごせるリゾート

サニベル島の中でも特にシェリングに適したビーチにある。フルキッチン付きのロッジがあり、いずれもビーチが目の前。モスキートネット（蚊帳）に守られたポーチのソファに寝転がるのは気持ちがいい。コインランドリー、室内金庫あり。

🏠3111 W. Gulf Dr., Sanibel, FL 33957
☎(239)472-1561　Free1800-851-5088
URLwww.islandinnsanibel.com
①$239～549　カードAMV

高級 ◎島の北側半分に広大な敷地を有する

MAP
P.250
-A1

サウスシーズ・アイランド・リゾート
South Seas Island Resort

キャプティバ島

ほとんどの部屋が海に面したコテージで、テニスヴィラ、マリーナヴィラなどと呼ばれる

キャプティバ島の道路の突き当たり。レストラン、ゴルフ場、テニスコート、マリーナなどあらゆる設備を整えた総合リゾートだ。あまりに広いため、初めは少し迷うかもしれない。リゾート内にはトローリーバスが巡回している。コインランドリーあり。

🏠5400 Plantation Rd., Captiva, FL 33924　☎(239)472-5111　Free1866-565-5089　URLwww.southseas.com
ハリケーン被害のため臨時休業中

カードAMV

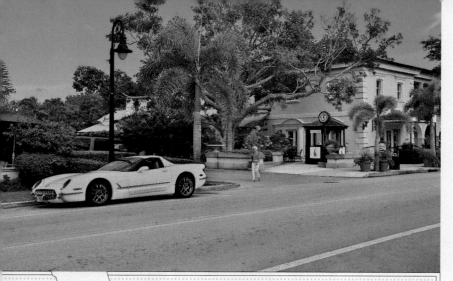

Orlando ●

Miami ●

ネイプルス
Naples

ピアから眺める夕日をお見逃しなく

　フロリディアンズ・フロリダ——ネイプルスは、フロリダに住む人々がバケーションを過ごすためにやってくることから、このように呼ばれている。

　ダウンタウンの美しさはフロリダ屈指。街路樹が影を落とすフィフスアベニュー・サウス Fifth Avenue South には、小粋なショップやギャラリーが軒を並べる。しかし、その街並みにはどことなく庶民的な匂いがあり、店のスタッフも気取りがなくてフレンドリーだ。開けっぴろげで人懐こいフロリディアンたちと一緒に、静かな海を眺めながら数日間を過ごしてみたい。

| 行 | き | 方 | Access |

飛行機
　町の東の外れに**ネイプルス空港**があるが、現在のところ定期フライトはない。フォートマイヤース郊外のサウスウエスト・フロリダ国際空港（→P.265）から車で1時間足らずなので、こちらを利用しよう。タクシー、シャトルバスともに3人まで片道$70。

**Naples Airport
(APF)**
MAP P.251-B2・3
☎ (239)643-0733
URL flynaples.com

長距離バス

　グレイハウンドバスがタンパから毎日1便（所要4時間35分）、フォートローダーデールから1便（所要2時間）走っている。バスストップは東の外れにあり、中心部まではタクシーで。

レンタカー

　フォートマイヤーズからはI-75を南下し、Exit 105で下りる。1時間弱。マイアミから行く場合、急ぐならI-95 NORTH、I-595 WEST、I-75 WEST（有料。$4.59）と走ってExit 101で下りる。約2時間。マイアミからTamiami Trail（US-41）経由もおすすめ。約3時間だが、途中エバーグレーズのシャークバレー（→P.81）、ビッグサイプレス国立保護区、エバーグレーズシティに寄りながら1日かけて走ろう。

歩き方　Getting Around

　町のヘソは**ネイプルスピアNaples Pier**。12 Ave. S.の西の端にあり、桟橋から釣り糸をたれる人やビーチで楽しむ人が集まり、夕方になるとメキシコ湾に沈む太陽を見にきた人たちでにぎわう。ピアから東へ3ブロック入った所は100軒もの店が並ぶ**サードストリート・サウスThird Street South**。アンティークショップやカフェを巡るのが楽しい。ここから8ブロック北へ行った**フィフスアベニュー・サウスFifth Avenue South**も、ギャラリーなどが多くて美しい。

　ビーチはネイプルスピア周辺か、町の北側にあるバンダービルトビーチVanderbilt Beachが便利。なお、ネイプルスには市バスがないので、車がない人はネイプルストロリーを利用して回ろう。

ツアー案内

■ネイプルストロリー　Naples Trolley

　ビーチ、ダウンタウン、ショッピングモール、おもなホテルなど15ヵ所を結んで走るトロリー型バス。自由に途中下車ができる。観光案内所やホテルなどでルートマップを手に入れておこう。乗車券はドライバーから購入できる。

おもな見どころ　Points of Interest

◎ラムサール条約にも登録されている湿地

コークスクリュー・スワンプ・サンクチュアリー
Corkscrew Swamp Sanctuary

MAP P.250-B2

　フロリダの中でも良好な状態に管理された自然保護地域で、沼地に敷かれたボードウオークを歩きながら自然を観察できる。広大な湿地帯では、抜群の保護状態を示す"バトンルージュ"という木の幹に現れる赤い付着色が確認できるはず。また、冬の間は西フロリダにのみ生息するツルモドキlimpkinなど、バードウオッチングにも絶好のポイントだ。

バスストップ
MAP P.250-B3
住8901 Davis Blvd.
※Marathonというガスステーションに停車するだけなので、乗車券は事前に公式サイトから購入しておこう

Third Street South
Broad Ave.から14 Ave. S.の間にショップが多い

Naples Trolley
☎(239)262-7300
URLnaplestrolleytours.com
運行8:30〜17:30の1時間ごと
休11月第4木曜、12/25
料1日乗り放題$29、5〜13歳$19

車がない人には重宝な存在

Corkscrew Swamp Sanctuary
住375 Sanctuary Rd.
☎(239)348-9151
URLcorkscrew.audubon.org
圖8:00〜15:00（入園は13:00まで）　休無休
料$17、6〜14歳$6
行き方I-75のExit111からFL-846を東へ15マイル

レストラン&ホテルリスト
Restaurant & Hotel List

アメリカ料理 ◎素材のよさで定評がある

トゥルーラックス
Truluck's

ダウンタウン

MAP
P.251
-A3

サケ、マス、オヒョウなど新鮮な魚をニューオリンズ風、モロッコ風など香り高いスパイスでいただく。脂ののったスズキの西京焼き$49もおいしい。ネイプルス沖でその日の朝に取れたストーンクラブもおすすめ。

イン・オン・フィフス(→下記)
横の路地を入った所にある

取れたて新鮮なストーンクラブ

🏠698 4 Ave. S.　☎(239)530-3131
URLtrulucks.com
🕐17:00～21:00、金・土～22:00
💰$30～65　カード A D M V

シーフード ◎気軽にシーフードを食べるなら

リバーウオーク
Riverwalk

ダウンタウン

MAP
P.251
-A3

小さな漁港にあった魚の加工場を改装した店。魚のフライを挟んだサンドイッチがおいしい。

潮風が気持ちイイ!

🏠1200 5 Ave. S.　☎(239)263-2734
🕐11:00～21:00
💰ランチ$12～25、ディナー $20～40
カード A M V

中級 ◎北イタリアのリゾートのような

ダブルツリー・スイート・ネイプルス
DoubleTree Suites Naples

郊外

MAP
P.250
-B2

どのスタッフも気配りが行き届いていて快適な滞在をサポートしてくれる。全室スイート。

US-41を北へ約10分

🏠12200 Tamiami Trail N., Naples, FL 34110
☎(239)593-8733　Free1800-445-8667
東京(03)6864-1633　URLwww.doubletree.
com　💰Ⓓ Ⓣ$157～352　カード A D J M V

高級 ◎エレガントさで他を圧倒する

イン・オン・フィフス
Inn on Fifth

ダウンタウン

MAP
P.251
-A3

ネイプルスを代表するホテルで、小規模ながらよく設備が整っていて快適。3階にあるスパも本格的だ。全室スイート(朝食付き)のエレガントな新館もあり、屋上でジャクージが楽しめる。コインランドリーあり。駐車場無料。近くのテニスコートを無料で使える。

町いちばんの高級ホテルだ

ロビーや客室はヨーロビアンスタイルでエレガント

🏠699 5 Ave. S., Naples, FL 34102
☎(239)403-8777　Free1888-403-
8778　URLwww.innonfifth.com　💰Ⓓ Ⓣ
夏期$323～774、冬期$339～4199
カード A D M V

地球の歩き方 関連書籍のご案内

アメリカ各地への旅を「地球の歩き方」が応援します！

地球の歩き方 ガイドブック

- **B01** アメリカ ¥2,090
- **B02** アメリカ西海岸 ¥1,870
- **B03** ロスアンゼルス ¥2,090
- **B04** サンフランシスコ ¥1,870
- **B05** シアトル ポートランド ¥1,870
- **B06** ニューヨーク マンハッタン＆ブルックリン ¥1,980
- **B07** ボストン ¥1,980
- **B08** ワシントンDC ¥2,420
- **B09** ラスベガス セドナ ¥2,090
- **B10** フロリダ ¥2,310
- **B11** シカゴ ¥1,870
- **B12** アメリカ南部 ¥1,980
- **B13** アメリカの国立公園 ¥2,090
- **B14** ダラス ヒューストン ¥1,980
- **B15** アラスカ ¥1,980
- **B25** アメリカ・ドライブ ¥1,980

地球の歩き方 aruco

- **09** aruco ニューヨーク ¥1,320
- **35** aruco ロスアンゼルス ¥1,320

地球の歩き方 Plat

- **02** Plat ニューヨーク ¥1,320
- **25** Plat サンフランシスコ ¥1,320

地球の歩き方 リゾートスタイル

- **R16** テーマパーク in オーランド ¥1,870

地球の歩き方 旅と健康

地球のなぞり方 旅地図 アメリカ大陸編 ¥1,430

地球の歩き方 BOOKS

100 NEW YORK － MY BEST ¥1,760
GIRL'S GETAWAY TO LOS ANGELES ¥1,760
ニューヨーク ランキング＆マル得テクニック！ ¥1,100

※表示価格は定価（税込）です。改訂時に価格が変更になる場合があります。

SideTrip 寄り道ガイド

もうひとつのフロリダ
～パンハンドル Panhandle ～

フロリダ半島から北西へ延びたパンハンドル（フライパンの柄）には、南部情緒ある町や純白のビーチが待っている

タラハシー　Tallahassee

フロリダの州都タラハシーにはアトラクションもビーチもない。古い町並みが残るダウンタウンには州議事堂や裁判所などの政府機関が集中し、それを取り囲むように3つの大学のキャンパスが広がる。ビジネスマン、公務員、学生、そしてさまざまな国からの留学生たちが通りを行き交い、観光スポットといえば博物館や庭園という、実にアカデミックな町だ。カシの枝からたれ下がる寄生植物のスパニッシュモスは、深南部（ディープサウス）の風情を漂わせる。

ダウンタウンは小さいので歩いて観光しよう。19世紀～20世紀初頭に建てられた家屋が60余り残っているほか、近代的な州議事堂と、その隣にあるクラシックな旧州議事堂を無料で見学できる。議事堂内にはウエルカムセンターもあり、フロリダ州全体の地図や情報を入手できる。

Florida Historic Capitol Museum

⊞401 S. Monroe St.　⊕9:00～16:30、土10:00～、日12:00～　⊕11月第4木曜、12/25
URLflhistoriccapitol.gov
※入口に金属探知機あり。選挙や州議会開会中には閉鎖される場合がある

旧州議事堂の右に現在の議事堂がそびえる

スワニー川とステファン・フォスター

フロリダの州歌『スワニー川』は、日本でも『故郷の人々』として広く親しまれている名曲。スワニー川は、タラハシーの東を流れ、メキシコ湾に注いでいる小さな川だ。

作詞作曲は、37年の短い生涯に『懐か

ダウンタウンの中心にある Klemann Plaza

しきケンタッキーの我が家』『オー・スザンナ』『金髪のジェニー』『草競馬』など数多くの名曲を残したステフ ァン・フォスター。彼は実際にフロリダを訪れたことはなく、「スワニー」という音の響きが気に入って作品に使ったそうだ。

行き方とホテル

タラハシー空港（TLH）はダウンタウンの南西13kmにあり、デルタ航空がアトランタから、アメリカン航空がダラス、マイアミなどから飛んでいる。グレイハウンドバスもオーランド（1日3便、所要約6時間）、アトランタ（1便、約7時間）などから走っている。バスディーポはダウンタウンの外れにある。車だとオーランドから約4時間、アトランタから約5時間のドライブ。

ホテルはダウンタウンに10軒、町の北を走るI-10付近に数軒ある。大きなコンベンションやカレッジフットボールの試合があるときには混雑する。

観光局

⊞414 E. Bloxham St.　☎(850)606-2305
⊕9:00～17:00、土10:00～14:00　⊕月・火

ワクラスプリングス州立公園
Edward Ball Wakulla Springs State Park

　フロリダ半島の大部分はその昔、珊瑚礁だった。氷河期に海面が下がって珊瑚礁が地表に現れ、浸食されてカルスト地形となり、地下には迷路のような洞窟が形成された。この水中洞窟から、ところどころ地表に開いた穴をとおって地下水が湧き出しているの泉をスプリングSpringと呼ぶ。フロリダにはスプリングが約600もあるといわれ、その多くは地下でつながっていると考えられている。

　ワクラスプリングスは、数ある湧水池のなかでも最大、最深で、湧水量ナンバーワンを誇っている。州立公園になっており、環境保護のため自由に見て回ることはできないので、40分間のボートツアーに参加するといい。石灰岩によってろ過された湧き水は透明度抜群。世界有数といわれる水深38mの湧水ポイントをのぞいてみよう。

　このボートツアーはバードウォッチングも楽しめる。日の光によってさまざまな色に変化する羽をもつアメリカムラサキバンpurple gallinule、クイナの仲間のアメリカオオバンamerican cootやオウギアイサhooded merganserなど、数多くの野鳥をガイドが次々に見つけてくれる。ときおり、森の中からシカや野生のシチメンチョウが顔をのぞかせることもある。

　水温は常に20.5℃。ワニがいるためダ

マナティを間近に見られるかも？

イビングなどはできないが、ロープで囲まれた遊泳エリアがある。

　なお、園内にはロッジが1軒ある。ここに泊まれば、観光客のいない早朝、朝もやのなかで野生動物や鳥たちを観察できる。

Edward Ball Wakulla Springs State Park
🏠465 Wakulla Park Dr., Wakulla Springs
☎(850)561-7276
URLwww.floridastateparks.org
🕐8:00～日没
💰車1台につき8人まで$6。ボートツアーは1人$8、3～12歳$5。ロッジ1泊$143～269
行き方タラハシーから30分。Monroe St.を南下し、FL-61を南へ6マイル。FL-267を左折してすぐ右に入口がある

夏は緑が美しいが、バードウォッチングには冬がおすすめ

ビーチの手前には水没林が広がっている

雪原のように白いために太陽光を反射してしまい、真夏でも砂がひんやりしている

パナマシティ・ビーチ
Panama City Beach

　長さ40kmにも及ぶ純白のビーチ、粉砂糖のような砂の手触り、エメラルド色の海、そして年間平均320日という晴天率。タラハシーの南西にあるパナマシティ・ビーチは、日本での知名度は低いが、足を延ばす価値大だ。若者に人気があり、特にレストランやナイトクラブが集まるピア周辺は、夜遅くまでにぎわってマイアミビーチのような雰囲気。静かなビーチが好きな人は、ビーチ沿いの道路を東の突端まで走った所にあるセントアンドリュース州立公園がいい。砂浜はとりわけきれいだし、ワニなど野生動物も見られる。

園内ではオジロジカやアライグマをよく見かける

行き方とホテル

　タラハシーからI-10を西へ走りExit 130で下りてUS-231を南下。約2時間15分。グレイハウンドバスも走っているが、バスディーポはビーチから遠い。
　ホテルはビーチ沿いに30軒ほど並んでいて、比較的料金が安いのが特徴。

観光局 (US-98 & FL-79の角)
Free 1800-722-3224
URL www.visitpanamacitybeach.com

St. Andrews State Park
住 4607 State Park Lane
☎ (850)708-6100
開 8:00～日没
料 車1台につき8人まで$8

ペンサコーラ　Pensacola

　アラバマ州境に近い町で、パナマシティ・ビーチと並んで砂の白さで知られる。アパラチアの山中に眠っていた水晶（石英）が川の水に削られ、波に砕かれ、互いにぶつかって磨き上げられ、滑らかな砂となった。その白さはセラミックスの白色顔料としても使われるほどだ。
　ペンサコーラの自慢はビーチともうひとつ、450年という町の歴史。スペイン、フランス、イギリス、南北戦争時の南部同盟、アメリカと5つの為政者に次々と支配されてきたためFive Flag Cityと呼ばれる。
　また全米有数の海軍航空基地の町でもあり、3～11月にはアクロバット飛行隊ブルーエンジェルスが海上で訓練している様子を見られることもある。
　ダウンタウンは本土側にある。橋を渡ってGulf Breezeという半島を横切り、もう1本橋を渡った砂州にあるのが真っ白なビーチだ。

マイアミなど南フロリダと違って夏がピークシーズンになる

時差に注意!

　パナマシティ・ビーチやペンサコーラは中部標準時（CST）を採用しており、タラハシー、オーランド、アトランタより1時間遅れているので気をつけよう。

観光局（ビーチに突き当たった所）
Free 1800-635-4803
URL www.visitpensacola.com

ヒストリック・ペンサコーラ

　19世紀に建てられた20軒の家屋や教会をダウンタウンの一角に集め、イギリス植民地時代を再現してある。当時の生活用品などが展示されているほか、糸紡ぎ、ろうそく作りなどが体験できる家もある。歴史博物館Historical Museum、州立博物館State Museum、フロリダ最古の教会Old Churchなどは必見。

Historic Pensacola
住 Tivoli High House, 205 E. Zaragoza St.
☎ (850)595-5985
URL historicpensacola.org
開 10:00～16:00、夏期の日は12:00～16:00
休 月・祝、冬期は日も
料 $12、3～14歳$7（州立博物館は無料）
行き方 入江より1ブロック内側。Zaragoza & Tarragona Sts.に無料駐車場あり

行き方とホテル

　ダウンタウンの北東に空港（PNS）があり、デルタ航空がアトランタから、アメリカン航空がダラスとマイアミなどから、ユナイテッド航空がヒューストンとシカゴから飛んでいる。グレイハウンドバスも各地からの便があるが、バスディーポはI-10の出口近くにあり、非常に不便だ。

　ホテルはビーチ沿いにズラリと並んでいるほか、ダウンタウン、空港、I-10の出口付近などに130軒ほどある。

Margaritaville Beach Hotel

　カントリー歌手ジミー・バフェット（→P.131）が初めて手がけたホテルで、窓いっぱいに広がる海はもちろん、洗練されたインテリアや大きなシャワールームも魅力。ライブコンサートやビーチでのアクティビティなどイベント豊富だが、普段は静かで落ち着いて過ごせる。

キーウエストでおなじみのロゴマーク

住 165 Ft. Pickens Rd., Pensacola Beach, FL 32561
☎ (850)916-9755
URL www.margaritavillehotel.com
料 Ⓓ Ⓣ $179～1099　カード AMV

ガイドツアーは 11:00 と 13:30 に行われる

年間を通じてホテル料金の変動は少ない

あなたの**旅の体験談**をお送りください

「地球の歩き方」は、たくさんの旅行者からご協力をいただいて、
改訂版や新刊を制作しています。
あなたの旅の体験や貴重な情報を、これから旅に出る人たちへ分けてあげてください。
なお、お送りいただいたご投稿がガイドブックに掲載された場合は、
初回掲載本を1冊プレゼントします！

ご投稿はインターネットから！

URL www.arukikata.co.jp/guidebook/toukou.html
画像も送れるカンタン「投稿フォーム」
※左記のQRコードをスマートフォンなどで読み取ってアクセス！

または「地球の歩き方 投稿」で検索してもすぐに見つかります

地球の歩き方 投稿 　　🔍 ▸ 検索

▶投稿にあたってのお願い

★ご投稿は、次のような《テーマ》に分けてお書きください。

《**新発見**》────ガイドブック未掲載のレストラン、ホテル、ショップなどの情報
《**旅の提案**》────未掲載の町や見どころ、新しいルートや楽しみ方などの情報
《**アドバイス**》──旅先で工夫したこと、注意したこと、トラブル体験など
《**訂正・反論**》──掲載されている記事・データの追加修正や更新、異論、反論など

> ※記入例「○○編20XX年度版△△ページ掲載の□□ホテルが移転していました……」

★**データはできるだけ正確に。**
ホテルやレストランなどの情報は、名称、住所、電話番号、アクセスなどを正確にお書きください。
ウェブサイトのURLや地図などは画像でご投稿いただくのもおすすめです。

★**ご自身の体験をお寄せください。**
雑誌やインターネット上の情報などの丸写しはせず、実際の体験に基づいた具体的な情報をお
待ちしています。

▶ご確認ください

※採用されたご投稿は、必ずしも該当タイトルに掲載されるわけではありません。関連他タイトルへの掲載もありえます。
※例えば「新しい市内交通バスが発売されている」など、すでに編集部で取材・調査を終えているものと同内容のご投稿をい
　ただいた場合は、ご投稿を採用したとはみなされず掲載本をプレゼントできないケースがあります。
※当社は個人情報を第三者へ提供いたしません。また、ご記入いただきましたご自身の情報については、ご投稿内容の確認
　や掲載本の送付などの用途以外には使用いたしません。
※ご投稿の採用の可否についてのお問い合わせはご遠慮ください。
※原稿は原文を尊重しますが、スペースなどの関係で編集部でリライトする場合があります。

©Orlando International Airport

旅の準備と技術
Travel Tips

インターネットの普及で、いつでもアメリカの情報を得ることが容易になった。観光局のウェブサイトには観光やイベント、モデルプランなどのさまざまな情報が満載。現地では観光案内所で最新の情報や地図をゲットしよう。

日本での情報収集

旅を総合プロデュースする旅行会社では、パッケージツアー以外にも航空券、レンタカー、宿の手配なども行っている。細かなリクエストにも対応できるので、旅行会社で相談してみるのもいい。このほか、インターネットを利用して、観光局やテーマパークなどの公式ウェブサイトにアクセスすれば、最新の情報が入手できる。観光局によっては日本語サイトをもっているから、おおいに利用したい。

現地での情報収集

町の概略をつかむための資料を入手するには、観光案内所へ行こう。通常、人が多く集まる場所や空港にあり、幹線道路沿いなどにも車で立ち寄れる案内所がある。観光案内所にはスタッフが常駐している場合が多く、直接質問ができる。なかには、アトラクションチケットを販売しているところもあるので、ぜひ立ち寄ってみよう。

便利なウェブサイト

各都市の観光局
● フロリダ州観光局 URL www.visitflorida.com
● マイアミ都市圏観光局 URL www.miamiandbeaches.com
● フロリダキーズ＆キーウエスト観光局 URL fla-keys.com
● フォートローダーデール観光局 URL www.visitlauderdale.com
● パームビーチ観光局 URL www.thepalmbeaches.com
● スペースコースト観光局 URL www.visitspacecoast.com
● デイトナビーチ観光局 URL www.daytonabeach.com
● セントオーガスティン／ポンテベドラ観光局
　URL www.floridashistoriccoast.com
● オーランド観光局 URL www.visitorlando.com
● タンパベイ観光局 URL www.visittampabay.com
● セントピータースバーグ／クリアウオーター観光局
　URL www.visitstpeteclearwater.com
● サニベル＆キャプティバ商工会議所
　URL sanibel-captiva.org

渡航関連情報／旅の総合情報
● 外務省・海外安全ホームページ URL www.anzen.mofa.go.jp
● 地球の歩き方 URL www.arukikata.co.jp

ウェブサイトの閲覧
ウェブサイトの更新状況は運営側の管理によりまちまちなので、最新の情報ではない場合もある。あくまでも参考程度に

観光案内所では
観光案内所で入手しておきたいおもな資料は、地図、バスなどの公共交通機関の時刻表や路線図、観光ガイドのパンフレット類

旅の情報はこんなところからも
公益財団法人日本交通公社 「旅の図書館」
〒 107-0062
東京都港区南青山 2-7-29
日本交通公社ビル
☎ (03)5770-8380
🕙 10:30 ～ 17:00
休 土・日、毎月第 4 水曜、年末年始、その他
URL www.jtb.or.jp/library
※蔵書検索可能
観光の研究や実務に役立つ専門図書館。地図やパンフレット等の配布はなく、旅行の相談や問い合わせも不可だが、資料の閲覧やコピー（有料）は可能

右記以外の都市
● ジャクソンビル観光局
URL www.visitjacksonville.com
● リー郡（フォートマイヤーズと周辺）観光局
URL www.visitfortmyers.com
● ネイプルス商工会議所
URL www.napleschamber.org

旅のシーズン | Travel Tips

アメリカは国土が広いため、州や都市によって気候もさまざま。フロリダ州内でも、北部、南部、内陸部、海岸部などロケーションの違いで気象条件が異なる。少しでも快適な旅を望むなら、目的地の気候を把握して計画することが大事。

オーランドと東京の年間平均気温と降水量
→P.10

日本との時差表
→P.11

🧳 フロリダの気候

オーランドなどの内陸部は、夏の日中は猛烈に暑い。ときには35℃になるうえに湿度も高く、テーマパークで行列する身にはツライ。6〜9月はほとんど毎日、15:00〜20:00頃に夕立がある。冬の最高気温は20℃前後で雨も少なく過ごしやすいが、朝晩は10℃以下と意外に冷え込むので上着や靴下は必携。

北部と内陸部を除いてフロリダの海岸部は1年中温暖。冬でも日中は20℃くらいまで気温が上がる。夏は夕立が多いが、熱帯低気圧などの影響で1週間くらいぐずついた天気が続くこともある。

フロリダキーズは、マイアミなどに比べるとずっと雨が少なく、気候も穏やか。昼夜の寒暖の差も比較的小さい。おおざっぱにいえば、1年中20〜25℃で、夕立やハリケーンを除けばいつも晴れている。

ジャクソンビルやタラハシーなどフロリダ北部の町は意外と気温が低い。冬には最低気温が5℃まで下がり、霜がおりることも。夏でも南フロリダに比べると涼しくて過ごしやすい。

フロリダ州

フロリダ北部 / ジャクソンビル / タラハシー / オーランドと内陸部 / オーランド / タンパ / 海岸部 / マイアミ / 海岸部 / キーウエスト / フロリダキーズ

メキシコ湾 / 大西洋

0 — 62.5mile
0 — 100km

🧳 服装と持ち物

フロリダの旅で絶対に必要なもの、それはサングラスと帽子、日焼け止めだ。夏なら虫よけも持参しよう。フロリダの観光地はビーチリゾートが多いので、ほとんどのホテルやレストランはカジュアルな服装でOK。けっこう高級なレストランでも、ショートパンツとジーンズさえ避ければ大丈夫という店が多い。また、夜の冷え込みやきつい冷房に備えて、夏でもカーディガンや薄手のジャケットなど羽織るものがあるといい。

世界の天気
気象予報のサイトなどで現地の状況を確認しておけば、旅の適切な準備が可能だ
地球の歩き方
世界の天気＆服装ナビ
URL www.arukikata.co.jp/weather/
日本気象協会
URL www.tenki.jp/world/

🧳 アメリカの温度の単位

アメリカでは気温や体温などの温度は、華氏（℉）で表示されるのが一般的。摂氏（℃）への換算法は→右記脚注参照。

温度換算表

摂氏（℃）	−20	−10	0	10	20	30	40	100
華氏（℉）	−4	14	32(氷点)	50	68	86	104	212(沸点)

華氏⇔摂氏の換算

●華氏
＝（摂氏×9／5）＋32
●摂氏
＝（華氏−32）×5／9
目安として、摂氏0度＝華氏32度を起点にして摂氏1度増減すると、華氏は約1.8度増減すると覚えておくとよい

---

notes 　仕事でフロリダへ行く人へ★フロリダのコンベンションセンターやオフィスは冷房がかなりきつい。女性ならタイツを、男性も人によっては肌着で調節することをすすめる。

モデルコース → P.41
航空券の手配 → P.290

航空券／日本発着の直行便の往復運賃の目安

※2023年3月現在
マイアミ、オーランド7万8300～96万9900円。エコノミークラス、燃油サーチャージ、諸税等別途。航空会社、シーズンにより異なる

航空券／国内線片道運賃の目安 ※2023年3月現在
マイアミ～オーランド間8100～19万1900円

長距離バス／片道運賃の目安 ※2023年6月現在
マイアミ～オーランド間$37～58

鉄道／片道運賃の目安
※2023年6月現在
マイアミ～オーランド間$39～783

レンタカー料金の目安
1日7000～1万5000円。フロリダ州内でエコノミー2/4ドアクラス。諸税金、一部保険、ガソリン満タン1回分を含む

2023年6月20日現在の為替交換レート
$1.00＝142.08円

ホテル選びも予算の大きな部分

計画する旅の内容に応じて支出する費用も上下する。外貨の持ち出しは現金だけでなく、クレジットカード、海外専用プリペイドカードをうまく組み合わせて利用しよう。パンデミック後の物価高騰は激しく、しかも円安。頭に叩き込んでおこう。

🧳 旅の予算

●宿泊費、食費、アトラクション費

同じホテルでも、オンシーズンの冬、特にイースターやクリスマス前後などは大幅に値上がりし、コンベンションやスポーツイベント開催時にも料金がはね上がる。宿泊費の目安は、エコノミーホテルでひと部屋1泊Ⓓ Ⓣ$100～、中級ホテルでⒹ Ⓣ$140～、高級ホテルでⒹ Ⓣ$200～400（いずれも夏季）。

食費を安く抑えるならスーパーのイートインやファストフード店を利用するといい。$8～15でおなかいっぱい食べられる。ファミリーレストランならランチ$25前後、ディナー$30前後といったところ。高級レストランでディナーを食べるなら、アルコールやチップも含めてひとり$60～120くらい。フロリダの旅で意外と高くつくのがアトラクションやツアーの料金。入場料をざっと合計して、予算を考えよう。

🧳 外貨の両替

アメリカの通貨単位はドル（$）とセント（¢）で、$1.00＝100¢。紙幣は$1、$5、$10、$20、$50、$100の6種類。一般的に流通しているのは$1、$5、$10、$20。コインは、1¢（通称ペニーPenny）、5¢（ニッケルNickel）、10¢（ダイムDime）、25¢（クオーターQuarter）、50¢（ハーフダラーHalf Dollar）、$1（ダラーコインDoller Coin）の6種類。おもに1¢、5¢、10¢、25¢の4種類のコインが流通している（→P.8）。

持っていく現金の目安は、交通費と飲食代程度の日本円、交通費やチップなどの合計を滞在日数分乗じた金額を持っていきたい。ほかはクレジットカードでまかなえる。外貨両替は大手銀行、国際空港内の銀行などで取り扱っている。日本円からドルへの両替は、日本国内のほうが概してレートがいいが、出発する前に準備できなくても、国際空港の到着ロビーにはたいてい両替所があり、到着便がある時間帯は常に開いている。

🧳 クレジットカード

クレジットカードは、アメリカ社会において所有者の経済的信用を保証するものとして欠かせない存在だ。

クレジットカードの利便性は①多額の現金を持ち歩かなくてもよいので安全である ②現金が必要なとき、手続きをしておけばキャッシングサービスを受けられる ③経済的信用を求め

📝 **スーパーで現金が引き出せる★**アメリカではスーパーのレジで現金が引き出せる。クレジットカードで支払う際、係員に「I need cashback $10」と告げるか、端末を操作すると現金が引き出せる。チップなどに使える。

られる意味合いで、レンタカー、ホテルの予約、ホテルのチェックイン時に必ず提示を求められる、といったケースに対応できる点。日本で加入できる国際カードは**アメリカン・エキスプレスAmerican Express**、**ダイナースDiners**、**ジェーシービーJCB**、**マスターカードMasterCard**、**ビザVisa**などがあり、各社に特徴があるが、緊急時のことも考えると複数のクレジットカードを持っていることが望ましい。新規にクレジットカードを作る場合、余裕をみて旅行の1ヵ月前には申し込んでおくとよい。

クレジットカードの使い方

　日本と同様ほとんどの店やレストランで利用できるが、店によっては最低の利用金額を定めているところもある。会計時にカードを渡す、または端末機に自分でカードをスライドさせると利用内容が表示されるので金額を確認のうえ、サイン（電子）、またはPIN（暗証番号）を入力。控えが発行される。

クレジットカードでキャッシングする

　現金が少なくなったときに便利なのが、クレジットカードのキャッシングサービス。空港や町なかのATMで、いつでも現地通貨で引き出せる（操作方法は右記脚注）。キャッシングには、利用料や利息がかかり、カード代金の支払い口座から引き落とされる。

クレジットカードはすべてに使えるわけではない

　クレジットカード社会アメリカでは、コーヒー1杯の支払いもクレジットカードを使うのが普通。ただし、クレジットカードは実際の為替レートよりわずかだが高くつくうえ、レートも会社ごとに異なる。また、町にもよるが路線バスやタクシーなどは現金でないと受け付けないところもあり、クレジットカードが万能というわけではない。

クレジットカードをなくしたら

　大至急カード発行金融機関に連絡し、無効化すること。万一の場合に備え、カード裏面のカード発行金融機関、緊急連絡先を控えておこう。現地警察に届け出て紛失・盗難届出証明書を発行してもらっておくこと。

📖 海外専用プリペイドカード

　海外専用プリペイドカードは、外貨両替の手間や不安を解消してくれる便利なカードのひとつ。多くの通貨で日本国内での外貨両替よりレートがよく、カード作成時に審査がない。出発前にコンビニATMなどで円をチャージ（入金）し、入金した残高の範囲内で渡航先のATMで現地通貨の引き出しやショッピングができる。手数料が別途かかるが、使い過ぎや多額の現金を持ち歩く不安もない。おもに右記脚注のカードが発行されている。

📖 デビットカード

　使用方法はクレジットカードと同じだが支払いはあと払いではなく、発行金融機関の預金口座から即時引き落としが原則となる。口座残高以上に使えないので予算管理をしやすい。加えて、現地ATMから現地通貨を引き出すこともできる。

ATMでのキャッシング操作手順

※機種により手順は異なる

❶クレジットカード、または国際キャッシング対応のカードの磁気部分をスリットさせて、機械に読み取らせる

❷ ENTER YOUR PIN ＝「暗証番号」を入力

❸希望する取引の種類を選択する。WITHDRAWAL、または GET CASH

❹取引の口座を選択する。クレジットカードは、CREDITもしくは CREDIT CARD。海外専用プリペイドカードは SAVING 普通預金

❺引き出す金額は画面に表示された金額のなかから、希望額に近いものを選ぶ

❻現金と RECEIPT「利用明細」を受け取る

カード払いは通貨とレートに注意

クレジットカードで支払い時、現地通貨でなく日本円で決済されていることがある。合法だが、店側に有利な為替レートになっていたりするので注意したい。店側の説明なしに勝手に決済されたときは、帰国後でも発行金融機関に相談を

海外専用プリペイドカード

●アプラス発行
「GAICA ガイカ」
URL www.gaica.jp

「MoneyT Global マネーティーグローバル」
URL www.aplus.co.jp/prepaidcard/moneytg

●トラベレックスジャパン発行
「Multi Currency Cash Passport マルチカレンシーキャッシュパスポート」
URL www.travelex.co.jp/product-services/multi-currency-cash-passport

デビットカード

URL www.arukikata.co.jp/web/article/item/3000231/

PIN（暗証番号）を忘れずに★ IC カード（IC チップ付きのクレジットカード）で支払う際は、サインではなく PIN（暗証番号）が必要だ。日本出発前にカード発行金融機関に確認し、忘れないようにしよう。

出発までの手続き

パスポートの取得

パスポート（旅券）は、あなたが日本国民であることを証明する国際的な身分証明書。これがなければ日本から出国もできない。旅行中は常に携帯しなければならない大切なものだ。

一般旅券と呼ばれるパスポートの種類は、有効期間が5年（紺）のものと10年（赤）のものとがある。発行手数料は5年用が1万1000円（12歳以上）、または6000円（12歳未満）、10年用が1万6000円で、期間内なら何回でも渡航可能。なお、20歳未満の場合は5年用しか申請できない。すでにパスポートを持っている人は有効期間の確認を。アメリカの場合、パスポートの残存有効期間は入国する日の時点で90日以上あることが望ましい。パスポートの署名（サイン）は、日本語でも英語でもどちらでもかまわないが、自分がいつも書き慣れている文字がいい。なお、パスポートのオンライン申請がマイナポータルからできるようになった。詳しくは URL www.gov-online.go.jp/useful/article/202301/1.html

パスポートの申請から受領まで

申請手続きは、住民登録をしている居住地の各都道府県の旅券課やパスポートセンターで行う。必要書類（→下記）を提出し、指定された受領日以降に、申請時に渡された受領票を持って受け取りに行く。必ず本人が出向かなければならない。申請から受領まで約1週間。支庁などで申請した場合は2～3週間かかることも。

パスポート申請に必要な書類

①一般旅券発給申請書（1通）
用紙は各都道府県庁旅券課にあり、申請時にその場で記入してもよいし、オンライン申請もできる。20歳未満の場合は親権者のサインが必要になる。

②戸籍謄本（1通） ※6ヵ月以内に発行されたもの。

③住民票（1通） ※住基ネット導入エリアに住む人は原則不要。

④顔写真（1枚） 6ヵ月以内に撮影されたもの。サイズは縦4.5cm×横3.5cm（あごから頭まで3.4±0.2cm）、背景無地、無帽、正面向き、上半身。スナップ写真不可。白黒でもカラーでも可。パスポート紛失時などの予備に2～3枚持ちたい。

⑤申請者の身元を確認する書類
運転免許証、マイナンバーカードなど、官公庁発行の写真付き身分証明書ならひとつ。健康保険証、年金手帳、社員証や学生証（これらの証明書類は写真が貼ってあるもののみ有効）などならふたつ必要。窓口で提示する。

⑥有効パスポート
パスポートを以前に取得した人は、返納して失効手続きを行う。希望すれば無効となったパスポートを返還してくれる。

パスポートに関する注意
国際民間航空機関（ICAO）の決定により、2015年11月25日以降は機械読取式でない旅券（パスポート）は原則使用不可となっている。日本ではすでにすべての旅券が機械読取式に置き換えられたが、機械読取式でも2014年3月19日以前に旅券の身分事項に変更のあった人は、ICチップに反映されていない。渡航先によっては国際標準外と判断される可能性もあるので注意が必要
URL www.mofa.go.jp/mofaj/ca/pss/page3_001066.html

パスポートの紛失については → P.310

取得しておくと便利な証書類
●国外（国際）運転免許証
自分の運転免許証を発行した都道府県の免許センターで申請する
URL www.npa.go.jp/policies/application/license_renewal/japan.html
●ユースホステル会員証
利用は原則として会員制。（財）日本ユースホステル協会のウェブサイトより入会できる
☎(03)5738-0546
URL www.jyh.or.jp

 ESTA申請代行サイトに注意★インターネットのキーワード検索結果などから申請を行う場合、申請代行会社などのサイトを利用していると気づかずに、あとで手数料を請求されるケースがあるので注意。

🛄 ビザ（査証）の取得

　ビザとは、国が発行するその国への入国許可証。観光、留学、就労など渡航目的に応じてビザも異なるが、日本人のアメリカ入国に当たっては、90日以内の観光、商用が目的の渡航であれば、ほとんどの場合ビザ取得の必要はない（**ビザ免除プログラム**）。ビザなしで渡米する場合、**ESTAによる渡航認証を取得しなければならない**（→下記）。

滞在が90日以内でもビザが必要なケース

　日本から第三国へ渡航したあと、アメリカに入国する場合、国によってはビザが必要な場合もある。そのような予定の人は必ず、航空会社、旅行会社、アメリカ大使館・領事館に問い合わせること。ただし、直接アメリカに入国したあとにカナダ、メキシコなどに出国、再びアメリカに戻ってくる場合、そのアメリカ滞在の総合計日数が90日以内ならビザは不要。

🛄 ESTA（エスタ）の取得

　ビザ免除プログラム（→上記）を利用し、ビザなしで飛行機や船でアメリカへ渡航・通過（経由）する場合、インターネットで（携帯電話などは不可）ESTAによる渡航認証を取得する必要がある。事前にESTAの認証を取得していない場合、航空機への搭乗や米国への入国を拒否されることがあるので注意が必要。一度ESTAの認証を受けると2年間有効で、米国への渡航は何度でも可能。手数料は$21。なお、最終的な入国許可は、初めの入国地において入国審査官が行う。

　アメリカへの渡航が決まったら、早めにESTAによる渡航認証を申請し取得しよう（出国の72時間前までの取得を推奨）。手順は**URL**esta.cbp.dhs.govにアクセス。申請にはパスポートの画像アップロードが必須。渡航認証の回答はESTAのサイトで3日以内に確認でき、「渡航認証許可」の回答ならOK。「渡航認証保留」は審査中。承認されず「渡航認証拒否」となった場合、アメリカ大使館・領事館でビザの申請が必要。

🛄 海外旅行保険の加入

　海外旅行保険とは、旅行中の病気やけがの医療費、盗難に遭った際の補償、あるいは自分のミスで他人の物を破損した際の補償などをカバーするもの。保険に加入する、しないは、当然本人の意思によるが、万一のときに金銭的な補償が得られるということだけでなく、緊急時に保険会社のもつ支援体制が使えることはたいへん心強いもの。コロナウイルス感染症もカバーされるので、海外旅行保険には必ず加入しよう。

　保険の種類は、必ず加入しなければならない基本契約と、加入者が自由に選べる特約に分かれている。一般的に必要な保険をセットにしたパッケージプランに加入するのが簡単でお得。手厚くしたい補償のみ追加したい場合は、オーダーメイドプランで補償を選択して加入しておけば安心。

アメリカ大使館
🏠〒107-8420
東京都港区赤坂1-10-5
☎(03)3224-5000（代表）
URLjp.usembassy.gov/ja/

ビザに関する質問
非移民ビザを申請する場合は、ほとんどの人は面接（予約制）が必要となる。
問い合わせは、電話（日本国内☎050-5533-2737、米国内 1703-520-2233）、e メール（support-japan@ustraveldocs.com）、チャット、Skype で受け付けている。これらのサービスは無料で、通話料のみ利用者負担となる。詳細は **URL**www.ustraveldocs.com/jp の「お問い合わせ」を参照

ESTA の代金決済
登録料 $21 の支払い方法はクレジットカード、デビットカード、ペイパルで可能。
カード A D J M V
※ JCB カードとダイナースクラブは、クレジットカードのプルダウンメニュー「ディスカバーカード Discover Card」を選択し、JCB カードまたはダイナースクラブの情報を入力

「地球の歩き方」ホームページで海外旅行保険について知ろう
「地球の歩き方」ホームページでは海外旅行保険情報を紹介している。保険のタイプや加入方法の参考に
URLwww.arukikata.co.jp/web/article/item/3000681/

notes クレジットカード付帯の海外旅行保険★カードに海外旅行保険が付いたものがあるが、条件や保険金額を必ず確認すること。アメリカは医療費が極端に高く、十分補償されないことがある。

Travel Tips | 航空券の手配

航空会社（日本国内の連絡先）

●アメリカン航空
☎(03)4333-7675
URL www.americanairlines.jp

●デルタ航空
☎0570-077733
URL ja.delta.com

●ユナイテッド航空
☎(03)6732-5011
URL www.united.com/ja/jp/

●日本航空
☎0570-025-031
URL www.jal.co.jp

●全日空
☎0570-029-333
URL www.ana.co.jp

航空券をインターネットで購入する

ウェブサイトをとおして航空券を購入した場合は、eチケットとして航空券がメールで送られてくる。ネットでの購入が不安なら、その旅行会社がJATAボンド保証制度に加入しているか確認するといい。加入していれば、万一被害を受けた場合でも弁済限度額の範囲内で弁済される

燃油サーチャージの確認を

石油価格の高騰や変動により、航空運賃のほかに"燃油サーチャージ"といって燃油特別付加運賃が加算される。時期や航空会社によって状況が異なる

国際観光旅客税について

日本を出国する際、1回につき1000円の国際観光旅客税がかかる。原則として、航空代金に上乗せされて支払う方式となる

✈ 日本からフロリダへの運航便

　2023年6月現在、フロリダ州へは残念ながら日本からの直行便は運航されていない。中西部のシカゴ、ミネアポリス、デトロイト、テキサス州のダラス／フォートワース、ヒューストン、南部のアトランタ、東部のニューヨーク、ワシントンDCなどで乗り継いで行くのが一般的だ。乗り継ぎということを考えると、アメリカ系の航空会社が有利に思えるが、日系の航空会社もアメリカ航空会社と提携しているので不便はない。

航空券の種類

●普通（ノーマル）運賃

　定価（ノーマル）で販売されている航空券で、利用においての制約が最も少ないが、運賃は一番高い。種類はファーストクラス、ビジネスクラス、エコノミークラスの3つに分かれ、各クラスはさらに細分化されている。

●正規割引運賃（ペックスPEX運賃）

　ペックス運賃とは、日本に乗り入れている各航空会社がそれぞれに定めた正規割引運賃のこと。料金は各航空会社のウェブサイトで調べることができる。他社便へ振り替えることができない、出発後の予約変更には手数料がかかるなどの制約があるが、混雑期の席の確保が容易といったメリットもある。なお、ペックス商品は各社によって特色や料金が異なるので確認を。

　また、航空会社がパッケージツアー用として旅行会社などに卸す航空券がある。それを個人に販売しているのが、いわゆる格安航空券と呼ばれているチケット。ひと頃はペックス運賃よりも安く、市場に出回っていたが、現在、アメリカ路線においては運賃に差がないため、ペックス運賃が主流である。

航空券を購入するタイミング

　早い段階で旅行計画が進められる人は、普通運賃よりかなり安いペックス運賃を利用できる。ペックス運賃は、4～9月分は2月頃、10～3月分は7月中旬以降に発表されるので、航空会社のホームページなどで確認するといい。

✈ eチケットについて

　紙の航空券が発券されないこと（チケットレス）が最大の特徴で、搭乗手続きを搭乗者自身で行うのが基本。セルフチェックイン機に、本人確認のためのパスポートなどを読み込ませ、飛行日時と区間の確認、機内に預ける荷物数の申告、座席や本人確認のためのデータなどを入力すると、搭乗券と荷物のタグが発券される。荷物に自分でタグを付けて荷物預けの専用カウンターへ持っていけばいい。その際、パスポートを見せ、荷物のクレームタグをもらうのを忘れずに。

 座席予約とチェックイン★航空会社によっては事前に席の予約が、また、多くの航空会社では24時間前くらいからウェブサイトをとおしてチェックインができる。パソコンやスマートフォンが必要。

旅の持ち物 Travel Tips

🧳 荷物について

　海外旅行では、あれば便利かなと悩むようなものは思いきって持っていかないほうがいい。たいていのものは現地調達でまかなえる。ただ、薬だけはいつも使っているものを持っていこう。医薬分業のアメリカでは、頭痛薬などを除いては、医師の処方せんがなければ薬が買えない。

　衣類は着回しが利くアイテムを選び、下着や靴下、Tシャツなどは2～3組あれば十分。洗濯は、小物類なら浴室での洗濯が可能だが、大物類はモーテルやホテルのコインランドリーを利用しよう。スーツやワンピース、Yシャツなどはホテルのクリーニングサービス（有料）に頼むとよい。

機内に預ける荷物について（受託手荷物）

　アメリカでは、旅客機の荷物検査が強化され、運輸保安局（TSA）の職員がスーツケースなどを開いて厳重なチェックを行っている。機内に預ける荷物に施錠をしないよう求められているのはそのためで、検査の際に鍵がかかっているものに関しては、ロックを破壊して調べを進めてもよいとされている。したがって、受託手荷物には高価なものや貴重品、ノート型パソコンやカメラは入れないこと。また、受託手荷物は利用するクラスによって、無料手荷物許容量（→右記脚注）が異なる。かばんのサイズや重量も各航空会社別に規定があるので、利用前に確認をしておこう。なお、機内持ち込み手荷物についてもかばんのサイズや個数、重量などが定められており、アメリカの国内線・国際線ともに液体物の持ち込み規制（→P.293右記脚注）があるので必ず確認をしておくこと。

🧳 TPO に合わせた服選びを

　日中のラフな服装と変わって、夜はぐんとおしゃれな装いをしたい。フロリダでは服装はそれほど厳しくなく、衿のあるシャツなどを持っていけば、ショーやディナー、クラブ訪問などに対応できる。

持ち物チェックリスト

品目	チェック	品目	チェック	品目	チェック
パスポート（旅券）		翻訳などのアプリ		筆記用具、メモ帳	
海外専用プリペイドカード		おしゃれ着と靴		スリッパ、サンダル	
現金（日本円とUSドル）		ガイドブック		カメラ、携帯電話、充電器、バッテリー、メモリーカード	
eチケット控え		シャツ類		ビニール袋	
ESTA渡航認証のコピー		下着・靴下		タオル類	
海外旅行保険証		上着（防寒・日焼け防止）		ティッシュ（ウエットティッシュ）	
クレジットカード		帽子、サングラス、雨具		エコバッグ	
国内運転免許証と国外（国際）運転免許証		医薬品類、化粧品類、日薬、日焼け止め、リップスティック		モバイルバッテリー	

TSA 公認グッズ

スーツケースに施錠できないことに不安を感じる人は、TSA公認の施錠スーツケースやスーツケースベルトなどを使用すれば悩みは解消される。これらTSA公認グッズは、施錠してもTSAの職員が特殊なツールでロックの解除を行うため、かばんの損傷の恐れが少なくなる

機内預け荷物について

2023年6月現在、国際線（北米線）エコノミークラスの場合、無料で預けられる荷物は1～2個（航空会社、クラスなどにより異なる）。1個の荷物につき23kg以内、3辺の和の合計が157cm以内とされている場合が多い。また、アメリカの国内線においては、エコノミークラスの場合は2個まで預けられるが、1個目から有料（$30～35）としている。詳細は利用航空会社に確認をしておこう

重い荷物は宅配サービスを利用しよう

事前の電話で自宅まで集荷に来てくれる。帰国時は空港内のカウンターで手続きを

abc 空港宅配サービス
🆓0120-919-120
🔗www.jalabc.com

ヤマト運輸空港宅急便
🆓0120-01-9625
☎0570-200-000（携帯・スマートフォン：有料）
🔗www.kuronekoyamato.co.jp/ytc/customer/send/services/airport

 忘れ物に気をつけて★意外に忘れやすいのが、スーツケースの鍵。タブレット端末やスマートフォン、カメラの充電器類も忘れやすいので気をつけて。

出入国の手続き

成田国際空港
☎ (0476) 34-8000
URL www.narita-airport.jp

東京国際空港（羽田空港）
☎ (03) 5757-8111
URL tokyo-haneda.com

関西国際空港
☎ (072) 455-2500
URL www.kansai-airport.or.jp

機内預けの荷物は施錠しない
現在、アメリカ線は機内に預ける荷物には施錠をしないように求められている（→ P.291）

✈ 日本を出国する

　2023年春現在、日本国内の国際空港でアメリカ本土への路線が運航されているのは、成田、東京（羽田）、関西の3ヵ所。

空港到着から搭乗まで
①搭乗手続き（チェックイン）

　空港へは出発時刻の3時間前までに着くようにしたい。空港での搭乗手続きをチェックイン（Check-in）といい、手続きはセルフチェックイン機、または航空会社のカウンター（基本的にビジネスクラス以上）で行う。eチケットを持っている場合は、セルフチェックイン機で各自がチェックイン手続きを行う（→下記）。最後に搭乗券と一緒に荷物タグが自動的に印刷されるので、タグは各自でバッグに付ける。次は荷物預け（Baggage Drop）のカウンターへ行き、パスポートを見せて荷物を預ける。その際、コロナのワクチン接種証明書の提示とCDC宣誓書の提出は不要となった。（2023年6月現在）

②手荷物検査（セキュリティチェック）

　保安検査場へ行く前に、パスポートと搭乗券の用意を。最初に搭乗券コードの読み取りが行われる。検査場では、

●セルフチェックインの仕方

　航空便の予約・購入後に発行されるeチケットには、従来の紙の航空券の代わりに、利用する航空便の情報が電子的に保管されている。eチケットの控えはプリントして携行すること。国際線やアメリカの国内線のチェックインは、セルフチェックイン機を利用して手続きを行う。近年はモバイル搭乗券を空港へ行く前に自分で手続きする人が多い。
（協力：アメリカン航空）

❶空港の出発フロアには、各航空会社のチェックインカウンターがあり、その手前に多数のセルフチェックイン機が設置されている。eチケットを持っている場合はセルフチェックイン機での手続きになる。
※コードシェア便（共同運航便）を利用する、入国にビザが必要な場合やパスポートと予約の名前が一致しないなど、状況によりセルフチェックイン機での手続きが進まない場合がある。その際は、迷わず係員に声をかけるか、チェックインカウンターまで申し出ること。

❷アメリカの空港なら画面の表示は当然英語になる。しかし、日本に乗り入れている航空会社なら、日本語表示もある。まず、画面上に表示された言語のなかから"日本語"をタッチする。次の案内でチェックインのスタイルを選択。

❸チェックインには本人確認のため、航空会社のメンバーズカード、パスポートを読み込ませるなどの

方法がある。日本人ならパスポートが便利。顔写真があるページの数字が並ぶ部分を機械のリーダーに読み込ませる。

❹自動的に予約の旅程が表示されるので、内容を確認のうえ"続行"をタッチ。滞在先や緊急連絡先などいくつか質問があるので、回答を入力する。座席を指定していない場合はここで座席を選ぶ。

❺次に預け入れ荷物の個数（米国内便有料）を入力し、クレジットカードで支払う。座席の変更などは、オプションメニューを選択し手続きする。

❻画面上に搭乗時刻とゲートの案内が表示されるので確認をする。機械下部より搭乗券のプリントと荷物のタグが出てくるので忘れずに受け取り、荷物のタグは自分で荷物に付け、控え（クレームタグ）は保管すること。
預ける荷物は、Baggage Dropのカウンターにて。

---

notes **酒などの瓶類に注意**★フロリダへノンストップ便はなく、アメリカのどこかの空港で乗り換えることになる。酒などの瓶類があると、乗り換え便のセキュリティチェックで没収されてしまうので注意。

機内に持ち込む手荷物のX線検査と金属探知機による身体検査を受ける。ノートパソコンなどの大型電子機器はバッグから出し、ベルトなどの身につけている金属類と上着はトレーに置いて、手荷物と別にX線検査を受ける。機内持ち込みの液体物は透明の袋に入れてバッグとは別にしておく（→右記脚注）。アメリカでは靴も脱いでチェックを受ける。

③税関手続き
高価な外国製品を持って出国する場合「外国製品の持ち出し届」に記入をして申告する。これを怠ると、国外で購入したものと見なされ、帰国時に課税対象になることもある。ただし、使い込まれたものなら心配はない。

④出国審査
出国審査は顔認証ミラーゲートで各自行う。パスポートを機械に読み込ませ、ハーフミラーに顔を向ける。確認が取れたらゲートが開く。スタンプが欲しければ有人の窓口でもらおう。

⑤搭乗
自分のフライトのゲートへ向かう。飛行機への搭乗案内は出発時刻の約30分前から体の不自由な人、乳児連れ、次にグループごとに始まる。自分のグループを確認しよう。ゲートでは搭乗券とパスポートを提示する。

アメリカに入国する
アメリカの場合、アメリカ国内線で乗り継ぎがあっても、必ず最初の到着地で入国審査を行う。日本から直行便がないフロリダへ、例えばシカゴ経由でオーランドへ向かう場合はシカゴ・オヘア国際空港で入国審査を受けることになる。
アメリカに飛行機が到着する前に、機内で配布される「税関申告書」に記入をしておこう。

入国審査の流れ

©Department of Homeland Security, US-VISIT

審査に必要なパスポート、税関申告書など一式を手渡す

入国審査時に顔写真を撮る

パスポートの検査、質問（滞在目的、日数など）

指紋スキャン　デジタルカメラによる顔写真の撮影

WELCOME TO THE U.S.

バゲージクレームへ

機内持ち込み手荷物について
身の回り品のほか、10kg以内、3辺の和が114cm以内の手荷物（サイズは各航空会社によって異なるので確認を）ひとつのみ機内に持ち込むことができる。貴重品やカメラ、パソコン、携帯電話、壊れやすいものは機内持ち込みにすること。また、モバイルバッテリーのようにリチウムイオン電池は機内預けの荷物は不可で、必ず手荷物で機内持ち込みとすること。カミソリやはさみなどの刃物は機内持ち込み不可。ライターもひとりにつき1個なら機内持ち込みの荷物に入れられる。また、国際線航空機内客室への液体物の持ち込みは、出国手続き後の免税店などで購入したものを除き、制限されている。詳細は国土交通省 URL www.mlit.go.jp/koku/15_bf_000006.html で確認を

まずはあいさつから
慣れない英語での入国審査は緊張するものだが、審査官の前に進んだら、"Hello."、"Hi."、"Good morning." と、まずはあいさつをしよう。審査終了後も "Thank you." のひと言を忘れずに。入国審査は簡単な英語だが、どうしてもわからないときは通訳 Interpreter（インタープリター）を頼もう

voice アメリカの空港は巨大★ダラス経由でオーランドへ行ったが、入国審査の列が長く、しかもオーランド行きのターミナルまで移動に30分以上かかり、かなりあせった。　（東京都　まーちゃん '23）

293

ESTA を忘れずに！

ビザなしで渡航する場合は、出発の72時間前までにインターネットを通じて渡航認証を受けることが必要（→ P.289）。必ず事前に認証を取得し、取得番号の表示された画面を印刷して、携行しよう。航空会社によっては、この番号を確認するところもある。

「地球の歩き方　ホームページ」にも申告の手順が詳しく解説されている
URL www.arukikata.co.jp/esta/

荷物が出てこなかったら
→ P.311

アメリカ入国の持ち込み制限
通貨は無制限だが現金を1万ドル以上所持している場合は申告が必要。酒類は21歳以上で個人消費の場合は1ℓ、おみやげは$100相当まで無税。たばこは200本までと葉巻100本まで無税。野菜、果物、肉類や肉のエキスを含んだすべての食品は持ち込み禁止

アメリカ税関申告書

入国審査から税関申告まで

①入国審査

　飛行機から降りたら、"Immigration"の案内に従って入国審査場に向かう。審査場の窓口は、アメリカ国籍者（U.S. Citizen）とそれ以外の国の国籍者の2種類に分かれている。他国の列に並び、自分の順番が来たら審査官にあいさつをし、パスポートと税関申告書を提出する。なお、US-VISITプログラム実施により、米国に入国するすべての人を対象にインクを使わないスキャン装置による両手の10本指の指紋採取（一部空港）とデジタルカメラによる顔写真の撮影が行われる。渡航目的や滞在場所など、いくつかの質問が終わり、入国が認められれば、パスポートと税関申告書にスタンプが押され、返してくれる。

②荷物をピックアップする

　入国審査のあと、バゲージクレームBaggage Claimへ。自分のフライトの番号をモニターで確認して、荷物の出てくるターンテーブルCarouselへ行き、ここで機内預け荷物を受け取る。預けた荷物が出てこない、スーツケースが破損していたなどの場合のクレームは、タグを見せその場で航空会社のスタッフに申し出ること。

③税関検査

　アメリカ入国には持ち込み制限がある（→左記脚注）。係員に入国審査の際にスタンプを押してもらった税関申告書を提出し、税関申告書に特記する申告がない場合は、口頭の質問と申告書の提出で検査は終了する。

　乗り継ぎでフロリダへ向かう人は、Connecting Flightへ進み、フロリダの都市名のタグを確認してBaggage Dropで再度荷物を預ける。目的地のゲートを確認したらすぐにそちらへ移動しよう。前もって空港の移動手段を確認しておきたい。

❶ 姓
❷ 名
❸ ミドルネーム
❹ 生年月日（月/日/年、年は西暦下2ケタ）
❺ 同行している家族の人数
❻ ホテル名など
❼ 滞在先の市
❽ 滞在先の州
❾ パスポート発行国（日本）
❿ パスポート番号
⓫ 居住国
⓬ アメリカに着く前に旅行した国。ない場合は無記入
⓭ アメリカ行きの飛行機の航空会社とフライト番号（航空会社は2文字の略語で）
⓮ 質問の回答にチェック
⓯ おみやげ代など。個人の所有物は含まれない
⓰ 署名（パスポートと同様）
⓱ 入国日（月/日/年）
⓲ 課税対象がある場合は、品名と金額
⓳ ⓲の合計金額

税関検査後、市内や近郊の町へ

　空港から市内へは、鉄道や路線バスなどの公共交通機関、空港シャトル、タクシーや配車サービス、レンタカーなどのアクセスがある。これらはおおむね空港到着階のバゲージクレームからターミナルを出た所の"Ground Transportation"と示されたエリアから運行している。市内へのアクセスの選択に困ったら、インフォメーションデスクで相談してから行動しよう。

アメリカを出国する

①Visit Japan Webの登録を忘れずに

　「Visit Japan Web」は、日本入国時の「入国審査」、「税関申告（携帯品・別送品申告書）」の手続きをスピーディに行うためのアプリ。QRコードからスマートフォンにダウンロードし、必要事項を入力して、できるだけ帰国前日までに済ませたい。登録は帰国の2週間前から。

②空港へ向かう

　前日までに空港への交通手段を考え、ものによっては予約をしよう。空港シャトルは少なくとも24時間前までにウェブサイトから予約を入れ、配車サービスも予約をしたい。タクシーはチェックアウトの際、ホテルのフロントで呼んでもらうといい。最も安いのは路線バスや鉄道だが、どの交通手段でも時間には十分余裕をもつこと。

　現在、アメリカ国内の空港のセキュリティチェックが非常に厳しく、時間がかかる。3時間前までには空港に着くように。

　なお、アメリカのおもな国際空港は、航空会社によってターミナルが違う。事前にどのターミナルかの確認も忘れずに。

③チェックイン（搭乗手続き）

　2023年6月現在、アメリカでは出国審査官がいるゲートで出国スタンプを押してもらうプロセスがない。セルフチェックイン機でチェックインの手続きをとり、利用航空会社のカウンターで荷物を預けるときに、荷物とパスポートを提示して終了だ。機内預け荷物のタグと搭乗券、パスポートを受け取ったら手荷物検査を通って搭乗ゲートに向かおう。

日本に入国する

　飛行機が到着し、検疫カウンターへ。アメリカからの帰国者は基本的に素通りでよいが、体調に異常がある場合は検疫官に申し出ること。入国審査は日本人の場合、往路と同じように顔認証ゲートで済ませることになる。なお、海外から動植物を持ち込む人は、検疫の検査を受ける必要がある。

　次にバゲージクレーム・エリアのターンテーブルで機内預けの荷物を受け取ったら、税関のカウンターへ行き、Visit Japan Webで取得したQRコードを提示して通過する。登録しなかった人はここで「携帯品・別送品申告書」を記入してカウンターに提出しよう。

Visit Japan Web
URL vjw-lp.digital.go.jp/ja/
登録に必要なもの
・パスポート
・航空券
・eメールのアドレス

Visit Japan Webのアプリをスマートフォンにダウンロードすると出てくる画面。登録には30分くらいかかるから余裕をみておきたい。登録すれば従来記入していた「携帯品・別送品申告書」（→P.296）の記入は不要だ

肉類、肉加工品に注意
アメリカ（ハワイ、グアム、サイパン含む）、カナダで販売されているビーフジャーキーなどの肉加工品や肉製品は、日本に持ち込むことができない。免税店などで販売されているもの、検疫済みシールが添付されているものも、日本への持ち込みは不可。注意してほしい
URL www.maff.go.jp/aqs/tetuzuki/product/aq2.html

植物などの持ち込みに注意
ほとんどの植物や動物は、日本への持ち込みに当たり検疫の検査を受ける必要がある
URL www.maff.go.jp/aqs

携帯品・別送品申告書記入例

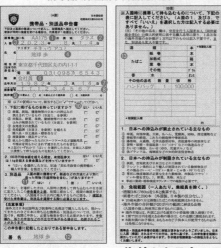

(表面)
❶航空会社（アルファベット2字の略号）と便名
❷出発地
❸入国日
❹氏名
❺住所と電話番号
❻職業
❼生年月日
❽パスポート番号
❾同伴の家族がある場合の内訳
❿質問の回答欄にチェック
⓫別送品がある場合は「はい」にチェック、個数を記入
⓬署名
(裏面)
⓭日本入国時に携帯して持ち込むものを記入

携帯品・別送品申告書について

　2023年6月現在、日本に入国（帰国）するすべての人は、Visit Japan Web（→P.295）の税関申告か、「携帯品・別送品申告書」を1通提出する必要がある。海外から別送品を送った場合は2通提出し、このうちの1通に税関が確認印を押して返してくれる。この申告書は、別送品を受け取る際の税関手続きに必要となるので、大切に保管。税関通過後に別送品の申告はできない。申請用紙は税関を通過する前に記入台が設けられている。別送品の申請をしなかったり、確認印入りの申請書をなくした場合は、一般の貿易貨物と同様の輸入手続きが必要になるので要注意。

海外から日本への持ち込み規制と免税範囲

　日本への持ち込みが規制されている物は下記のとおり。海外で購入する際に問題ないと言われても、税関で規制対象品と判明した時点で所有を放棄する、自己負担で現地に送り返す、輸入許可が下りるまで有料で保管される、などの処置がなされる。

日本へ持ち込んではいけないもの

●覚せい剤、大麻、MDMAなどの不正薬物
●けん銃等の銃砲、これらの銃砲弾、けん銃部品
●わいせつ雑誌、わいせつDVD、児童ポルノなど
●偽ブランド品、海賊版などの知的財産を侵害するもの
●ワシントン条約に基づき、規制の対象になっている動植物、それらを加工した製品も規制の対象
●ソーセージ、ビーフジャーキーなどの肉加工品。免税店で販売のもの、検疫済みシールが添付されているものでも不可。
※輸入禁止品・規制品の詳細については税関まで。
URL www.customs.go.jp

日本入国時の免税範囲（成年者ひとり当たり）

2023年6月現在

	品　目	数量または価格	備　考
1	酒　類	3本	1本760mℓ程度のもの
2	たばこ（注1）葉巻たばこ	50本（ただし、ほかのたばこがない場合）	加熱式たばこ個装等10個。「加熱式たばこ」の免税数量は、紙巻たばこ200本に相当する数量となる
2	たばこ（注1）紙巻きたばこ	200本（同上）	加熱式たばこ個装等10個。「加熱式たばこ」の免税数量は、紙巻たばこ200本に相当する数量となる
2	たばこ（注1）その他のたばこ	250g（同上）	加熱式たばこ個装等10個。「加熱式たばこ」の免税数量は、紙巻たばこ200本に相当する数量となる
3	香水	2オンス	1オンスは約28mℓ
4	品名が上記1〜3以外であるもの（注2）	20万円（海外市価の合計額）	合計額が20万円を超える場合は、超えた額に課税。ただし、1個20万円を超える品物は、全額に課税される。

（注1）　免税数量は、それぞれの種類のたばこのみを購入した場合の数量であり、複数の種類のたばこを購入した場合の免税数量ではない。 URL www.customs.go.jp/kaigairyoko/cigarette_leaflet_j.pdf
（注2）　6歳未満の子供は、おもちゃなど明らかに子供本人が使用すると認められるもの以外は免税にならない。

現地での国内移動 | Travel Tips

アメリカ国内での移動手段は、飛行機、鉄道、中長距離バス、レンタカーなどが代表的。何を利用するかによって、料金、時間に差が出てくるのはもちろんのこと、旅の印象も変わってくる。また、どの手段もアメリカ国内を旅するに当たっては、州が変わったことで発生する「時差」を意識して行動をすること。フロリダ州内でも北西部は時差がある（→P.10）。

✈ 飛行機（国内線）

旅の形態と航空券の種類

1都市だけの滞在なら、航空券は日本と滞在するアメリカの都市間の往復航空券を手配する。2都市以上の複数都市をすべて飛行機で巡る旅の形態は周遊という。周遊の航空運賃は希望する区間のゾーンによる算定方法や5〜6都市までの周遊は一番遠い都市への運賃が適用されるなど、航空会社により条件が異なる。ルートを作成する場合は訪問順に注意したい。例えば同じ訪問都市でも、日本→ニューヨーク→シアトル→オーランド→ロスアンゼルス→日本のような東海岸と西海岸を行き来するルートよりも、日本→シアトル→ニューヨーク→オーランド→ロスアンゼルス→日本というぐるりと回る移動パターンのほうがお得に周遊できる。

周遊の旅、航空会社選びはハブHUBが重要

航空会社は、乗客や貨物の効率的な輸送を図るため、運用の拠点として利用する都市にハブ（中核）空港をもっている。行きたい都市への直行便がなくても、ハブになっている都市を経由すれば目的の都市にたどり着ける。ただし、ハブの都市を経由すると遠回りになる場合もあるが、そのぶんのマイルも加算される。多少のデメリットはあるが、利用航空会社の路線内でルートを作成するのが大切だ。

選んだ航空会社の路線が訪問予定都市をどうしてもカバーしきれない場合や、次の都市まで飛行機に乗るほどでもないときは、ほかの交通機関の利用も考えてみよう。例えば、マイアミ〜キーウエスト間はレンタカーの利用がポピュラーだ。また、マイアミ〜オーランド間は高速鉄道（→P.46）の運行が予定されているし、ツアーも催行されるなどスタイルに合った選択ができる。

国内線利用の流れ

空港へは出発時刻の少なくとも2時間前までに到着を。セルフチェックイン機で手続きの後、荷物をカウンターで預ける。Baggage Dropと表示された所だ。そして、手荷物検査を受け、搭乗ゲートに向かう。近年、搭乗予定者が全員揃っていないにもかかわらず、予定時刻より早く飛行機が出発してしまう場合がある。搭乗開始時刻（たいてい出発時刻の30分前）までには搭乗ゲートにいるようにしたい。

航空券の手配 → P.290

航空券に関する専門用語

● **OPEN（オープン）**
航空券の有効期限内であれば、復路のルート変更が可能な航空券

● **FIX（フィックス）**
出発前に日程、経路、往復便の予約を行う必要がある航空券

●**オープンジョー**
複数都市を回る際、途中の移動を飛行機以外の手段（鉄道、バスなど）で行うことができる航空券

●**トランジット**
途中でほかの空港に立ち寄ること。乗り継ぎ時間は24時間以内

●**ストップオーバー**
途中降機のことで、乗り継ぎ地で24時間以上滞在すること

コードシェアとは？
路線提携のこと。ひとつの定期便に2社以上の航空会社の便名がついているが、チェックインの手続きや機内サービスは主導運航する1社の航空会社によって行われる。搭乗券には実際に運航する航空会社の名が記載されるが、空港内の案内表示には複数の便名、または実運航の航空会社のみの便名で表示されるなど、ケース・バイ・ケース。予約時に必ず、実運航の航空会社を確認すること

マイアミに乗り入れるアムトラックの列車

Amtrak
Free 1800-872-7245
URL www.amtrak.com

タイムテーブル（時刻表）について

時刻表はウェブサイトで検索するのが便利。そのまま乗車券の購入もできる。

アメリカに着いてからは、大きな駅に置いてある路線別の時刻表が便利。トールフリー番号 Free 1800-872-7245 に電話をして問い合わせる方法もある

USA レイルパス

パスは1種類。30日間、距離は関係なく10区間に使える。乗り換えがある場合は2区間と数える
料金 $499

●ウェブサイトからオンラインで USA レイルパスを予約する手順

URL www.amtrak.com にアクセス→トップページの"Deals"から「Multi-Ride & Rail Passes」→「USA Rail Pass」を選択する。条件をよく読み、「Purchase」をクリック。サインインをして必要な個人情報を入力する。現地では、予約確認番号とパスポートを持って、ピックアップに指定した駅でパスに引き換える

鉄道（アムトラック）

広大なアメリカ大陸を迫力満点に疾走する列車の旅は、単なる移動手段としてではなく、それ自体が大きな楽しみといえるほど魅力的。

現在アメリカの中長距離旅客鉄道を受け持っている唯一の会社が**アムトラックAmtrak**。半官半民の企業で、各地方の私鉄の線路を借り受け、アムトラックの車両を走らせている。

フロリダを走る列車

フロリダ州を走っている長距離列車は、ニューヨークとマイアミを結び、オーランドを経由する**シルバースター号とシルバーミーティア号**で、1日各1便走っている。シルバースター号はシルバーミーティア号と一部停車駅が異なり、タンパに停車する。ただ、列車の走っていない町も多いが、それらの町へは起点となる大きな駅から、**連絡バスConnecting Bus**が走っている。その一例として、オーランド駅、タンパ駅からはセントピータースバーグやフォートマイヤース行きの連絡バスが運行している。連絡バスのチケットは列車のチケットを購入するときに一緒に買うこと。下記のUSAレイルパスには、連絡バスの料金も含まれるが、1区間にカウントする。

USAレイルパス

アムトラックでは、全路線（主要駅に発着する連絡バスを含む）、適用期間内の利用回数分だけ乗車できる**USAレイルパスUSA Rail Pass**という鉄道周遊券を販売している。パスは、ウェブサイトで販売している。

アムトラックに乗る

人気の長距離列車の寝台車を除いて、ほとんど予約をする必要はない。今はアムトラックのウェブサイトから予約するのが一般的。URL www.amtrak.comにアクセス→トップページに乗りたい区間と日にち、片道・往復乗車などを選んで個人情報を入力すると乗車券が購入ができる。発券されるのはeチケットなので、念のため印刷しておこう。

●駅に着いたらまずはカウンターに行く

USAレイルパスを持っているなら、カウンターでパスポートなどの証明書を見せて、利用開始日と終了日を記入してもらう。次に、乗りたい列車と目的地を告げて乗車券を発券してもらおう。なお、USAレイルパスは、パスだけでは乗車できない。チケットは当日の購入も可能で、乗りたい列車と目的地、乗車券の枚数などをカウンターの係員に告げればいい。

●乗車

改札は、発車の5〜15分前に始まり、改札の案内とともに列車の入線番号がアナウンスされる。駅によっては乗車前に係員が乗車券をチェックすることもある。

なお、アムトラックは貨物列車と線路を共有していることや、単線という理由などから実によく遅れる。**半日の遅れはざらで**、読者投稿では24時間以上遅れたケースの報告もある。

---

notes 遅れたときのために★上記のように、アムトラックはよく遅れる。夜になれば路線バスも走っていない。そんなときは Uber や Lyft の配車サービスが役立つ。

長距離バス（グレイハウンドとフリックスバス）

グレイハウンドで行けない町はない、といっていいほどそのネットワーク網は充実している。飛行機が飛んでいないような小さな町へもグレイハウンドなら走っているのだ。さらに、2023年春より**フリックスバスFlixBus**とも提携、運行本数が増えたほか、マイアミやオーランドなどの都市ではバスストップの数も増えた。特にフロリダ州内の短距離の移動では、飛行機はかえって不便。バスに乗ってアメリカの大地を肌で感じる旅に出てみよう！

時刻表とチケットの予約・発券

バスの時刻表検索から予約、発券までウェブサイトやアプリでできる。

グレイハウンドのウェブサイトにアクセスするか、アプリをダウンロードし、出発地、目的地、日にちを選んでSearchするとその日のバスの時刻表が列記される。希望のものや預け荷物について入力していけば、チケットが購入できる。チケットはeチケットでQRコードが発券されるから、これをプリントするかスマートフォンに表示できるようにしておこう。なお、ウェブサイトでのチケット購入にはクレジットカードが必要。

バスの乗り方

バスターミナル、バスディーポ（呼び名の違いについては→右記脚注）へは出発時刻の60分前までに行こう。それ以外のバスストップは20分前くらいに着くように。大きな町なら人が集まっているので、バスストップだとわかるだろう。

●発券

ターミナルやディーポで乗車券（区間乗車券）を購入する場合は、チケットカウンターで行き先、片道か往復か、枚数などを告げる。

車体下部のトランクに荷物を預けたい人は、ここで荷物の数を申告し、行き先の書かれた荷物タグをもらう。タグは自分で荷物に付け、乗るときまで自分で保管しておく。タグの半券はチケットカバーにホチキスで留めてくれるから、これをなくさないように。

●乗車

たいていゲート番号の上に行き先が表示されている。席は座席指定（→下欄外）で購入された席を除いて早い者順だが、ほかの町を経由してきたバスは、すでに乗客が座っているので、空いた席に座ることになる。乗車が始まるのは出発時刻の20分前。改札をするのはバスを運転するドライバー。本人確認のため、バスストップによってはパスポートなどの提示を求められることがある。トランクに大きな荷物を預ける人は、改札のときドライバーに頼む。なお、車内とバスディーポ内は一切禁煙。

●下車

目的地のゲートに着くと、ドライバーはバスから一番初めに降りて、乗客一人ひとりを見送る。長時間運転してもらった感謝の気持ちを込めて「Thank you！」と言おう。そして、クレームタグの半券を見せて、係員に荷物を出してもらおう。

Greyhound
Free 1800-231-2222
URL www.greyhound.com

グレイハウンドバスの発着所の呼び名について

明確な基準があるわけではないが、大都市にある、あるいは他社のバスも乗り入れているのがバスターミナル、中小の都市にあり比較的小規模の建物がバスディーポ、グレイハウンドの建物はなくガスステーションやファストフード店、モールや大学が発着所になっているものはバスストップと呼ぶ。

なお、バスディーポが閉まっている時間でもバスは必ず来る。ただし、閉まっているときの利用は安全上の理由からなるべく避けよう

バスの発着所に注意

フリックスバスと提携する以前、グレイハウンドのバスはチケットカウンター、トイレ、待合所、売店、バス乗り場のあるバスターミナルやバスディーポに発着していた。フリックスバスとの提携後、バスの運行本数が増え、それに合わせて発着所もぐんと増えたが、設備のない路肩のバスストップというところも多い。予約をする際にバスの発着所がどんなところか必ず確認すること。そして、バスターミナルやバスディーポ以外は、夜間の利用は避けること

マイアミのバスターミナルでバスを待つ乗客

座席指定★グレイハウンドが座席指定できるようになった！　指定料はマイアミ→キーウエストの場合$2.99。さらに$13.49を追加で支払うと、隣の席を空席に確保することができる。

現在、アメリカではグレイハウンド以外にも多くのバス会社が営業している。その代表が激安価格を提供している**メガバスMega Bus**だ。ローカルバス会社と提携していることが多く、車体はメガバスとはかぎらない。乗車の際は、必ずバスストップの位置を確認しておくこと。もちろん、夜間の乗車は避けるようにしたい。

フロリダ州内を走るバス会社でおすすめなのが下記。グレイハウンドに比べると路線はかぎられるが、バスストップが乗客の利用しやすい場所にあり、地元での評判もいい。マイアミ〜オーランド間といった州内の黄金ルートは、地元の人だけでなく、旅行者も使いやすいルートだ。

●レッドコーチ Red Coach

地元ビジネスマンに人気のバス会社で、ファーストクラス、ビジネスクラス、エコノミークラスと旅客機並みにクラスがあり、ゆったりとした革張りの座席が快適。無料のWi-Fiも開通しているので、ネットを楽しみながら目的地に行ける。州都のタラハシーからマイアミ、タンパ、フォートマイヤーズまで路線網を広げている。チケットの購入はウェブサイトから。

日本で予約を入れる際に決めなくてはならない項目は、借り出しと返却の日時、場所と車種など。借り出しと返却の日時は"7月23日の午前10時頃"、場所については「マイアミ国際空港の営業所」など、営業所を特定する。到着便のフライトナンバーを記入することも多い。車種はおもに大きさを基準にして、いくつかのクラスに分類されている。クラスの名称は各社によって異なるが、一般的には小型車、中型車、大型車があり、それに4WD、コンバーチブル、バンなどの車が加わる。

給油について

セルフサービスのガスステーションが主流。代金の支払い方法は店舗によって異なり、"Please Pay First"とポンプに記してある場合は先払い、ない場合はあと払いだ。先払いは、給油ポンプに付属の端末機でクレジットカード払い、または売店で現金ないしはクレジットカードで支払いを済ませてから給油する。日本で発行されたクレジットカードが使えない場合もあるが、店内のレジへ行ってポンプ番号を言えばカードで支払うことができる。

JAFとAAA

JAFの会員であれば、アメリカ入国後90日間はAAA（アメリカ自動車協会）の会員サービスが受けられる。路上で故障したときなど心強い（詳細は→左記脚注）。

メガバスの時刻表は？
グレイハウンド同様、ウェブサイトから検索できる。また、ウェブサイトから予約＆チケットの購入もできる。クレジットカードが必要

● **Red Coach**
Free 1877-733-0724
URL www.redcoachusa.com
料 オーランド〜マイアミ片道$25 〜 78、往復$48 〜 134
オーランドのバスストップ
住 1777 McCoy Rd., Orlando
空港の近くのきれいなバス乗り場。
マイアミのバスストップ
住 マイアミ国際空港コンコースH出発階5番バスストップ

グレイハウンドに対抗するバス会社のメガバス。バスストップが辺鄙な場所であったりするので、よく確認すること

国外（国際）運転免許証の取得 → P.288 左記脚注

JAF総合案内サービスセンター
日本 0570-00-2811
URL jaf.or.jp
アメリカでのロードサービス
Free 1800-222-4357

マイアミ空港のレンタカー会社は、空港の3階から無料トラム（MIA Mover）で3分のレンタカーセンター（セントラル駅隣）に集まっている

レンタカーを借りる手続きと返却手続き

●車をピックアップ（チェックアウト）

　レンタカーを借りることをピックアップ、返却することをリターンという。空港内のカウンターまたは営業所で、予約してあることを告げて、予約確認証、国外（国際）運転免許証、日本の運転免許証、クレジットカード、クーポンで支払う場合はクーポンを提出する。クーポンで支払う場合でも、任意保険や保証金のためにクレジットカードの提示が必要になる。任意で加入する保険は、必要なものだけ、よく確認してから加入する。最後に契約内容を十分に理解したうえで契約書にサインをしたら手続きは終了。キーと一緒に、車の停めてあるスペースの番号が告げられる。

●保険について

　レンタカーの基本料金には、自動車損害賠償保険（強制保険のこと。最低限の対人・対物補償）が含まれている。ただし補償上限額は低いので、任意保険（ピックアップのときに聞かれる）に加入しておいたほうが安心。なお、州によっては強制保険の適用がない場合があるので、借りる際、基本料金に保険が含まれているかよく確認すること。含まない場合は、追加自動車損害賠償保険に加入することを強くすすめる。

●車をリターン（チェックイン）

　各レンタカー会社の営業所では、返却場所を示す"Car Return"のサインを出しているので、これに従って進めばよい。車を停めたら、カウンターに向かうか、チェックイン専門の係員が近くにいるので、契約書の控えと記入済みの契約書ホルダーを出し、契約に従って精算する。支払いが終わったら、契約書の控えと領収書を受け取って手続き終了。

日本に支社、代理店のあるレンタカー会社

●エイビス Avis
エイビスレンタカー日本総代理店
（株）ジェイバ
無料 0120-31-1911
URL www.avis-japan.com
アメリカ
Free 1800-633-3469

●ハーツ Hertz
ハーツコーポレーション
無料 0800-999-1406
URL hertz-japan.com
アメリカ
Free 1800-654-4174

●アラモ Alamo
アラモレンタカー
無料 0120-088-980
URL www.alamo.jp
アメリカ
Free 1844-354-6962

●バジェット Budget
バジェットレンタカー日本総代理店
（株）ジェイバ
無料 0120-113-810
URL budgetjapan.jp
アメリカ
Free 1800-214-6094

●ダラー Dollar Rent A Car
ダラーレンタカー予約センター
無料 0800-999-2008
URL www.dollar.co.jp
アメリカ
Free 1800-800-4000

レンタカーを借りたらぜひ走ってみたいセブンマイル・ブリッジ

坂のない州

　フロリダには山というものがない。州の最高地点は標高105mだが、これは州北西端のアラバマ州境。フロリダ半島は中央にあるオーランドでさえ標高34mだから、フロリダには坂道というものがほとんどないのだ。もちろんカーブも少ない。唯一の急坂急カーブは立体駐車場だと思っていい。広くて平らでだーっと一直線。しかもアメリカ西部と違って、ガスステーション探しに困ることもないのがフロリダだ。

気をつけたいこと

＊マイアミ、オーランド、タンパなど大都市エリアでは渋滞を覚悟しよう。テーマパーク周辺やビーチ沿いの道路は休日に、ダウンタウンと郊外をつなぐハイウエイでは通勤＆帰宅時に大渋滞になる

＊マイアミやキーウエストでは駐車場は有料。ホテルで1日＄20〜45、ダウンタウンやビーチは1時間＄3〜8程度

＊マイアミの道路名には数字のほかに別称がつけられていることがある。例えばSW 40 St.という通りは別称Bird Rd.で、さらに州道976号線でもあるのでややこしい。標識にそれらの呼称や番号が併記されるとはかぎらないので気をつけよう

＊アメリカ人の運転マナーは概して日本人に比べてよいが、残念ながらフロリダ（特にマイアミ）ではあまり期待しないほうがよさそうだ。無理な割り込み、あおり、追い越しは日常茶飯事。腹を立てず、慌てず、マイペースで走ろう

＊フロリダは世界から観光客が集まる土地。余生を送っている高齢者も多い。道を探してうろうろしていたり、急に右左折したりということもある

＊アメリカでは踏切を渡る際、警報機が鳴っていないかぎり、バスなどを除いて一時停止はしない。下手に減速すると追突されかねないので注意。ただし、郊外では警報機も遮断機もない踏切がけっこうあり、死亡事故も起きている。こうした踏切にはストップサインがあるので、必ず停止して安全確認を

＊いうまでもなく、身の安全には十分に留意してほしい。停車中も常に施錠し、治安の悪い地域を走らないのはもちろん、ひと気のない駐車場や夜間のガスステーションなども避けよう

＊フロリダのガスステーションは、日本で作ったクレジットカードではマシンをとおせないことが多い。その場合、レジへ行ってカードで前払いすればいい。満タンではなく、金額を決めて払うシステムが多い。目安としては、1ガロン＄3.60の場合、ほとんど空の状態から満タンにすると＄40〜70といったところ。チャージした金額以下で満タンになった場合は精算してくれる

有料道路について

　アメリカでは珍しく、フロリダ州には**有料道路Toll Road**や**橋Toll Bridge**がとても多い。ダウンタウン方向のみ有料で、郊外へ向かう場合は無料ということもある。料金所を通過するごとに25¢〜＄3が必要になる（カード不可）。料金は、オーランドからマイアミまでFlorida Turnpikeを4時間近く走って約＄25と安い。マイアミなどの有料道路では料金所の廃止（ORT）を進めている（→P.59）が、そのほかの料金所は以下の3レーンに分かれていることが多い。

＊白い標識のレーンは**SunPass**というETC専用のレーン（ステッカー型SunPass登録済みのレンタカーが多いので、フロントガラスを確認しよう）。右端にある場合と左端にある場合がある

＊青い標識のレーンはおつりが不要な車専用。**Exact Coin**という表示があったら、ぴったりの金額のコイン（紙幣は不可）をバスケットに投げ入れる。料金が＄1.25の場合はExact Changeとなっており、この場合は係員に1ドル札とクオーター1枚を渡せばよい

＊おつりが必要な場合は緑色の標識のレーンへ。**Change Provided**などと表記されている

標識をよく見て走ろう

チップとマナー | Travel Tips

🛄 チップについて

アメリカではサービスを受けたらチップを渡す習慣がある。一般的に、どのレストランでも請求書の合計金額の18〜20%をチップとしてテーブルに残しておく。グループだと合計金額も高くなるが、人数や時間に関係なく、合計額の18〜20%が基本だ。なお、小額の消費をしたときでも$1以上のチップを手渡したい。

チップ換算早見表

料金 ($)	18%		20%	
	チップ	合計額	チップ	合計額
5	0.90	5.90	1.00	6.00
10	1.80	11.80	2.00	12.00
15	2.70	17.70	3.00	18.00
20	3.60	23.60	4.00	24.00
25	4.50	29.50	5.00	30.00
30	5.40	35.40	6.00	36.00
35	6.30	41.30	7.00	42.00
40	7.20	47.20	8.00	48.00
45	8.10	53.10	9.00	54.00
50	9.00	59.00	10.00	60.00

簡単なチップの計算法（料金が$35.21の場合）
①料金の端数を切り下げる（または切り上げ）
例）$35.21 → $35.00
②チップが15%なら
$35.00 → $5.25
③ 20% なら 1/10 の額の2倍だ。
$3.50 × 2 → $7
④チップの相当額は 15〜20%（$5.25〜7）の範囲。
通常チップの目安は18%なので中間の数字が相場だ。それぞれのサービスに見合った額を決めればよい。

会計伝票記入例

税金（8.75%の場合）
売り上げ料金（飲食代）

Services
40 : 00

Taxes
3 : 50

Tip/Gratuity
8 : 00

Total
51 : 50

合計売上
チップ（売上料金に対して20%。端数は切り上げる）

🛄 マナーについて

●飲酒と喫煙

州によって異なるが、基本的にアメリカでは21歳未満の飲酒と、屋外での飲酒は法律で禁じられている。リカーストアで購入の際や、ライブハウスやクラブなどでは、入場の際ID（身分証明書）の提示を求められることもある。公園やビーチ、公道でのアルコールは厳禁。野外でアルコールが飲めるのは、バーのテラス席や野球場など決まった場所だけ。

たばこを取り巻く環境となると、さらに厳しい。州内のレストランはすべて禁煙（一部のバーを除く）。ホテルもほとんどが禁煙で、たばこは建物外の喫煙所に限られる。

●列の並び方

アメリカではキャッシャーやATM、トイレなどで並ぶときは、1列に並んで空いた所から入っていくという、フォーク型の並び方が定着している。

●子供連れの場合

レストランや公共の場などで子供が騒いだら、落ち着くまで外に出ていること。また、ホテルの室内や車の中に子供だけを置き去りにしたり、子供をしつけるつもりでたたいたりすると、警察に通報されるので、特に日本人は要注意だ。

チップの目安

●ポーター
荷物ひとつにつき $2 〜 5。ホテルの玄関からロビーまで荷物を運ぶドアマン、ロビーから客室まで荷物を運ぶポーターにそれぞれ渡す

●ホテルメイドへ
ベッド1台につき $2 〜 5。ベッドのサイドテーブルの上などにはっきりわかるように置く。滞在中の客の部屋に入るメイドは、客の持ち物がなくなることに対して極めて神経質なので、紛らわしい置き方だと持っていかないことが多い

●タクシーや空港シャトルで
チップは単体で手渡すのでなく、メーターの表示額に自分でチップを加えて支払うことになる。メーター料金の 15 〜 20% 前後とされるが、気持ちよくドライブしてくれたら多めにチップをはずんであげたり、細かい端数は切り上げて支払うのが一般的だ

●ルームサービスで
ルームサービスを頼んだ場合、まず伝票を見る。サービス料金が記入されていればチップは不要。サービス料金が加算されていなければ伝票にチップの金額を書き、さらに合計金額を書く。現金でもOK。メッセージや届け物などは $1 〜 2

●ツアーで
ガイドへのチップは、ツアー代金の15 〜 20%が目安だが、長さやツアー参加人数によって変わる。ツアーの最後に渡そう

 帽子には気をつけて★日本人によく見られるのが、室内に入っても帽子を取らないこと。アメリカは室内では帽子を取るのが常識なので、取らないと白い目で見られる。

Travel Tips | # 電話

トールフリーとは

トールフリーはアメリカ国内通話料無料の電話番号。1800、1888、1877、1866、1855、1844、1833で始まる。なお、日本からかける場合は有料となるので要注意。アメリカ国内で携帯電話から利用する場合も、通話料がかかる

アルファベットの電話番号

アメリカの電話機には、数字とともにアルファベットが書き込まれている。これによって数字の代わりに単語で電話番号を記憶できる

ABC → 2　　DEF → 3
GHI → 4　　JKL → 5
MNO → 6　　PQRS → 7
TUV → 8　　WXYZ → 9

🧳 アメリカの電話事情と日本から携帯を持っていく場合

日本の携帯やスマートフォンもそのままアメリカでも使えるが、音声通話は日本の回線経由となるので高額だ。しかし、「LINE」「FaceTime」「Messenger」といったアプリを通せば無料で会話をすることもできる。その際データ通信の環境（インターネット接続）が必要となる。空港やホテルのようにWi-Fiが開通している所なら不便はない。日本の携帯電話会社のなかには海外でのデータ通信が可能としている会社もあるので、検討してみるのもいい。アプリなしで音声通話をする予定があるのなら、**現地のSIMカード**という選択肢もあるが、うまく接続できない、日本の電話はNGという会社もあるので、慎重に。

📞 公衆電話と一般電話のかけ方

アメリカでも公衆電話が激減し、あるのは空港やバスディーポなど限られたところになっている。

公衆電話で、エリアコードが同じ市内にかけるときは最低通話料金50¢が一般的。受話器を取り発信音を確認したら、50¢を入れてダイヤル。マイアミ、ニューヨーク、シカゴなど大都市以外の市内通話をかけるときはエリアコードが不要だ。

市外通話は、最初に「1」をダイヤルしてから市外局番、相手番号と続ける。公衆電話はコインを入れずに、まずはダイヤルするとオペレーターの声でいくら投入してくださいと指示があり、その金額を投入すると回線がつながる。市外通話は高額なので、海外からの旅行者はアメリカ版プリペイドカードをおすすめする。

現地のSIMカードで音声通話をするときも同じ手順。

●アメリカから日本へ電話をかける場合　例：☎(03)1234-5678のとき

011 国際電話識別番号※1	+	81 日本の国番号	+	3 市外局番と携帯番号の最初の0を除いた番号※2	+	1234-5678 相手の電話番号

※1　公衆電話から日本にかける場合は上記のとおり。ホテルの部屋からは、外線につながる番号を頭に付ける。
※2　携帯電話などへかける場合も、[090][080][070]などの最初の0を除く。

●日本からアメリカ・オーランドへ電話をかける場合　例：☎(407)987-6543のとき

事業者識別番号 0033(NTTコミュニケーションズ) 0061(ソフトバンク) 携帯電話の場合は不要	+	010※ 国際電話識別番号	+	1 アメリカの国番号	+	407 市外局番(エリアコード)	+	987-6543 相手の電話番号

※携帯電話の場合は010のかわりに「0」を長押しして「+」を表示させると、国番号からかけられる
※NTTドコモ(携帯電話)は事前にWORLD CALLの登録が必要

📔 **notes** アメリカで日本のスマートフォン使用時の注意★アメリカでスマートフォンを通話でなく、インターネット（海外ローミング）で利用した場合、高額となることがある。設定を必ず確認すること。

アメリカのプリペイドカード

ホテルの部屋からアメリカの知人や日本の家族に電話をするとき、料金も安くて便利なのがアメリカ版プリペイドカードだ。カードに記された各カード固有の番号をダイヤルすることによって通話ができる。利用方法は、専用のアクセス番号（トールフリー）にかけ、次にカード番号、相手先の電話番号をダイヤルする。アメリカ国内はもちろん、日本へもかけられる。カードはドラッグストアなどで販売している。

🛏 ホテルの部屋から電話をかける

まず外線発信番号（多くの場合8または9）を最初にダイヤルする。あとは一般電話のかけ方と同じだ。ただし、ホテルの部屋からの通話にはサービスチャージが加算され、これがホテルによってはかなり高い。サービスチャージは高いところで、1分間あたり$3、1時間あたり$180。これに加えて国際通話の料金がかかる。アプリでの通話を使わないのなら、前述のプリペイドカードの利用をすすめる。トールフリー（無料電話 Free ）の番号でも、チャージするところが多い。

🛏 アメリカから日本への国際電話のかけ方

ダイヤル直通

公衆電話を使い、自分で料金を払う最も基本的なもの。オペレーターをとおさずに直接、日本の相手先の電話番号とつながる。国際通話の場合は相当な数のクオーター（25¢コイン）が必要となり、あまり現実的ではない。前述のプリペイドカードを使うのが一般的。

日本語オペレーターによるサービス

日本語のオペレーターを介して通話するもので、料金は自分のクレジットカードを使って引き落とすか、あるいは相手に支払ってもらうコレクトコールのいずれかだ。料金は高いが、すべて日本語で事足りるので安心。

🛏 海外で携帯電話を利用するには

海外で携帯電話を利用するには、日本で使用している携帯電話を海外でそのまま利用する方法やレンタル携帯電話を利用する、モバイルWi-Fiルーターを日本の出発空港でレンタルする方法がある。定額料金で利用できるサービスもあるので、現地でのネット利用に便利。詳しい情報は各社に問い合わせてみよう。

●携帯電話を紛失した際の、アメリカからの連絡先
（利用停止の手続き。全社24時間対応）

au	☎ (011) +81+3+6670-6944	※1
NTTドコモ	☎ (011) +81+3+6832-6600	※2
ソフトバンク	☎ (011) +81+92-687-0025	※3

※1　auの携帯から無料、一般電話からは有料。
※2　NTTドコモの携帯から無料、一般電話からは有料。
※3　ソフトバンクの携帯から無料、一般電話からは有料。

スマートフォンでインターネットを使うには

「地球の歩き方」ホームページでは、アメリカでのスマートフォンなどの利用にあたって、各携帯電話会社の「パケット定額」や海外用モバイルWi-Fiルーターのレンタルなどの情報をまとめた特集ページを公開中 URL www.arukikata.co.jp/net/

日本語オペレーターによるサービス
（サービスアクセス番号）

●KDDI
（ジャパンダイレクト）
Free 1877-533-0051

日本での国際電話に関する問い合わせ先

NTTコミュニケーションズ
無料 0120-003300
URL www.ntt.com

ソフトバンク
無料 0088-24-0018
URL www.softbank.jp

au（携帯）
無料 0057
157（auの携帯から無料）
URL www.au.com

NTTドコモ（携帯）
無料 0120-800-000
151（NTTドコモの携帯から無料）
URL www.docomo.ne.jp

ソフトバンク（携帯）
無料 0800-919-0157
157（ソフトバンクの携帯から無料）
URL www.softbank.jp

voice 現地のSIMカードが使えなかった★到着後 T-Mobile の店でSIMカードを購入して店員に設定してもらっていたが、なぜかSIMカードが使えなかった。ルーターの必要性を痛感した。（岐阜県 N.N. '22）

305

Travel Tips # インターネット

パソコンの保管

パソコンは、客室備えつけのセーフティボックス（暗証番号式のキーロック）に必ず保管しよう。ない場合はスーツケースに入れて施錠し、さらにクローゼットに収納するなど、目立たないように工夫をすること

ホテルのロビーに自由に使えるパソコンとプリンターがあるホテルも

ホテルのインターネット環境

　アメリカはインターネットの最先進国。ホテルのロビーなどで無料のWi-Fiを提供しており、アクセス方法は日本と同じ。場所によってはパスワードが必要で、ホテルならチェックインするときに教えてくれる。

　インターネットの接続は、多くの高級ホテルが有料で、郊外のモーテルなどは無料が多い。有料の場合、1日当たり$8〜15程度かかる。が、近年はリゾート料金Resort Feeや設備料金Facility Fee、アメニティ料金Amenity Feeといった名目で宿泊料金とは別の料金を徴収するホテルが増えており、これらにはたいていインターネットの接続料金をはじめ、フィットネスセンター、プールの使用料、駐車場代などが含まれている。また、無料Wi-Fiの場合、スピードが遅いことも多く、ビジネス向けのホテルでは追加料金を払って高速インターネットに接続することもできる。なお接続料金はチェックアウト時に精算されるので、明細の確認を怠らないように。ホテルによってはロビーに宿泊者専用のパソコンを設置しているところも多い。

INFORMATION
アメリカでスマホ、ネットを使うには

　スマホ利用やインターネットアクセスをするための方法はいろいろあるが、一番手軽なのはホテルなどのネットサービス（有料または無料）、Wi-Fiスポット（インターネットアクセスポイント。無料）を活用することだろう。主要ホテルや町なかにWi-Fiスポットがあるので、宿泊ホテルでの利用可否やどこにWi-Fiスポットがあるかなどの情報を事前にネットなどで調べておくとよい。ただしWi-Fiスポットでは、通信速度が不安定だったり、繋がらない場合があったり、利用できる場所が限定されたりするというデメリットもある。そのほか契約している携帯電話会社の「パケット定額」を利用したり、現地キャリアに対応したSIMカードを使用したりと選択肢は豊富だが、ストレスなく安心してスマホやネットを使うなら、以下の方法も検討したい。

☆ 海外用モバイルWi-Fiルーターをレンタル

　アメリカで利用できる「Wi-Fiルーター」をレンタルする方法がある。定額料金で利用できるもので、「グローバルWiFi（【URL】https://townwifi.com/）」など各社が提供している。Wi-Fiルーターとは、現地でもスマホやタブレット、PCなどでネットを利用するための機器のことをいい、事前に予約しておいて、空港などで受け取る。利用料金が安く、ルーター1台で複数の機器と接続できる（同行者とシェアできる）ほか、いつでもどこでも、移動しながらでも快適にネットを利用できるとして、利用者が増えている。

▼グローバルWiFi

　海外旅行先のスマホ接続、ネット利用の詳しい情報は「地球の歩き方」ホームページで確認してほしい。
【URL】http://www.arukikata.co.jp/net/

🖥 インターネットができる場所

無料のWi-Fi（ワイファイ）スポット

アメリカの町なかで、無料のWi-Fiが使える場所は以下のようなところがある。
- ●空港
- ●公共図書館
- ●テーマパーク
- ●博物館、美術館
- ●ホテルのロビー
- ●大学のキャンパス
- ●公共交通機関の駅や建物内

ホテルのロビーやレストランはほとんどWi-Fi無料

- ●カフェやレストラン、ファストフード店　**（パスワードが必要な所が多く、パスワードは店内に表示されているか、店員に聞くといい）**

なお、テーマパークなど場所によっては日本のeメールがひろえないことがあるが、テーマパークがダメでもホテルは問題なくひろえるので、それほど心配する必要はない。ホテルのロビーやレストランなど、いわゆる「Public Area」と呼ばれる所のWi-Fiは無料。

🖥 お役立ちアプリ

旅行の必需品でもあるスマートフォン。無料でダウンロードでき、便利なアプリを紹介しよう。

①**Google Map**　現在地の確認だけでなく、目的地へのルート検索にも便利。表示されたスポットの口コミも参考になる

②**Google翻訳**　メニューや解説文にカメラ機能を使ってかざせば、瞬時に日本語に翻訳してくれる。日本語で話しかけると現地語の音声で返してくれるスグレモノ

③**UberとLyftなどの配車サービス**　Wi-Fiなどの通信環境があれば、どこでも呼ぶことができ、言葉の問題もなく、料金も明確。ただし、時間帯によってはタクシーのほうが安いことも。アメリカではLyftのほうがリーズナブル

④**Uber Eats**　日本でもおなじみの料理のデリバリーサービス。ホテルから出たくないときに利用すると便利

⑤**The Weather Channel**　アメリカで最も信頼されている天気予報。今いるエリアを中心とした天気を解説

⑥**OpenTable**　レストラン検索だけでなく、予約もできる。口コミは実際に行った人が書いているので、定評がある

⑦**チップ計算機**　チップのパーセントをカスタマイズしておけば簡単。現在アメリカのレストランでは料理合計金額の18〜20%が一般的

⑧**外務省　海外安全アプリ**　GPS機能を使って、旅行先の地域の安全に関わる情報を逐次配信する

⑨**Visit Japan Web**　日本帰国時に必須のアプリ。帰国前に入力しておけば、QRコードを提示か読み込ませるだけで、入国審査、税関申告がとてもスムーズに行える。

無料Wi-Fiスポット
🔗www.wifimap.io/234-united-states で検索できる

スポーツ観戦時のチケットについて
アメリカで大リーグやNBAなどプロスポーツの観戦を予定している人も多いだろう。現在、多くの組織が「動くバーコードタイプのチケット」を導入している。購入時に日本でもバーコードが表示されるから、スクリーンショットを撮ればいいと思うかもしれないが、これはNG。そのチケットは通用しない。現地の入口ではチケット画面を表示したスマートフォン自体をかざして入場する。このときWi-Fi環境があるかどうかが重要。場所によってはWi-Fiが通じないところもある

フロリダで便利なアプリ
スコールの多いフロリダでぜひダウンロードしたいのが「MyRadar」。近づいている雨雲が一目瞭然だ。
　ほかにもテーマパークへ行く人は、各テーマパークのアプリは必須。現地の公共交通機関のアプリも便利

🧳 旅の便り、重い荷物は郵便を活用

アメリカから日本への所要日数は、エアメールでだいたい1週間前後。料金は普通サイズのはがき、封書とも$1.45が基本となっている。

かさばる書籍類やおみやげなどの荷物は、郵便で日本に送ってしまえばあとがラク。大きな郵便局ならクッション入りの大型封筒、郵送用の箱なども売っている。

送る方法は航空便Air Mailのみ。約1週間で届く。宛先住所は日本語で書いてかまわない（国名"JAPAN"は英語）が、差出人住所氏名としては自分のものを英語で書く。印刷物を送る場合はそれを示すPrinted Matters、書籍の場合はBookの表示も書き加える（この場合、中に手紙は入れないこと）。

🧳 国際小包の税関申告書の記入例

まず、"From"の欄。"差出人"だから自分の名前を記入する。住所は、アメリカ在住者ならばアメリカの住所を、日本から旅行中であれば日本の住所を英語で記入すればいい。"To"は受取人を記入。自分宛なら上の"From"欄と同じことを書けばいい。

右側の欄は、記載の宛先へ配達できない場合、荷物をどうするかを記入する欄。差出人に送り返すなら"Return to sender"、別の宛先に送るなら"Forward to"にチェックし、宛先を記入。廃棄は"Abandon"にチェックする。

下段は内容物について記入。"QTY"は数量、"VALUE"はその価値（おおよそでよい）をアメリカドルで記入。厳密に書く必要はない。

切手の購入

切手は郵便局の窓口かUS Mailのマークのある販売機であれば、額面どおりの額で買えるが、みやげ物店やホテルなどにある小さな販売機は割高だ。もし、どうしても見当たらなかったらホテルで尋ねてみるのもいい

別送品の配送サービスを行っている宅配業者

●ヤマト運輸（国際宅急便）
YAMATO TRANSPORT USA INC.
URL www.yamatoamerica.com/cs/

●日本通運（SKY-EX、ジェットパックなど）
URL www.nittsu.co.jp/sky/express/

日本への郵便料金

(2023年6月現在)

Air Mail（First Class International Mail）航空便	
封書 Letters	1オンス（28g）まで$1.45、1オンスごとに1.25～1.26¢を加算。 最大重量3.5オンス（約99g）
はがき Post Card	$1.45
書籍・印刷物 （Printed Matter） エム・バッグ M-bags	11ポンド（5kg弱）まで$87.89、1ポンドごとに$7.99加算。 最大重量66ポンド（約30kg）
定額封書 Flat-Rate Envelope	24×31.75cmの封筒に入るだけ$44.80。 最大重量4ポンド（約1.8kg）
定額小包 Flat-Rate Box：Large	30.5×30.5×14cmの箱に入るだけ$121.30。 最大重量20ポンド（約9kg）
小包 Parcel	1ポンドまで$61.25、2～66ポンドまで1ポンドごとに$4.25～4.30加算。 最大重量66ポンド（約30kg）

M-bagsという郵送方法は、大きな袋に無造作に荷物を入れられ、紛失や破損に対して何の補償もされない方法。
※小包、定額封書、定額小包はPriority Mail（配達に6～10日要する）を利用した場合。

旅の英会話 | Travel Tips

ホテル編

チェックインをお願いします。3泊の予定です。
I'd like to check in. I'll be staying for three nights.

荷物を預かってもらえますか？
Could you keep my luggage?

部屋の鍵が開きません。
The room key doesn't work.

レストラン編

もしもし、今晩7:30、2名で夕食を予約したいのですが。私の名前は田中です。
Hello. I'd like to make a reservation this evening. Two people at seven thirty p.m. My name is Tanaka.

おすすめのメニューを教えてください。
What do you recommend?

持ち帰り用の容器をください。
May I have a to-go box?

町歩き編

マイアミビーチへ行くには？
How can I get to Miami Beach?

デザイン地区に着いたら教えてください。
Please let me know when I get to Design District.

これはシーワールドへ行きますか？
Does this go to SeaWorld?

駅で降ろしてもらえますか？
Would you drop me off at the station?

病院で見せるチェックシート

※該当する症状があれば、チェックをしてお医者さんに見せよう

吐き気 nausea	悪寒 chill	食欲不振 poor appetite
めまい dizziness	動悸 palpitation	
熱 fever	脇の下で測った armpit	＿＿＿ ℃／°F
	口中で測った oral	＿＿＿ ℃／°F
下痢 diarrhea	便秘 constipation	
水様便 watery stool	軟便 loose stool	1日に（ ）回（ ）times a day
ときどき sometimes	頻繁に frequently	絶え間なく continually
風邪 common cold	花粉症 pollinosis (allergy to pollen)	
鼻詰まり stuffy nose	鼻水 running nose	くしゃみ sneeze
咳 cough	痰 sputum	血痰 bloody phlegm
耳鳴り tinnitus	難聴 loss of hearing	耳だれ ear discharge
目やに eye discharge	目の充血 red eye	見えにくい visual disturbance

※下記の単語を指さしてお医者さんに必要なことを伝えよう

●どんな状態のものを
生の raw
野生の wild
油っこい greasy
よく火が通っていない uncooked
調理後時間がたった a long time after it was cooked
●けがをした
刺された・噛まれた bitten
切った cut
転んだ fell down
打った hit
ひねった twisted

落ちた fell
やけどした burnt
●痛み
ヒリヒリする tingling
刺すように sharp
鋭い keenly
ひどい severely
●原因
蚊 mosquito
ハチ wasp
アブ gadfly
毒虫 poisonous insect
サソリ scorpion
クラゲ jellyfish

毒蛇 viper
リス squirrel
（野）犬 (stray) dog
●何をしているときに
ビーチに行った went to the beach
ダイビングをした went diving
キャンプをした went camping
川で水浴びをした went swimming in the river

アメリカの治安

　フロリダ州の犯罪発生率は2022年、過去50年間で最低を記録した。おもな観光エリアは昼間なら特に問題なく歩けるが、どの町にも近寄らないほうがいいエリアがあるので気をつけよう。

　フロリダ州内では、オーランド、ジャクソンビル、タラハシー、パナマシティ・ビーチ、マイアミ、デイトナビーチ、ココビーチ、パームビーチ郊外などで犯罪発生率が高い。マイアミで特に注意したいのがターンパイクの南の終点付近。フロリダキーズへの途中にあるが、やたらと立ち入らないほうが無難だ。

　空港、ショッピングモール、テーマパークなど不特定多数の人が集まる場所では置き引きやスリに注意を。車の運転では、目的地までのルートをあらかじめ把握し、できるだけ道に迷わないようにしたい。夜間の駐車場、ガスステーションの利用にも細心の注意を払おう。

トラブルに遭ってしまったら

安全な旅を目指して（事後対応編）

●盗難に遭ったら

　すぐ警察に届ける。所定の事故報告書があるので記入しサインする。報告書は、自分がかけている保険の請求に必要な手続きと考えたほうがよい。

●パスポート（旅券）をなくしたら

　万一パスポート（以下旅券）をなくしたら、まず現地の警察署へ行き、紛失・盗難届出証明書を発行してもらう。次に日本領事館で旅券の失効手続きをし、新規旅券の発給または、帰国のための渡航書の発給を申請する。旅券の顔写真があるページと、航空券や日程表のコピーがあると手続きが早い。コピーは原本とは別の場所に保管しておこう。

必要書類および費用

・紛失一般旅券等届出書
・一般旅券発給申請書
・帰国のための渡航書の場合は渡航書発給申請書
・6ヵ月以内に撮影した写真（縦45mm×横35mm）2枚
・現地警察署の発行した紛失・盗難届出証明書
・発行から6ヵ月以内の戸籍謄本　1通
・旅行日程が確認できる書類（帰りの航空券など）
・手数料。10年用旅券1万6000円、5年用旅券1万1000円。帰国のための渡航書は2500円。支払いは米ドルで
「旅券申請手続きに必要な書類」の詳細や「IC旅券作成機が設置されていない在外公館」は外務省のウェブサイトで確認を。
URL www.mofa.go.jp/mofaj/toko/passport/pass_5.html

もしも強盗に遭ってしまったら
抵抗せずに要求されたものを渡すこと。相手が武器を持っている可能性もあり、抵抗すれば命の危険もある

携帯電話をなくしたら
→ P.305

在マイアミ日本国総領事館
Consulate General of Japan in Miami
MAP P.54-A3
住 80 SW 8 St., Suite 3200, Miami, FL 33130
☎ (305)530-9090
URL www.miami.us.emb-japan.go.jp
開 9:00〜12:30、13:30〜17:00（基本的に要予約）
休 土・日・祝ほか
※日本領事館への入館には、写真付き身分証明書の提示が求められる。なお、パスポートをなくしたなど、写真付きIDなどがない場合は、その旨を伝えて入館の許可をもらおう（→ P.60）

お金をなくして、なすすべのない人は
どうにもならない場合、日本総領事館に飛び込んで相談に乗ってもらう

渡航先で最新の安全情報を確認できる「たびレジ」に登録しよう
外務省の提供する「たびレジ」に登録すれば、渡航先の安全情報メールや緊急連絡を無料で受け取ることができる。出発前にぜひ登録しよう。
URL www.ezairyu.mofa.go.jp/index.html

---

notes レンタカーでの事故や故障の場合は★まずはお互いのケガの有無を確認しよう。場合によっては救急車を呼び、次に警察とレンタカー会社への連絡。また、相手の免許証番号、車のナンバー、⬎

●クレジットカードをなくしたら

大至急クレジットカード会社の緊急連絡センター（→P.313）に電話し、カードを無効にしてもらう。警察に届けるより前に、この連絡をすること。

●お金をすべてなくしたら

盗難、紛失、使い切りなど、万一に備えて、クレジットカードのキャッシングサービスや、海外専用プリペイドカードも出回っているので、これらのサービスを利用するのもいい（→P.286～287）。

●感染症について

2023年6月現在、アメリカに感染症危険情報は出されていないが、アメリカには日本ではめったに見られない感染症があるので、知識として頭の隅に入れておこう。特に高温多湿のフロリダでは蚊が媒介する**デング熱Dengue Fever**や**ウエストナイルウイルスWest Nile Virus**が流行することがある。蚊に刺されない工夫をしよう。また、シガテラ毒による食中毒やビブリオ・バルニフィカス菌感染症の予防のため、よく火の通っていない魚介類を口にしない、傷口を海水にさらさない、岩場を素足で歩かないなどに注意したい。

またアメリカには**狂犬病ウイルスRabies**をもっているアライグマやコウモリ、ネコなどがいる。動物にかまれたら、すぐに石鹸と水で傷口を15分以上かけてていねいに洗い、一刻も早く（必ず数時間以内に）病院で狂犬病ワクチンを接種してもらおう。さらに追加接種も5回必要（2回目以後は帰国後でも可）。発症したら最後、致死率はほぼ100%だ。

●空港で荷物が出てこないとき

荷物が出尽くしても自分の荷物が出てこない場合、バゲージクレーム内の航空会社のカウンターで、諸手続きを行うことになる。手荷物引換証の半券を示しながら、事情説明と書類記入をする。聞かれることは、右記脚注のとおり。

●ドライブ中のトラブル

旅行者の犯しやすい違反が、駐車違反とスピード違反。スピード違反のとき、パトカーは違反車の後ろにつけると、赤と青のフラッシャーの点滅で停止を指示する。車は右に寄せて停車。警官が降りて近づいてくる間、ハンドルに手を置いて、同乗者とともにじっと待つ。警官が声をかけたら、日本の運転免許証、国際（国外）運転免許証とレンタル契約書を見せ、聞かれた質問に答えればいい。

●コピー商品の購入は厳禁！

旅行先では、有名ブランドのロゴやデザイン、キャラクターなどを模倣した偽ブランド品や、ゲーム、音楽ソフトを違法に複製した「コピー商品」を、絶対に購入しないように。これらの品物を持って帰国すると、空港の税関で没収されるだけでなく、場合によっては損害賠償請求を受けることも。「知らなかった」では済まされないのだ。

海外旅行保険のサービスを利用する
日本語を話せる医師を紹介し、病院の予約を取ってくれる

航空会社の係員に聞かれるおもな事柄
●便名と預けた空港、乗り継いだ空港
●フライト何分前のチェックインか
●かばんの形と色
●外ポケットや一番上の内容物
●発見されたときの配送先

ドライブ時の罰金支払い
罰金の支払い方法は、電話またはウェブでも可能。クレジットカードの口座からの引き落としとなる。

なお、罰金の支払いを怠ると、帰国後でもレンタカー会社を通じて追跡調査が行われる

保険の契約番号、連絡先を控えておく。あとは警察やレンタカー会社の指示に従う。決してその場で示談にしたり、金銭のやりとりをしないこと。

サイズ比較表と度量衡

日本とアメリカのサイズ比較表

●身長

フィート／インチ(ft)	4'8"	4'10"	5'0"	5'2"	5'4"	5'6"	5'8"	5'10"	6'0"	6'2"	6'4"	6'6"
センチメートル(cm)	142.2	147.3	152.4	157.5	162.6	167.6	172.7	177.8	182.9	188.0	193.0	198.1

●体重

ポンド(lbs)	80	90	100	110	120	130	140	150	160	170	180	190	200
キログラム(kg)	36.3	40.9	45.4	50.0	54.5	59.0	63.6	68.1	72.6	77.2	81.7	86.3	90.8

●メンズサイズ

サイズ	Small		Medium		Large		X-Large	
首回り(inches)	14	14½	15	15½	16	16½	17	17½
首回り(cm)	35.5	37	38	39	40.5	42	43	44.5
胸囲(inches)	34	36	38	40	42	44	46	48
胸囲(cm)	86.5	91.5	96.5	101.5	106.5	112	117	122
胴回り(inches)	28	30	32	34	36	38	40	42
胴回り(cm)	71	76	81	86.5	91.5	96.5	101.5	106.5
袖丈(inches)	31½	33	33½	34	34½	35	35½	36
袖丈(cm)	82.5	84	85	86.5	87.5	89	90	91.5

●レディスサイズ

	X-Small	Small		Medium		Large		X-Large	
アメリカサイズ	0~2	4	6	8	10	12	14	16	18
日本サイズ	5.7	7	9	11	13	15	17	19	–

●靴サイズ

婦人用	アメリカサイズ	4½	5	5½	6	6½	7	7½
	日本サイズ(cm)	22	22.5	23	23.5	24	24.5	25
紳士用	アメリカサイズ	6½	7	7½	8	9	10	10½
	日本サイズ(cm)	24.5	25	25.5	26	27	28	28.5
子供用	アメリカサイズ	1	4½	6½	8	9	10	12
	日本サイズ(cm)	9	10	12	14	16	18	

※靴の幅

AAA	AA	A	B	C	D	E	EE	EEE
狭い			標準			広い		

●ジーンズなどのサイズ

婦人用	ウエストサイズ(inches)	26	27	28	29	30	31	32
	ウエストサイズ(cm)	56	58	61	63	66	68	71
紳士用	ウエストサイズ(inches)	29	30	31	32	33	34	36
	ウエストサイズ(cm)	73.5	76	78.5	81	84	86	91.5

●ガールズサイズ

アメリカサイズ	X-Small	Small	Medium	Large	X-Large	XX-Large
	5	6~7	8	10~12	14	16
日本サイズ身長(cm)	110	120	130	140	150	160

●ボーイズサイズ

アメリカサイズ	X-Small	Small	Medium	Large	X-Large	XX-Large
	5	6~7	8	10~12	14~16	18
日本サイズ身長(cm)	110	120	130	140	150~160	160~170

●ベイビーサイズ

アメリカサイズ	2歳	3歳	4歳	5歳	6歳	7歳
	2T	3T	4T、4	5T、5	6	7
日本サイズ身長(cm)	90	100	110	110	120	120

●度量衡

●長さ
- 1インチ(inch)≒2.54cm
- 1フット(foot)=12インチ≒30.47cm
  （複数形はフィートfeet）
- 1ヤード(yard)=3フィート≒91.44cm
- 1マイル(mile)≒1.6km

●重さ
- 1オンス(ounce)≒28.35g
- 1ポンド(pound)=16オンス≒453.6g

●体積
- 1パイント(pint)≒0.473ℓ
- 1クォート(quart)=2パイント≒0.95ℓ
- 1ガロン(gallon)=4クォート≒3.785ℓ

おみやげは大きさを
考慮して買いたい

●温度については
→P.285

緊急時
- ●警察・消防署・救急車 全米共通　911
- ●在マイアミ日本総領事館
- ☎(305) 530-9090 (→P.60、310)

航空会社 (アメリカ国内／日本語)
- ●アメリカン航空　Free 1800-237-0027
- ●デルタ航空　Free 1800-327-2850
- ●ユナイテッド航空　Free 1800-537-3366
- ●全日空　Free 1800-235-9262
- ●日本航空　Free 1800-525-3663

空港・交通
- ●マイアミ国際空港　☎(305) 876-7000
- ●フォートローダーデール／ハリウッド国際空港　Free 1866-435-9355
- ●ジャクソンビル国際空港
- ☎(904) 741-4902
- ●オーランド国際空港　☎(407) 825-2001
- ●タンパ国際空港　☎(813) 870-8700
- ●セントピータスバーグ／クリアウオーター国際空港　☎(727) 453-7800
- ●サウスウエスト・フロリダ国際空港 (フォートマイヤース)
- ☎(239) 590-4800
- ●ネイプルス空港　☎(239) 643-0733
- ●タラハシー空港　☎(850) 891-7800
- ●ペンサコーラ空港　☎(850) 436-5000
- ●グレイハウンドバス　Free 1800-231-2222
- ●アムトラック　Free 1800-872-7245

レンタカー
- ●エイビス　Free 1800-352-7900
- ●ハーツ　Free 1800-654-4174
- ●アラモ　Free 1844-357-5138
- ●ダラー　Free 1800-800-4000
- ●バジェット　Free 1800-214-6094

クレジットカード会社 (カード紛失・盗難時)
- ●アメリカン・エキスプレス
- Free 1800-766-0106
- ●ダイナースクラブ
- ☎81-3-6770-2796 (日本、コレクトコールを利用)
- ●JCB　Free 1800-606-8871
- ●マスターカード　Free 1800-627-8372
- ●ビザカード　Free 1800-635-0108

旅行保険会社 (アメリカ国内)
- ●損保ジャパン日本興亜
- Free 1800-233-2203 (けが・病気の場合)
- Free 1877-826-6108 (けが・病気以外のトラブル)
- ●東京海上日動　Free 1800-446-5571
- ●AIG損保　Free 1800-788-8304

総合病院
- ●Jackson Memorial Hospital (マイアミ)
- ☎(305) 585-1111
- 住1611 NW 12 Ave., Miami, FL 33136
- ※緊急時は24時間対応
- ●Dr. P. Phillips Hospital (オーランド)
- ☎(407) 351-8587
- 住 9400 Turkey Lake Rd., Orlando, FL 32819　※緊急時は24時間対応

日本語での医療相談
- ●川上文和M.D. (かわかみふみかず)
- ☎(202) 664-3988 (つながらないときは留守電を)
- E-mail fkawakami@aol.com

　日本語で医療アドバイス、市販薬など相談に乗ってもらえる

帰国後の旅行相談窓口
- ●日本旅行業協会　JATA

　旅行会社で購入した旅行サービスについての相談は「消費者相談室」まで。
- ☎(03) 3592-1266
- URL www.jata-net.or.jp

 notes 「地球の歩き方」公式 LINE スタンプが登場!★旅先で出合うあれこれがスタンプに。旅好き同士のコミュニケーションにおすすめ。LINE STORE で「地球の歩き方」と検索!

313

ヨーロッパ人の到来

1492年、コロンブスがバハマのサルバドル島に到着。このときからアメリカ先住民の悲劇が始まった。特にコロンブスが2度目の航海で金を発見して以後、欲に目がくらんだスペイン人は中央アメリカの征服に乗り出し、やがて彼らは北アメリカにもやってきた。

1513年、ポンセ・デ・レオンPonce de Leonが不老長寿の泉を求めてセントオーガスティンに到着。さらにフロリダキーズを回ってフォートマイヤーズにまで達した。金も泉も発見することができずにいったんは引き上げたが、2度目の航海で先住民の抵抗に遭い、結局彼はその戦いで命を落とすことになる。

フロリダへの足がかり

1565年、スペイン人ペドロ・メネンデス・デ・アビレスPedro Menendez de Avilesがセントオーガスティン入植に成功したのをきっかけに、少しずつスペインによるフロリダの入植は進んでいく。一方、先住民たちは壊滅的な打撃を受けていた。大量虐殺や、はしか、水痘などの新しい病気のまん延、奴隷商人たちによる誘拐といった悲劇が続き、先住民の数は激減した。この地方に早くから住み着いていた諸部族は18世紀半ばまでにほぼ全滅し、それに代わって南下してきた別の先住民が各地に村落を形成。やがて彼らはセミノール族と呼ばれるようになった。

イギリスの台頭と独立戦争

17世紀に入るとフランス、イギリス、オランダが北米の本格的な植民地事業に乗り出し、18世紀の半ばにはフランスとイギリスの対立が始まる。そして1763年に結ばれたパリ条約によってイギリスの優位は決定的なものとなり、フロリダはイギリスの手に渡った。

その頃、東部の13の植民地からはイギリス本国に対する不満の声が上がっており、やがて独立戦争への大きなうねりとなる。そして1776年にアメリカ独立宣言が発表され、独立戦争は本格化する。この隙に乗じて、スペインは再び西フロリダの主権を握り、1783年、アメリカの独立が完全に承認されたパリ講和条約で、再びフロリダはスペインの領土に戻った。

合衆国への併合

スペインによる2度目のフロリダ統治は、最初のときのようにはうまくいかなかった。新しく誕生した合衆国から英国人や黒人、先住民のフロリダへの逃亡が続き、合衆国も無法地帯ともいえるフロリダを併合しようと、ひそかに機会をうかがっていた。

1817年、テネシーのアンドリュー・ジャクソン将軍がフロリダに兵を進め、先住民と激しく対立する。第1次セミノール戦争だ。激しい戦いの末、1819年、フロリダはついにアメリカ合衆国に併合された。

しかしその後、白人たちの先住民に対する迫害は目に余るものとなっていく。1830年の強制移住法にセミノール族の怒りがついに爆発し、第2次セミノール戦争に突入することになる。

南北戦争の勃発

終戦後、フロリダはめざましい発展を遂げ、1845年には正式に合衆国の一員となった。

しかし、奴隷制を軸にしたフロリダの繁栄は長くは続かない。1861年、リンカーンが大統領選挙に圧勝すると、奴隷制廃止に反対する州は合衆国から分離し、フロリダもその例にもれなかった。南北戦争の始まりである。フロリダの参戦は短期間で、限られたものであったが、それでも約5000人が命を落としたといわれている。

1865年、北部の勝利で戦争は終結。奴隷たちは表面上、自由の身となったが、その後も黒人に対する理不尽な差別は近年になるまで公然と行われていた。

観光地化、リゾート化の波

キューバ独立にアメリカが干渉した1898年のアメリカ・スペイン戦争のあと、個人によるフロリダの土地の争奪戦が始まり、不動産は著しい値上がりを見せた（→P.122）。フロリダの人口と観光客は増加の一途をたどり、1920～40年の間に、人口は2倍となった。1920年代には高速道路が、1959年には飛行機の国内線が登場。1962年にはケネディ宇宙センターが建設された。

21世紀のフロリダ

現在のフロリダは観光業が基幹産業のひとつとなっている。その中心は、テーマパークの集中する中央フロリダと、避寒地として人々の憧れの的である南フロリダのふたつ。また、日本人大リーグプレイヤーが増えたことにより、春季キャンプでにぎわうフロリダの光景は日本のメディアでもよく取り上げられている。人口も増加の一途をたどり、2014年にはニューヨーク州を抜いて全米3位となった。アメリカでは人々は暖かさを求めて南へ転居する傾向があり、フロリダ州の人口増加の勢いも、当分は衰えそうにもない。

地球の歩き方 旅の図鑑シリーズ

見て読んで海外のことを学ぶことができ、旅気分を楽しめる新シリーズ。
1979年の創刊以来、長年蓄積してきた世界各国の情報と取材経験を生かし、
従来の「地球の歩き方」には載せきれなかった、
旅にぐっと深みが増すような雑学や豆知識が盛り込まれています。

W01
世界244の国と地域
¥1760

W07
世界のグルメ図鑑
¥1760

W02
世界の指導者図鑑
¥1650

W03
世界の魅力的な
奇岩と巨石139選
¥1760

W04
世界246の首都と
主要都市
¥1760

W05
世界のすごい島300
¥1760

W06
世界なんでも
ランキング
¥1760

W08
世界のすごい巨像
¥1760

W09
世界のすごい城と
宮殿333
¥1760

W11
世界の祝祭
¥1760

W10 世界197ヵ国のふしぎな聖地&パワースポット ¥1870	**W12** 世界のカレー図鑑 ¥1980
W13 世界遺産 絶景でめぐる自然遺産 完全版 ¥1980	**W15** 地球の果ての歩き方 ¥1980
W16 世界の中華料理図鑑 ¥1980	**W17** 世界の地元メシ図鑑 ¥1980
W18 世界遺産の歩き方 ¥1980	**W19** 世界の魅力的なビーチと湖 ¥1980
W20 世界のすごい駅 ¥1980	**W21** 世界のおみやげ図鑑 ¥1980
W22 いつか旅してみたい世界の美しい古都 ¥1980	**W23** 世界のすごいホテル ¥1980
W24 日本の凄い神木 ¥2200	**W25** 世界のお菓子図鑑 ¥1980
W26 世界の麺図鑑 ¥1980	**W27** 世界のお酒図鑑 ¥1980
W28 世界の魅力的な道 178 選 ¥1980	**W29** 世界の映画の舞台&ロケ地 ¥2090
W31 世界のすごい墓 ¥1980	**W30** すごい地球! ¥2200

※表示価格は定価（税込）です。改訂時に価格が変更になる場合があります。

地球の歩き方 シリーズ一覧

2023年8月現在

*地球の歩き方ガイドブックは、改訂時に価格が変わることがあります。 *表示価格は定価（税込）です。 *最新情報は、ホームページをご覧ください。www.arukikata.co.jp/guidebook/

地球の歩き方 ガイドブック

A ヨーロッパ

A01	ヨーロッパ	¥1870
A02	イギリス	¥1870
A03	ロンドン	¥1980
A04	湖水地方＆スコットランド	¥1870
A05	アイルランド	¥1980
A06	フランス	¥2420
A07	パリ＆近郊の町	¥1980
A08	南仏プロヴァンス コート・ダジュール＆モナコ	¥1760
A09	イタリア	¥1870
A10	ローマ	¥1760
A11	ミラノ ヴェネツィアと湖水地方	¥1870
A12	フィレンツェとトスカーナ	¥1870
A13	南イタリアとシチリア	¥1870
A14	ドイツ	¥1980
A15	南ドイツ フランクフルト ミュンヘン ロマンチック街道 古城街道	¥1760
A16	ベルリンと北ドイツ ハンブルク ドレスデン ライプツィヒ	¥1870
A17	ウィーンとオーストリア	¥2090
A18	スイス	¥2200
A19	オランダ ベルギー ルクセンブルク	¥1870
A20	スペイン	¥2420
A21	マドリードとアンダルシア	¥1760
A22	バルセロナ＆近郊の町 イビサ島／マヨルカ島	¥1760
A23	ポルトガル	¥1815
A24	ギリシアとエーゲ海の島々＆キプロス	¥1870
A25	中欧	¥1980
A26	チェコ ポーランド スロヴァキア	¥1870
A27	ハンガリー	¥1870
A28	ブルガリア ルーマニア	¥1980
A29	北欧 デンマーク ノルウェー スウェーデン フィンランド	¥1870
A30	バルトの国々 エストニア ラトヴィア リトアニア	¥1870
A31	ロシア ベラルーシ ウクライナ モルドヴァ コーカサスの国々	¥2090
A32	極東ロシア シベリア サハリン	¥1980
A34	クロアチア スロヴェニア	¥1760

B 南北アメリカ

B01	アメリカ	¥2090
B02	アメリカ西海岸	¥1870
B03	ロスアンゼルス	¥2090
B04	サンフランシスコとシリコンバレー	¥1870
B05	シアトル ポートランド	¥1870
B06	ニューヨーク マンハッタン＆ブルックリン	¥1980
B07	ボストン	¥1980
B08	ワシントンDC	¥2420
B09	ラスベガス セドナ＆グランドキャニオンと大西部	¥2090
B10	フロリダ	¥2310
B11	シカゴ	¥1870
B12	アメリカ南部	¥1980
B13	アメリカの国立公園	¥2090
B14	ダラス ヒューストン デンバー グランドサークル フェニックス サンタフェ	¥1980
B15	アラスカ	¥1980
B16	カナダ	¥1870
B17	カナダ西部 カナディアン・ロッキーとバンクーバー	¥2090
B18	カナダ東部 ナイアガラ・フォールズ メープル街道 プリンス・エドワード島 トロント オタワ モントリオール ケベック・シティ	¥2090
B19	メキシコ	¥1980
B20	中米	¥2090
B21	ブラジル ベネズエラ	¥2200
B22	アルゼンチン チリ パラグアイ ウルグアイ	¥2200
B23	ペルー ボリビア エクアドル コロンビア	¥2200
B24	キューバ バハマ ジャマイカ カリブの島々	¥2035
B25	アメリカ・ドライブ	¥1980

C 太平洋 / インド洋島々

C01	ハワイ1 オアフ島＆ホノルル	¥1980
C02	ハワイ島	¥2200
C03	サイパン ロタ＆テニアン	¥1540
C04	グアム	¥1980
C05	タヒチ イースター島	¥1870
C06	フィジー	¥1650
C07	ニューカレドニア	¥1650
C08	モルディブ	¥1870
C10	ニュージーランド	¥2200
C11	オーストラリア	¥2200
C12	ゴールドコースト＆ケアンズ	¥2420
C13	シドニー＆メルボルン	¥1760

D アジア

D01	中国	¥2090
D02	上海 杭州 蘇州	¥1870
D03	北京	¥1760
D04	大連 瀋陽 ハルビン 中国東北部の自然と文化	¥1980
D05	広州 アモイ 桂林 珠江デルタと華南地方	¥1980
D06	成都 重慶 九寨溝 麗江 四川 雲南	¥1980
D07	西安 敦煌 ウルムチ シルクロードと中国北西部	¥1980
D08	チベット	¥2090
D09	香港 マカオ 深セン	¥1870
D10	台湾	¥2090
D11	台北	¥1650
D13	台南 高雄 屏東＆南台湾の町	¥16
D14	モンゴル	¥20
D15	中央アジア サマルカンドとシルクロードの国々	¥20
D16	東南アジア	¥18
D17	タイ	¥22
D18	バンコク	¥18
D19	マレーシア ブルネイ	¥20
D20	シンガポール	¥19
D21	ベトナム	¥20
D22	アンコール・ワットとカンボジア	¥22
D23	ラオス	¥20
D24	ミャンマー（ビルマ）	¥20
D25	インドネシア	¥18
D26	バリ島	¥18
D27	フィリピン マニラ セブ ボラカイ ボホール エルニド	¥26
D28	インド	¥26
D29	ネパールとヒマラヤトレッキング	¥22
D30	スリランカ	¥18
D31	ブータン	¥19
D33	マカオ	¥17
D34	釜山 慶州	¥15
D35	バングラデシュ	¥20
D37	韓国	¥20
D38	ソウル	¥18

E 中近東 アフリカ

E01	ドバイとアラビア半島の国々	¥20
E02	エジプト	¥19
E03	イスタンブールとトルコの大地	¥20
E04	ペトラ遺跡とヨルダン レバノン	¥20
E05	イスラエル	¥20
E06	イラン ペルシアの旅	¥22
E07	モロッコ	¥19
E08	チュニジア	¥20
E09	東アフリカ ウガンダ エチオピア ケニア タンザニア ルワンダ	¥22
E10	南アフリカ	¥22
E11	リビア	¥22
E12	マダガスカル	¥19

J 国内版

J00	日本	¥33
J01	東京 23区	¥22
J02	東京 多摩地域	¥20
J03	京都	¥22
J04	沖縄	¥22
J05	北海道	¥22
J07	埼玉	¥22
J08	千葉	¥22
J09	札幌・小樽	¥22
J10	愛知	¥22

地球の歩き方 aruco

●海外

1	パリ	¥1320
2	ソウル	¥1650
3	台北	¥1650
4	トルコ	¥1430
5	インド	¥1540
6	ロンドン	¥1650
7	香港	¥1320
9	ニューヨーク	¥1320
10	ホーチミン ダナン ホイアン	¥1430
11	ホノルル	¥1320
12	バリ島	¥1320
13	上海	¥1320
14	モロッコ	¥1320
15	チェコ	¥1320
16	ベルギー	¥1430
17	ウィーン ブダペスト	¥1320
18	イタリア	¥1320
19	スリランカ	¥1540
20	クロアチア スロヴェニア	¥1430
21	スペイン	¥1320
22	シンガポール	¥1650
23	バンコク	¥1650
24	グアム	¥1320
25	オーストラリア	¥1430
26	フィンランド エストニア	¥1430
27	アンコール・ワット	¥1430
28	ドイツ	¥1430
29	ハノイ	¥1430
30	台湾	¥1320
31	カナダ	¥1320
33	サイパン テニアン ロタ	¥1320
34	セブ ボホール エルニド	¥1320
35	ロスアンゼルス	¥1320
36	フランス	¥1430
37	ポルトガル	¥1650
38	ダナン ホイアン フエ	¥1430

●国内

東京	¥1540
東京で楽しむフランス	¥1430
東京で楽しむ韓国	¥1430
東京で楽しむ台湾	¥1430
東京の手みやげ	¥1430
東京おやつさんぽ	¥1430
東京のパン屋さん	¥1430
東京で楽しむ北欧	¥1430
東京のカフェめぐり	¥1480
東京で楽しむハワイ	¥1480
nyaruco 東京ねこさんぽ	¥1480
東京で楽しむイタリア＆スペイン	¥1480
東京で楽しむアジアの国々	¥1480
東京ひとりさんぽ	¥1480
東京パワースポットさんぽ	¥1599
東京で楽しむ英国	¥1599

地球の歩き方 Plat

1	パリ	¥1320
2	ニューヨーク	¥1320
3	台北	¥1100
4	ロンドン	¥1320
6	ドイツ	¥1320
7	ホーチミン／ハノイ／ダナン／ホイアン	¥1320
8	スペイン	¥1320
11	シンガポール	¥1100
13	アイスランド	¥1540
14	マルタ	¥1540
15	フィンランド	¥1320
16	クアラルンプール／マラッカ	¥1100
17	ウラジオストク／ハバロフスク	¥1430
18	サンクトペテルブルク／モスクワ	¥1540
19	エジプト	¥1320
20	香港	¥1100
22	ブルネイ	¥1430
23	ウズベキスタン サマルカンド ブハラ ヒヴァ タシケント	¥165
24	ドバイ	¥132
25	サンフランシスコ	¥132
26	パース／西オーストラリア	¥132
27	ジョージア	¥154
28	台南	¥143

地球の歩き方 リゾートスタイル

R02	ハワイ島	¥165
R03	マウイ島	¥165
R04	カウアイ島	¥187
R05	こどもと行くハワイ	¥154
R06	ハワイ ドライブ・マップ	¥198
R07	ハワイ バスの旅	¥132
R08	グアム	¥143
R09	こどもと行くグアム	¥165
R10	パラオ	¥165
R12	プーケット サムイ島 ピピ島	¥165
R13	ペナン ランカウイ クアラルンプール	¥165
R14	バリ島	¥143
R15	セブ＆ボラカイ ボホール シキホール	¥165
R16	テーマパークinオーランド	¥187
R17	カンクン コスメル イスラ・ムヘーレス	¥165
R20	ダナン ホイアン ホーチミン ハノイ	¥165

さくいん

あとがき

　本書は「地球の歩き方」編集室が2022年11月～2023年6月にかけて行った取材と調査をもとに作られています。制作に当たって、フロリダ州政府観光局 VISIT FLORIDA とグレーターマイアミ観光局 Greater Miami CVB の皆様に多大なご協力をいただきました。また、旅の情報をお寄せいただきました読者の方々にも、心よりお礼を申し上げます。

STAFF

制　作：梅崎愛莉	Producer：Airi Umezaki	
写　真：森田耕司	Photographers：Koji Morita	
松崎裕子	Yuko Matsuzaki	
地　図：TOM 冨田富士男	Maps：Fujio Tonda/TOM	
辻野良晃	Yoshiaki Tsujino	
（株）ジェオ	GEO Co., Ltd.	
デザイン：スタンス	Designers：STANCE	
表　紙：日出嶋昭男	Cover Design：Akio Hidejima	
校　正：（有）槍楯社	Proofreading：Sojunsha, Inc.	
編　集：ふじもと たかね	Editor：Takane Fujimoto	
（有）地球堂	Chikyu-Do, Inc.	

Special Thanks

Fumiko Rushing, VISIT FLORIDA, Greater Miami CVB, Florida Keys News Bureau, Brightline, Kennedy Space Center Visitor Complex, Miami Marlins, National Park Service, Newman PR, New World Symphony, Orlando International Airport, Orlando Magic, SeaWorld Orlando, Universal Orlando Resort, Visit Orlando, Visit Tampa Bay, Walt Disney World Resort

[取材協力・写真提供] ラッシング扶美子、ディズニー・ディスティネーション・インターナショナル、NFL Japan、永野節子、菊池隆、渡瀬正章、中村佳子、@ iStock　　　　　　　　　　　　　　　（敬称略）

本書についてのご意見・ご感想はこちらまで
読者投稿　〒141-8425　東京都品川区西五反田2-11-8
　　　　　株式会社地球の歩き方
　　　　　地球の歩き方サービスデスク「フロリダ編」投稿係
　　　　　https://www.arukikata.co.jp/guidebook/toukou.html
地球の歩き方ホームページ（海外・国内旅行の総合情報）　https://www.arukikata.co.jp/
ガイドブック『地球の歩き方』公式サイト　https://www.arukikata.co.jp/guidebook/

地球の歩き方 B10
フロリダ 2024～2025年版
2023年8月15日　初版第1刷発行

Published by Arukikata. Co., Ltd.
2-11-8 Nishigotanda, Shinagawa-ku, Tokyo, 141-8425, Japan

著作編集	地球の歩き方編集室
発 行 人	新井邦弘
編 集 人	宮田崇
発 行 所	株式会社地球の歩き方　〒141-8425　東京都品川区西五反田2-11-8
発 売 元	株式会社Gakken　〒141-8416　東京都品川区西五反田2-11-8
印刷製本	開成堂印刷株式会社

※本書は基本的に2022年11月～2023年2月の取材データと2023年3月～6月の現地調査をもとに作られています。発行後に料金、営業時間、定休日などが変更になる場合がありますのでご了承ください。更新・訂正情報：https://www.arukikata.co.jp/travel-support/

●この本に関する各種お問い合わせ先
・本の内容については、下記サイトのお問い合わせフォームよりお願いします。
　URL ▶ https://www.arukikata.co.jp/guidebook/contact.html
・広告については、下記サイトのお問い合わせフォームよりお願いします。
　URL ▶ https://www.arukikata.co.jp/ad_contact/
・在庫については　Tel 03-6431-1250（販売部）
・不良品（乱丁、落丁）については　Tel 0570-000577
　学研業務センター　〒354-0045　埼玉県入間郡三芳町上富 279-1
・上記以外のお問い合わせは　Tel 0570-056-710（学研グループ総合案内）

※本書は株式会社ダイヤモンド・ビッグ社より2006年12月に初版発行したもの（2018年12月に改訂第7版）の最新・改訂版です。
学研グループの書籍・雑誌についての新刊情報・詳細情報は、下記をご覧ください。
学研出版サイト　https://hon.gakken.jp/